Franziska Walter
—
Meisterhaftes Übersetzen

EPISTEMATA

WÜRZBURGER WISSENSCHAFTLICHE SCHRIFTEN

Reihe Literaturwissenschaft

Band 874 — 2019

Franziska Walter

Meisterhaftes Übersetzen

Stefan Georges Übersetzung
der Sonette Shakespeares

Königshausen & Neumann

Die Autorin Franziska Walter studierte Literaturwissenschaften und Anglistik in Tübingen und Bielefeld. Mit der vorliegenden Arbeit wurde sie 2016 an der Universität Bielefeld promoviert. Sie arbeitet als freie Lektorin.

Bibliografische Information der Deutschen Nationalbibliothek

Die Deutsche Nationalbibliothek verzeichnet diese Publikation in der Deutschen Nationalbibliografie; detaillierte bibliografische Daten sind im Internet über http://dnb.d-nb.de abrufbar.

D 361

© Verlag Königshausen & Neumann GmbH, Würzburg 2019
Gedruckt auf säurefreiem, alterungsbeständigem Papier
Umschlag: skh-softics / coverart
Bindung: docupoint GmbH, Magdeburg
Alle Rechte vorbehalten
Dieses Werk, einschließlich aller seiner Teile, ist urheberrechtlich geschützt.
Jede Verwertung außerhalb der engen Grenzen des Urheberrechtsgesetzes ist
ohne Zustimmung des Verlages unzulässig und strafbar. Das gilt insbesondere
für Vervielfältigungen, Übersetzungen, Mikroverfilmungen und die Einspeicherung
und Verarbeitung in elektronischen Systemen.
Printed in Germany
ISBN 978-3-8260-6188-2
www.koenigshausen-neumann.de
www.libri.de
www.buchhandel.de
www.buchkatalog.de

Für Jochen

Inhalt

Danksagung 9

1. Einleitung 11

2. Die Shakespeare-Übersetzung in Georges Werk 34
   2.1. George als Übersetzer 34
   2.2. Rekonstruktion von Georges Übersetzungsverständnis 49
   2.3. Übersetzung zur Schaffung eines Traditionszusammenhangs 59

3. Shakespeares Bedeutung für George 72
   3.1. Georges Englischkenntnisse und sein Bildungsprozess 73
   3.2. Georges Shakespeare-Bild 94

4. Analyse der Sonett-Übersetzungen 128
   4.1. ‚Fair Youth'- und ‚Dark Lady'-Sonette 128
      4.1.1. Sonett 141: eine beispielhafte Analyse 131
      4.1.2. Verstärkendes und abschwächendes Übersetzen 142
      4.1.3. Der ‚Fair Youth' als Opfer 154
      4.1.4. Verurteilung der körperlichen Liebe 169
   4.2. Georges Auswahl der Sonette in den ‚Blättern für die Kunst' 190
      4.2.1. Die thematische Auswahl der Sonette 191
      4.2.2. Stellung der Sonettauswahl in den ‚Blättern für die Kunst' ..212
   4.3. Das Eigene im Fremden – Georges Poetik in den Sonetten 231
      4.3.1. Übersetzen mit soziopoetischem Anspruch 232
      4.3.2. Das Selbstverständnis des Dichters 255
      4.3.3. Die Sonette und ihre Verbindung zum ‚Stern des Bundes' ... 270

5. Schluss 289

6. Literatur 292

Danksagung

Dieses Buch ist die überarbeitete Version meiner im Januar 2016 an der Fakultät für Linguistik und Literaturwissenschaft der Universität Bielefeld eingereichten Dissertation. Meine Dissertation wurde mit einem Rektoratsstipendium der Universität Bielefeld gefördert und dafür bin ich sehr dankbar. Diese Studie ist aus verschiedenen Gründen über einen langen Zeitraum entstanden und so ist die Liste derer, denen ich danken möchte, lang und länger geworden.

Meinem Doktorvater Wolfgang Braungart, der sich nicht nur um das Wohl dieser Arbeit, sondern immer auch um mein Wohlergehen gesorgt und gekümmert hat, bin ich von Herzen dankbar. Dieses so wichtige Verhältnis hat mich nachhaltig geprägt. Ich habe in dieser Zeit nie nur für die Doktorarbeit gelernt, sondern immer auch für meinen weiteren Weg. Meinem zweiten Betreuer Friedmar Apel danke ich für die Ermunterung, es mit George und Shakespeare aufzunehmen, für viel Zuspruch und das Nachhaken an den richtigen Stellen. John Walmsley danke ich dafür, dass er so unkompliziert und interessiert in letzter Minute als dritter Prüfer eingesprungen ist.

An der Universität Bielefeld gibt es viele Menschen die meine Arbeit durch Diskussionen, Korrekturlesen einzelner Kapitel oder durch Aufmunterung begleitet haben. Besonders danke ich Jan Andres, Ellen Beyn, Saskia Fischer, Lothar van Laak, Susanne Kaul, Iryna Mastsitskaya, Christian Oestersandfort und Giulia Radaelli. Elena Agazzi aus Bergamo hat mich in einem Kolloquium an der Uni Bielefeld darin bestärkt, an meine Thesen zu glauben. Die Teilnehmenden der Doktorandentreffen von Wolfgang Braungart haben mir oft weitergeholfen. Jutta Golawski-Braungart hatte immer ein offenes und verständnisvolles Ohr für mich. Mit Markus Pahmeier habe ich viele hilfreiche Gespräche über George und das Promovieren geführt. Er hat die Arbeit gewissenhaft und bewundernswert akribisch vor dem Druck korrigiert. Sarah Sander und Christian Wiebe sind in unserer gemeinsamen Zeit an der Uni zu guten Freunden geworden. Jens Schnitker hat meinen Promotionsweg von Anfang an begleitet und dann auch hervorragende Hilfe auf der Zielgeraden geleistet. Mit Anne Overbeck verbindet mich eine Freundschaft, die mit dem Studium in Tübingen begann.

Ute Oelmann, Maik Bozza und Birgit Wägenbaur haben meine Aufenthalte im Stefan George Archiv in Stuttgart stets so hilfreich begleitet, dass ich gerne noch viel mehr dort recherchiert hätte.

Felix Bach, Antje und Carsten Heidböhmer sowie meiner Schwester Antonia Lütgens danke ich für die gesamte Lektüre des Manuskripts und zahlreiche hilfreiche Anmerkungen.

Meine Eltern, Anneli und Eckhard Lütgens, sowie meine Geschwister, Antonia und Maximilian, haben mich immer und mit vollstem Verständnis bei allen meinen Plänen unterstützt. Ohne sie wäre ich nicht da, wo ich bin. Auch die Familie Walter hat mir stets den Rücken gestärkt. Christian Gohde und Markus Dauber haben wirkliches Interesse gezeigt, wo ich es nicht vermutet hatte.

Dem Lydia-Kinderhaus, besonders der Marienkäfer- und der Drachengruppe, danke ich für die flexible und so vertrauensgebende Betreuung – nur so war es mir möglich einen großen Teil der Arbeit entspannt zu schreiben. Susanne Friese, Marianne Just und Friedrich Hartog ließen mich in einer schweren Zeit nicht verzweifeln. Das FSO Bielefeld und Stopper Schulz haben Ablenkung in ganz verschiedenen Bereichen ermöglicht. Ich danke allen Freundinnen und Freunden, die mich immer ernst genommen haben, wenn ich sagte, dass die Arbeit fast fertig sei.

Mein Mann Jochen und meine Tochter Helene sind immer für mich da und ohne sie hätte ich diese Arbeit so nicht schreiben können. Sie sind mehr für mich als ich in Worte fassen kann oder es in Zitaten finde. Sie wissen, dass ein Vergleich meist eher schief als eben ist und so kann ich an dieser Stelle nicht mehr als aus vollstem Herzen Danke sagen.

Springe, 14. Oktober 2018
Franziska Walter

1. Einleitung

Das englische Verb ‚to translate', das man heute vor allem für die Tätigkeit des Übersetzens nutzt, kann auch im Sinne von ‚verwandeln' gebraucht werden.[1] In den Sonetten Shakespeares taucht ‚to translate' ebenfalls auf. Im Sonett 96 übersetzt George das Verb „translate" zunächst mit „[um]setzen" (Vers 7 und 8) und dann mit „verdrehen" (Vers 9 und 10). Ich zitiere[2] das englische Original aus der Ausgabe, die sich in Georges Besitz befand:

> So are those errors that in thee are seen
> To truths translated, and for true things deem'd.
> How many lambs might the stern wolf betray,
> If like a lamb he could his looks translate!
>
> So setzen sich die irrtümer an dir
> In wahrheit um und sind als wahr geachtet.
> Wie manches lamm der wilde wolf betröge ·
> Könnt als ein lamm er seinen blick verdrehn!

George nimmt Wiederholungen sehr sensibel wahr und beachtet diese in den meisten Fällen auch in seiner Übersetzung. Wenn er die Wiederholungen des Originaltextes jedoch ignoriert, dann liegt das meist an einer eigenen Intention, die in der Übersetzung sichtbar wird. In Georges Übersetzung wird aus dem Wolf, der sein Aussehen verwandelt, ein Wolf, der seinen Blick verdreht – eine scheinbar *verdrehte* Übersetzung.[3] Schon in diesen zwei Versen wird Georges Prinzip des Übersetzens deutlich. Während sich bei Shakespeare der Wolf – vereinfacht gesagt – als ein Lamm verkleiden soll, beschreibt George vielmehr einen Wolf, der ver-

---

[1] Eines der bekanntesten Beispiele ist der Ausruf aus Shakespeares ‚Sommernachtstraum': „Bless thee, Bottom, bless thee! Thou art translated!" The New Cambridge Shakespeare, A Midsummer Night's Dream, S. 83 (Akt 3, Szene 1, Z. 98). Gundolf übersetzt: „Gott behüte dich, Zettel! Gott behüte dich! du bist verhext." Gundolf, Shakespeare in deutscher Sprache, Band X, S. 40. Schlegel übersetzt: „Gott behüte dich, Zettel! Gott behüte Dich! du bist transferiert." Shakespeare/Schlegel, Ein Sommernachtstraum, S. 559.

[2] Alle in dieser Arbeit zitierten Sonette stammen, wenn nicht anders angegeben, aus den folgenden beiden Ausgaben: Edward Dowden (Hrsg.), The Sonnets of William Shakespeare, London 1899; und Stefan George, Sämtliche Werke in 18 Bänden, Band XII: Shakespeare Sonnette. Umdichtung, Stuttgart 2008 (im Folgenden immer SW und die jeweilige Bandnummer).
Das Glossary des Temple Shakespeare, S. 161, nennt für Vers 8 „translated = change"; In der Ausgabe von Edward Dowden, steht ‚transform' als Erläuterung für ‚translate'. Beide Ausgaben befanden sich in Georges Besitz.

[3] Olga Marx schreibt zu der Übersetzung Georges nur, dass die Übersetzung nicht das Original wiedergibt, vgl. Marx, Stefan George in seinen Übertragungen englischer Dichtung, S. 54. Ute Oelmann stellt richtig fest, dass es sich hier um eine „implizit wertende" Übersetzung handelt. SW XII, S. 230.

sucht, sich in das Lamm hineinzuversetzen. Nur wenn der Wolf wie ein Lamm denken, die Welt mit den Augen des Lammes betrachten könnte, wäre er in der Lage, das Lamm zu fangen. Eine Verwandlung – eine *translation* – gelingt demnach nicht mit einer Verkleidung, sondern mit einer ganzheitlichen Wandlung: Nicht *wie* ein Lamm, sondern *als* ein Lamm muss der Wolf denken. Tatsächlich ist dies eine Beschreibung dessen, was im George-Kreis als Ideal der Übersetzung angesehen wird, nämlich ein erneutes Erleben des Original-Erlebnisses.[4] Dieses Beispiel verdeutlicht das Ziel meiner Arbeit. Ich werde zeigen, dass George in seiner Übersetzung die Sonette neu erlebt. Er eignet sich die Sonette an und integriert sie in sein Werk. Er verbindet die Sonette konsequent mit seinem eigenen Werk und stellt sich so in einen illustren Traditionszusammenhang.

Wie sich dies auswirkt, zeigt sich nur wenige Zeilen später in dem Sonett 96 (Vers 13), wenn George den Halbsatz „I love thee in such sort" mit „derart ist unser bund" übersetzt. Für eine besondere Art der Liebe wählt George einen zentralen Begriff des eigenen Werkes: einen Bund.[5] Das *fremde* Erlebnis der Sonette wird also neu erlebt und dann in Georges *eigenen* Worten beschrieben. Friedmar Apel hat Georges übersetzerische Intention treffend als „die Aufhebung der Grenzen des Eigenen gegen das Fremde"[6] beschrieben und sieht damit Georges Schwerpunkt in der „sprachlichen Bewegung, die von Shakespeares gestalteter Sprache als einem ‚Mittel künstlerischer Erregung' ausgeht."[7] Das Eigene und das Fremde ergänzen und verbinden sich im Übersetzerwerk Georges. So können sowohl eigene Ideale Georges im Fremden erscheinen als auch fremde Ideen das Eigene Georges beschreiben und es gibt keine klare Grenzziehung zwischen Eigenem und Fremdem.[8]

---

[4] Vgl. Kapitel 2.2. dieser Arbeit.
[5] Vgl. SW XII, S. 230.
[6] Apel, Sprachbewegung, S. 206.
[7] Ebd., S. 209. Apel nimmt hier einen Merkspruch aus den ‚Blättern für die Kunst' wieder auf: „Die älteren dichter schufen der mehrzahl nach ihre werke oder wollten sie wenigstens angesehen haben als stütze einer meinung: einer weltanschauung – wir sehen in jedem ereignis jedem zeitalter nur ein mittel künstlerischer erregung." Blätter für die Kunst, 2. Folge, II. Band, S. 34. Zum Fremden und zum Eigenen in Georges Übersetzungskonzept siehe Kapitel 2.3. dieser Arbeit. Zum Fremden in der Übersetzung vgl. Krapoth, Das Fremde. Vgl. z. B. auch: Iwasaki, Begegnung mit dem ‚Fremden'; Huntemann/Rühling, Einleitung. Huntemann und Rühling orientieren sich u.a. an Benjamins Überlegungen zur Sprachergänzung. Vgl. ebd., S. 13ff.
[8] Vgl. Waldenfels, Topographie des Fremden; Bachmann-Medick, Einleitung; Osterkamp, Das Eigene im Fremden.

Fragen und Thesen
Stefan George ist einer der bedeutendsten deutschen Lyriker der Jahrhundertwende. In der Sekundärliteratur zu George werden seine Übersetzungen jedoch oft nur am Rande behandelt. Die Bedeutung Shakespeares für George ist zudem bisher nur unzureichend analysiert worden.

Was gewinnt oder verliert ein Text durch eine Übersetzung? Wie entwickelt sich der Originaltext durch eine Übersetzung? Welchen Einfluss hat eine Übersetzung auf das Werk des Übersetzers? Antworten auf diese Fragen sind besonders interessant, wenn man sich mit einem Übersetzer beschäftigt, der selbst Lyriker ist und als Gleicher – durch Profession oder Passion – dem Text gegenübertritt. George ist hierfür ein überaus geeignetes Beispiel. Die Analyse der Shakespeare-Übersetzung trägt auch zum besseren Verständnis Georges und seines Werkes bei.

Eine These dieser Arbeit ist, dass George in seiner Shakespeare-Übersetzung eigene Themen hervorhebt. In seiner Übersetzung verschiebt George die Betonung bestimmter Themen. So wählt er dann, wenn es z. B. um die Jugend oder die Schönheit des jungen Mannes geht, besonders starke und präzise Begriffe. Wenn es dagegen um die Fehler und Schwächen des jungen Mannes geht, übersetzt George diese Stellen weniger genau und schwächt die Kritik an dem jungen Mann ab.

Eine weitere These ist, dass George sich mit seiner Sonett-Übersetzung in einen Traditionszusammenhang mit Shakespeare stellt. Er bringt z. B. die Fair-Youth-Sonette mit seinen eigenen ‚Maximin‘-Gedichten in Verbindung. Dafür platziert er ausgewählte Sonett-Übersetzungen so in den ‚Blättern für die Kunst‘, dass eine thematische Übereinstimmung offensichtlich wird. Für seine eigene ‚Maximin‘-Thematik schafft er sich mit den Sonetten Shakespeares prominenten und weltliterarischen Beistand.

Außerdem vertrete ich in dieser Arbeit die These, dass George die Sonett-Übersetzungen nutzt, um sein eigenes Werk weiterzuentwickeln. Georges Übersetzungen müssen als Teil seines Werkes gesehen werden. Die Sonett-Übersetzungen schaffen eine Verbindung zwischen dem ‚Siebenten Ring‘ und dem ‚Stern des Bundes‘. Sie stellen den Übergang dar von der Verkündung eines jungen Gottes hin zu dessen Wirkung und Aufgabe. In Georges Sonett-Übersetzungen wird deutlich, dass die Dichtung auf ein Ziel hin geschrieben ist. Sie will auf die Jugend hinsprechen und sie in ihren Bann ziehen. Zudem finden sich im ‚Stern des Bundes‘ und in den Sonett-Übersetzungen ähnliche Strukturen und rhetorische Ordnungsmuster. George schildert Shakespeare als Menschenverachter, der die Menschen beschreibt, aber nicht ändern will. Sich selbst sieht er dagegen als jemanden, der junge Menschen bilden möchte. Er übersetzt die Sonette als Menschenbildender.

Diese Arbeit möchte sich weniger den *Problemen* des Übersetzens, sondern vielmehr dem schöpferischen und werkpolitischen[9] *Potenzial* des Übersetzens widmen. Im Mittelpunkt dieser Arbeit steht mit George ein Übersetzer, der sich die Möglichkeiten des Übersetzens auf ganz eigene Art zunutze macht. In den Analysen der Übersetzungen wird deutlich, dass sich im Übersetzen eine eigene Poetik gewinnen lässt. Beim Übersetzen der Sonette arbeitet George nicht nur an der Sprache, sondern auch an seinem Werk. Der bekannte Satz Schleiermachers, dass ein Übersetzer nur entweder den Schriftsteller oder den Leser in Ruhe lassen kann und den jeweils anderen ihm entgegenbewegen muss,[10] kann bei George insofern erweitert werden, dass George weder den Schriftsteller noch den Leser in Ruhe lässt, sondern beide zu George hin bewegt.[11] Zu den Shakespeare-Übersetzungen von Wieland und Schlegel bemerkt Gundolf, dass beide das Original aus unterschiedlichen Gründen abschwächen:

> Wenn Schlegel Shakespeare-Stellen schwächte oder wegließ, so war dies ein stillschweigendes Geständnis, daß das Publikum zu dumm dafür sei. Wenn Wieland wegläßt oder kommentiert – man lese seine Anmerkungen – so gibt er immer zu, daß Shakespeare hier zu schlecht sei für das Publikum. Wielands Übersetzung geht vom Publikum aus, die Schlegels vom Dichter.[12]

Bei der Übersetzung Georges sieht es anders aus: Er richtet sich weder nach dem Publikum noch nach Shakespeare, sondern er geht von sich selbst aus.

Das Fremde und das Eigene sind die zwei Pole, die Übersetzungen bestimmen. Peter Utz schreibt, dass sich beim Übersetzen auch immer Erkenntnisse über das Eigene gewinnen lassen:

> Übersetzen ist dementsprechend nicht ein einseitiges Transportgeschäft, sondern Wort gewordener Ausdruck der komplexen kulturellen Wechselbeziehung zwischen dem ‚Fremden' und dem ‚Eigenen', das sich erst im Kontrast zum Fremden als ‚Eigenes' bestimmt. Übersetzungen sind deshalb nicht nur, wie dies ihre primäre Existenzberechtigung will, als Fenster zu sonst un-

---

[9] Zum Begriff der Werkpolitik vgl. Martus, Werkpolitik. Steffen Martus beschreibt eindrucksvoll verschiedene Formen des werkpolitischen Schaffens, widmet der Stellung der Übersetzung im Werk aber leider keine gesonderten Überlegungen, vgl. ebd., S. 525.

[10] Schleiermacher, Ueber die verschiedenen Methoden des Übersetzens, S. 218: „Entweder der Uebersezer läßt den Schriftsteller möglichst in Ruhe, und bewegt den Leser ihm entgegen; oder er läßt den Leser möglichst in Ruhe und bewegt den Schriftsteller ihm entgegen."

[11] Kluncker, Blätter für die Kunst, S. 89: „Im Gegensatz zu den dichterisch oft unprofilierten Übersetzern des neunzehnten Jahrhunderts, die eine Annäherung an die Vorlage suchen, nähert George die Vorlage sich an."

[12] Gundolf, Shakespeare und der deutsche Geist, S. 153.

zugänglichen fremden Kulturen zu nutzen. In ihnen kann man auch einen fremden Zugang zum Eigenen finden – die Übersetzung als Fenster nach innen. Dabei wird eine doppelte Fremdheit erfahrbar: die Fremdheit des Fremden, das sich in der Gestalt der Übersetzung dem Eigenen entgegenstellt, und die Fremdheit des Eigenen, wenn man es unter diesem fremden Blick neu liest.[13]

Meine Arbeit ermöglicht einen Blick auf das Eigene des Übersetzers. Denn das Eigene Georges, das sein Werk auszeichnet, findet sich in der Übersetzung dort, wo sich ein Kontrast zum Fremden ausmachen lässt.[14] Oder anders gesagt: Da, wo die Übersetzung – in welcher Form auch immer – vom Original abweicht, lässt George Eigenes erkennen. Auf die Robert Frost zugeschriebene Aussage „Poetry is what gets lost in translation" muss man erwidern, dass im Übersetzen auch eine Poetik *gewonnen* werden kann. George möchte nicht das Fremde erhalten, sondern das Eigene im Fremden zeigen.[15] Mit *fremd* ist dabei weniger etwas Unbekanntes oder Entferntes gemeint, sondern das Nicht-Eigene. Aus Shakespeares Sonetten macht George in seiner Übersetzung die Gedichte eines Menschenerziehers. So gewandelt entstehen Sonete, die sich perfekt in Georges Werk einfügen.

Ich untersuche, wie sich das spezifische Übersetzen Georges am Beispiel der Sonett-Übersetzungen zeigt. Was ist das Besondere an den Sonett-Übersetzungen, was fällt an ihnen auf und, vor allem, welche Werk-Intention lässt sich in Georges Übersetzung erkennen? Wenn er, wie ich behaupte, das Eigene im Fremden aufspürt und betont – wie und wo zeigt sich dies? Und wie verfährt George mit solchen Stellen, die nicht zu seinen eigenen Idealen passen? Wo lassen sich die eigenen poetischen Überzeugungen Georges gut in Shakespeares Sonete integrieren und wo *sträubt* sich das Original? Gelingt es George, einen Shakespeare darzustellen, der zu seinen Vorstellungen passt? Werden die Sonete von George dazu genutzt, seine soziopoetischen Ideale, die Durchdringung von Kunst und Leben sowie die einer pädagogischen Gemeinschaft, voranzutreiben? Diesen und weiteren Fragen möchte ich auf den Grund gehen.

Forschungsstand
Die bisherigen Monographien zu Georges Shakespeare-Übersetzung stammen aus einer Zeit, als auf wichtige Werke in der George-Forschung

---

[13] Utz, Anders gesagt, S. 21.
[14] Ein Kontrast muss kein Gegensatz im negativen Sinne sein, sondern kann und soll auch als Ergänzung verstanden werden.
[15] Paul Celan hat sich für eine Veröffentlichung einer Übersetzungssammlung die Wendung ‚Fremde Nähe' notiert. Vgl. Gellhaus, Fergendienst, S. 14.

noch nicht zurückgegriffen werden konnte.[16] Wichtige Studien, die sich mit der Wirkung Georges außerhalb seines Werkes beschäftigen, sind erst später erschienen.[17] Auch wenn sich diese Studien vor allem Georges Einfluss auf Kultur, Bildung und Wissenschaft widmen, haben sie bedeutende neue Blickwinkel auf George und sein Wirken eröffnet. Diese Erkenntnisse dürfen auch in einer Übersetzungsanalyse nicht fehlen und werden hier berücksichtigt.

Für einen Forschungsüberblick stelle ich in chronologischer Reihenfolge zuerst die vier Monographien vor, die sich ausschließlich mit Georges Shakespeare-Übersetzung bzw. mit seinen Übersetzungen aus dem Englischen befassen. Danach zeige ich weitere Studien, die sich mit verschieden deutschen Sonett-Übersetzungen beschäftigen, in denen Georges Übersetzung also ein Beispiel unter anderen Übersetzungen ist. Schließlich gibt es noch Studien, die die Sonett-Übersetzungen von Stefan George und Karl Kraus gegenüberstellen sowie Aufsätze, die sich mit Georges Übersetzung eines einzelnen Sonetts auseinandersetzen.

Ralph **Farrells** Arbeit ‚Stefan Georges Beziehungen zur englischen Dichtung' von 1937 beschäftigt sich vor allem mit dem Einfluss von Algernon Swinburne und Dante Gabriel Rossetti auf George. Insgesamt gibt die Arbeit Aufschluss über Georges Beziehung zu den englischen Präraffaeliten. Farrell zeigt anhand zahlreicher Beispiele, dass George zwar durch die Präraffaeliten angeregt wurde, dass er diese jedoch nie nachgeahmt, sondern schnell seinen eigenen Stil gefunden hat und lediglich ähn-

---

[16] Dies gilt im übrigen auch für die Studien zu anderen Übersetzungen Georges, z. B. Gsteiger, Die Blumen des Bösen (1963); Michels, Die Dante-Übertragungen Stefan Georges (1967) und Gramberg, Stefan Georges Übertragungen (1969). Vgl. aber die jüngst erschienene Studie von Maik Bozza, Genealogie des Anfangs. Hier wird Georges Umdichtung Baudelaires mit seinem eigenen Werk verbunden. Leider konnte ich diese Arbeit nicht mehr für meinen Text berücksichtigen.

[17] Braungart, Ästhetischer Katholizismus (1997); Breuer, Ästhetischer Fundamentalismus (1995); Groppe, Die Macht der Bildung (1997); Kolk, Literarische Gruppenbildung (1998). In ihrem Vorwort beschreibt Carola Groppe die Entwicklung der George-Forschung wie folgt: „War die Forschung bis in die siebziger Jahre weitgehend der Germanistik vorbehalten und auf die Werkanalyse der Lyrik Georges konzentriert, so wurde seit den siebziger Jahren im Zuge der kurzzeitigen Dominanz soziologischer Fragestellungen in der Germanistik die Analyse der literarischen und sozialen Strategien Georges vorherrschend. Zugleich nahm das Interesse an George spürbar ab. Seit den achtziger Jahren ist das Interesse an George und vor allem an seinem Kreis wieder gestiegen, jedoch mit deutlich veränderten Vorzeichen und mit widersprüchlichen Tendenzen. Georges Lyrik wird weniger wichtig, entscheidend werden sozial- und kulturhistorische Fragestellungen; das Interesse reicht zudem weit über die Fachgrenze der Germanistik hinaus." Groppe, Die Macht der Bildung, S. 16f. Osterkamp attestiert vielen dieser Werke eine „Poesieresistenz". Osterkamp, Poesie der leeren Mitte, S. 14.

liche Mittel einsetzt.[18] An Georges Übersetzungen aus dem Englischen wird besonders die Kunstfertigkeit und Genauigkeit Georges hervorgehoben und werden die Abweichungen meist nur auf die Verschiedenheit der Sprachen zurückgeführt. Dass auch hier Georges eigener Stil zu erkennen ist, scheint Farrell nicht wahrzunehmen. Zu Shakespeare gibt es ein kurzes Kapitel, in dem Farrell einige besonders gelungene Stellen aus Georges Umdichtung anführt, um zu zeigen, wie sehr George die sprachlichen Mittel Shakespeares achtet und sie in die deutsche Sprache überträgt. Farrell kommt zu dem Schluss, dass George bei Shakespeare viel für die Kürze der Sprache lernen konnte, aber dass „der englische Dramatiker dem deutschen Lyriker nichts bieten [konnte], was er benötigte."[19] Insgesamt rechnet er Shakespeare weit weniger Bedeutung als Dante zu.

Bei den Arbeiten von Audrey **Barlow** ‚A critical study of Stefan George's translation from English' (1961) und Hannelore **Michel Schlutz** ‚Studies to Stefan George's Translation of Shakespeare's Sonnets' (1969) handelt es sich jeweils um unveröffentlichte Dissertationen, die im George-Archiv in Stuttgart eingesehen werden können.

Barlow bescheinigt Georges Übersetzung „an unremitting effort to reproduce the substance of the original by adherence to the form."[20] Sie untersucht neben den Sonett-Übersetzungen auch Georges weitere Übersetzungen aus dem Englischen. In ihrer umfangreichen und affirmativen Studie geht Barlow vor allem sprachlichen Besonderheiten nach, vergleicht die Übersetzungen aufs Genaueste mit dem Original[21] und zeigt, dass George kaum Übersetzungsfehler macht, die auf mangelnden Sprachkenntnisse des Englischen beruhen würden. Barlow weist dabei überzeugend nach, wie gewissenhaft George übersetzt. Die Arbeit bringt viele Beispiele, die die übersetzerischen Fähigkeiten Georges bezeugen, sowohl in der Treue gegenüber dem Original als auch in der poetischen Qualität der Übersetzung. Abweichungen Georges von Shakespeares Original gibt Barlow zwar auch an – meist als Ausnahmen von der Regel –, erläutert sie aber nicht. Insgesamt bilanziert Barlow:

---

[18] Vgl. Farrell, Stefan Georges Beziehungen zur englischen Dichtung, S. 49.
[19] Ebd., S. 217. Interessant ist hier, dass Farrell Shakespeare und George klar durch die Bezeichnungen Dramatiker/Lyriker voneinander abgrenzt und also schon damit eine klare Trennung vornimmt.
[20] Barlow, A critical study of Stefan George's translation from English, S. 4.
[21] Barlow untersucht die Übersetzungen Georges in Anlehnung an fünf Ziele, die sie wie folgt zusammenfässt: „George's aim in translating Shakespeare's Sonnets are: 1. to reproduce the meaning of the original, closely, accurately and literally, without omission or addition; 2. to reproduce the imagery of the original, and as much as possible of its ambiguity; 3. to reproduce the syntax, word patterns, enjambements and caesura of the original; 4. to reproduce the rhyme scheme and metre of the original; 5. to use a genuine and poetic German idiom." Ebd., S. 108f.

> Stefan George's translations from English form a consistent, intimate, organic unity with his own poetry. They complete the picture of a <u>weltanschauung</u> deeply rooted in the poetic word, in beauty and art, where nothing was casual, everything considered, and where all was rounded to a cosmos.[22]

Mit meiner Arbeit verfolge ich unter anderem das Ziel, zu zeigen, dass Georges Shakespeare-Übersetzungen ein wichtiger Teil seines Werkes sind. Dies zeige ich jedoch – anders als Barlow – an solchen Stellen, an denen George Shakespeares Sonette uminterpretiert. Meine Arbeit setzt dort an, wo Barlow Eigenarten Georges zeigt, diese aber nicht erläutert.

Michel Schlutz arbeitet heraus, dass Georges Übersetzung daran scheitert, Shakespeares Original angemessen wiederzugeben, da die beiden Dichterpersönlichkeiten zu unterschiedlich seien. Dabei ist es vor allem der „emotional content", den Michel Schlutz in Georges Übersetzung vermisst, und ihre Erklärung dafür ist, dass George sich durch seinen Intellekt und seine rationalen Überlegungen leiten ließ, während bei Shakespeare Gefühle und Emotionen bestimmend sind.[23] Während Michel Schlutz behauptet, dass George durch fehlende Leidenschaft nicht in der Lage war, den „emotional content" der Sonette zu treffen, argumentiere ich, dass George vielmehr bewusst das Original verfehlt, um Shakespeare und die Sonette in sein eigenes Werk einzugliedern. George befasst sich in der Übersetzung nicht nur mit dem bei Michel Schlutz genannten „underlying supra-sexual theme [...] in accord with his view of life and art"[24], sondern auch mit weiteren für sein eigenes Werk wichtigen Überzeugungen, z. B. der Wirkmächtigkeit der Dichtung und des Dichters.

Olga **Marx** bietet in ‚Stefan George in seinen Übertragungen englischer Dichtung' (1967/70) einen kurzen Überblick und einen Kommentar zu den Übertragungen der englischen Dichtung (Teil 1) sowie speziell zu den Sonetten Shakespeares (Teil 2). Der Textkommentar ist detailliert, geht aber nicht über Worterklärungen und die Dokumentation verschiedener Verständnis- bzw. Übersetzungsfehler hinaus. Marx gibt keine Interpretationen oder Analysen der Übersetzung. In dem einleitenden Überblick (Teil 1) steht Marx den Übersetzungen Georges mit Bewunderung gegenüber und übt wenig Kritik. Marx arbeitete über viele Jahre mit dem in die USA emigrierten Ernst Morwitz, einem der engsten Vertrauten Georges, zusammen und übersetzte gemeinsam mit ihm die Gedichte

---

[22] Ebd., S. 380.
[23] Vgl. Michel Schlutz, Studies to Stefan George's Translation of Shakespeare's Sonnets, S. 87: „Shakespeare experienced through his emotions, and the poem is the intellectual distillation of these feelings. George experienced through the intellect. His poetry is the condensation of his thought, fortified with carefully selected emotions of a commonly-accepted rather than a personal nature."
[24] Ebd., S. 81.

Georges ins Englische.[25] Durch die enge Zusammenarbeit mit Morwitz hat Marx sicher einen besonderen Einblick in Georges Werk bekommen, stand seinen Übersetzungen jedoch nicht unvoreingenommen gegenüber.[26] Die Stellen, an denen Georges Übersetzung vom Original abweicht, sind für Marx nicht der Vorliebe oder der Intention geschuldet, sondern lediglich Zugeständnisse an Reim, Sprache oder Verständlichkeit.[27]

Es gibt einige Studien, Aufsätze und Kapitel, die sich mit deutschen Übersetzungen der Sonette Shakespeares befassen. Da Georges Umdichtung, neben der von Paul Celan übersetzen Sonettauswahl, eine der außergewöhnlichsten Übersetzungen ist, wird in solchen Studien häufig auch George behandelt.[28]

Ludwig **Kahns** Studie ‚Shakespeares Sonette in Deutschland' (1935) beschreibt Georges Übersetzung als erste, die das bürgerliche Übersetzen überwindet.[29] Das bürgerliche Übersetzen strebt demzufolge „nach Glätte und äusserer Eleganz", während Georges Übersetzung aus der „Übersetzer-Not eine Tugend [macht], indem er Sprödigkeit und Härte zum dichterischen Prinzip erhebt."[30] Kahn geht davon aus, dass George Wort für Wort übersetzt und dass aus dieser Treue eine Gesuchtheit des Ausdrucks sowie eine herbe und unebene Sprache entsteht.[31] Erneut wird also die

---

[25] Marx und Morwitz übersetzten z. B. auch griechische Klassiker und Gustav Schwabs ‚Sagen des klassischen Altertums'.

[26] Morwitz ist zudem Verfasser eines ausführlichen – von George noch Korrektur gelesenen – Kommentars zu Georges Werk. Vgl. Morwitz, Komentar. Morwitz kommentiert hier sehr eng an den Gedichten sowie an der Biographie Georges und stellt wenig Verbindungen zu der Politik des George-Kreises her. Zur Freundschaft zwischen George und Morwitz vgl. Helbing, Stefan George und Ernst Morwitz.

[27] Vgl. Marx, Stefan George in seinen Übertragungen englischer Dichtung, S. 25f.

[28] Z. B. wird auch in Wolfgang Kaußens Nachwort zu Celans Sonett-Übersetzungen die Umdichtung von George zum Vergleich herangezogen. Vgl. Kaußen, Ich verantworte Ich widerstehe Ich verweigere, S. 74ff. Günther Walch bezeichnet Georges Sonett-Übersetzung als „die bis heute am extremsten umstrittenste". Walch, Nachwort. S. 339.

[29] Das Kapitel, das Kahn George widmet, trägt den Titel: ‚Stefan George und der aristokratisch-unbürgerliche Antinaturalismus' (S. 89–100). Es ist allgemein anerkannt, dass George mit seiner Sonett-Übersetzung die ‚romantischen Übersetzungen' überwand, wie er es selbst in seiner Einleitung, die die Sonette als „unromantisch" (SW XII, S. 5) bezeichnet, anregt. Auch Walch sieht George als den Übersetzer, „der als erster gegen das Monopol der spätromantischen, glättenden und banalisierenden Übersetzungen der Shakespeare-Sonette in der zweiten Hälfte des 19. Jahrhunderts anging." Walch, Nachwort, S. 339.

[30] Kahn, Shakespeares Sonette in Deutschland, S. 113.

[31] Vgl. ebd, S. 89–100, und S. 95: „Shakespeares fast sinnliche Freude an der überquellenden und überschäumenden Form, sein Schwelgen und Spielen in der Fülle und im Reichtum der sprachlichen Möglichkeiten wird bei George zu reifster Vollendung: aus dem sinnlichen Spielen wird straffste Disziplin und strengste Zucht."

wortnahe Treue als das Besondere der Übersetzung hervorgehoben, wenn auch mit durchaus kritischem Unterton: „Aus Shakespeares Pathos wird Preziosität, aus seiner Rhetorik eine Treibhaus-Sprache, aus seinem Schwung ein feierlicher langsamer Ton und aus seinem Witz und seinen spielenden Antithesen wird feierlicher Ernst."[32] Kahn geht nicht auf weitere Auswirkungen, z. B. für Georges eigenes Werk, ein.

Raimund **Borgmeier** beschäftigt sich in seiner Studie ‚Shakespeares Sonett „When forty winters" und die deutschen Übersetzer' (1970) mit Sonett II und vergleicht verschiedene deutsche Übersetzungen. Borgmeier untersucht, „welchen Problemen die Übersetzer gegenüberstanden und wieweit sie diese gemeistert haben"[33], und orientiert sich deswegen stark am Original und weniger am einzelnen Übersetzer. Auf der Suche nach der besten Problemlösung wählt er die „15 bedeutendsten und hervorstechendsten Übersetzungen"[34] aus, auch die Übersetzung Georges. Er beschreibt Georges Übersetzung als „so eigenwillig und revolutionär, daß sie die am meisten umstrittene Übersetzung überhaupt darstellt."[35] Er wendet sich gegen die Behauptungen, George würde alles seinem eigenen Stil annähern, und hebt stattdessen Georges „Bestreben der genauen Nachfolge"[36] hervor. In den Vergleichen der einzelnen Übersetzungen – Borgmeier geht hier getrennt nach Quartetten und Couplet vor – stellt Borgmeier Georges Übersetzung als besonders überzeugend dar und betont Georges Formtreue. An Stellen, an denen Georges Übersetzung nicht überzeugt, begründet Borgmeier dies mit dem Reimzwang.[37] Borgmeier sieht George als Übersetzer, der Shakespeare möglichst nahe kommen möchte und sich gegen die „üblichen ‚verschönernden' Übersetzungen"[38] wendet. Da seine Arbeit jedoch von Shakespeares Sonett ausgehend nach möglichen Problemlösungen bei der Übersetzung sucht, kann sie wenig zu einem besseren Verständnis des Übersetzers George beitragen.

Rainer **Lengelers** Vortrag (1989)[39] zu Georges und Celans Übersetzung des 5. Sonetts ist eine sehr ausführliche sprachkritische Analyse, die in Anlehnung an Walter Benjamin und Peter Szondi zeigt, dass eine Übersetzungsanalyse mehr Potenzial besitzt, als lediglich den Übersetzer für jegliche Abweichungen gegenüber dem Original zur Rechenschaft zu zie-

---

[32] Ebd., S. 96.
[33] Borgmeier, Shakespeares Sonett „When forty winters", S. 15.
[34] Ebd., S. 17.
[35] Ebd., S. 47.
[36] Ebd., S. 48.
[37] Vgl. ebd., S. 49, 71.
[38] Ebd., S. 49.
[39] Lengeler, Shakespeares Sonette in deutsche Übersetzung: Stefan George und Paul Celan. Auch die der Veröffentlichung beigegebene Diskussion (S. 26–46) ist interressant – allerding geht es vor allem um die Übersetzung Celans.

hen.[40] Lengeler hebt besonders die „Entdeckung der Klangsymbolik bei George [und] die Funktion bestimmter rhetorischer Figuren bei Celan"[41] hervor, die wiederum neue Ansätze für die Shakespeare-Philologie bieten können.[42] Zudem bescheinigt Lengeler George, dass es „zu den besonderen Verdiensten Georges [gehört], gezeigt zu haben, daß gerade in dem Bereich von Vers, Klang und Reim sehr viel mehr möglich ist, als dem Deutschen bis dahin zugetraut wurde."[43] Der Vortrag Lengelers bietet ein gutes Beispiel dafür, wie man Übersetzungen analysieren und sich dabei nicht nur vom Original, sondern auch von den Intentionen des Übersetzers leiten lassen kann.

Die Arbeit von Kathrin **Volkmann**, ‚Shakespeares Sonette auf deutsch' (1996), geht von einem normativen Übersetzungsbegriff aus und möchte unterschiedliche Übersetzungen „aus verschiedenen Winkeln beleuchten und [sich] so noch einmal auf die Suche nach dem Original begeben."[44] Volkmann bezieht insgesamt 34 deutsche Übersetzungen in ihre Studie ein, von der ersten Übersetzung Eschenburgs bis zu den Übersetzungen der 1990er Jahre von Schuenke, Kaußen und Biermann. Georges Übersetzung nimmt dabei keine gesonderte Stellung ein.[45] Volkmann versucht anhand verschiedener Lösungen und Übersetzungsansätze eine dem Original möglichst nahe Übersetzung zu finden. Georges Übersetzung bescheinigt sie „unnötige Verschlüsselung" und „Verständnissperre".[46] Die Übersetzung Georges wird als ein Beispiel einer Dichter-Übersetzung gesehen, bei der der Dichter seine eigene Individualität und poetische Ausdrucksweise behält bzw. gegenüber Shakespeare behauptet.[47] Da sich Volkmanns Studie sehr auf den Ausgangstext konzentriert, kann sie keine Ergebnisse dazu liefern, was der Übersetzer mit seiner Übersetzung erreicht bzw. wie die verschiedenen Zieltexte profitieren.

Karl Kraus' Übersetzung der Sonette wurde als Entgegnung auf George veröffentlicht und fordert damit eine Gegenüberstellung geradezu

---

[40] Vgl. ebd., S. 23.
[41] Ebd., S. 25.
[42] Vgl. ebd.
[43] Ebd., S. 45.
[44] Volkmann, Shakespeares Sonette auf deutsch, S. 15. Volkmann bezieht sich vor allem auf das von Nord entwickelte Konzept der funktionalen Übersetzung, vgl. Nord, Textanalyse und Übersetzung.
[45] Georges Übersetzung wird in den Kapiteln zu ‚Übersetzung und Adaption: Kompromiß der Wortebene' und ‚Übersetzung und Kontext: Nachbarschaftsverhältnisse' einbezogen. Vgl. ebd., vor allem S. 40ff., 70f., 98f. und 106f.
[46] Ebd., S. 42: „Eine scheinbar nicht mehr zu steigernde Kongruenz von Ausgangs- und Zieltext trägt hier also zur Entfernung der Übersetzung vom Original bei."
[47] Als weitere Beispiele dienen Volkmann die Übersetzungen von Celan, Biermann und Enzensberger. Vgl. ebd., S. 160f.

heraus.[48] Einem Vergleich dieser beiden Übersetzungen widmen sich ausführlich Philipp **Grundlehner** (1977), Friedmar **Apel** (1982), Gertrude **Kearney** (1986) und Georg **Kranner** (1993).[49] Ich möcht hier nur auf die grundlegende Analyse von **Apel** eingehen, der George als streng worttreuen Übersetzer zeigt, dessen Übersetzung „fremd, spröde, dunkel" und sperrig „gegen das inhaltsgerichtete Lesen"[50] erscheint. Dies wird vor allem im Kontrast zu der Übersetzung Kraus' deutlich, die „ohne weiteres als deutsches Gedicht rezipierbar ist."[51] George ist vielfach vorgeworfen worden, dass er in seinen Übersetzungen *georgisiert*. Apel kommt dagegen zu dem Schluss, dass sich Georges Übersetzung dadurch auszeichnet, dass sie die Sprachgrenzen aufheben möchte.[52] Ganz im Sinne Benjamins begibt sich die Übersetzung also auf die Suche nach einer gemeinsamen, einer „reinen Sprache".[53] Darüber hinaus stellt Apel eine „konkretisierende, anthropomorphisierende Tendenz der Georgeschen Übersetzung" fest, die darin liegen könnte, „daß er alle Shakespeare-Sonette als (homophile) Liebesgedichte versteht."[54] Darauf aufbauend werde ich zeigen, dass sich Georges „anthropomorphisierende" Übersetzung auch dadurch erklärt, dass er in den Sonetten eine menschenformende Intention herausarbeitet, die zu seiner eigenen Poetik passt.

Von Ulrich **Goldsmith** gibt es in einem Aufsatz (1989) eine genaue Besprechung des Sonetts 2 in Georges Übersetzung[55] und Eugene **Norwood** liefert 1952 eine umfassende Analyse des Sonetts 29[56]. Beide kommen zu dem Schluss, dass George ein besonders formorientierter Übersetzer ist, der mit großer Akribie versucht, die Stilmittel Shakespeares zu übertragen, dabei jedoch rücksichtslos mit der deutschen Sprache umgeht.[57]

---

[48] Vgl. Kraus, Sakrileg an George oder Sühne an Shakespeare?; Kraus, Shakespeares Sonette. Osterkamp sieht auch in Borchardts Dante Übersetzung einen übersetzerischen Wettstreit, vgl. Osterkamp, Poesie des Interregnums, S. 7.

[49] Kranner, Kraus contra George (1993); Kearney, Stefan George und Karl Kraus (1986); Grundlehner, Kraus vs. George: Shakespeare's Sonnets. (1977); Apel, Sprachbewegung, (1982), S. 192–209 (vgl. die Kapitel: „Die eigene Sprache als fremde: Übersetzung und Dichtung bei George und Kraus" und „Shakespeares 113. Sonett: George contra Kraus".

[50] Apel, Sprachbewegung, S. 205; vgl. auch 201ff.

[51] Ebd., S. 205.

[52] Vgl. Apel, Sprachbewegung, S. 206

[53] Vgl. Benjamin, Die Aufgabe des Übersetzers, S. 54

[54] Ebd., S. 208.

[55] Goldsmith, Shakespeare and Stefan George: The Sonnets.

[56] Norwood, Stefan George's translation of Shakespeare's Sonnets.

[57] Die verschiedenen Studien und Aufsätze zu Georges Dante- und Baudelaire-Umdichtungen sowie zu seinen Übersetzungen generell werde ich vor allem in Kapitel 2 (George als Übersetzer) heranziehen. Zu nennen sind vor allem die Arbeiten von Michels, Die Dante-Übertragungen Stefan Georges; Gsteiger, Die Blumen

Insgesamt bescheinigen alle diese Studien George eine besondere Treue zur Form. Allerdings geht keine der Monographien und kaum eine der kleineren Studien – mit Ausnahme von Apel und Lengeler – darauf ein, was George mit seiner Formtreue eigentlich erreicht.

Eine äußerst hilfreiche Veröffentlichung für meine Arbeit sind die ausführlichen Erläuterungen von Ute **Oelmann** in der Sonett-Ausgabe der ‚Sämtlichen Werke' Georges.[58] Diese Anmerkungen haben vielfach Aufnahme in meine Arbeit gefunden und unterstützen in vielen Fällen ihre Thesen. Zudem sei auf **Szondis** Analyse des Sonetts 105 in der Übersetzung von Celan hingewiesen.[59] Diese Arbeit ist ein hervorragendes und Maßstab setzendes Beispiel dafür, wie eine kritische Übersetzungsanalyse aussehen und welche Ziele sie bezogen auf die Intention und das Werk des Übersetzers verfolgen kann.[60]

Literarisches Übersetzen
In dieser Arbeit wird Georges gesamte Shakespeare-Übersetzung erstmals von George her, aus dem Kontext seines Werkes, analysiert. Es geht also darum, was George warum *wie* übersetzt und nicht darum, was George im Vergleich zu Shakespeare vermeintlich falsch übersetzt.[61]

Diese Arbeit wird sich nicht an einem grundsätzlichen Modell für eine Übersetzungsanalyse[62] versuchen, aber ich möchte exemplifizieren, wie

---

des Bösen; Gramberg, Stefan Georges Übertragungen; Wittmer, Stefan George als Übersetzer.

[58] SW XII, S. 165–265.
[59] Szondi, Poetry of Constancy – Poetik der Beständigkeit. Weiterführend vgl. auch Schmull, Übersetzen als Sprung.
[60] Lengeler fasst die Bedeutung von Szondis Aufsatz wie folgt zusammen: „Eines jedenfalls hat Szondis Aufsatz deutlich gezeigt, daß es nicht genügt, mit rein lexikalischen oder ausschließlich stilistischen Äquivalenzen zu operieren, sondern daß es notwendig ist, wenn schon nicht die Intention auf die Sprache, so doch die Werkintention zur Kenntnis zu nehmen, bevor ein Urteil über die Übersetzungsleistung fällt." Lengeler, Shakespeares Sonette in deutscher Übersetzung, S. 9.
[61] Zu den Schwierigkeiten des Übersetzens sind mittlerweile zahlreiche Bücher erschienen, die meist anhand unterhaltsamer Beispiele aufzeigen, dass das Übersetzen scheinbar unmöglich ist. Dabei geht es immer auch um grundsätzliche Sprachprobleme und sprachtheoretische Fragen. Vgl. z. B. Eco, Quasi dasselbe mit anderen Worten; Utz, Anders gesagt; Reichert, Die unendliche Aufgabe; Graf, Vom schwierigen Doppelleben des Übersetzers; Hertel/Mayer, Diesseits von Babel; Leupold/Raabe, In Ketten tanzen; Robinson, Poetry & Translation. The Art of the Impossible.
[62] Einen guten Überblick zur Übersetzungsanalyse bietet Snell-Hornby, The Turns of Translation Studies. Vgl. zur Problematik der Methodik z. B. Apel/Kopetzki, Literarische Übersetzung; Gerzymisch-Arbogast/Mudersbach, Methoden des wissenschaftlichen Übersetzens, S. 15ff.; Frank, Understanding Literature via Translation, S. 35; Hermans, The Manipulation of Literature; Lefevere, Translating Poetry. Die Frage ist sicherlich auch, ob eine generelle Methodik überhaupt möglich wäre.

eine Übersetzungsanalyse, die sich vor allem auf das Werk des Übersetzers konzentriert, ganz praktisch aussehen kann. Wie Apel in seiner grundlegenden Arbeit zur „Sprachbewegung" feststellt, ist „die Übersetzung eines poetischen Textes (wie aber auch dessen Kritik) keine ein für alle Mal und eindeutig zu lösende Aufgabe, sondern eine sich historisch immer wieder erneuernde Problemstellung mit offenem Horizont."[63] Nicht nur die Übersetzung, sondern auch die Kritik derselben muss sich immer wieder neu bewegen, kann neue Ansätze, neue Erkenntnisse und neue Blickwinkel gewinnen. In diesem Sinne möchte ich mit dieser Arbeit keine Lösungs- oder Übersetzungsvorschläge für die Sonette liefern, sondern anhand von Analysen der Sonett-Übersetzungen zeigen, dass Georges Übersetzungen in Verbindung mit seinem Werk gelesen werden müssen. So enstehen neue Blickwinkel auf Original- und Zieltext.[64] Übersetzung ist nicht nur Sprach-, sondern auch Werkbewegung.[65] In den einschlägigen Werken zur Autorschaft wird das Problem der Übersetzung meist nicht thematisiert. Inwieweit ein Übersetzer auch als Autor verstanden werden kann, ist bisher kaum beleuchtet worden. Wenn mit einer Übersetzung ein neuer Text entsteht, dann bringt dies auch einen neuen Autor mit sich.[66]

Die verschiedenen Forschungsrichtungen in der Übersetzungswissenschaft können in präskriptiv-prospektive sowie deskriptiv-retrospektive Verfahren unterteilt werden.[67] Die präskriptive und meist linguis-

---

[63] Apel, Sprachbewegung, S. 16. Zum unaufhörlichen Wandel der Sprache und den damit verbundenen Konsequenzen für die Übersetzung vgl. auch Steiner, Nach Babel, z. B. S. 7ff.

[64] Dazu, dass sowohl Original- als auch Zieltext durch den Prozess des Übersetzens gewinnen, vgl. Apel, Sprachbewegung, S. 23; und grundlegend Benjamin, Die Aufgabe des Übersetzers.

[65] Der Begriff der ‚Sprachbewegung' wie er bei Apel als grundlegend für die Übersetzung genutzt wird, passt hier auch deswegen gut, da er von Friedrich Gundolf entlehnt ist. Vgl. Apel, Sprachbewegung, S. 31; Gundolf, Shakespeare und der deutsche Geist, S. 304; außerdem Benjamin, Die Aufgabe des Übersetzers, S. 60; Reichert, Gundolfs Geschichtsschreibung, S. 307; Albrecht, Bedeutung der Übersetzung für die Entwicklung der Kultursprachen.

[66] Vgl. dazu Marx, Heilige Autorschaft?; Braungart, Priester und Prophet. In dem umfassenden Berichtband des Germanistischen Symposion zur ‚Autorschaft' gibt es z. B. keinen Aufsatz, der sich direkt mit dieser Frage beschäftigt. Vgl. Detering, Autorschaft. Vgl. außerdem Sieg/Wagner-Egelhaaf, Autorschaften im Spannungsfeld von Religion und Politik; Meier/Wagner-Egelhaaf, Autorschaft; Kleinschmidt, Autorschaft; Jannidis u. a., Texte zur Theorie der Autorschaft. Es wäre dann sicher auch kritisch zu hinterfragen, ob Autorschaft immer auch Werkherrschaft ist. Vgl. Bosse, Autorschaft ist Werkherrschaft, S. 15. Vgl. allerdings die Bemühungen von Daniel Kalt, der Übersetzende als AutorInnen von Intertexten darstellt: Kalt, (Re)Visionen.

[67] Vgl. Albrecht, Literarische Übersetzung, S. 13ff.; Apel/Kopetzki, Literarische Übersetzung, z. B. S. 13f. und 34; Frank, Einleitung (1988), S. IX-XI.

tische Forschung behandelt vor allem Probleme, die sich beim Übersetzen stellen, und versucht, Lösungen anzubieten. Die deskriptive Forschung, die vor allem durch die vergleichende Literaturwissenschaft betrieben wird, beschäftigt sich dagegen mit bereits vorhandenen Übersetzungen und geht von einer „generellen, paradoxen ‚Unübersetzbarkeit' aller sprachlichen Phänomene"[68] aus. Ich werde deskriptiv vorgehen und mich der von Harald Kittel formulierten zentralen Frage widmen: „WAS wurde WANN, WARUM, WIE übersetzt und WARUM wurde es so übersetzt?"[69] Danach werde ich jedoch nicht ausgehend von einer Nationalliteratur oder einer bestimmten Epoche der Literatur fragen, sondern von Georges Werk her. Besonders interessiert mich in dieser Arbeit die Frage, *warum* George die Sonette *so* übersetzt.

In den internationalen Translation Studies wird der Differenzcharakter aller Übersetzungen immer wieder hervorgehoben.[70] Ich werde in meiner Übersetzungsanalyse nicht nach einer deckungsgleichen Übersetzung des Originaltextes suchen und auch nie von einer solchen ausgehen.[71] Abweichungen zwischen Original und Übersetzung bzw. die von George geschaffenen oder bewusst hingenommenen Differenzen verdeutlichen Georges Werk-Intention[72] beim Übersetzen. Wolfgang Braungart betont, dass Georges Werk „ethisch-ästhetischer Lebensvollzug"[73] ist –

---

[68] Apel/Kopetzki, Literarische Übersetzung, S. 34.
[69] Kittel, Die literarische Übersetzung, S. 160.
[70] Vgl. Snell-Hornby, The Turns of Translation Studies: Munday, Introducing Translation Studies.
[71] Gadamer hat darauf hingewiesen, dass eine Überwindung des „Abstand[es] zwischen dem Geist des ursprünglichen Wortlauts des Gesagten und dem der Wiedergabe […] nie ganz gelingt." Gadamer, Wahrheit und Methode, S. 362. Vgl. z. B. auch Maurer, Die literarische Übersetzung, S. 235. Dass eine vermeintliche Unübersetzbarkeit vor allem auch für (moderne) Lyrik gilt, zeigt Naaijkens, Translating the *Weltsprache* of modern poetry. Zur Überwindung der Extreme zwischen Unübersetzbarkeit und Zeichenäquivalenz vgl. Zima, Der unfaßbare Rest. Zima zeigt u. a. anhand Übersetzungen Georges, wie sich diese Extreme vereinbaren lassen, vgl. ebd., S. 27–33.
[72] Es ist problematisch, von einer Intention oder einer Absicht des Autors auszugehen. Vgl. dazu Spoerhase, Autorschaft und Interpretation. In Georges Fall werde ich im Folgenden von einer Werk-Intention ausgehen. Mit Sicherheit ist Georges Werk eines, das sehr deutlich von einer Werk-Intention, von einer es bestimmenden Poetik durchzogen ist. Im George-Handbuch beschreibt Braungart die poetische Intention: „Die grundlegende poetische Intention des Dichter-Propheten ist Hinsprache, ist belehrende, erziehende, mahnende, wütende, verfluchende – kurz: sozial wirksame Rede, ist Rhetorik: […]" Braungart, Poetik, Rhetorik, Hermeneutik, S. 523f. Zur Werk-Intention Georges vgl. das Kapitel „Werk-Intention" (ebd., S. 528–533). „StG beansprucht eine substanzielle Einheit des Werks und eine Einheit seines poetischen Tuns, gerade indem sich deren äußere Gestalt wandelt und entwickelt." (ebd., S. 530)
[73] Braungart, Poetik, Rhetorik, Hermeneutik, S. 533.

und das gilt sicher auch für seine Übersetzungen. An Georges Sonett-Übersetzung zeigt sich seine Sicht auf Shakespeares Sonette.[74] An dem bereits zitierten Beispiel aus Georges Sonett-Übersetzung lässt sich dies veranschaulichen. Im Couplet des Sonetts 96 übersetzt George „I love thee in such sort" mit „derart ist unser bund".[75] Wenn man nun jegliches Abweichen vom Originaltext als ein unüberwindbares Problem zwischen den Sprachen ansehen würde, dann ließe sich z. B. überlegen, ob „bund" das bessere Reimwort darstellt oder ob z. B. ‚Liebe' zu viele Silben hat. Sieht man in George jedoch den Dichter-Übersetzer, der mit seiner Übersetzung auch eigene Interessen vertritt, dann muss man vielmehr davon ausgehen, dass George hier mit Absicht auf „bund" zurückgreift. George betont hier die Gemeinschaft der Liebenden, die sich in einem Bund zusammenfinden und deren Liebe nicht nur von einer Seite ausgesprochen wird („I love thee"), sondern die gemeinsam „unser[en] bund" vertreten. Durch den Gebrauch eines Nomens (‚Bund') statt eines Verbs (‚lieben') stellt George die Gemeinschaft als eine Gegebenheit dar, nicht als Prozess. Ohne hier weiter auf die Bedeutung des Wortes ‚Bund' für George und sein Werk einzugehen,[76] ist es sinnvoll, Georges Übersetzung mit Blick auf die Werk-Intention des Übersetzers zu analysieren.

Ich werde es vermeiden, von *richtigen* oder *falschen* Übersetzungen zu sprechen. Allerdings werde ich die Abweichungen und Eigenarten in Georges Übersetzung gegenüber dem Original sowie anderen Übersetzungen beschreiben. Zweifelsfrei sind auch Verben wie ‚abschwächen', ‚verstärken', ‚begünstigen' und ‚benachteiligen' bereits wertend und setzen einen idealen Vergleichswert voraus. Trotzdem greife ich auf diese und ähnliche Begriffe zurück, da sie am ehesten eine Distanz zur uner-

---

[74] Weiter Gadamer zitierend kann man sagen, dass „[j]ede Übersetzung [...] immer die Vollendung der Auslegung" ist. Gadamer, Wahrheit und Methode, S. 362. Vgl. Frank, Understanding Literature via Translation, S. 35: „Now ‚translational interpretations' are particularly useful interpretations: They are ideally, interpretations of every single word, from beginning to end, whereas the usual academic interpretations cannot help but be selective. Hence, a literary translation may well be regarded as, ideally, a total, integral interpretation that looks like a literary work." Der Göttinger Sonderforschungsbereich 309 hat den Übersetzungsbegriff wie folgt bestimmt: „Literatur übersetzen heißt [...], eine Interpretation eines literarischen Werks übersetzen." Frank, Einleitung (1987), S. XV; vgl. auch das „hermeneutisch orientierte[] Arbeitsmodell" von Steiner, Nach Babel, S. 290. Zu der oft fehlenden Unterscheidung zwischen Auslegung, Interpretation und Verstehen vgl. den praxisorientierten Ansatz Stolze, Der hermeneutische Ansatz beim Übersetzen, S. 209f.

[75] Das gesamte Couplet lautet bei Shakespeare: „But do not so; I love thee in such sort, / As, thou being mine, mine is thy good report." Und bei George: „Doch tu dies nicht - derart ist unser bund: / Mein da du mein bist ist auch dein leumund."

[76] Zur erotischen Bedeutung des „bundes" in Georges Gedichten vgl. Keilson-Lauritz, Von der Liebe die Freundschaft heißt, S. 94f.

reichbaren vollkommenen Übersetzung wahren und da sie deutlich auf die Intentionen und nicht auf die wortwörtliche Bedeutung verweisen. Armin Paul Frank beschreibt die Möglichkeiten, die sich in einer am Transfer orientierten Übersetzungsanalyse ergeben, wie folgt:

> It is possible and advantageous to focus neither on the source nor on the target text but on translation as a *transfer* between two languages, literatures, and cultures. In this approach, neither the source nor the target text is primary but the *relation* between the two. The source text serves as a norm for *describing* a translation. Such a description will bring to light a great number of differences between the two texts, and these differences can be differently used. A scholar interested in the target-side phenomena can certainly scrutinize this differences in view of what features of the target language or the target literature (or culture) may have contributed to causing them. A scholar interested in a given translator can explore them as possible indicators of that translator's personal approach, etc. But these differences can also be used to refocus on the work that has been translated, enhancing its understanding – and especially so if one forgets the teacher's interest in mistakes, especially if one refrains from marking such a difference down as a mistake but instead tries to determine as precisely as possible what has been lost, or added or otherwise altered, in transfer.[77]

Der Originalautor und der Übersetzer werden in der Analyse nicht gegeneinander ausgespielt, sondern es steht die Übersetzung als solche im Vordergrund, und damit sind immer beide Texte gleichermaßen und in ihrem Zusammenspiel zu untersuchen.[78] Auf diese Weise lässt sich, wie Frank beschreibt, auch der „personal approach" des Übersetzers untersuchen. Ich zeige unter anderem, dass die Übersetzungen Georges als Teil seines Werkes zu sehen sind. Das eigene Werk Georges soll also im Folgenden auf Georges *eigene* Gedichte in Abgrenzung zu den (eigens) *übersetzten* Gedichten hinweisen.[79] Die Problematik der Begriffe kann damit nur angedeutet werden, soll aber im Gedächtnis bleiben.

Ich gebrauche den Begriff Übersetzung und nicht Umdichtung. Damit möchte ich verhindern, schon mit der Wortwahl zu deuten. Ob es sich nun bei Georges Sonetten um eine Umdichtung, um eine Übertragung oder um eine Übersetzung handelt, ist hier zunächst unerheblich.

---

[77] Frank, Understanding Literature via Translation, S. 36.
[78] Vgl. dazu Celan (in einem Brief an Werner Weber): „Ja, das Gedicht, das übertragene Gedicht muß, wenn es in der zweiten Sprache noch einmal dasein will, dieses Anders- und Verschiedenseins, dieses Geschiedenseins eingedenk bleiben." Paul Celan an Werner Weber, Paris, 26.3.1960, zitiert in: Fremde Nähe, S. 397.
[79] Zu Georges Übersetzungen und ihrem Standpunkt innerhalb seines Werkes vgl. auch Kapitel 2.1.

Gemeinhin vermutet man bei einer Um*dichtung* oder Nach*dichtung* mehr dichterische Freiheit als bei einer Übersetzung. Allerdings gibt es keine fixe Skala, auf der sich ablesen lässt, ab wann eine Übersetzung zur Übertragung oder zur Umdichtung wird. Bei Georges Übersetzung der Sonette kann man an vielen Stellen von einer formtreuen Übersetzung sprechen an anderen wiederum von einer freien Umdichtung. In seinen ‚Sämtlichen Werken' bezeichnet George die Sonette Shakespeares als seine Umdichtung und weist damit auf seine Eigenständigkeit als Dichter hin. Ich werde spezifische Eigenarten der Übersetzung Georges beschreiben und analysieren, warum und wie diese zustande kommen. Mit „Übersetzen" meine ich dabei immer ganz allgemein die Tätigkeit, einen Text in einer anderen Sprache wiederzugeben. Übersetzen schließt andere Möglichkeiten wie die des Umdichtens oder des Übertragens mit ein. Übersetzen wird also in keiner Weise abgrenzend gegenüber anderen Begriffen verwendet, sondern als Wortfeld der generellen Tätigkeit.

Studien, die die Sonett-Umdichtungen im Kontext von Georges Werk betrachten, sind bisher nicht vorhanden. Monographien, die sich mit Georges Sonett-Umdichtung oder seinen englischen Umdichtungen generell beschäftigen, sind von englischsprachigen Autoren und auch *von einem anglistischen Ansatzpunkt her* geschrieben und fragen nach der Angemessenheit der Übersetzung gegenüber dem Original.[80] Meist wird genauer auf die Unterschiede zwischen englischer und deutscher Sprache eingegangen,[81] wobei als folgenschwerer Unterschied der Silbenreichtum des Deutschen im Verhältnis zum Englischen genannt wird. In der Regel wird an Beispielen erläutert, was George *gut* und was ihm *nicht* gelinge. Oft wird auf vermeintliche sprachliche Missverständnisse hingewiesen bzw. auf Stellen, deren Zweideutigkeiten nicht ins Deutsche zu übertragen seien. Insgesamt eint die Sekundärliteratur die These, dass George besonderen Wert auf formale Treue legt, während er inhaltliche Aspekte und z. B. die Satzstellung der deutschen Sprache weniger wichtig nimmt. Keine der vier Monographien zu Georges Shakespeare-Umdichtung beschäftigt sich *von George her* mit dessen Werk-Intentionen.

Im Gegensatz zur bisherigen Forschung beschränkt sich die hier vorliegende Arbeit nicht nur auf die Kunst des Übersetzers George, sondern

---

[80] Barlow, A critical study of Stefan George's translations from English (1961), Farrell, Stefan Georges Beziehungen zur englischen Dichtung (1937), Marx, Stefan George in seinen Übertragungen englischer Dichtung (Teil I: 1967, Teil II: 1970), Michel Schlutz, Studies to Stefan George's Translation of Shakespeare's Sonnets (1969).

[81] Vgl. z. B. Farrell, Stefan Georges Beziehungen zur englischen Dichtung, S. 68f.; Marx, Stefan George in seinen Übertragungen englischer Dichtung, S. 16ff.; Michel Schlutz, Studies to Stefan George's Translation of Shakespeare's Sonnets, S. 20, 65, 71; Borgmeier, Shakespeares Sonett „When forty winters", S. 31ff.

betrachtet vielmehr dessen eigene Werk-Intention und die Integration der Übersetzung in sein Werk. Erstmals soll eine Kontextualisierung der Übersetzung in Georges Werk und (Sozio-)Poetik erreicht werden.

Leitlinien der Analyse
Meine Analyse wird von drei Aspekten bestimmt, die ich zusammenfasse als Verschieben, Verschweigen und Hinzufügen. Die Bereiche sind ineinander verwoben, beispielsweise kann George einen Teil des Originals in der Übersetzung verschweigen, dafür etwas anderes hinzufügen und dadurch einen Teil des Sonetts umstellen. Durch dieses Prinzip der In- und Exklusion ist George in der Lage, die Aufmerksamkeit auf bestimmte Themenbereiche zu lenken.[82] Um zu zeigen, was George betont bzw. was er bewusst nicht hervorhebt, werde ich die Stellen herausarbeiten, an denen er in seiner Übersetzung vom Original abweicht.[83]

Ich werde mich auf bestimmte Arten des **Verschiebens** in der Übersetzung konzentrieren. Zunächst sind das Verschiebungen, die bei den poetischen Mitteln auftreten. Zudem sollen auch semantische und syntaktische Verschiebungen betrachtet werden. Verschieben heißt für mich hier, dass sich etwas leicht ändert, dass es aber nicht komplett wegfällt oder durch ein vollkommen anderes Mittel oder eine andere semantische Einheit ersetzt wird.

Beim Rhythmus und anderen Mitteln wie Alliteration, Parallelismen oder Enjambements können Verschiebungen stattfinden. Es kann beispielsweise ein Ausdruck, der bei Shakespeare sechsmal wiederholt wird, bei George nur zweimal vorkommen – und die Wirkung der Wiederholung ist damit weniger intensiv. Auch gibt es die Möglichkeit, dass eine Alliteration an anderer Stelle im Sonett auftaucht. Hier ist zu entscheiden, ob in diesem Fall allein die poetische Kraft des Sonetts und der Argumentation gestützt oder ob ein bestimmter Begriff betont wird. Ein rhythmischer Stolperer kann einerseits bedeuten, dass gerade hier eine Stelle ist, die George für beachtenswert hält. Andererseits kann er damit auch eine Stelle kennzeichnen, die er als unschön oder unwichtig ansieht und die deswegen weniger raffiniert ist.

In der Übersetzung sind Satzteile, Ausdrücke oder ganze Verse verschoben. Die syntaktische Abfolge innerhalb eines Arguments oder in einer Aufzählung wird dadurch verändert. In solchen Fällen ist wichtig, zu überlegen, ob George Umstellungen *nur* vornimmt, um z. B. dem

---

[82] Braungart beschreibt das Hervorheben und Weglassen als zwei der „elementaren ästhetischen Prinzipien" der Künste. Braungart, Ästhetik der Politik, S. 31.
[83] Gundolf sagt in seinem Vorwort zu ‚Shakespeare und der deutsche Geist', dass sich in dem „was einer mit Vorsatz ausläßt und aufnimmt […] bereits ein Urteil über das [liegt], was er für lebendig hält." Gundolf, Shakespeare und der deutsche Geist, S. 10.

Rhythmus, der Silbenzahl oder dem erforderlichen Reim am Ende eines Verses gerecht zu werden, oder ob er mit diesen Umstellungen eine andere Schwerpunktsetzung erreicht.

Es muss außerdem beachtet werden, wo und mit welchem Ziel bzw. mit welchem Ergebnis George eine Verschiebung in der Semantik zulässt. Solche Veränderungen lassen sich beispielsweise bei Nomen beobachten, wenn ein viel konkreterer bzw. ein viel weniger konkreter Begriff gebraucht wird (z. B. ‚Vogel' für ‚lark'); bei Verben, wenn das gebrauchte Verb eine anders geartete Handlung impliziert (z. B. ‚gehen' für ‚to run'); bei Adjektiven, wenn das beschriebene Subjekt durch das Adjektiv mehr oder weniger günstig dargestellt wird (‚finster' für ‚dark'). Derartige Verschiebungen in der Semantik erlauben Rückschlüsse auf Georges Verständnis der Sonette und damit auch auf die Soziopoetik[84] seines Werkes.

Viele der semantischen, syntaktischen und stilistischen Verschiebungen haben Einfluss auf den Duktus des übersetzten Sonetts. Ein Sonett oder ein bestimmter Teil eines Sonetts kann z. B. ermutigend oder bedrohlich, aufmunternd oder warnend wirken. Dies kann die Wirkung und die Aussage eines Sonetts verändern. Auch kann die Übersetzung bestimmte thematische Felder wohlwollender oder selbstbewusster als das Original darstellen.

Mit dem **Verschweigen** möchte ich solche Stellen in der Sonett-Übersetzung bezeichnen, die George unübersetzt lässt, die im Originaltext also vorhanden sind, im Zieltext aber nicht mehr auftauchen. Auch hier muss darauf geachtet werden, dass nicht immer klar zwischen einer bewussten Ignoranz Georges und einer sprachlichen Schwierigkeit entschieden werden kann.

In der Übersetzung können poetische Mittel wegfallen. Leicht ist zu argumentieren, dass eine deckungsgleiche Übersetzung nicht möglich ist, und sicher kann nicht jede Alliteration, jeder Rhythmus und jedes Wortspiel nachgebildet werden. Allerdings ist George an vielen Stellen ein sehr gewissenhafter Übersetzer, der äußerst genau auf die Nachbildung von Reim, Rhythmus und poetischen Mitteln achtet. Umso mehr müssen also die Ausnahmen auffallen, bei denen er es nicht tut.[85]

Auffallend ist bei George z. B. die Übersetzung der vielen sexuellen Wortspiele. Sicherlich ist die Übersetzung eines Wortspiels besonders schwierig, allerdings lässt George die ‚Dark Lady' der Sonette durchaus

---

[84] Zur Soziopoetik Georges vgl. Oestersandfort, Antike-Rezeption, S. 668–670; vgl. außerdem Braungart, Poetik, Rhetorik, Hermeneutik, S. 495–550, vor allem S. 523ff.; Andres, Soziale Prozesse.

[85] Es sei auch darauf hingewiesen, dass George der Übersetzer ist, der Shakespeares Sonetten bezüglich der durchschnittlichen Silbenzahl pro Wort am nahesten kommt. Zu der Silbenzahl in Georges Sonett-Übersetzung vgl. Apel, Sprachbewegung, S. 202.

sexuell aktiv erscheinen, während er die Sexualität des ‚Fair Youth' überwiegend verschweigt. Wenn in thematisch unterschiedlichen Bereichen der Sonette unterschiedliche Dinge unübersetzt bleiben, dann ist hier viel eher bewusstes Verschweigen Georges als eine technische Übersetzungsschwierigkeit zu erkennen.

Oft wird – auch generell bei den Sonett-Übersetzungen – aufgrund der geringen Silbenzahl im jambischen Pentameter die deutsche Übersetzung um Konjunktionen, Artikel oder auch beschreibende Adjektive gekürzt. Hier ist auf die Funktion einer jeweiligen Konjunktion zu achten. Wenn ein Sonett mit einem „yet" oder „but" beginnt, dann wird schon im ersten Wort der Bezug zum vorangegangenen Sonett deutlich markiert. Fällt nun diese Verbindung aus, so ist es wichtig, ob der Bezug trotzdem ersichtlich bleibt oder ob das Sonett nun allein steht – auch dies kann durchaus beabsichtigt sein.[86]

Hinzufügen soll solche Stellen bezeichnen, die im Zieltext erscheinen, für die es im Originaltext aber keine Entsprechung gibt. Es kommt allerdings häufig vor, dass z. B. Alliterationen nicht genau an derselben Stelle, also an der entsprechenden Worteinheit, nachgebildet werden, aber an anderer Stelle im Sonett dennoch auftauchen. Häufig wird dann zumindest ein ähnlicher Effekt erreicht, nämlich z. B. eine Betonung des Gesagten. Es kann jedoch ebenso passieren, dass George in seiner Übersetzung Stellen betont, die nicht vom Original ausgehen, sondern seine eigenen soziopoetischen Ideale unterstreichen. In der Analyse wird z. B. auffallen, dass in Georges Übersetzung die Jugend durch Majuskeln betont wird. Auch hier ist auf Regelmäßigkeiten zu achten.

Außerdem arbeite ich mögliche Verbindungen der Sonett-Übersetzungen zu Georges eigener Lyrik heraus. Verwendet George spezifische Begriffe seines eigenen Werkes, wie ‚Bund', auch in der Sonett-Übersetzung? Bei spezifischen Begriffen ist der Einfluss Georges auf die Übersetzung besonders deutlich. Umgekehrt lässt sich die Nähe der Sonett-Übersetzung zu Georges eigenen Gedichten auch in ähnlichen Argumentationsmustern oder dem Gedichtaufbau zeigen.

Insgesamt müssen die Veränderungen daraufhin untersucht werden, wie sie sich über eine größere Gruppe der Sonette verhalten. Wenn ähnliche Änderungen an vergleichbaren Stellen auftreten, dann unterstreicht dies eine absichtliche Uminterpretation Georges.

---

[86] Dies ist auch deshalb wichtig, da die Inszenierung des Werkes für George von großer Bedeutung ist. Vgl. Osterkamp, Georges poetische Rollenspiele; Roos, Stefan Georges Rhetorik der Selbstinszenierung; Martus, Werkpolitik; Braungart, Poetik, Rhetorik, Hermeneutik.

Vorgehen

Diese Arbeit teilt sich in drei Bereiche: erstens das Übersetzungsverständnis Georges (Kapitel 2), zweitens seine Englischkenntnisse und sein Bild von Shakespeare (Kapitel 3); und drittens die ausführliche Analyse der Sonett-Übersetzungen (Kapitel 4).

In **Kapitel 2** wird die Sonett-Übersetzung in Georges Übersetzerwerk eingeordnet. Erst erläutere ich, wie George seine Übersetzungen konsequent in sein Werk integriert (**2.1.**). George hebt in seinen Übersetzungen immer wieder eigene Aspekte hervor: Er sucht das Eigene im Fremden, und somit ist in den Übersetzungen ein ähnlicher Ansatz vorhanden wie z. B. in den Geschichtsbüchern des Kreises. Außerdem arbeite ich das Übersetzungsideal Georges heraus, wie es sich aus seinen Äußerungen[87] und denen des Kreises rekonstruieren lässt (**2.2.**). Die ideale Übersetzung wird vom George-Kreis als ein Nacherleben des Original-Erlebnisses verstanden. Im letzten Teil (**2.3.**) zeige ich, dass George seine Übersetzung gezielt zu der Erzeugung einer Tradition nutzt. Mit der Shakespeare-Übersetzung integriert sich George in die Weltliteratur.

In **Kapitel 3** arbeite ich die Bedeutung Shakespeares für George heraus. Zunächst (**3.1.**) weise ich nach, dass George über ausreichend englische Sprachkenntnisse verfügt, um die Sonette in ihrer sprachlichen Komplexität zu übersetzen. Englisch ist eine Sprache, in der sich George ohne größere Probleme bewegt. Er interessiert sich sein ganzes Leben für englische Literatur und Kultur. Es ist wichtig, Georges Englischkenntnisse zu beschreiben, um die Annahme zu verringern, dass George Verständnisschwierigkeiten bei der Übersetzung hatte. Nach dem sprachlichen Bildungsprozess Georges erarbeite ich (**3.2.**) Georges Bild von Shakespeare, wie es sich in Gedichten Georges sowie in der Erinnerungsliteratur des George-Kreises findet. George beschreibt Shakespeare als einen Menschenverachter, der Menschen mit ihren Schwächen darstellt. Was Shakespeare – laut George – fehlt, ist der pädagogische Moment, also der Wille, Menschen zu formen, der wiederum Dante und George selbst auszeichne.[88] Die Erarbeitung des Shakespeare-Bildes Georges ist deshalb entscheidend, weil sich in der Analyse zeigen wird, dass Georges Werk-Intentionen besonders in der pädagogischen Ausrichtung der Sonett-Übersetzung deutlich werden. Das Menschenbildende, das George bei Shakespeare vermisst, fügt er in seiner Sonett-Übersetzung ein.

Im **Kapitel 4**, das schließlich den Hauptteil dieser Arbeit ausmacht, werde ich zahlreiche Sonette sowie Sonettgruppen analysieren. Ich gliedere die Analyse dabei in drei Bereiche: Wie stellt George in seiner Übersetzung den ‚Fair Youth' und die ‚Dark Lady' dar? (**4.1.**) Welche Sonette

---

[87] Dies meint die verschiedenen Vorworte und Einleitungen, Anmerkungen und Äußerungen in den ‚Blättern für die Kunst', aber z. B. auch Briefe.
[88] Zur Pädagogik bei George vgl. Andres, Soziale Prozesse, v.a. S. 736–740.

wählt George für eine Veröffentlichung in den ‚Blättern für die Kunst' aus? (4.2.) Und wie zeigt sich Georges eigene Poetik in seiner Übersetzung der Sonette? (4.3.)

George unterscheidet in seiner Übersetzung stärker als Shakespeare zwischen den vermeintlichen Hauptfiguren. Während George den jungen Mann in seiner Übersetzung wohlwollend darstellt und den charakterlichen Makel abschwächt, stellt er die ‚Dark Lady' konsequent als Gefahr und als das weiblich Böse dar. Er unterstützt damit einerseits ein Idealbild männlicher Jugend und Schönheit und warnt andererseits eindringlich vor dem Weiblichen und einer Abhängigkeit körperlicher Liebe.

Für eine Veröffentlichung in den ‚Blättern für die Kunst' wählt George genau solche Sonette, die thematisch zu seinen eigenen ‚Maximin'-Gedichten passen. Dies geht soweit, dass sich bestimmte Wortfelder wiederholen und die Gedichte sich scheinbar aufeinander beziehen. Zudem positioniert George die Sonett-Übersetzungen so zwischen zwei ‚Maximin'-Teilen, das eine Entwicklung innerhalb des Werkes beschrieben wird. Die Sonette unterstützen Georges Werk und legitimieren seine Sicht ‚Maximins'.

Mit seiner Sonett-Übersetzung stützt George seine Idee einer soziopoetischen Erziehung, einer pädagogischen Gemeinschaft, die von Kunst und schönem Leben (in Körper und Geist) bestimmt wird.[89] Er verweist innerhalb seiner Übersetzung auf die eigene Kulturkritik. In solchen Sonetten, die das Dichten oder den Dichter zum Thema haben, betont George konsequent die Macht, die von Dichtung ausgehen kann. Anders als er es Shakespeare unterstellt, möchte er Schönheit nicht nur bewahren, sondern selbst schaffen. Er möchte Menschen nicht nur darstellen, sondern er möchte sie erziehen und bilden. Im ‚Stern des Bundes', in dem das Wirken des jungen Gottes immer wichtiger wird, finden sich rhetorische Ordnungsmuster und Strukturen, die auch die Sonett-Übersetzung bestimmen. Mit der Übersetzung treibt George die Entwicklung des eigenen Werkes voran.

Die Übersetzungen sind ein wesentlicher Bestandteil von Georges Werk, da sich auch hier seine Werk-Intention deutlich nachweisen lässt. Eine Analyse der Sonett-Übersetzungen verspricht Erkenntnisse für die (Sozio-)Poetik Georges.

---

[89] Zur Soziopoetik Georges vgl. Oestersandfort, Antike-Rezeption, S. 668–670; vgl. außerdem Braungart, Poetik, Rhetorik, Hermeneutik, S. 495–550, vor allem S. 523ff.; Andres, Soziale Prozesse.

2. Die Shakespeare-Übersetzung in Georges Werk

2.1. George als Übersetzer

George ist ein produktiver Übersetzer und seine Übersetzungen nehmen einen großen Teil seines Werkes ein. Es ist bezeichnend, dass er die Übersetzungen ganz selbstverständlich in die Gesamtausgabe seines Werkes integriert. Von der achtzehn Bände umfassenden Ausgabe der ‚Sämtlichen Werke' sind sieben Bände den Übersetzungen vorbehalten, und damit mehr als ein Drittel.[1] Dazu kommen die einzelnen Übersetzungen, die in die Bände I ‚Die Fibel', XVII ‚Tage und Taten' und XVIII ‚Schlussband' aufgenommen wurden. Die Bedeutung des Übersetzens für George ist unübersehbar.[2]

Wie die Aufnahme von Übersetzungen in die ‚Fibel', die eine Auswahl erster Verse sein soll, zeigt, hat George schon früh begonnen, zu übersetzen.[3] In den Erinnerungen seiner Mitschüler und früher Weggenossen wird er immer wieder als Sprachgenie dargestellt. So schreibt z. B. Georg Fuchs in seinen Erinnerungen an die gemeinsame Schulzeit in Darmstadt:

> Außer den in den Schulen gelehrten Sprachen las, verstand und sprach er später auch noch Italienisch, Spanisch, Holländisch, und als die Ibsen-Bewegung in der deutschen Jugend anfing zu rumoren, überraschte er mich eines Tages mit Übersetzungsproben aus den älteren nordischen Tragödien Ibsens: er hatte in wenigen Tagen Norwegisch gelernt.[4]

Auch Carl Rouge erinnert sich an Georges Ibsen-Übersetzungen:

> Aber am meisten fesselte uns der Dramatiker Ibsen. George war es, der uns auch in die Stücke Ibsens einführte, die dem damaligen Theaterpublikum meist fremd blieben: ‚Kaiser und Galiläer', ‚Brand', ‚Peer Gynt', ‚Die Kronprätendenten', ‚Frau Inger', ‚Die Komödie der Liebe', usw. Er selbst übersetzte wohl als erster Ib-

---

[1] Band X/XI ‚Dante · Die göttliche Komödie', Band XII ‚Shakespeare Sonette', Band XIII/XIV ‚Baudelaire · Die Blumen des Bösen' und Band XV/XVI ‚Zeitgenössische Dichter'. In den ‚Blättern für die Kunst' veröffentlicht George 160 eigene Gedichte und 120 Übersetzungen. Vgl. Kluncker, Blätter für die Kunst, S. 88.
[2] Vgl. Apel, Sprachbewegung, S. 197.
[3] Auch in Wolters' ‚Blättergeschichte' lässt sich George dementsprechend darstellen: „Den Knaben fesselten vor allem die fremden Sprachen, und neben den alten und neueren, welche die Schule lehrte suchte er sich aus eigenem Antrieb der italienischen zu bemächtigen." Wolters, Stefan George, S. 9. Vgl. z. B. auch Norton, Secret Germany, S. 21f.
[4] Fuchs, Sturm und Drang in München um die Jahrhundertwende, S. 126.

sens Jugendstück ‚Catilina' ins Deutsche, ebenso die ‚Nordische Heerfahrt', und las uns daraus vor.[5]

Diese Erinnerungen stammen von Schulkameraden, nicht von Klassenkameraden oder Mitbewohnern. Ob er die Übersetzungen nun völlig allein, mit Hilfe, in kurzer oder längerer Zeit anfertigte, lässt sich nicht klären. Wichtig sind die frühe Begeisterung für andere Sprachen, das Interesse an ausländischer Literatur und Georges Misstrauen gegenüber bestehenden Übersetzungen sowie seine Wertschätzung des Originals in der Originalsprache. Die noch vorhandenen, fast wortwörtlichen Ibsen-Übersetzungen Georges beschreibt Arvid Brodersen als künstlerisch wenig interessant, „im Ton verhalten, fast konventionell".[6]

Neben Ibsen, dessen sämtliche Stücke George sich aneignet,[7] liest er Petrarca und Tasso im Original[8] und bringt sich angeblich auch Italienisch allein bei.[9] Kurt Breysig berichtet, dass George nach eigener Aussage

---

[5] Rouge, Schulerinnerungen an Stefan George, S. 22. Vgl. auch Brodersen, Stefan George und der Norden, S. 129: „Der nordländischen Geisteswelt begegnete George zuerst in den Werken Henrik Ibsens. Schon als Gymnasiast hat er sie gelesen, und zwar so wie er manche andere Dichter Europas las: in der Ursprache, die er eigens zu diesem Zweck sich aneignete." Zu Georges Rezeption skandinavischer Literatur vgl. Oelmann, Rezeption, S. 637f. In den Erinnerungen von H. Werner wird Georges Sprachgenie abgeschwächt und er übersetzt mit Hilfe schon vorhandener Übersetzungen: „Die Anregungen der Bühne wirkten stärker als der Schulunterricht, und als das sehr konservative Hoftheater sich einmal zu einer Aufführung von Ibsens ‚Stützen der Gesellschaft' verstieg, war George so begeistert, daß er alle Dramen des Nordländers mit den Stubengenossen las, ja selbst für sich Norwegisch lernte und mit Hilfe von schon vorhandenen Übersetzungen den ‚Catilina' und die ‚Nordische Heerfahrt' ins deutsche übertrug." Werner, Stefan George als Gymnasiast, S. 368.

[6] Brodersen, Stefan George und der Norden, S. 138. Zur Ibsen-Begeisterung der Zeit vgl. die Erinnerungen von Wolfskehl, Ibsen-Jugend. Wolfskehl berichtet, dass zu seiner Zeit in Darmstadt kaum Ibsenvorstellungen im Theater zu sehen waren, vgl. ebd, S. 353. Edith Landmann berichtet, dass George auch Saint-Paul vorgeschlagen habe, gemeinsam Ibsen ins Französische zu übersetzen, dieser aber nicht interessiert war. Vgl. Landmann, Gespräche mit Stefan George, S. 168.

[7] „[...] er hat als Schüler fast die gesamten bis zum Jahr 1888 vorliegenden Werke Ibsens gelesen." Brodersen, Stefan George und der Norden, S. 131. Zu der Beschäftigung Georges mit Ibsen vgl. ebd., S. 129–141 und Karlauf, Stefan George, S. 54ff. 1927 zeigt sich George noch entrüstet darüber, dass der junge Georg-Peter Landmann die ‚Wildente' nicht kenne, vgl. Landmann, Gespräche mit Stefan George, S. 168f.

[8] Vgl. Sohnle, Stefan George und der Symbolismus, S. 12; auch Carl Rouge berichtet von Georges früher Beschäftigung mit Petrarca, vgl. Rouge, Schulerinnerungen an Stefan George, S. 21; Fitzon, Petrarca um 1900, S. 540; zu Georges Rezeption italienischer Dichtung vgl. Apel, Rezeption, S. 633–637.

[9] „1889 vermittelte eine spanische Reise ihm große Eindrücke, aber das lateinischste, gemäßeste Idiom schien diesem *am römischen Wall* Aufgewachsenen eben die italienische Sprache. Es ist bewundernswert zu hören, daß der Darmstädter Gymnasi-

schon zu seiner Schulzeit in Bingen gesonderten Unterricht bei einem Geistlichen in Griechisch und Hebräisch bekam.[10] Gegenüber Edith Landmann sagte George, dass gerade sein frühes Interesse an Sprachen und das Erproben des Erlernten an kleinen Geschichten ihn davor bewahrt haben, schlechte Lektüre zu lesen.[11]

George übersetzt aus den Sprachen Latein, Griechisch, Französisch, Italienisch, Spanisch, Englisch, Holländisch, Dänisch, Norwegisch und Polnisch.[12] Dies bedeutet sicher nicht, dass George alle Sprachen einwand-

---

ast nebenbei für sich italienisch lernte, nachdem er im Hause *einer älteren, ledigen Person* eine italienische Grammatik aufgefunden hatte, zu der sich bald ein von ihm ersteigertes Wörterbuch gesellte. Bald empfing er durch Petrarca und Gedichte des Tasso die ersten Bindungen an Italien, und der Einfluß von *valclusas siedler* blieb lange *trost und beispiel* für ihn, bis er später durch das große Dante-Erlebnis in den Hintergrund gedrängt wurde." Rosenfeld, Erste Begegnungen Stefan Georges mit Italien, S. 295. Vgl. auch Werner, Stefan George als Gymnasiast, S. 368: „Danach [nach den Ibsen-Übersetzungen] begann er auch italienisch zu lernen, und seine frühe Neigung zu eigenwilliger Zierschrift bewies er durch Aufzeichnung von altitalienischen Sonetten in kunstvoller Schwarz-Rot-Wiedergabe." Vgl. außerdem Junker, Das autodidaktische Studium des Italienischen durch den Schüler Stefan George.

[10] Vgl. Breysig, Begegnungen mit Stefan George, S. 13. Lepsius erinnert sich ebenfalls an erste Spracherfahrungen Georges in der frühen Kindheit: „'Wie war es schön heute abend', schrieb ich damals in mein Tagebuch, ,als er uns erzählte, daß der erste Mensch, der ihm Antwort auf Fragen gab, die man ihm zu Hause gar nicht hätte beantworten können, eine ältere ledige Person war. Sie stammte aus kleinbürgerlichen Verhältnissen, lebte in ihrer Familie in einem originellen kleinen Hause, und wenn sie auch noch soviel zu arbeiten hatte, so war doch immer Zeit für ihn, das Kind, das sie liebte. Sie beherrschte Französisch, Englisch und Italienisch, und bei ihr kam ihm die erste italienische Sprachlehre in die Hände. Später dann, als in Bingen ein alter Sonderling starb, erstand er aus dessen Nachlaß ein italienisches Diktionär. So einfach aufwachsend hörte er zum erstenmal die Welt, die ihm noch fremd war, an seine Pforte klopfen.'" Lepsius, Stefan George, S. 79.

[11] „Wie er in der Kindheit vor der Schundlektüre von May, Dumas usw. geschützt blieb durch sein Interesse an Sprachen. Die Spannung, ein im Selbststudium erlerntes Italienisch und Französisch in kleinen Geschichten anzuwenden, das herauszubekommen, war grösser als die Lust am Inhalt." Landmann, Gespräche mit Stefan George, S. 153.

[12] Vgl. Wittmer, Stefan George als Übersetzer, S. 361; Gundolf, George, S. 50. Teilweise wird nur Norwegisch oder nur Dänisch in Georges Sprachschatz aufgenommen, vgl. Michels, Die Dante-Übertragungen Stefan Georges, S. 219. Auf jeden Fall übersetzte George aus beiden Sprachen (Ibsen und Jacobsen). Brodersen erklärt, dass George durch die Kenntnis des Norwegischen sich gleich die gesamte skandinavische Literatur erschloss: „Durch die Kenntnis der Sprache Ibsens gewann er zugleich den Zugang zum Schrifttum Dänemarks und Schwedens. Später fand er auch dort Dichter, die ihm bemerkenswert erschienen, vor allem Jens Peter Jacobsen, dann auch Johannes Jörgensen und Gustav Fröding." Brodersen, Stefan George und der Norden, S. 129. Im Gegensatz dazu erinnert sich Kurt Breysig an ein Gespräch mit George über dessen Jugend (7.11.1904): „Er hat Dänisch gelernt,

frei beherrscht. Es ist allerdings beachtenswert, dass er in so vielen Sprachen Texte liest und ausreichend versteht. Dass George auch in späten Jahren von Sprache und Sprachklängen fasziniert ist, zeigt eine Erinnerung von Michael Landmann:

> Georges Behexbarkeit durch den bloßen Klangzauber einer Sprache konnten wir einmal beobachten, als mein Vater eine Flasche ungarischen Wein mit ausführlich beschriftetem Etikett gekauft hatte. George verstand keine Silbe Ungarisch. Immer wieder las er nun laut das Etikett, versuchte durch Analogieschlüsse etwas von der Bedeutung herauszubekommen, und insbesondere das Wort erudetti hatte es ihm angetan. Ein andernmal wiederholte er, wie eine Italienerin ihre Tochter mit dem klangvollen Namen ‚Iole, Iole' rief und, als sie nicht kam, hinzufügte: ‚Iole carogna (Aas)!' Unvergleichlich war, wie er Englisch sprach – mit einer Mischung von Amüsement, Zärtlichkeit und Spott. Er hatte Spass am Neugriechischen, an dem Namen der Zigarettenmarke Papastratos, und liess mich übersetzen hä siderä hodòs (Eisenbahn).[13]

Als Dichter probiert George am Anfang seines Schaffens verschiedene Sprachen aus: Französisch oder Deutsch – oder doch eine ganz neue eigene Sprache?[14] George hat seine in der Schulzeit „entwickelte Geheimsprache […] ein Leben lang benutzt" und schrieb darin z. B. Notizen.[15] Auch Carl Rouge berichtet von solch einer eigenen Sprache:

> Als sich diese Gemeinschaft [Schülergruppe um SG] zu bilden begann, wurde in ihr eine Spielerei betrieben, die von dem sprachenkundigen George ausging, nämlich der Gebrauch einer künstlichen Sprache. Sie enthielt soweit ich mich erinnere, ziemlich viele griechische Wurzeln. […] Und George war auch hier Selfmademan. Für sein Sprachtalent fand er aber noch reichlich sonstige

---

zwei Dramen Ibsens übersetzt." Breysig, Begegnungen mit Stefan George, S. 13. Welche Sprache er sich auch aneignete, George konnte sich in der skandinavischen Literatur bewegen.

[13] Landmann, Stefan George, S. 28f. Vgl. auch Schlayer, Minusio, S. 20, 47, 76f.

[14] Schon in seiner Schulzeit hatte George eine eigene Sprache entwickelt und die letzten Zeilen des Gedichts ‚Ursprünge' (aus dem ‚Siebenten Ring') sind in dieser Sprache verfasst. Vgl. Boehringer, Mein Bild, S. 17; Wolters, Stefan George, S. 9f. Außerdem soll sich in Georges Nachlass eine Übersetzung der Odyssee in seiner eigenen Sprache befunden haben, die die Erben verbrannt haben. Vgl. Karlauf, Stefan George, S. 63. Am 2.1.1890 schreibt George an Arthur Stahl: „[…] der Grund weshalb ich seit Monden nichts mehr verfasse, weil [ich] ganz einfach nicht weiss in welcher sprache ich schreiben soll." Zitiert in SW II, S. 88. Zur literarischen Mehrsprachigkeit vgl. Radaelli, Literarische Mehrsprachigkeit; Strutz/Zima, Literarische Polyphonie.

[15] Karlauf, Stefan George, S. 63. Breuer sieht in Georges Geheimsprache sowie seiner frühen Beschäftigung mit fremden Sprachen das Schaffen einer eigenen Welt zur Distanzierung, vgl. Breuer, Ästhetischer Fundamentalismus, S. 31.

Betätigung. Es war seine Gewohnheit, fremde Schriftsteller in der Ursprache zu lesen. Als er das Gymnasium verließ, hinterließ er mir eine Anzahl Bände, die davon zeugten: die französischen Dramen Voltaires, den englischen ‚Robinson' usw. Daß er sie zurückließ, war symbolisch; sie waren für ihn erledigt: ‚Zu neuen Ufern lockt ein neuer Tag.'[16]

Die Entwicklung künstlicher Sprachen ist zu dieser Zeit verbreitet. Die wohl bekannteste Kunst-Sprache ‚Esperanto' wurde 1887 entwickelt.[17] George sucht nach seiner eigenen Sprache und liest schon früh „fremde Schriftsteller" in der Originalsprache, ein Beweis auch dafür, dass er sich für den Stil und das Sprachgefühl des Autors interessiert.

Georges Werk ist von Beginn an „vom Gedanken der Übersetzung, dem der Überwindung der Nationalsprache nicht abzulösen"[18]. Er sucht nach einer besseren, einer perfekten Sprache[19], die ihm mit dem Deutschen nicht gegeben war.[20] In den frühen Übersetzungen versucht George, seine Sprache und seinen Stil zu schulen und zudem zeitgenössische Dichter, die sein Ansehen genossen, in Deutschland einem größeren Publikum zugänglich zu machen.[21] George übersetzt zu Beginn, um „die Grenzen der eigenen Sprache auszuleuchten, zu erweitern, ja sich ihnen auch zu entziehn".[22] Er ist so in der Lage, seine formalen Ausdrucksmittel

---

[16] Rouge, Schulerinnerungen an Stefan George, S. 22. Auch Heinrich Werner erinnert sich an Georges ‚eigene Sprache': „Aber seine wirkliche Teilnahme galt sprachwissenschaftlichen Dingen allgemeiner Art, und da damals für die ‚Weltsprache' Volapük eifrig geworben wurde, erfand er sich eine eigene Sprache mit völlig ausgearbeiteter Grammatik, die er auch seinen Stubenkameraden einzupauken bemüht war." Werner, Stefan George als Gymnasiast, S. 368.
[17] Vgl. Rouge, Schulerinnerungen an Stefan George, S. 22; Norton, Secret Germany, S. 22.
[18] Apel, Sprachbewegung, S. 197f. Vgl. auch Apel/Kopetzki, Literarische Übersetzung, S. 95: „Nicht als Sinn- oder gar Meinungserfülltes überdauert nach George Sprache und Dichtung die Zeiten, sondern als Form, Bewegung und als Material. Gerade auch in seinen Übersetzungen behandelt George *Sprache als geschichtlich gewordenes Material* und zielt über das einzelne Kunstwerk hinaus auf die Veränderung der Sprache selbst."
[19] Vgl. Gramberg, Stefan Georges Übertragungen, S. 7.
[20] Das Suchen nach einer anderen (besseren) Sprache, kann als ein Motiv für ständiges Übersetzen gesehen werden. Ähnliches lässt sich bei dem Dichter Paul Celan beobachten, der auch über ein großes Übersetzungswerk verfügt und Zeit seines Lebens auf der Suche nach einer neuen, einer überhaupt sagbaren Sprache war, wenn auch aus völlig anderen Beweggründen als George, nämlich der Überwindung der Mutter-/Mördersprache nach dem Holocaust.
[21] Vgl. z. B. Marx, Stefan George in seinen Übetragungen englischer Dichtung, S. 5ff.; Wolters, Stefan George, S. 45; Kluncker, Blätter für die Kunst, S. 88.
[22] Braungart, Ästhetischer Katholizismus, S. 160f.

und seine sprachlichen Möglichkeiten zu erweitern.[23] Über die frühen Übersetzungen berichtet Gundolf in seinem George-Buch mit einem Schwerpunkt auf der sprachlichen Entwicklung:

> [W]ichtig ist daß George von der *Sprache* und nicht von den Inhalten aus zu diesen Dichtern kam. [...] Muster sind sie ihm nie gewesen. Wohl aber hat das unablässige Ringen mit sieben, reifen, satten und runden Sprachen, das leidenschaftliche Tasten und Wägen, Hämmern und Biegen, Filtern und Sieben die Sonorität, Fülle und Pracht seiner angeborenen Sprache steigern helfen, unabhängig von den fremden Inhalten, für die Stunde seiner eigenen noch schlummernden Inhalte.[24]

Neben der Sprachentwicklung ist der zweite Aspekt des Übersetzens das Übertragen zeitgenössischer Weggenossen. George präsentiert sich so mit verbündeten Dichtern, deren Werke er anerkennt, die er würdigt und in deren Kreis er sich integrieren möchte. Die frühen Übersetzungen in den ‚Blättern für die Kunst', die fast ausschließlich von George stammen,[25] dienen neben dem Ausschöpfen der Sprachmöglichkeit in allererster Hinsicht dazu, sich in eine europäische Kunstbewegung einzupassen.[26] Geor-

---

[23] Vgl. Osterkamp, Nachwort, S. 238; Wolters, Stefan George, S. 45. Umgekehrt wird auch bei dem Thema Übersetzung als sprachschöpferische Bereicherung der Zielsprache oft auf Georges Übersetzungen verwiesen. Vgl. Albrecht, Schriftsteller als Übersetzer, S. 50f.

[24] Gundolf, George, S. 51.

[25] Vgl. Kluncker, Blätter für die Kunst, S. 90.

[26] Zu den Übertragungen in den ‚Blättern für die Kunst' vgl. Kluncker, Blätter für die Kunst, S. 88–92.
In einem Aufsatz (1898) über die Blätter für die Kunst beschreibt Verwey diese Verbindung Georges mit den Dichtern seiner Nachbarländer: „George gab schon gleich [in der ersten Ausgabe] eine auswahl aus seinen gedichten, dann übertragungen aus fast allen franzosen, später auch aus dichtern fast aller nachbarländer, einige kleine stücke prosa, wobei er viel sinn in wenige immer wollautende worte zu legen weiss." Verwey, Blaetter fuer die Kunst, S. 25. Schödlbauer präsentiert George als Verteter der ästhetischen Moderne und sieht in den Übertragungen den Beginn dieser Zugehörigkeit: „Georges Übertragungen zeitgenössischer Dichter von Rossetti und Swinburne über Albert Verwey und Emile Verhaeren bis zu Henri de Règnier und Gabriele d'Annunzio zeigen, dass er seinen Neubeginn als Bestandteil einer europäischen Bewegung versteht." Schödlbauer, Zeitenwende und Diagnose der Moderne, S. 78. Dass es George Ziel war, sich daran zu beteiligen ein dichterische Bewegung in Europa zu knüpfen, zeigt sich bei Wolters: „Sie [= Georges Übersetzungen in der ersten Folge der Blätter für die Kunst] machten in Deutschland vielfach zum ersten Male die Namen und Werke dieser französischen, belgischen, englischen, italienischen und dänischen Dichter bekannt, an die sich über die Grenzen der Länder hinaus eine neue dichterische Bewegung in Europa knüpfte. Die meisten von ihnen hatte George schon persönlich kennengelernt und der lebendige Verkehr von Dichter zu Dichter gab seiner großen Sprachbeherrschung

ge unterstreicht, dass er nicht allein mit seiner Dichtung ist. Er ist *der* deutsche Vertreter und Vermittler dieser neuen Dichtkunst.[27] George holt sich durch das Übersetzen Beistand, er legitimiert sein Tun. Übersetzung als Mittel zur Legitimation spielt auch, allerdings auf einer inhaltlichen Ebene, eine Rolle bei den Shakespeare-Übersetzungen.[28]

Den beiden Dichtern der letzten und späten Phase seiner Übersetzungen – Dante und Shakespeare – begegnet George nicht mehr als Schüler in der Sprachformung, sondern „mit dem Anspruch des ebenbürtig weltschaffenden und weltgestaltenden Dichters".[29] George versichert sich im Umgang mit den großen Dichtern „der eigenen dichterischen Stellung".[30] Es ist bezeichnend, dass diese beiden Übersetzungen innerhalb der Werkausgaben Georges direkt auf die eigenen Werkbände folgen.[31] Er geht hier also nicht chronologisch, sondern nach Bedeutung ordnend vor. George präsentiert sich jetzt nicht mehr als Vertreter einer neuen Dichtkunst, von europäischen Zeitgenossen umrahmt, sondern als einer der großen und bedeutenden Dichter.

Alle seine Übersetzungen veröffenlicht George ohne das jeweilige Original. Während andere Übersetzer gerade durch den Abdruck des Originalgedichts die Eigenart des Übersetzens betonen und auch optisch in einen Dialog mit dem Original treten, setzt sich George hiervon bewusst ab. Er tilgt unnötige Hinweise auf das Original und den anderen Dichter. George beabsichtigt keinen Dialog, sondern er allein spricht, auch in dem übersetzten Gedicht. In der ‚Fibel' gibt es Übersetzungen, bei denen der Namen des Original-Autors nicht genannt wird. Dort steht lediglich „Nach dem Spanischen" bzw. „Nach dem Italiänischen".[32] George, der die „Übertragungen" in der ‚Fibel' ja ganz bewusst wählt, um sich als jungen Dichter darzustellen, präsentiert sich als sprachmächtiger Übersetzer. Es ist ihm nicht wichtig, darzustellen, *was* genau er übersetzt,

---

noch besondere Mittel zur Hand, die fremden Kunstwerke fast ungebrochen in unsere Sprache zu übertragen." Wolters, Stefan George, S. 45.

[27] Wie und auch dass George zu Beginn seines Schaffens vor allem im Ausland rezipiert wurde, zeigt die umfassende Sammlung zur Europäischen Rezeption des Frühwerkes von Jörg-Ulrich Fechner, L'âpre gloire du silence.

[28] Vgl. Kapitel 4.2.

[29] Braungart, Ästhetischer Katholizismus, S. 175; zur Dante-Übersetzung vgl. Arrighetti, Dante.

[30] Michels, Die Dante-Übertragungen Stefan Georges, S. 224.

[31] Die Dante-Übersetzung ist Band X/XI der ‚Sämtlichen Werke', die Shakespeare-Übersetzung ist Band XII und die früher entstandene Baudelaire-Übersetzung folgt als Band XIII/XIV. Die Nummerierung der ‚Gesamtausgabe' stimmt damit überein.

[32] SW I, S. 45 und 47. Fechner bemerkt: „Wie ein Vergleich mit anderen übersetzten Gedichten der *Fibel* lehrt, bedeutet *nach* für den jungen George – möglicherweise in Anlehnung an das französische d'après – eine genaue Übersetzung." Fechner, Stefan George. ‚Sonett nach Petrarka', S. 7.

sondern *dass* er übersetzt. Die sieben „Übertragungen" der ‚Fibel' stammen aus vier unterschiedlichen Sprachen[33] und George betont so sein Sprachtalent.

Bezogen auf die Übersetzungen in den ‚Blättern für die Kunst' weist Karlhans Kluncker darauf hin, dass

> […] schon die Gruppentitel, die George über seine Übersetzungsbeispiele stellte – ‚aus Stephane Mallarmé', ‚aus Algernon Swinburne', ‚aus Gabriele d'Annunzio' etc. – andeuten, daß er mit der Namensnennung des Dichters etwas Typisches, nicht ein singuläres Werk, in oft kleinsten Auszügen vorstellen wollte, […].[34]

George stellt nicht ein einzelnes Gedicht vor, sondern den Dichter und das, was ihn – nach Georges Ermessen – ausmacht. Das Selbstbewusstsein, mit dem George den übersetzten Texten und Dichtern entgegentritt, wird bereits in den Titeln deutlich.

Die unzulänglichen Titel der Übersetzungen erschweren zudem den Vergleich mit dem Original. So konnte Georges Übersetzung ‚Lukrezia. Nach dem Italiänischen'[35] aus der ‚Fibel' lange keinem Original zugeordnet werden und galt zeitweise sogar als Pseudoübersetzung[36]:

> Sollte George wirklich [!] ein italienisches Gedicht übersetzt haben, so müsste der Dichter des italienischen Originals wohl unter den ‚Marinisti' aus dem Jahrhundert von etwa 1650 bis etwa 1750 gesucht werden. Wahrscheinlicher ist es jedoch, dass George das vierte Gedicht Marinos – Donna, a torto ti diè L'etate antica – frei umgearbeitet hat. Vielleicht hat er sogar seine LUKRETIA unabhängig von einer bestimmten modernen Vorlage in Geist und Stil der Marinisti ‚Nach dem Italiänischen' selbst gedichtet.[37]

Die Tatsache, dass in diesem Zusammenhang die Formulierung „nach dem Italiänischen" als Hinweis auf eine möglicherweise nur geistige und stilistische Vorlage verstanden wird, zeigt, wie viel Freiraum George sich nimmt. Erst Emmy Rosenfeld ordnet das Gedicht sicher seinem Original von Gianbattista Zappi zu. Es handelt sich bei dem Gedicht von Zappi um ein Sonett, das George in sechs Terzinen übersetzt. Rosenfeld weist darauf hin, dass George dieses Gedicht übersetzt, weil ihn das Argument des Gedichts begeistert:

---

[33] Spanisch, Italienisch, Englisch und Norwegisch. SW I, S. 42–52.
[34] Kluncker, Blätter für die Kunst, S. 88f.
[35] SW I, S. 47. Das Original-Gedicht ist ein Sonett von Gianbattista Zappi – George übersetzt nicht die Sonettform, sondern benutzt stattdessen sechs Terzinen. Vgl. dazu Rosenfeld, Erste Begegnungen Stefan Georges mit Italien, S. 299–303.
[36] Eine Pseudoübersetzung ist ein Text, der sich als Übersetzung darstellt, obwohl es sich um ein Original handelt. Beispiel für eine Pseudoübersetzung ist ‚Don Quichote'.
[37] Berger, Georges Lukretia-Gedicht, S. 28.

> Wenn nun aber George dieses mittelmäßige Rokoko-Sonett in freier Form bearbeitet hat, so tat er es, weil ihn das *Argument* darin anzog, nicht die *Form*. Es taucht hier jene verächtliche, herbe, verneinende Geste auf, die auch für den reiferen George typisch ist, wenn er einsam wandernd, scharf beobachtet, so daß ihm kaum eine menschliche Schwäche je entgeht. Es liegt da bei dem jungen Dichter ohne Frage, nach einer schwärmerischen Annäherung eine erste in Dunkel getauchte, sentimentale Enttäuschung vor. George steht von nun an jeder Frau skeptisch, abwartend gegenüber, besonders jener, deren Tugend und Heldentum traditionell gepriesen wird.[38]

Gerade hier, wo George die Form des Gedichts abändert, verschweigt er also den Namen des Autors, und so bleibt diese vermeintliche Unzulänglichkeit seiner Übersetzung lange unentdeckt. Stattdessen gelingt George mit dem Titel die Betonung der Lucretia.

Auch alle späteren Übersetzungen erscheinen ohne Original. Dies trägt dazu bei, dass die Übersetzung, die nie als solche bezeichnet wird, vor allem als Werk Georges gesehen wird. Mit den Bezeichnungen als Übertragung, Nachbildung oder Umdichtung spielt George auf seine eigene Arbeit an. Sowohl das Über*tragen* und Nach*bilden* als auch das Um*dichten* betonen das eigene Tun, die Verantwortung und kreative Tätigkeit des Übersetzers.[39]

Die Übersetzungen werden zudem in der seit etwa 1904 entstehenden Stefan-George-Schrift[40] mit der für George üblichen Orthographie und Zeichensetzung veröffentlicht. George präsentiert die Übersetzungen immer als zu seinem Werk zugehörig, sei es durch konsequente Kleinschreibung oder die Hochpunkte. Gleichzeitig zeigt sich auch sein Anspruch, eine allgemeingültige Schrift zu entwickeln. Die Übersetzungen werden optisch mit George in Verbindung gebracht. Auch bei den Übersetzungen entwickelt George seine Schrift weiter, sodass er im ersten Druck der Sonett-Übersetzung viele Änderungen an der Schrift vor-

---

[38] Rosenfeld, Erste Begegnungen Stefan Georges mit Italien, S. 302. Zur Entwicklung der ‚Frau' in Georges Werk vgl. Osterkamp, Frauen im Werk Stefan Georges (b).

[39] Das Über*tragen* zeugt von mehr Verantwortung als das Übersetzen, da das Tragen viel mehr eigenes Tun impliziert: etwas hochheben, festhalten und sicher absetzen. Im Übrigen wird in den ‚Blättern für die Kunst' erst die Sonett-Übersetzung als ‚Umdichtung' bezeichnet, davor ist immer von ‚Übertragungen' oder ‚Nachbildungen' die Rede.

[40] Vgl. zur St.-G.-Schrift: Kurz, Der Teppich der Schrift, bes. Kapitel 3.2. ‚St.-G.-Schrift und Georges Handschrift' S. 61–87. Zur Entstehung der Stefan George Schrift vgl. Reuß, Industrielle Manufaktur; Oelmann, Vom handgeschriebenen Buch zur Erstausgabe; Baumann, Medien und Medialität, S. 694ff.; Haug/Lucius, Verlagsbeziehungen und Publikationssteuerung, S. 481ff.

nimmt.[41] Stefan Kurz stellt fest, dass George mit der eigenen Schrift „eine Kontinuität [konstituiert], die das gesamte Werk ab 1904 umfasst, unabhängig von den Inhalten der Texte."[42] Auch die Übersetzungen werden optisch in ein beständiges Werk integriert.

Georges Übersetzungen lassen sich in zwei Phasen unterteilen: in eine frühe Phase bis etwa zur Jahrhundertwende, in der er Gedichte zeitgenössischer Dichter und Auszüge aus den ‚Fleurs du Mal' von Baudelaire übersetzt, und eine späte Phase (ab 1901), die den Übersetzungen der ‚Göttlichen Komödie' von Dante und den Sonetten Shakespeares gewidmet ist.[43] George versteht sich nicht als ehrfurchtsvoller Jünger der großen Dichter, sondern als einer von ihnen. Auch fasst er es nicht als seine Aufgabe auf, in die Werke Dantes und Shakespeares einzuführen. Beide gehören bereits zum festen Stamm der Weltliteratur und George verfolgt vielmehr das Ziel, die Übersetzung für sein eigenes Werk zu nutzen.

Laut Gundolf sieht George gerade in Dante und Shakespeare den „Inbegriff des Dichtertums". Dort ist seine eigene Vorstellung von Dichtung vereinigt, nämlich:

> Element und Gestalt, Sprache und Kosmos, Natur und Menschenart [...]: der tragische, heldische, adlige Gesamtmensch der das All in seine gehobene Sprache bannt, und dadurch die weltschaffenden Kräfte zugleich bewahrt und steigert.[44]

Wichtig ist hier der betonte Aspekt des Weltschaffens, denn dies verbindet Georges Werk und seine Shakespeare-Übersetzung[45]: der Wille, etwas Eigenes, Traditionsreiches und Beständiges zu schaffen; etwas, das auch in die Zukunft wirken wird. Deswegen hat George, wie Braungart betont, beim Übersetzen auch ein Interesse daran, „den von einigen wenigen großen Gestalten der Dichtung und der Geschichte getragenen Traditionszu-

---

[41] Kurz stellt die Entwicklung der Stefan-George-Schrift sorgfältig dar. Zum ersten Druck der Sonett-Übersetzung notiert er mehrere Änderungen. Kurz, Der Teppich der Schrift, S. 76: „Erstmals wird im Mengensatz das V mit Querbalken unten eingesetzt, das g erhält die entrundete, horizontalbetonte Unterlänge, S und s treten in ihren entrundeten Formen auf, in denen die Bogenradien verkleinert werden. Der Querstrich des N geht nicht mehr über die gesamte Buchstabenhöhe." Nach 1909 scheint die Entwicklung abgeschlossen zu sein und es gibt keine deutlichen Änderungen mehr.
[42] Ebd., S. 142.
[43] Felix Wittmer unterscheidet die frühe und die späte Übersetzungsphase daran, dass es sich einerseits um zeitgenössische, andererseits um vergangene Dichter handelt; Wittmer, Stefan George als Übersetzer, S. 374; vgl. auch Landmann, Vorträge über Stefan George, S. 155.
[44] Gundolf, George, S. 52.
[45] In seiner Einleitung zu der Sonett-Übersetzung betont George die „weltschaffende kraft der übergeschlechtlichen liebe". SW XII, S. 5.

sammenhang aufrechtzuerhalten"[46], um sich selbst in diesen Traditionszusammenhang zu stellen.

In den Veröffentlichungen zu Georges Übersetzerwerk wird durchgehend Georges Hervorhebung der Form bestätigt.[47] Es gehe George um das Dichterische und er habe eine „eigentümliche Tendenz […] zur Isolierung der Elemente, die das Gedicht ausmachen".[48] Mir ist allerdings wichtig, dass George – gerade in der späten Übersetzungsphase – Wert auf die Gestalt und auf den Gehalt legt. Die Maxime aus der ‚Vorrede' der Dante-Übersetzung, dass „das dichterische · ton bewegung gestalt"[49] sei, integriert mit der Bewegung auch das Wirken des jeweiligen Werkes.[50] Nicht nur der Ton oder Klang kann in einem Rhythmus bewegt werden, sondern auch der Mensch kann (und soll in Georges Verständnis) durch das Dichterische bewegt werden. George interpretiert den Gehalt dieser Gedichte eigenwillig bzw. im Einklang mit seinem eigenen Werk.

Oft wird George ein machtvoller, gewaltsamer Umgang mit dem Originaltext bescheinigt. Manfred Gsteiger erkennt bei George die „Tendenz […], ‚Umdichtung' als Reduktion, Umdeutung oder Berichtigung zu verstehen".[51] Und Wittmer wie auch Nutt-Kofoth beschreiben George bildreich als einen Übersetzer, der handwerklich verändert: George „schmilzt Fremdes in der Glut seiner Persönlichkeit, reißt es in sich hinein"[52] und er „gießt" die „innovativen Hauptwerke der europäischen Literatur […] in eine Georgesche Form".[53] Die Treue zum fremden Werk wird immer von der Treue zum eigenen Werk „überlagert".[54] Während bei anderen Übersetzern oft technische Unmöglichkeit zu Verzicht und Einschränkungen führt, verhält es sich bei George anders: Er hat eigene Stil-

---

[46] Braungart, Ästhetischer Katholizismus, S. 61.
[47] Vgl. z. B. Gsteiger, Die Blumen des Bösen, S. 80; Michels, Die Dante-Übertragungen Stefan Georges, S. 34; Norwood, Stefan George's translation of Shakespeare's Sonnets, S. 223; Volkmann, Shakespeares Sonette auf deutsch. S. 45; Jaime, Stefan George und die Weltliteratur, S. 59. Sebba, Das Ärgernis Stefan George, S. 223; Rosenfeld, Erste Begegnungen Stefan Georges mit Italien, S. 297; Wittmer, Stefan George als Übersetzer, S. 362; Norwood, Stefan George's translation of Shakespeare's Sonnets, S. 223; Farrell, Stefan Georges Beziehungen zur englischen Dichtung, z. B. S. 210 u. 217; Walch, Nachwort, S. 345.
[48] Bauer, Zur Übersetzungstechnik Stefan Georges, S. 161.
[49] SW X/XI, S. 5.
[50] Das „dichterische" ist – so führt die Vorrede aus – „alles wodurch Dante für jedes in betracht kommende volk (mithin auch für uns) am anfang aller Neuen Dichtung steht." SW X/XI, S. 5. Ganz deutlich wirkt „das dichterische" also in die Zukunft hinein und betrifft auch uns noch.
[51] Gsteiger, Die Blumen des Bösen, S. 53.
[52] Wittmer, Stefan George als Übersetzer, S. 361f.
[53] Nutt-Kofoth, Autor oder Übersetzer oder Autor als Übersetzer, S. 98.
[54] Lieser, Fremdsprachliche Übertragung als Nachgestaltung und Neuschöpfung, S. 73.

ideale, ein starkes Selbstbewusstsein, was sein dichterisches Schaffen anbelangt, und einen mächtigen Willen: „Nicht Unvermögen, sondern ein künstlerischer Gegenwille, ist hier am Werk".[55] Georges Übersetzungen allerdings deswegen, wie George Steiner, als ein „Fest heftiger Selbstprojektion"[56] zu bezeichnen, erscheint einseitig. George möchte nicht nur sich selbst projizieren. In seinen Übersetzungen sucht George – so wie es Ernst Osterkamp bereits für die Geistbücher des Kreises festgestellt hat – das „Eigene im Fremden".[57]

Die späte Übersetzungsphase Georges[58] ist die traditionsschaffende oder integrierende Phase. Georg Peter Landmann sieht mit der Übersetzung und damit der „Eroberung Dantes" den „Schritt getan vom schönen Kunstwerk zur grossen Dichtung, von der symbolischen Avantgarde zur europäischen Tradition."[59] Friedrich Wolters betont, dass es bei den

---

[55] Gsteiger, Die Blumen des Bösen, S. 59.

[56] Steiner, Nach Babel, S. 269.

[57] Osterkamp, Das Eigene im Fremden. Vgl. auch Apel, Die eigene Sprache als fremde; Raulff, Die Souveränität des Künstlers. Arbogast beschreibt Georges Umgang mit dem Fremden in der eigenen Dichtung martialisch: „Dieses Detail aus seiner Werkstatt [=horazisches Versmaß bei George] ist ein sprechendes Beispiel dafür, wie er sich gegen das Fremde verhielt, das er in sein Gedicht aufnehmen wollte: er zerschlug es in Teile und fügte dann die Teile zu einer neuen Ganzheit zusammen. [...] Die Geschichte seines Werkes ist nicht zuletzt eine Geschichte der Eingewöhnung fremder Elemente, die er immer mehr dem eigenen Ausdruckswillen dienstbar zu machen wußte." Arbogast, Stefan George und die Antike, S. 40f. Es passt dazu, dass Lieser in Georges Übersetzungen „eine Verdoppelung des von ihm selbst Geschaffenen" erkennt. Lieser, Fremdsprachliche Übertragung als Nachgestaltung und Neuschöpfung, S. 73. „Diese Veröffentlichung umfaßt sechzehn europäische Dichter, die Stefan George aus zeitlicher Nähe und Ferne herübergeholt hat, um sie zum erstenmal oder aufs neue zu verkünden *und sich selbst in ihnen.*" Ebd., meine Hervorhebung.

[58] Ralph Farrell unterscheidet das Verhältnis von George zu Dante und dem zu Shakespeare. George habe Dante vergöttert, von Shakespeare dagegen habe er lernen wollen. Vgl. Farrell, Stefan Georges Beziehungen zur englischen Dichtung, S. 21. Dies ist eine zu einfache Annahme. Dass George von den kurzen Silben, der Knappheit der englischen Sprache gelernt hat oder inspiriert wurde, ist durchaus richtig, doch hat er dies in seinen frühen Übersetzungen (Rossetti, Swinburne, Dowson) getan. Vgl. ebd.; Marx, Stefan George in seinen Übertragungen englischer Dichtung. In seinen späten Übersetzungen von Dante und Shakespeare war die Absicht Georges nicht mehr die, seine eigene Sprache zu schulen und zu verbessern, sondern sich auf dieselbe Ebene zu stellen, und ihre Dichtung in seinen Kreis aufzunehmen. Seine eigene Sprache hatte er zu diesem Zeitpunkt bereits gefunden.

[59] Landmann, Vorträge über Stefan George, S. 179f. Vgl. auch Elisabeth Gundolf, Stefan George und der Nationalsozialismus, S. 64. Elisabeth Gundolf führt die Übersetzungen Georges an, um ihn vom Nationalsozialismus abzugrenzen: „Georges Offenheit für die Werte anderer Völker und seine Hingabe an das Amt, die Stimmen der Welt dem eigenen Volk zu vermitteln, sind von grundsätzlicher Bedeu-

Übersetzungen um eine „unmittelbare Fruchtbarmachung"[60] Dantes und Shakespeares für Georges Werk ging. Die genauere Analyse wird bekräftigen, dass Georges Übersetzung bestimmte Aspekte in Shakespeares Sonetten betont und sich dies bestätigend – oder fruchtbar[61] – für Georges Werk auswirkt.[62]

Zusammengefasst ist George ein Übersetzer, der sich schon früh und begeistert mit verschiedenen Sprachen beschäftigt. Übersetzungen begleiten sein gesamtes Werk. George behandelt sie als zugehörig zum Werk. Die übersetzten Gedichte sind George zuzuordnen, und damit unterstreicht er seine Rolle als ebenbürtiger Dichter. Grundlegend für Georges Übersetzungen sind zwei Phasen: zunächst die Integration Georges in eine zeitgenössische europäische Dichterbewegung, die daran arbeitet, die Dichtung zu erneuern, und dann schließlich die Zugehörigkeit Georges zu einer Tradition der großen Dichter, die in der Lage sind, eine neue Dichtung bzw. eine Welt zu erschaffen. Georges Shakespeare-Übersetzung ist klar in die letzte Phase einzuordnen. Indem er mit den Mitteln seiner Übersetzung bestimmte Aspekte der Sonette stärker betont als andere, schafft George eine Sonett-Übersetzung, die Shakespeare zeigt, wie George ihn sich wünscht: einen Shakespeare, der ähnliche Ideen vertritt wie George selbst und der deswegen mit seiner Dichtung auch ein ähnliches Ziel verfolgt. Es zeichnet George als Übersetzer aus, dass er eben nicht einfach nur – wie es ihm oft vorgeworfen wird – George über alles stülpt und die fremden Texte *georgisiert*, sondern dass er nach dem

---

tung." Ebd. In Wittmers Aufsatz zum 60. Geburtstags Georges wächst „der Sohn des Rheins" auch dank seiner Übersetzungen „zum Weltdichter." Wittmer, Stefan George als Übersetzer, S. 362.

[60] Wolters, Stefan George, S. 427. Es geht an dieser Stelle genauer darum, dass die griechische Literatur noch nicht fruchtbar gemacht werden könne, sondern dass man sich erst auf Dante und Shakespeare konzentrieren müsse.

[61] In der Vorrede zu den Dante-Übersetzungen wird ebenfalls von ‚fruchtbar' gesprochen. SW X/XI, S. 5: „Was er [der Verfasser] aber fruchtbar zu machen glaubt ist das dichterische · ton · bewegung gestalt: alles wodurch Dante für jedes in betracht kommende volk (mithin auch für uns) am anfang aller Neuen Dichtung steht."

[62] George sah sich scheinbar nicht in der Lage bzw. hielt die Zeit noch nicht für gekommen, um antike Texte zu übersetzen. Zwar wurde zu Zwecken des Sprach-Erwerbs und der Bildung aus dem Griechischen übersetzt, aber George veröffentlichte keine von ihm übersetzten antiken Texte, da er „den dichterischen Bereich der Antike […] mit frommer Scheu als einen noch unbetretbaren Boden [betrachtete]" Wolters, Stefan George, S. 427. Vgl. auch Schlayer, Minusio, S. 76f.; Lieser, Fremdsprachliche Übertragung als Nachgestaltung und Neuschöpfung, S. 75. Siehe außerdem die Episode, dass George einmal eine eigene Sophokles-Übersetzung vor den Augen der Jünger verbrannte. Vgl. Boehringer, Mein Bild, S. 162.; Schefold, Stefan George als Übersetzer Dantes, S. 233.

Eigenen im Fremden sucht und es hervorhebt. Er begegnet den fremden Texten mit einer äußerst zielgerichteten Aufmerksamkeit.

Exkurs: Georges Baudelaire-Übersetzung

George arbeitet in seinen frühen Übersetzungen vor allem an seiner Sprache und seinem Stil. Hier gilt die Umdichtung der ‚Fleurs du Mal' von Baudelaire als Beispiel. Im Anhang an den Baudelaire-Band der ‚Sämtlichen Werke' Georges beschreibt Georg Peter Landmann Baudelaire als wichtigsten Lehrmeister Georges. In den zehn Jahren (1891–1900), die er aus den ‚Fleurs du Mal' übersetzte, habe er „an dieser Aufgabe seine Kunst geschult."[63] Aufschlussreich ist hier Georges Vorwort, das betont, dass diese „verdeutschung [...] ihre entstehung nicht dem wunsche einen fremden verfasser einzuführen sondern der ursprünglichen reinen freude am formen"[64] verdankt. George bezeichnet hier selbst das, was die Übersetzung ausmacht: ausformen der eigenen Sprache, schließlich den eigenen Stil herausfiltern.[65] George betont weiter, dass diese Umdichtung keinesfalls vollendet werden soll, „und der umdichter betrachtet seine mehrjährige arbeit als abgeschlossen nachdem er seine möglichkeiten erschöpft sah."[66] Für George steht seine eigene Arbeit, sein Formen, im Vordergrund. Die Arbeit ist abgeschlossen, als er keine weiteren Möglichkeiten des Weiterformens mehr sieht; und nicht etwa, als er alle bedeutsamen Gedichte Baudelaires übertragen hat oder als ein vollständiges Bild der ‚Fleurs du Mal' entstanden ist.[67]

---

[63] Landmann, Anhang, S. 164. Maurer nennt Georges Baudelaire-Übersetzung als Beispiel für eine Übersetzung, die durch schöpferische Herausforderung motiviert wurde. Vgl. Maurer, Literarische Übersetzung, S. 251.

[64] SW XIII/XIV, S. 5.

[65] Allerdings zeigt Keck anhand Georges Übersetzung des Gedichts ‚Correspondances', dass es auch Georges dichterische Intention war, sich „in den (inspirierten) Kreis der internationalen Moderne" zu integrieren. Vgl. Keck, Baudelaires ‚Correspondances', S. 95.

[66] SW XIII/XIV, S. 5. Böschenstein sieht in der gelungenen Übersetzung gleichzeitig Georges Entfremdung von der französischen Dichtung und seine eigene Entwicklung begründet. Vgl. Böschenstein, Übersetzung als Selbstfindung, S. 42.

[67] Die Auswahl der übersetzten Baudelaire-Gedichte ist in der Forschung oft besprochen worden. Vgl. Ortlieb, Baudelaire, S. 254–269; Arbogast, Die Erneuerung der deutschen Dichtersprache in den Frühwerken Stefan Georges, S. 61; Braungart, Ästhetischer Katholizismus, S. 269–273; Gramberg, Stefan Georges Übertragungen, S. 109–115; Gsteiger, Die Blumen des Bösen, S. 53ff.; Keck, Der deutsche „Baudelaire", S. 106f.; Melenk, Die Baudelaire-Übersetzungen Stefan Georges, S. 114f.; Nutt-Kofoth, Autor oder Übersetzer oder Autor als Übersetzer, S. 94; besonders die Tatsache, dass George den Beginn der *Fleurs du Mal* ändert, hat Anlass zu zahlreichen Überlegungen gegeben. So sieht Schödlbauer z. B. eine Verbindung zu Georges eigenem Werk: „Wenn George die *Blumen des Bösen* – aus Gründen der Deutlichkeit, wie gesehen – mit der Apotheose des Dichters beginnen lässt, dann geschieht das nicht ohne Hintergedanken. Er legt damit fest, wie der

In den weiteren sechs Auflagen bis 1922 erscheinen weder Änderungen noch Ergänzungen.[68] Lediglich die Gesamtausgabe 1930 wird um drei Stücke vermehrt, „die zur zeit des ersten druckes als zu unfertig ausgeschieden wurden .. neues kam seitdem nicht hinzu und somit kann die arbeit als abgeschlossen gelten."[69] Erneut betont George die Abgeschlossenheit des Ganzen und schließt eine weitere Arbeit an der Baudelaire-Übersetzung aus. Die Baudelaire-Umdichtung endet damit, dass George sich Dante zuwendet,[70] einem Dichter, den er aus ganz anderen Beweggründen als der „reinen freude am formen" übersetzt. Im Vorwort der Baudelaire-Übersetzung hält George fest: „Mit diesem verehrungsbeweis möge weniger eine getreue nachbildung als ein deutsches denkmal geschaffen sein."[71] Es soll ein „[D]enkmal"[72] entstehen, also etwas, das besteht; und es soll etwas „geschaffen" werden, der eigene künstlerische Schaffensprozess ist für George wichtig.[73]

Anfang seines Werks, also das erste Gedicht der *Hymnen*, gelesen werden soll. Der Parallelismus der Titel ist ohnehin unübersehbar." Schödlbauer, Zeitenwende und Diagnose der Moderne, S. 74. Gsteiger bringt mehrere Beispiele dafür, dass George hier und an anderen Stellen das Hauptmotiv ‚l'Ennui' entfernt. Vgl. Gsteiger, Die Blumen des Bösen, S. 53.

[68] Vgl. Landmann, Anhang, S. 164.
[69] GA XIII/XIV, S. 5. In den ‚Sämtlichen Werken' wird dieses Vorwort nicht mehr aufgenommen. Vgl. aber den Kommentar in SW XIII/XIV, S. 164 und 171.
[70] Vgl. Landmann, Anhang, S. 164: „Als ihm freilich um die Jahreswende 1900/1901 die ersten Dante-Übertragungen gelungen waren, war an eine Fortsetzung nicht mehr zu denken."
[71] SW XIII/XIV, S. 5.
[72] Dies wird in der Studie von Thomas Keck zur übersetzerischen Rezeption Baudelaires aufgenommen: Sein Kapitel zu Georges Übersetzung der ‚Fleurs du Mal' lautet: „Stefan Georges deutsches Baudelaire-Denkmal". Vgl. Keck, Der deutsche „Baudelaire", S. 93–115. Hier wird auch näher die Verbindung erläutert, dass George das einzige deutsche Mitglied des Komitees fungierte, das ein Denkmal für Baudelaire stiften wollte. In der stattdessen erscheinenden Gedenkschrift ‚Le Tombeau de Charles baudelaire' veröffentlichte George zwei Baudelaire-Übersetzungen als Gedenktexte. Vgl. ebd., S. 99. Vgl. auch den Spendenaufruf in: Blätter für die Kunst, 1. Folge, I. Band (1892), S. 32; und die ‚Nachrichten' über den Eingang von Spenden: Blätter für die Kunst, 1. Folge, III. Band (1893), S. 96. Auch wenn man Georges Übersetzung kritisch liest, kommt man scheinbar an dem ‚Denkmal' nicht vorbei ohne es kommentieren zu müssen: „Gewiß bleiben die *Blumen des Bösen* ein Denkmal der deutschen Literatur. Aber dieses Denkmal ist ein Torso." Gsteiger, Die Blumen des Bösen, S. 91.
[73] Wie sehr dies zumindest bei den Anhängern Georges gelungen ist, zeigt ein Zitat aus der Festschrift zu Georges 100. Geburtstag: „[Baudelaires] lyrisches Werk, die Fleurs du Mal, ein Gipfel der französischen Literatur des 19. Jahrhunderts, wurde in mehrjähriger Arbeit durch Georges Übertragung zu einem Gipfelwerk der deutschen Dichtersprache." Lieser, Fremdsprachliche Übertragung als Nachgestaltung und Neuschöpfung, S. 77.

Während Baudelaire durch die reine Quantität in Georges frühen Übersetzungen heraussticht, hat George später (1905) Mallarmé und Verlaine als seine französischen Vorbilder angegeben:

> Ich frage: ‚Haben die Franzosen auf Sie eingewirkt?' George antwortet: ‚Ja – Mallarmé und Verlaine sehr viel'. Er hat sie getroffen, ist von Beiden herangezogen worden. Mallarmé war Lehrer am Collège. Verlaine war ganz verkommen. George war damals erst zwanzig.
> George meint, Mallarmé und Verlaine, auch Viliers de l'Isle-Adam, haben ihn nicht in der Sprache beeinflusst, wohl aber auf das tiefste in der Gebärde des Lebens, die dann in ihm wieder Kunst geworden sei.[74]

In Kurt Breysigs Erinnerung betont George zwar andere Franzosen als Baudelaire, nimmt aber klar die Sprache aus. Die Sprache hat er an Baudelaire geschult. George beschreibt zudem, dass er von der „Gebärde des Lebens" gelernt habe und nicht etwa direkt von der Kunst der Franzosen. Es ist die Gebärde des Lebens, die in ihm und durch ihn wieder Kunst geworden ist. Schon früh wehrt sich George dagegen, als Schüler der Franzosen gesehen zu werden. Das symbolische Abschließen mit Frankreich in dem Vorwort zur Baudelaire-Übersetzung (1901) sowie die Herausgabe der ‚Deutschen Dichtung' (1900–1902) passen hier zeitlich zueinander.[75] George arbeitet vehement daran, als Dichter der Deutschen wahrgenommen zu werden, und bemüht sich dementsprechend um eine nicht französische Ahnengalerie.

Die Intention, mit der George Shakespeare übersetzt, ist eine grundlegend verschiedene, denn sobald er als deutscher Dichter etabliert ist, arbeitet er sehr wohl an einer Ahnengalerie, die sich im Bereich der Übersetzung an den Geistesgrößen Dante und Shakespeare orientiert.

2.2. Rekonstruktion von Georges Übersetzungsverständnis

George bezieht nie direkt Stellung zum Übersetzen oder legt sein eigenes Verständnis der Übersetzung dar. Allerdings geben seine verschiedenen Vorworte, die Bemerkungen in den ‚Blättern für die Kunst' sowie einige Gesprächsäußerungen und Briefe Aufschluss darüber, wie George sein Übersetzungsideal definiert. Außerdem finden sich Hinweise in Äußerungen aus dem George-Kreis. Es ist bezeichnend, dass sich viele der

---

[74] Breysig, Begegnungen mit Stefan George, S. 16, Tagebucheintrag Nacht 18./19. Okt. 1905.
[75] Vgl. Karlauf, Stefan George, S. 285–311, das Kapitel ‚Ahnengalerie'. Vgl. ebd., S. 286 auch einen Brief Georges an Stuart Merrill in dem er sich schon 1893 über seine Etikettierung als Franzose beschwert.

Kreismitglieder ebenfalls im Übersetzen übten.[76] Wie Raulff betont, wussten „[a]lle, die Stefan George nahe gestanden hatten, [...] um den Wert, aber auch um die Problematik des Übersetzens."[77]

Farrell bezeichnet „ein genaues Ebenbild des Originals" als Georges Übersetzungsideal: „George gehörte nicht zu denjenigen, die glauben, daß man den Geist ohne den Buchstaben übertragen kann. Für ihn waren sie eins, und den einen ohne den anderen gestalten zu wollen, wäre ihm ein Ding der Unmöglichkeit gewesen."[78] Gleichzeitig findet man immer wieder Äußerungen dazu, dass George die Texte zu georgeschen Texten mache und sie sich teilweise gewaltsam aneigne.[79] Georges Übersetzungen scheinen sowohl dem Originaltext als auch dem Übersetzer gegenüber äußerst treu bleiben zu wollen. Im Folgenden arbeite ich heraus, wie George selbst die Kunst der Übersetzung darstellt, was er als wichtig erachtet, wie er arbeitet und was ihn als Übersetzer auszeichnet.[80]

---

[76] Am bekanntesten ist hier sicher Gundolf, aber auch Wolfskehl wurde als bedeutender Übersetzer von „ältester deutscher Dichtung", z. B. dem ‚Ulenspiegel', wahrgenommen. Vgl. Wolfskehl/von der Leyen, Älteste deutsche Dichtung; Helbing, Karl Wolfskehl, S. 14; Landmann, Gespräche mit Stefan George, S. 181. Außerdem übersetzte z. B. Vallentin Aussprüche Napoleons, Wolters Dichtung des Mittelalters, Hildebrandt und Salin Platon, Kommerell Calderon und Wenghöfer versuchte sich unter Gundolfs Anleitung an einer Übersetzung der Epen Shakespeares. Vgl. auch Kluncker, Blätter für die Kunst, S. 90. An der Übersetzung des Dramas ‚Cymbeline' hat auch Ernst Gundolf mitgewirkt. Vgl. Ernst Gundolf, Werke, S. 233. Das Übersetzen wurde von George auch als Übung gesehen und Boehringer beschreibt das Übersetzen als ein Mittel der Rezeption. Vgl. Boehringer, Das Leben von Gedichten. Percy Gothein erinnert sich, dass das Erlernen fremder Sprachen in der Jugend und auch später „zur Selbstdisziplinierung" diente. Gothein, Aus dem Florentiner Tagebuch, S. 18. Vgl. auch Durzak, Epigonenlyrik, S. 491.

[77] Raulff, Kreis ohne Meister, S. 271. Georg Peter Landmann beschreibt im Anhang der Dante-Übersetzung, dass er selbst – wie auch viele andere des weiteren George-Kreises – italienisch lernte um Dante im Original zu lesen bzw. auch zu übersetzen. Vgl. SW X/XI, S. 147. Ein Ensemblemitglied des Bochumer Theaters berichtete, dass sich Saladin Schmitt, ein großer Verehrer Shakespeares, den Shakespeare-Übersetzungen oft nicht traute und stattdessen das Original zurate zog. Thomas, Leben und Denken im szenischen Raum, S. 107.

[78] Farrell, Stefan Georges Beziehungen zur englischen Dichtung, S. 180.

[79] Vgl. Landmann, Vorträge über Stefan George, S. 179. Vgl. außerdem Gsteiger, Die Blumen des Bösen, S. 53; Wittmer, Stefan George als Übersetzer, S. 361f.; Nutt-Kofoth, Autor oder Übersetzer oder Autor als Übersetzer, S. 98.

[80] Zwar sind viele Vorworte und Anmerkungen nie ausdrücklich von George verfasst und sprechen meist auch von einem „wir" oder passiv von „dem Verfasser", es ist aber wahrscheinlich, dass hier George selbst seine Meinung vertritt bzw. vertreten lässt. Zu den Vorworten der ‚Blätter für die Kunst' vgl. Kluncker, Blätter für die Kunst, S. 93ff. Zum Programm der ‚Blätter für die Kunst' vgl. Martus, Geschichte der Blätter für die Kunst, S. 321ff. Die meisten Übersetzungen aus den ‚Blättern

In Georges Vorworten zu seinen Übersetzungen sowie in den entsprechenden Anmerkungen in den ‚Blättern für die Kunst' wird besonders deutlich, dass es sich bei den Übersetzungen immer um die Bemühung handelt, neue Dichtung darzustellen, neue Gebiete der Dichtung kennenzulernen sowie die eigene Dichtung zu erneuern. In der Vorrede zur Dante-Übersetzung heißt es: „Was er [der Verfasser] aber fruchtbar zu machen glaubt ist das dichterische · ton bewegung gestalt: alles wodurch Dante für jedes in betracht kommende volk (mithin auch für uns) am anfang aller *Neuen Dichtung* steht."[81] In der Vorrede der Baudelaire-Übersetzung weist George darauf hin, dass die Verehrung Baudelaires auf dessen Schaffensdrang gründet, auf dem „eifer mit dem er der dichtung *neue gebiete* eroberte und die glühende geistigkeit mit der er auch die sprödesten stoffe durchdrang."[82] In den beiden Bänden der ‚Zeitgenössischen Dichter' sind schließlich Übertragungen „der wichtigsten Geister vereinigt denen man das *Wiedererwachen der Dichtung* in Europa verdankt"[83]. An anderen Übersetzungen wird kritisiert, dass keine „den *neuen Geist* durchbrechen"[84] lässt. George weist also immer darauf hin, dass mit den Übersetzungen eine Erneuerung oder eine Weiterentwicklung der deutschen Dichtung vorangetrieben wird. Wiederum muss zwischen den frühen und den späten Übersetzungen unterschieden werden, denn Erstere sollen nur den Anstoß zu einer neuen Dichtung geben, während die beiden großen Dichter – Dante und Shakespeare – eher als Ahnen der Dichtung gesehen werden und deswegen auch in der späteren Phase noch einen Traditionszusammenhang stiften können.[85] In der siebten Folge der ‚Blätter für die Kunst' (1904) wird daher auch ein Ende der einführenden Übertragungen markiert:

> wir haben nach und nach die Engländer Franzosen Niederländer in entsprechenden übertragungen eingeführt und uns dann mehr und mehr auf die dichter unsres landes beschränkt die den neuen dichterischen gedanken erschufen oder weitertragen halfen.[86]

Der hier benannte neue dichterische Gedanke ist also mit der Übersetzung erfolgreich nach Deutschland vermittelt worden. Nun geht es um das neue Dichterische, und das beinhaltet Form und Wirkung.

George weist wiederholt auf die unzureichenden Möglichkeiten einer Übersetzung hin, das Original in seiner vollen Bedeutung darzustellen. So

---

für die Kunst' stammen von George. Vgl. Kluncker, Blätter für die Kunst, S. 90; Martus, Geschichte der Blätter für die Kunst, S. 314.
[81] SW X/XI, S. 5, meine Hervorhebung.
[82] SW XIII/XIV, S. 5, meine Hervorhebung.
[83] SW XV, S. 5, meine Hervorhebung.
[84] SW XV, S. 5, meine Hervorhebung.
[85] Dante steht ja auch „am anfang aller Neuen Dichtung". SW X/XI, S. 5.
[86] Blätter für die Kunst, 7. Folge, 1904, S. 1f.

war die Dante-Übersetzung nie als ein „vollständiger umguss" gedacht, denn „dazu hält er [der Verfasser] ein menschliches wirkungsleben kaum für ausreichend."[87] In einem Gespräch mit Vallentin über eine Übersetzung des ‚Napoleon'-Buches bezeichnet George bestimmte Worte als unübersetzbar.[88] Auch in den ‚Blättern für die Kunst' wird betont, dass man nicht die Schwierigkeiten verkennen solle, „die bei einer übersetzung aus fremder sprache sich darbieten"[89], dass man „[m]it grosser vorsicht" vorgehen, sich hüten müsse „vor einem sinnlosen blossen herübernehmen" und nur das bringt, „was durch die art der übertragung eigenster besitz geworden für unsere sprache unser schrifttum und unser Werk im einzelnen natürlich und zuträglich war."[90] Dies ist auch ein Hinweis Georges darauf, wie denn die schwierige Aufgabe des Übersetzens gemeistert werden soll, nämlich durch Zueignen des Originals. Nicht das Vermitteln oder „blosse herübernehmen" ist wichtig bei einer Übersetzung, sondern der Mehrwert für den eigenen Besitz. George betont, dass die Übersetzung die Dichtersprache erneuert. Er eignet sich nicht nur den Text als solchen an, sondern nutzt die Übersetzung, um sich eine neue Art der Dichtung zu erschließen bzw. die eigene zu bereichern. Beeindruckend sind neben der Fülle der verschiedenen Sprachen auch immer wieder die Geschwindigkeit[91] sowie Georges Genauigkeit[92].

---

[87] SW X/XI, S. 5. Auch bei Baudelaire heißt es, dass dieser „verehrungsbeweis [...] weniger eine getreue nachbildung" sein möge. SW XIII/XIV, S. 5.
[88] Vallentin, Gespräche mit Stefan George, S. 67. Gespräch vom 6.11.1922.
[89] Blätter für die Kunst, 1. Folge, II. Band, S. 53.
[90] Blätter für die Kunst, 3. Folge, V. Band, S. 131. Der Plural in diesem Zitat ist als Majestatis zu sehen und das Werk wird durch die Großschreibung als das von George gekennzeichnet. Vgl. Kluncker, Blätter für die Kunst, S. 89.
[91] Die Sonett-Übersetzungen entstanden wahrscheinlich innerhalb von zwei Jahren. Vgl. Marx, Stefan George in seinen Übertragungen englischer Dichtung, S. 15. Von Morwitz ist überliefert, dass ihm George nach seiner frühen morgendlichen Arbeit pro Tag ein fertig übersetztes Sonett zeigte. Vgl. Marx, Meine Zusammenarbeit mit Ernst Morwitz, S. 46.
[92] Zu Georges Genauigkeit vgl. auch Elisabeth Gundolf, Meine Begegnungen mit Rainer Maria Rilke und Stefan George, S. 44: „George hatte einen angeborenen Hang für Ordnung und Genauigkeit, was zum Beispiel bei der Drucklegung seiner eigenen Bücher oder der Bücher seiner Freunde – allen Beteiligten heilsam – zum Ausdruck kam. [...] Dieselbe liebevolle Mühe widmete er der Durchsicht ganz gleichgültiger Arbeiten. Er las und erörterte meine Dissertation über ein ökonomisches Thema, den Standort der Papierindustrie, mit solcher Genauigkeit, als wenn er dafür verantwortlich wäre, und er zeigte mir bedenkliche historische Lücken, die den Erfolg meiner Arbeit und meines Examens entschieden beeinträchtigt hätten." Vgl. außerdem Wolfskehl/Wolfskehl, Briefwechsel mit Friedrich Gundolf, Bd. II, S. 67ff.

George unterstützt den Vergleich mit bestehenden Übesetzungen.[93] Es gibt Äußerungen dazu, dass George sich Zeit nahm, um bei den Übersetzungen anderer behilflich zu sein und stundenlang nach einem entsprechenden Wort zu suchen. So berichtet Michael Landmann über das Übersetzen von Gertrud Kantorowicz:

> Eine ihr [G. Kantorowicz] sehr gemäße Tätigkeit, bei der auch ihre große Sprachbegabung zur Geltung kam, war es, als sie durch Vermittlung Simmels, in dem die Entdeckung Bergsons einen wahren Rausch ausgelöst hatte, den Auftrag erhielt, dessen ‚Evolution créatrice' ins Deutsche zu übersetzen. Sie erzählte, wie sie stundenlang gemeinsam mit George nach einer gemäßen Übertragung für den élan vital gesucht habe.[94]

George nimmt einzelne Worte wichtig, hält jedoch eine adäquate Übersetzung bisweilen für unmöglich.[95]

Vielfach wird das Übersetzen Georges als ein Nach- oder Wiedererleben beschrieben. Gegenüber Verwey bezeichnet George sein Übersetzen schon früh (um 1897) als Prozess des Wiederholens: „Wenn ich ein Gedicht schön finde', sagte er, ‚dann wiederhole ich es bis deutsche Worte an die Stelle der ursprünglichen kommen; der Rest ist Schreibarbeit.'"[96] Dies erinnert an die Aussage aus den ‚Blättern für die Kunst', dass die übersetzten Texte „eigenster besitz"[97] werden sollen. Eindrücklich beschreibt dies Gundolf in einer Rezension zu Georges Sonett-Übersetzungen:

> Verschieden davon ist die dichterische Umformung: sie kommt aus der Kenntnis des Ganzen als einer Einheit und aus dem Erlebniß, ihre Treue ist nicht die straffere oder schlaffere Anlehnung an ein starr Gegebenes, sondern Nachlebung des in neuer Seele neu

---

[93] Wenghöfer, Gedichte und Briefe, S. 100, Walter Wenghöfer an George, vermutlich Herbst 1914: „Lieber Meister – Die Lektüre der beiden Stücke hat meine Lust sie zu bearbeiten nicht vermindert. Ich sehe deutlich wie etwas Gutes zu erreichen ist, aber die Schwierigkeit diesem Guten nur nahe zu kommen, zeigt sich beim Versuch sehr gross. Am liebsten würde ich neu übersetzen, ob das in einem Jahr zu leisten ist, kann ich heute nicht entscheiden. Bei Freiligrath finde ich nur Venus u[nd] Adonis, was ohnehin nicht zu brauchen ist, Simrock konnte ich mir noch nicht verschaffen." Es geht hier um Shakespeare-Übersetzungen, die Wenghöfer scheinbar zum Vergleich heranziehen soll. Auch für Gundolf ist belegt, dass er eine große Auswahl an verschiedenen Ausgaben und Übersetzungen gebrauchte. Vgl. Goldsmith, Durchgesehen von Friedrich Gundolf, S. 63.
[94] Landmann, Gertrud Kantorowicz, S. 99. Vgl. außerdem: Landmann, Figuren um Stefan George, S. 40; Vallentin, Gespräche mit Stefan George, S. 48.
[95] George sperrte sich z. B. auch gegen Übersetzungen eigener Gedichte. Vgl. Karlauf, Stefan George, S. 82.
[96] Verwey, Mein Verhältnis zu Stefan George, S. 17.
[97] Blätter für die Kunst, 3. Folge, V. Band, S. 131.

> Bewegten. Der Dichter muß sein Urbild nochmals im Zustand des Werdens überraschen. [...]
>
> George hat Dies gekonnt, weil er ohne Seitenblick auf einen Geschmack, dem die Sonette geläufig werden sollten, sich dem rhythmischen Erlebniß hingab, nichts suchend als die centrale Seelenbewegung, kraft deren diese Verse geworden sind, keine Daten, keine Spiele, keine Motive, nichts von Dem, was ihnen gemeinsam ist mit anderen, nur Das, was ihnen allein eignet. Das Sachliche erklärt ja die Sonette nicht mehr als die Farbentuben ein Gemälde.[98]

Der Text soll erneut entstehen, das Erlebnis noch einmal erlebt, die Seele bewegt werden. Durch diese „Nachlebung" könne eine Übersetzung dem eigentlichen Text am nächsten kommen. Apel hat gezeigt, dass die Originaltexte von George „vom Gesichtspunkt der Bewegung, von ihrer Aktualität her beurteilt"[99] werden. Etwas, das gegenwärtig relevant ist, verspricht, den eigenen Interessen zu nutzen, und eignet sich damit zu einem erneuten Erleben.[100] Eine Übersetzung soll lebendig sein – letztendlich auch, um lebendig wirken zu können. Diese Wunschvorstellung einer Übersetzung kann nur ein Dichter erreichen, denn nur ein solcher ist zu derartigem Erleben fähig.[101] Ein ähnliches Bild des *perfekten* Übersetzers zeigt sich in vielen weiteren Äußerungen. Vallentin beschreibt z. B. Umdichtung als „Schöpfung durch Nachbeschwörung der Visionen des früheren Dichters"[102] und Klein sieht es als eine Gabe Georges an, „sich [als Übersetzer] so in den Geist des anderen zu versenken, so ganz mit

---

[98] Gundolf, Shakespeares Sonette, S. 66.
[99] Apel, Sprachbewegung, S. 198.
[100] Wolfskehl, Vom Sinn und Rang des Übersetzens, S. 198: „Es kann sich immer nur darum handeln, Stücke, die heute noch lebendig oder belebbar sind, oder wenn sie aus dieser Zeit stammen, solche, die dem jetzigen deutschen Seelenzustand einbeziehbar sind, deutsch zu geben." Außerdem Vallentin, Übersetzungskunst der Gegenwart, S. 552: „Es kann nicht anders sein: Übertragung eines Dichterischen in eine andere Zeit, ein anderes Volk lebt von dessen Geist zunächst. Dieser ist der erweckende Geist; der zu erweckende lebt nicht stärker, als ihm der erweckende Leben zu geben vermag."
[101] Wolfskehl, Deutscher und fremder Sprachgeist, S. 191: „Es leuchtet ein, daß die Wiedergabe eines Stücks einfacher Stilform als eine der Neuschöpfung sehr verwandte Leistung nur dem echten Dichter gelingen kann." Vgl. auch Hildebrandt: Hellas und Wilamowitz, S. 100f. Hildebrandt merkt an, dass sich übersetzende Dichter zwar viele Freiheiten gegenüber dem Original herausnehmen, diesem damit aber nicht schaden.
[102] Vallentin, Übersetzungskunst der Gegenwart, S. 555f. Vgl. auch Hildebrandt, Das Werk Stefan Georges, S. 50: „‚Umdichtung' [bezieht sich hier auf Baudelaire] bezeichnet richtig, daß die deutsche Wiedergabe aus dichterischem Urgrund stammt, verschleiert aber, daß die erste deutsche Umdichtung zugleich die wörtlichste, verantwortlichste geblieben ist."

ihm eins zu werden, daß kein störender fremder Rest mehr übrigbleibt."[103] Die Übersetzungen Georges zeichnen sich deshalb, laut Klein, dadurch aus, „daß wir vermeinen, eine deutsche Dichtung vor uns zu haben."[104] Grundlegender drückt es Edith Landmann aus, wenn sie schreibt, dass „Uebertragung der Form nur mit und durch Uebertragung des Geistes möglich"[105] ist. Der vielfach als Übersetzer tätige Karl Wolfskehl beschreibt die Voraussetzung für eine „richtige" Übersetzung wie folgt:

> Nur wer das Urbild so tief in sich genommen hat, daß dessen Keimpunkt in ihm aufging und damit die notwendige, unverrückbar einmalige Wachstumsform mit ihren immanent dazu gehörigen ‚Schwächen', den matten oder toten Stellen, den Lücken oder dem Hinzugekommenen sich organisch ergibt, kann hier das Richtige treffen. Gewiß werden ihm dann die Schulmeister rechnerisch und tastend Irrtümer und Unterlassungen nachweisen können – Dauer und Wirkung seines Werkes geben ihm doch recht.[106]

Ähnlich wie Gundolf schildert auch Wolfskehl hier die Übersetzung als ein erneutes Entstehen und damit die Übersetzung als einen dichterischen Schaffensprozess. Ganz grundlegend für ein solches Verständnis des Übersetzers ist die Überzeugung, dass der Übersetzer in der Lage ist, sich in das Original-Erlebnis hineinzuversetzen. George traut dies sich und anderen zu, und nach einer Erinnerung Salins kommt es George weniger darauf an, wer etwas sagt, sondern dass es angemessen ist:

> Als einmal der Verfasser des Platon-Buches die Frage stellte, ob George ihm zustimme, daß Platons Worte auf dem Totenbett nicht späte Erfindung, sondern echte Überlieferung seien, erwiderte der Meister [6. Juli 1920]: „Warum sollen wir bezweifeln, daß Platon sich glücklich pries, als Mensch, als Grieche und Zeitgenosse des Sokrates geboren zu sein? Die Worte sind Platon angemessen. Ob er selbst sie noch sprach oder ein Dichter wußte, was er sagen wollte, ist nur ein interessanter Brocken für Philologen."[107]

Übertragen auf das Übersetzen ist es also weniger wichtig, dass Übersetzung und Original in allen Kleinigkeiten übereinstimmen, als dass die Übersetzung das Erlebnis „angemessen" wiedergibt. Gegenüber Edith Landmann erwähnt George die „verrückte Übersetzung" der Epen Shakespeares:

---

[103] Klein, Die Sendung Stefan Georges, S. 42.
[104] Ebd., S. 43.
[105] Landmann, Georgika, S. 9. Auch wenn hier nicht klar ist welche Art einer Übertragung Landmann beschreibt – es könnte auch die Übertragung eines Gedankens ins Gedicht gemeint sein – wichtig ist die Betonung des involvierten Geistes.
[106] Wolfskehl, Vom Sinn und Rang des Übersetzens, S. 199.
[107] Salin, Um Stefan George, S. 298.

> Über die Epen: sie seien begabte Übungen im Stil der Zeit. Sehr viel Leidenschaft, aber noch nicht gefüllt von Erlebnis. Die verrückte Übersetzung werde auch in der neuen Ausgabe stehen bleiben. „Das ist verrückt und muss verrückt auch in der Übersetzung bleiben..."[108]

Was George hier mit der „verrückten Übersetzung" meint, ist leider nicht ganz klar ersichtlich. Möglicherweise handelt es sich bei der „verrückten Übersetzung" um eine der von Gundolf angefertigten Übersetzungen der Epen. Das würde bedeuten, dass diese innerhalb des Kreises als verrückt angesehen werden. Möglich wäre außerdem, dass mit ‚verrückt' die Übersetzung Walter Wenghöfers gemeint ist, welche schließlich doch durch eine Übersetzung Gundolfs ersetzt wird.[109] Auch wenn die Aussage Georges nicht letztgültig geklärt werden kann, so offenbart sie zumindest seine Einstellung zum Übersetzen: Etwas Verrücktes oder Ungewöhnliches im Original muss auch in der Übersetzung verrückt bleiben. Eine Übersetzung darf nicht vereinfachen oder Verwirrendes entwirren. George hält sich an diese eigene Prämisse und übernimmt das, was er für ungewöhnlich oder besonders hält, in die Übersetzung, auch wenn das Verständnis der Übersetzung darunter leiden könnte. Zu der Angemessenheit einer Übersetzung gehört, dass das Original auf keinen Fall erläutert oder gar vereinfacht werden darf. Am eindrücklichsten zeigt sich dies in der polemischen Kritik an den Übersetzungen Ulrich von Wilamowitz-Moellendorffs[110], die von Kurt Hildebrandt verfasst im ‚Jahrbuch für die geistige Bewegung' erscheint:

> Er [Wilamowitz] verkündet: „Meine übersetzung will mindestens so verständlich sein, wie den Athenern das original war; womöglich noch leichter verständlich." Das sagt Wilamowitz – und darin liegt das groteske – zur einleitung der Orestie, wo es doch bekannt ist

---

[108] Landmann, Gespräche mit Stefan George, S. 57, Gespräch im September 1916.
[109] Vgl. Egyptien, Die Apotheose der heroischen Schöpferkraft, S.164ff. Vgl. außerdem Pieger, „Zusammengezogen in Erwartung des Wortes...", S. 25: „Dagegen verlief Wenghöfers 1914 aufgenommene Übersetzung der Shakespeare-Epen eher kontraproduktiv. Im Auftrag von George ausgeführt, der ihn beschäftigt sehen wollte, und am Ende von Gundolf doch nicht in der vorgelegten Fassung in seine Shakespeare-Ausgabe übernommen, war sie Anlass zu beständiger Klage in Wenghöfers Briefen aus den folgenden Jahren. Seine Übertragungen von *Venus und Adonis* und der *Lucretia* schienen ihm nur ‚artistische Umbildungen' zu sein ([Brief an Gundolf] 278), ermangeln also jener aus der Lebenstiefe hervorquellenden Impulse, die eine Gestaltbildung erst ermöglichen." Welches Unbehagen die Übersetzungs-Versuche Wenghöfer bereiteten, kann man in verschiedenen seiner Briefe nachlesen. Vgl. Wenghöfer, Gedichte und Briefe, S. 100f., 196, 225, 232ff., 255f. und 258.
[110] Zur Feindschaft des Kreises gegenüber Wilamowitz-Moellendorff vgl. Kolk, Literarische Gruppenbildung v.a. S. 355–375; außerdem den Überblick im George-Handbuch: Hartmann, Klassische Philologie, S. 1083–1087.

> dass die Griechen den stil des Aischylos als dunkel, erhaben und hart empfanden! Dies programm ‚noch leichter verständlich' heisst also: ausrottung des stiles, und die ist denn auch mit eiserner konsequenz durchgeführt. Nun, man braucht nur das moderne publikum zu kennen, um die methode der leichten verständlichkeit erfolgreich anwenden zu können: für jedes ursprüngliche bild wird ein abgebrauchtes, schnell fassbares gesetzt, für ausdrücke heroischer grösse solche einer bürgerlichen tugend, für gewaltigen donner ein gemässigtes säuseln, das herbe und wuchtige wird gemildert.[111]

Hildebrandt spricht hier deutlich an, was George und sein Kreis in einer Übersetzung überhaupt nicht dulden: Vereinfachung und Banalisierung des Originals. Georges Übersetzungen sind oft und kontrovers diskutiert worden – Vereinfachung wurde ihnen nie vorgeworfen.

Ein letzter Aspekt, der immer wieder in Bezug auf das Übersetzen innerhalb des George-Kreises selbst genannt wird, ist die Entwicklung der Sprache und damit verbunden die Notwendigkeit neuer Übersetzungen. Eine sich stetig verändernde Zielsprache setzt voraus, dass sich auch die Übersetzungen anpassen. Wolfskehl drückt dies wie folgt aus:

> Jede wahrhaft dichterische Übertragung aber arbeitet mit dem was sie hat, mit den gegenwärtig vorhandenen, freilich steigerbaren, freilich vertiefbaren Sprachmitteln, denn nur aus dem Lebendigen entsteht Leben. Jeder Versuch nachtastenden Angleichens, interlinearer Scheintreue, mehr aber noch jedes Altertümeln, jedes faschinghafte Herübernehmen vermuffter Embleme, Wendungen, Endungen, Windungen, bleibt Rumpelkammer und Mummenschanz, also stümperhafter Verzicht auf eignes Wohnen, eignen Wuchs, eigne Tat. Auf die wahrhaft erneuernde Haltung des ewigen Erbguts [kommt es an].[112]

Und Salin erinnert sich, dass George Hellingrath für die Beibehaltung der Schreibweise Hölderlins tadelte:

> Halten Sie das für Dienst am Dichter? [...] Solange die deutsche Sprache nicht abgeschlossen ist wie die alt-griechische, darf man nicht ihren Wandel leugnen. [...] Und jetzt legen Sie ihr [der Hymne] kunstvoll ein antiquiertes Gewand an. Begreifen Sie nicht, dass das Totengräber-Arbeit ist?[113]

Eine Übersetzung muss demnach in einer lebendigen Sprache geschrieben sein, denn nur so ist das Weiterleben des Originals gewährleistet, wie auch

---

[111] Hildebrandt, Hellas und Wilamowitz, S. 66f.
[112] Wolfskehl, Über die Erneuung dichterischen Erbguts, S. 8.
[113] Salin, Um Stefan George, S. 27f.

das Leben und die Entwicklung der eigenen Sprache.[114] Dies ist sehr nah an den Überlegungen Benjamins, der in seinem Aufsatz zum Übersetzen darlegt, dass für das Überleben bzw. Weiterleben eines Originals immer wieder neue Übersetzungen in lebendiger Sprache erforderlich sind.[115] Gundolfs Überlegungen zur Sprachbewegung gründen ebenfalls in der Überzeugung, dass sich Sprache beharrlich entwickelt.[116] So erklären und rechtfertigen sich auch Georges Änderungen an anderen Originalen, z. B. an Goethes Gedichten.[117]

George versteht das Übersetzen als Nacherleben des Originals. Nur wer sich ernsthaft auf das Original-Erlebnis einlässt, kann angemessen übersetzen.[118] Die Übersetzung darf das Original nicht vereinfachen. Mit dem Nacherleben soll ein neuer, lebendiger und eigenmächtig wirksamer Text entstehen. Keinesfalls soll der Text historisierend übersetzt werden.

---

[114] Georg-Peter Landmann begründet so z. B. die Notwendigkeit einer neuen Shakespeare-Übersetzung. Landmann, Vorträge über George, S. 180: „Dieses Unternehmen [Gundolfs Shakespeare Neu-Übersetzung] bedeutet keine Schmälerung des einzigen Verdienstes von Schlegel. Dessen Shakespeare ist ein Markstein in der deutschen Geistesgeschichte wie die Lutherbibel und Vossens Homer. Aber auch sprachlich muss jedes Jahrhundert sich das Erbe neu erwerben, wie wir ja auch die Bibel neu übersetzen, und Schlegel konnte mit der ihm zur Verfügung stehenden Goethesprache der Wucht und Direktheit Shakespeares nicht ganz gerecht werden."

[115] Benjamin, Die Aufgabe des Übersetzers, S. 51f.: „Übersetzbarkeit eignet gewissen Werken wesentlich – das heißt nicht, ihre Übersetzung ist wesentlich für sie selbst, sondern will besagen, daß eine bestimmte Bedeutung, die den Originalen innewohnt, sich in ihrer Übersetzbarkeit äußere. [...] So wie die Äußerungen des Lebens innigst mit dem Lebendigen zusammenhängen, ohne ihm etwas zu bedeuten, geht die Übersetzung aus dem Original hervor. Zwar nicht aus seinem Leben so sehr denn aus seinem ‚Überleben'. Ist doch die Übersetzung später als das Original und bezeichnet sich doch bei den bedeutendsten Werken, die da ihre erwählten Übersetzer niemals im Zeitalter ihrer Entstehung finden, das Stadium ihres Fortlebens. [...] Übersetzungen, die mehr als Vermittlungen sind, entstehen, wenn im Fortleben ein Werk das Zeitalter seines Ruhmes erreicht hat. [...] In ihnen [den Übersetzungen] erreicht das Leben des Originals seine stets erneute späteste und umfassendste Entfaltung."

[116] Gundolf, Shakespeare und der deutsche Geist, S. 304; vgl. auch Apel, Sprachbewegung; Benjamin, Die Aufgabe des Übersetzers, S. 53f.

[117] Vgl. Apel, Die eigene Sprache als fremde.

[118] Dies ist nahe an den Überlegungen Diltheys, dass sich Verstehen aus Nacherleben ergibt. Vgl. Dilthey, Aufbau der geschichtlichen Welt, hier z. B. S. 263: „Die Stellung, die das höhere Verstehen seinem Gegenstande gegenüber einnimmt, ist bestimmt durch seine Aufgabe, einen Lebenszusammenhang im Gegebenen aufzufinden. Dies ist nur möglich, indem der Zusammenhang, der im eigenen Erleben besteht und in unzähligen Fällen erfahren ist, mit all den in ihm liegenden Möglichkeiten immer gegenwärtig und bereit ist. Diese in der Verständnisaufgabe gegebene Verfassung nennen wir ein Sichhineinversetzen, sei es in einen Menschen oder ein Werk."

George sieht Übersetzen als wichtigen Bestandteil der Spracherneuerung sowie einer neuen Dichtung. Wie genau er dieses Nacherleben umgesetzt hat, ist zweitrangig. Wichtig ist dagegen, dass sich so die Treue zum Original und die Treue zum eigenen Werk verbinden lassen. Denn George erlebt genau die Bereiche noch einmal, die ihn interessieren und die er selbst vertreten kann. Er macht sich im Geist des Originals auf die Suche nach dem Eigenen und genau dies ist es dann, was er in seiner Übersetzung hervorhebt.

2.3. Übersetzung zur Schaffung eines Traditionszusammenhangs

George sieht sich auf einer Stufe mit den großen Dichtern der Weltliteratur, und so ist es nicht verwunderlich, dass er gerade diese übersetzt. Er rückt ihnen nicht nur nahe, er integriert sie in sein Werk. Im George-Kreis werden Homer, Platon, Dante, Shakespeare, Goethe, Hölderlin und George selbst zu den *Großen* gezählt.[119]

Die Übersetzungen zeitgenössischer Dichter in den ‚Blättern für die Kunst' zeigen, dass George sich und seinen Kreis im Kontext und gleichwertig mit anderer europäischer Dichtung sieht. Er nimmt sie symbolisch in seinen Kreis auf. Bei den Übersetzungen von Dante und Shakespeare stellt er sich auf eine Ebene mit ihnen. Er ordnet sich nicht unter, sondern stellt sich auch mit den Dichtern der Vergangenheit auf mindestens dieselbe Stufe und fügt sich in den Traditionszusammenhang ein. Michael Landmann hat sehr treffend beschrieben, wie sich George in die Geschichte integriert:

> Von hier aus gesehen erscheint das überkommene Bildungsgut im George-Kreis mehr wie ein Baustoff, der durch das eigene Zentrum neuen Sinn gewann; alle Vergangenheit, der man sich verwandt fühlte, wurde herbeigetragen, um dem, wovon man selbst ergriffen war, als Folie und Bestätigung zu dienen und es so nur um so mehr zu feiern. George empfand sich als Verwirklicher desselben Absoluten, das andere schon vor ihm gekündet und dargestellt hatten. So deuteten diese auf ihn vor wie er auf sie zurück. Zu jedem Bund gehören auch Tote (wie Ungeborene). George nannte Hölderlin „den hehren Ahnen" (VIII 100), Nietzsche „Vorfahr" (IX 61). In einer solchen Reihe sah George sich selbst als einstweilen Letzten und schuf sich seine eigenen Schutzgötter. Die Verlebendigung der Vergangenheit war Dienst an der Gegenwart. Weil man der

---

[119] Diese Aufzählung ließe sich variabel verändern, je nach Kreismitglied und Zeit. Dennoch sind die oben genannten, die Großen, die immer wieder auftauchen. Im folgenden soll mit den Großen oder den großen Dichtern immer eine Gruppe Dichter gemeint sein, die im George-Kreis aber auch generell geschätzt und gelesen wurden.

> Gegenwart geschichtliche Bedeutung zumaass, fühlte man sich auf
> gleicher Stufe mit den Höhepunkten früherer Epochen.[120]

Genau dieses hier beschriebene Vor- und Zurückdeuten findet eben nicht nur in den Geschichtsmonographien des Kreises[121] oder in der Selbstwahrnehmung Georges statt, sondern wird durch seine Übersetzung in der Außenwahrnehmung gefördert. Die Übersetzungen Georges sind ein Mittel, um „in den bestehenden Kanon einzugreifen und ihn partiell umzuwerten."[122]

Mit Ausnahme der Sonette Shakespeares übersetzt George keine gesamten Werke oder Zyklen, sondern wählt die seiner Meinung nach wichtigen Stellen aus.[123] George behält sich vor, den Text durch seine Ordnung zu verbessern und durch das Komprimieren des Textes das für ihn Wesentliche deutlicher zu zeigen.[124] Außerdem zwingt er den Texten seine ihm eigene Textgestalt auf, die den Text optisch kennzeichnet. George sieht sich immer auch in der Rolle des Dichters – nicht nur des Übersetzers – und macht deswegen von seinen damit verbundenen Vorrechten Gebrauch.[125]

Dass George sich auf dieselbe Stufe mit den Großen stellt, wird in zahlreichen Äußerungen der Kreismitglieder deutlich, die ihn immer wieder in einem Atemzug mit Shakespeare, Dante, Goethe und anderen nennen.[126] Im August 1908, während der Arbeit an der Shakespeare-Übersetzung, schreibt z. B. Gundolf an Wolfskehl:

---

[120] Landmann, Stefan George, S. 42.
[121] Vgl. dazu Osterkamp, Das Eigene im Fremden.
[122] Schäfer, Die Intensität der Form, S. 182. Schäfer zeigt Georges ‚Eingreifen in den Kanon' am Beispiel der Dante-Übersetzung und kommt zu dem Schluss, dass es keine vollständige Dante-Übersetzung gibt, „weil ein fragmentierter Text weitaus bessere Deutungen simulieren kann." Ebd., S. 184.
[123] Zur Auswahl der übersetzten Baudelaire-Gedichte vgl. Arbogast, Die Erneuerung der deutschen Dichtersprache in den Frühwerken Stefan Georges, S. 61; Braungart, Ästhetischer Katholizismus, S. 269–273; Gramberg, Stefan Georges Übertragungen, S. 109–115; Gsteiger, Die Blumen des Bösen, S. 53ff.; Keck, Der deutsche „Baudelaire", s. 106f.; Melenk, Die Baudelaire-Übersetzungen Stefan Georges, S. 114f.; Nutt-Kofoth, Autor oder Übersetzer oder Autor als Übersetzer, S. 94; Ortlieb, Baudelaire, S. 256f.; zu der Auswahl in der Dante-Übertragung vgl. Michels, Die Dante-Übertragungen Stefan Georges, S. 68; Arrighetti, Dante, S. 223ff.
[124] Vgl. Schäfer, Die Intensität der Form, S. 184.
[125] Vgl. De Man, Schlußfolgerungen, S. 187.
[126] Vgl. auch Norton, Secret Germany, S. 688. Dass Dante, Shakespeare und Goethe als die typischen Vetreter der ‚Weltliteratur' gelten ist nicht eine spezifische George-Kreis-Auswahl und sie gehören auch heute unumstritten zur sogenannten ‚Weltliteratur'. 1922 erscheint z. B. eine Sammlung der ‚unbekannten Meister und Meisterwerke der Weltliteratur' heraugegeben von Albert Ritter und die ersten drei Bände behandeln Dante, Shakespeare und schließlich Goethe.

> Er [= George] ist das einzige Genie unsrer Zeit und ein typisches
> Genie überhaupt und wenn wir aus Büchern von Goethe und Na-
> poleon lesen, was sie alles gewusst, gekonnt und wie furchtbar
> ernst sie ihren Beruf genommen haben – so bedeutet das nicht den
> zehnten Teil für unsre Kenntnis, wie die lebendige Teilnahme an
> dem Wirken eines solchen Mannes.[127]

Es gibt zahlreiche weitere Beispiele, die immer durch deutliche George-Verehrung gekennzeichnet sind, dennoch bleibt die Vehemenz, mit der George schon zu Lebzeiten immer wieder in eine Reihe mit den Großen gestellt wird. Auch Sabine Lepsius bringt in ihrem Vorwort zur ‚Geschichte einer Freundschaft' George mit anderen großen Dichtern in Verbindung:

> Mythos entwickelt sich [...] durch Jahrhunderte und Jahrtausende.
> [...] Selbst Märtyrer werden erst Hunderte von Jahren nach ihrem
> Tode heilig gesprochen, nachdem ihr allzu Irdisches aus der Phan-
> tasie der Späteren entschwand. Homer, Sappho, ja Shakespeare
> wurden zu mythischen Gestalten – Goethe steht diese Verwand-
> lung noch bevor. [...] Freilich eine Zeit, die den Zweckmenschen
> verherrlicht und die platteste Alltäglichkeit mit jener Wirklichkeit
> verwechselt, die aufbauende Kraft bedeutet, muß blind sein für das
> Eingeboren-Mythische, das zu innerst jedem Genius eignet, sei es
> Goethe oder George, das sich aber zum Höhepunkt seines un-
> behauchten Glanzes erst in fernen Zeiten erheben kann.[128]

---

[127] Wolfskehl/Wolfskehl, Briefwechsel mit Friedrich Gundolf, Bd. II, S. 67. Vgl. auch Glöckner, Begegnung mit Stefan George, S. 105; Kommerell, Notizen zu George und Nietzsche, S. 247f.; Salin, Um Stefan George, S. 303; Berger, Randbemerkungen zu Nietzsche, George und Dante, S. 9 u. 12; Picht, Besinnung auf Stefan George, S. 63.
In einem Gespräch mit Karl Wolfskehl im März 1931 verbindet George sich selbst mit Shakespeare's Prospero, zitiert bei Seekamp, Stefan George, S. 377 (Wolfskehl an Lechter am 18.5.1934): „In dieser Zeit spricht Wolfskehl StG drei- oder viermal; [...] Bei der letzten Begegnung meint George – aufs Shakespeares Sturm anspielend – er habe wie Prospero seinen Stab schon lange zerbrochen und so tief in die Erde versenkt, dass ihn so bald niemand finden werde". Vgl. auch Salin, Um Stefan George, S. 225 und 342. Auch Helmut Küpper erinnert sich an George als Prospero oder Lear: „Etwas von der Welt, die Shakespeare auch dargestellt, schien sich in ihm wiederzuverkörpern. Meist erschien er mir wie Prospero, doch auch wie Lear habe ich ihn mit Zittern gesehen." Private Aufzeichnung Küppers zitiert nach Boehringer, Mein Bild, S. 297 (Anm. 31). In Fritz Cronheims Erinnerungen (‚Lebensweg im Zeichen Stefan Georges') wird George zum Goethe der neuen Generation. Vgl. Cronheim, Deutsch-Englische Wanderschaft, S. 11 und 134. Außerdem Schlayer, Minusio, S. 31 (Aufzeichnung vom 14.10.1931); Breysig, Begegnungen mit Stefan George, S. 25f. (26.10.1914).
[128] Lepsius, Stefan George, S. 9f. Vgl. außerdem Landmann, Georgika, S. 35ff. (und dazu Dutt, Edith Landmann, S. 235 u. 246).

Die Größe Georges damit zu unterstreichen, dass er eben *noch nicht* der Mythos ist, zu dem er später einmal werden wird, und sich damit zu trösten, dass auch andere große Dichter nicht zu Lebzeiten die spätere Anerkennung genossen – das erinnert an Georges achtzehntes Gedicht aus dem ‚Vorspiel' des ‚Teppich des Lebens'. In den ersten drei Strophen wird vorausgeahnt, was dem Dichter alles an Nicht-Beachtung und Nicht-Verstehen widerfahren wird. Die vierte Strophe weiß allerdings Trost zu spenden mit Beispielen anderer Großer, denen es genauso erging:

> So sind dir trost und beispiel höchste meister
> Die attischen die reinsten gottesdiener
> Der Nebel-inseln finstrer fürst der geister
> Valclusas siedler und der Florentiner.[129]

Ganz offensichtlich wird hier der Dichter, nämlich George, auf einer Stufe mit den attischen Tragödiendichtern (Aischylos, Sophokles und Euripides), Shakespeare, Petrarca und Dante gesehen.[130] Diese großen Dichter werden nur dann zum Trost, wenn George auf derselben Ebene steht. George wird auch als Lehrer und Vorbild der Deutschen beschrieben.[131] Hans Brasch schreibt in einem Brief 1942 an Wolfskehl über seine derzeitige Lektüre: „Wie ihnen geht es mir mit geschriebenem. Schon lange kann ich zweitklassiges nicht mehr ertragen... Ich bin gerade in den letzten monden zu Pindar Dante Shakespeare Goethe Hölderlin George zurückgekehrt als wäre ein zweiter frühling ausgebrochen."[132] Diese Zugehörigkeit Georges ist natürlich kein Wunder, schließlich gehörte Hans Brasch zu den „jüngeren Freunden der Vorkriegszeit"[133] und er kommuniziert mit keinem Geringeren als Wolfskehl. Diese Zugehörigkeit zur Erstklassigkeit ist schon früh angelegt, denn auch in den Listen der *unbedingt* zu lesenden Literatur, die im Kreis kursieren, taucht George als einziger zeitgenössischer Autor zwischen den Großen auf.[134]

---

[129] SW V, S. 27. Für eine genauere Analyse dieses Gedichts siehe weiter unten, Kapitel 3.2.
[130] Vgl. Morwitz, Kommentar, S. 171.
[131] In seiner Schrift, die George als Vorbild für die Erziehung der Jugend zeigt, beschreibt Kohlmeyer unter anderem Dante und Shakespeare als Georges „Führer auf seinem Persönlichkeitswerdegange". Kohlmeyer, Stefan George und die Persönlichkeitsgestalt als Erziehungsziel in Deutschlands Zeitenwende, S. 37; vgl. auch Werner, Stefan George als Gymnasiast, S. 369f.
[132] Brasch, Bewahrte Heimat, S. 144 (Brief an Wolfskehl vom 21.3.1942).
[133] Karlauf, Stefan George, S. 379; zu Hans Brasch vgl. ebd., S. 381.
[134] Die Liste der ‚Unbedingten', wie sie von Ernst Glöckner für George abgeschrieben wurde: „Homer: Ilias, Odyssee / Aeschylus: Prometheus, Orestie / Sophokles: König Oedipus, Antigone / Platon: Gastmahl, Phaidros, Staat / Dante: Göttliche Komödie / Luther: Bibel / Shakespeare: Hamlet, Macbeth, König Lear, Coriolan, Caesar, Antonius und Cleopatra, Romeo, Sonette / Goethe: Gedichte AW (=Auswahl), Faust, Gespräche mit Eckermann / Hölderlin: Gedichte /

Es ist klar, dass die Strategien Georges, sich in einen großen Traditionszusammenhang einzuordnen, nicht nur beim Übersetzen greifen. Die Großen der Weltgeschichte werden durch besonders ausgewählte Herausgabe oder durch besondere Gestaltmonographien neu interpretiert, neu ‚übersetzt',[135] sodass sie plötzlich ganz neu erscheinen, in einer neuen Welt, einer georgeschen Welt.

Durch die Herausgabe eines Goethe-Bandes mit ausgewählten Gedichten (‚Goethe' 1902, zweiter Band der ‚Deutschen Dichtung') trägt George zudem bewusst dazu bei, mit Goethe in Zusammenhang gebracht zu werden. Zudem werden Goethe, Jean Paul und andere Dichter[136] in ‚Deutsche Dichtung' machtvoll in die Schrift und Orthographie Georges gesetzt.[137] George scheut sich auch nicht davor, Zitate von Goethe in seinem Sinne abzuändern. So wird in dem Aufsatz ‚Über Stefan George' in den ‚Blättern für die Kunst' eine Textstelle Goethes verändert als Motto genutzt. So steht dort unter anderem „Leider bedenkt man zu wenig"

‚Jahrhundert Goethes' (George/Wolfskehl) / George" Glöckner, Begegnung mit Stefan George, S. 218f. In Hans Braschs Erinnerung wurden im Kreis nur die ‚Genien' erwähnt und zitiert: „Obwohl von dichtkunst die rede war, so waren die stunden bei ihm doch nie von eigentlichen dichterischen oder gar literarischen stoffen beherrscht. Zitate aus gedichten oder andern werken dienten der bekräftigung allgemeiner geistiger weisheiten von denen gerade gesprochen wurde. Nur die allergrössten genien wurden erwähnt und zitiert, Pindar, Platon, Dante, Shakespeare, Goethe, Hölderlin." Brasch, Erinnerungen an Stefan George, S. 30. Vgl. außerdem Boehringer, Der Genius des Abendlandes. In seiner Sammlung der ‚Rundwerke' großer Geister, also Skulpturen oder Masken, nimmt Robert Boehringer zwölf ‚Genien des Abendlandes' auf: Homer, Sophokles, Platon, Alexander, Caesar, Vergil, Dante, Michelangelo, Shakespeare, Napoleon, Goethe und George.

[135] Dass Übersetzen immer auch Auslegung beinhaltet ist vielfach beschrieben worden. Vgl. grundlegend Gadamer, Wahrheit und Methode, S. 362. Auch Norton sieht in Georges Übersetzungen „only one more of the means by which he sought to take possession of the world, to render it his by making it conform to his own image of himself." Norton, Secret Germany, S. 89.

[136] Klopstock, Schiller, Hölderlin und einige andere werden im dritten Band unter dem Titel ‚Das Jahrhundert Goethes' herausgegeben. So wird die zentrale Stellung Goethes betont.

[137] In der Gesamt-Vorrede heißt es: „[…] geht die frommheit gegen die verfasser nicht so weit dass wir sie mit allen schrullen damaliger rechtschreibung abdrucken. Ebenso wird jedes ordnung und schönheit verlangende auge und jeder freund seiner sprache und seines volkes die abschaffung jener verderbten hässlichen schrift begrüssen die man fälschlich als urdeutsche bezeichnet […]" George/Wolfskehl, Deutsche Dichtung: Das Jahrhundert Goethes, S. 5. Auch die „wählerische grausamkeit die ohne bedenken frühere säulen zerreibt um mörtel zu gewinnen fürs neue bauwerk." wird ebd. verteidigt. Für Jean Pauls Teste erfand George teilweise neue Titel, vgl. George/Wolfskehl, Deutsche Dichtung: Jean Paul, S. 111 (Nachwort Oelmann).

statt im Original „Leider bedenkt man nicht"[138]: eine Änderung, die durchaus Konsequenzen hat, denn nur durch diese *kleine* Änderung kann sich George zu denjenigen zählen, die – wie Goethe – bedenken.[139] Auch kann er durch seine Auswahl der Gedichte ein passendes Goethe-Bild kreieren.[140] Zweifelsohne trifft jeder Herausgeber einer Gedicht-Sammlung eine subjektive Auswahl, und so wird am Ende jede Auswahl auch etwas über den Herausgeber aussagen. Der Unterschied ist freilich, dass diese Auswahl bei George im wahrsten Sinne *selbst*bewusst geschieht. George möchte nicht nur seine Sicht auf Goethe zeigen, sondern „Goethe als einen Dichter darstellen, der dem Dichterbegriff Georges gerecht wird".[141]

Es ist kein Zufall, dass George so oft mit Shakespeare, Dante, Goethe und anderen großen Dichtern verglichen wird und dass dies gerade die Dichter sind, die George selbst übersetzt bzw. herausgibt oder anders in den Kreis integriert, indem er z. B. Bücher über Platon, Hölderlin oder Nietzsche unter dem ‚Blätter-Signet' erscheinen lässt. Kolk hat umfassend beschrieben, wie die Gruppenbildung im George-Kreis funktioniert und dass sich auch durch die oft beschriebenen Gestaltmonographien des Kreises eine illustre Runde um George bildet. Denn so „wird Geschichte im George-Kreis auf die Kette letztlich unhistorischer, zeitenthobener Individuen reduziert, deren ungebrochene geistig-ethische Präsenz nicht zuletzt durch den ‚Meister' selbst als sinnlich erfahrbare Realität erscheint."[142] Auch Martus formuliert das treffend: „Die Gestalt-

---

[138] Die von George als Motto verwendete Textstelle stammt aus Gothes Aufsatz ‚Deutsche Sprache': Goethe, Deutsche Sprache, S. 215; vgl. Apel, Die eigene Sprache als fremde, S. 7.

[139] Vgl. hierzu Apel, Die eigene Sprache als fremde, S. 7ff.

[140] Dass die Vor-Auswahl der Gedichte vor allem von Wolfskehl stammt, hat nichts zu sagen, denn auch Wolfskehl wollte einen Goethe im Sinne Georges zeigen und die Auswahl wurde in ‚tagelangen' Gesprächen mit George abgestimmt. Vgl. George/Wolfskehl, Deutsche Dichtung: Das Jahrhundert Goethes, S. 192 und 197f.

[141] Gerhard, Stefan George und die deutsche Dichtung, S. 43. Zu Goethe bei George vgl. ebd., S. 36–56. Zu Georges „scheinbar völlig verständnislose[r] Behandlung der von den Lyrikern eingerichteten künstlerischen Ordnungen" in den Anthologien und seinen Übersetzungen, vgl. das Kapitel B.2. ‚Das Verhältnis Georges zu lyrischen Tradition' in Simons, Die zyklische Kunst im Jugendwerk Stefan Georges, S. 121–142, hier S. 121.

[142] Kolk, Literarische Gruppenbildung, S. 188. Vgl. auch das Kapitel ‚Wissenschaft als Dienst', ebd., S. 185–194. Zur strategischen Integration Georges in die deutsche Literaturgeschichte vgl. zudem das Kapitel ‚Selbstdarstellung', ebd., S. 285–296. Der schon zu Beginn des Kapitels zitierte Michael Landmann hat dies ebenfalls beschrieben: „Die starke Bezogenheit auf Geschichte mag den Eindruck erwecken, als sei der George-Kreis eine Gruppe von Alexandrinern und Humanisten gewesen (es gibt ein Bild von Erasmus, auf dem er mit George Ähnlichkeit hat). Das Grundgefühl war aber genau das entgegengesetzte, nämlich dass nach einer historisch rückwärtsgewandten, epigonalen Zeit durch George selbst wieder ein grosser Anfang gesetzt sei, dass er trotz des allgemeinen Niedergangs noch einmal einen Höhe-

Monographien entdecken im Unterschiedenen das Gleiche, nämlich George."[143] Auch für die Auswahl in den ‚Deutsche Dichtung'-Bänden gilt, dass hier eine Tradition entworfen wird, die ihren Höhepunkt in George findet.[144] Große Dichter und Helden werden gegenwärtig[145], indem George sie erfahrbar macht: durch erklärende Auswahl (auch wenn dies, wie in den Monographien, von seinen Jüngern übernommen wird), durch Übersetzen, durch Vorleben. Osterkamp hat dies für die Geistbücher des Kreises wie folgt beschrieben:

> Nach dem von Friedemann entworfenen Modell nehmen diese ‚Geistbücher' die Legitimation des Dichter-Sehers als eines absoluten geistigen Herrschers im Staat des Geheimen Deutschland dadurch vor, daß sie im herrischen Zugriff auf die Vergangenheit die Züge des Dichter-Führers George in die darzustellenden Heroengestalten zurückspiegeln.[146]

Georges Dichtung wird dadurch gestützt, dass vergangene Geistesgrößen als Vorgänger dargestellt werden, mit ähnlichen Zielen und Lebensentwürfen. Raulff sieht dieses Prinzip ebenso auf das „Bild des Künstlers" angewendet:

> Aus dem Kreis um Stefan George und über ihn sind eine Vielzahl von Schriften auf uns gekommen, und vieles darin betrifft das Bild des Künstlers. Aber dieser Künstler ist nicht irgendwer oder ein

---

punkt des Lebens und der Dichtung geschaffen habe." Landmann, Stefan George, S. 41. Die Wirkung dieser Strategie zeigt sich auch darin, dass Landmann hier angibt Erasmus habe Ähnlichkeit mit George gehabt und nicht umgekehrt. Vgl. auch Osterkamp, Wilhelm Stein. Osterkamp zeigt hier wie Steins Raffael-Monographie eine Präfiguration ‚Maximins' darstellt.

[143] Martus, Werkpolitik, S. 643. Und Schäfer beschreibt Georges Strategie als ‚Mittel zur Selbstnobilitierung': „Ebenso beharrlich wie an seinem eigenen Bild arbeitete der Kreis an seinem Bild der Geschichte, dazu schufen die Mitglieder monumentale Werkbiographien, die Platon, Shakespeare, Goethe, Napoleon oder Nietzsche gewidmet sind. Mit den Editionen, Übersetzungen und Werkmonographien gelingt eine Nobilitierung von vermeintlichen Geistesgrößen als Selbstnobilitierung: Das Ceterum censeo ist das Lob Georges, der als letzter Vetreter einer Folge von Geistesheroen erscheint. Geschichte wurde entlang von Namenslisten geschrieben." Schäfer, Die Intensität der Form, S. 32.

[144] Vgl. Ute Oelmann im Nachwort, George/Wolfskehl, Deutsche Dichtung: Jean Paul, S. 109.

[145] Zur ‚Gegenwärtigkeit' Goethes vgl. Blätter für die Kunst, 9. Folge, S. 3. Vgl. auch wie der Bezug zur Gegenwart z. B. in den Vorrede zum Jean Paul-Band der ‚Deutschen Dichtung hervorgehoben wird. Vgl. George/Wolfskehl, Deutsche Dichtung: Jean Paul, S. 6f.

[146] Osterkamp, Das Eigene im Fremden, S. 400. „Unter allen Formen wissenschaftlicher Aneignung von Vergangenheit ist die Biographik des George-Kreises die vielleicht herrischste; sie verwandelt methodisch das Vergangene als ein Fremdes in die Gegenwärtigkeit des Eigenen." Ebd., S. 394.

abstrakter Typus. Immer ist George gemeint und George allein. [...] Selbst wenn andere Künstler im Vordergrund stehen – gelegentlich in umfangreichen Monografien – Künstler wie Goethe, Shakespeare, Dante oder Hölderlin, steht George immer im Hintergrund. [...] Er ist das Zentralgestirn in einem System, das nur wenige andere Planeten aufweist. Es sind immer dieselben Namen: Caesar, Napoleon, Dante, Shakespeare – und ein paar andere. Sehr wenige andere.[147]

Damit ist klar der Anspruch Georges beschrieben. Osterkamp und Raulff weisen hier beide auf Georges herrischen Umgang mit der Vergangenheit hin. George sieht sich selbst als den vollkommenen Herrn über den anderen. Es ist deswegen auch kein Wunder, wenn er Eigenes im Fremden schon angedacht findet. Die Geistesgrößen sind dabei so gewählt, dass die Gemeinsamkeiten auf der Hand liegen. Dadurch wird auch nicht einfach alles in George verwandelt, sondern die Vergangenheit wird mit einem georgeschen Filter betrachtet, und so kommt nur das zum Vorschein, was für George relevant ist.[148] Bei der Übersetzung der Sonette Shakespeares wendet George schließlich genau dieses Prinzip an. Was bisher vor allem für die Monographien des George-Kreises und ihre Darstellung der Vergangenheit gezeigt wurde, ist ebenso auf Georges Sonett-Übersetzung

---

[147] Raulff, Die Souveränität des Künstlers, S. 131. Vgl. Fitzon, Petrarca um 1900. Fitzon beschreibt wie George sich auch Petrarca in selbsthistorisierender Absicht aneignete. Ebd., S. 554: „Daß es nicht bei einem Leseeindruck und Übersetzungen geblieben war, sondern daß der junge George sich das petrarkistische Liebeskonzept und die Form des Sonetts schöpferisch anverwandelte, dokumentiert die ‚Auswahl erster Verse', die George 1901 in selbsthistorisierender Absicht unter dem Titel *Die Fibel* veröffentlichte."

[148] Wie sich dies aus der Sicht des Kreises darstellt, vgl. Wolters, Stefan George, S. 486ff. Hier wird beschrieben, dass sich durch die Begegnung mit George der Blick auf solche Art schärfte, dass man die Vergangenheit eben besser – und das heißt in Georges Sinne – versteht. Ebd., S. 486: „Indem er durch die Dichtung das ewige Bild des Menschen in seiner ganzen Geschlossenheit wiedererweckte, gab er seinen Folgern den neuen Blick in die Natur und Geschichte und wie ihrem Dichten und Handeln so auch ihrem Betrachten und Erkennen einen verwandelten Sinn." Und ebd., S. 488: „Die Erweiterungen der Proseschriften zu wissenschaftlichen Werken über Shakespeare, Platon, Goethe und Nietzsche waren nur Auswirkungen des neuen Blickes auf gleichhehre Geister der Vergangenheit, war das begeisterte Wiedererkennen desselben Lebensvorgangs bei den großen ewiggegenwärtigen Toten. Gundolf sah Shakespeare als einen weithin ausstrahlenden Glutkern von Schöpfertum, Goethes vielfältige Entwicklung als eine einheitliche sich stetig im Werke auswirkende und stetig selbstbegrenzende Gestaltungskraft, Friedemann sah in Platon die vollkommene Gestalt des reich- und weltschaffenden Genius, Bertram deutete Nietzsche zum erstenmal über alle Einzelprobleme hinaus von seinem geistigen Bild und Schicksal her als den Lebendig-Ewigen, dessen Mythus wie der aller Großen nicht stirbt sondern in uns und mit uns weiterwächst."

anwendbar. Auch hier wird etwas Vergangenes dargestellt. Es handelt sich um Gedichte einer Geistesgröße der Vergangenheit, die genutzt werden, um Georges Werk zu legitimieren und zu unterstützen. In seiner Übersetzung erreicht George dieses Ziel eben auch dadurch, dass er eigene Ideen in Shakespeares Werk findet und diese hervorhebt. Alles dies führt dazu, dass sich George an das Ende einer Tradition stellen kann.

George wird auch äußerlich von sich selbst und anderen immer wieder mit Dante verglichen.[149] Eine Tatsache, die er durch seine Verkleidungen bei den Maskenzügen noch unterstreicht. Wolters beschreibt die Ähnlichkeit Georges mit Dante als derart frappierend, dass sie beim Maskenfest als Einheit wahrgenommen wurden:

> Das unerwartete Erscheinen dieses Zuges [Dichterzug der drei Dichter Homer, Vergil, Dante] auf einem Maskenfeste bei Heiseler war einer der bildhaften Eindrücke, welche die Beteiligten nach ihren Erzählungen tief ergriff und unauslöschlich in ihrem Gedächtnis haften blieb, weil die Gestalt Georges mit der vom Bilde her bekannten Dantes eine untrennbare Einheit bildete.[150]

Und als Sabine Lepsius 1898 ihre „berühmte Verkleidungstruhe" auspackt, erschrickt George selbst vor der Ähnlichkeit:

> Wolfskehl schlang ich ein breites Silberband um den Kopf, steckte ihm Lorbeerzweige an die Schläfen, so daß er in einem weißen Gewand einen wundervollen Anblick bot. George aber wand ich ein Tuch um das Haupt wie es Dante getragen, dazu ein türkisches Gewand, eine Wirkung, die seine danteske Gestalt fast unheimlich wie einen Revenant erscheinen ließ, vor der er selbst, als wir ihn vor den Spiegel nötigten, erschrocken verstummte.[151]

Der Wahrheitsgehalt solcher Erinnerungen sei dahingestellt, und man kann sicher davon ausgehen, dass immer übertrieben wird. Dennoch zeigt sich, wie George selbst wahrgenommen werden will und von seinen Anhängern auch wahrgenommen wird.[152]

In Fuchs' Erinnerung sah George schon als Schüler wie Dante aus[153], eine Behauptung, die sich durch Fotografien kaum belegen lässt. Hans Brasch beschreibt George zurückblickend als einen „Dante der gerade der hölle entstiegen war," und betont damit nicht nur die Verbindung zum

---

[149] Zur physiognomischen Identifikation Georges mit Dante vgl. Karlauf, Stefan George, S. 256; Thimann, Bildende Kunst, S. 571f.
[150] Wolters, Stefan George, S. 275.
[151] Lepsius, Stefan George, S. 35f.
[152] Salins Schilderung seiner ersten Begegnung mit George ist vielfach zitiert worden, verdeutlicht allerdings sehr anschaulich die Glorifizierung Georges in den Erinnerungsbüchern. Vgl. Salin, Um Stefan George, S. 13f.
[153] Fuchs, Sturm und Drang in München um die Jahrhundertwende, S. 24f.

Dichter Dante, sondern auch die Verbindung zum übersetzten Werk, der
‚Göttlichen Komödie':

> Sein antlitz war bei aller männlichen kraft von uralt-zeitloser
> weisheit. Um die tiefliegenden augen unter der gewaltigen wölbung
> der brauenknochen lagen fast stets schwere schwarze schatten, wie
> bei einem Dante der gerade der hölle entstiegen war. Die ähnlich-
> keit mit der bekannten Dante-büste war überhaupt frappant, nur
> war das bei Dante schlank-romanische in ein breit und derb-
> deutsches umgeformt, die schmale strenge des christlichen in ein,
> wiewohl durch das christliche durchgegangenes, aber schon wieder
> athletisch-heidnisches, ein zeushaftes antlitz. Nie wieder sah ich je
> solche wangen- und brauenknochen, solch herrschendes kinn und
> eine so starke, breit ansetzende und doch nicht grobe nase, aus der
> der atem eines weltschöpfers hervorgehen zu können schien.[154]

Es scheint, dass die Ähnlichkeit nicht nur durch Äußerliches hervorgerufen wird, sondern auch durch die Funktion, nämlich die eines Weltschöpfers. In der Tat ähneln sich die Nasen Dantes und Georges nicht sonder-
lich; erst der „atem eines weltschöpfers" scheint die Ähnlichkeit
unübersehbar zu machen.

Auch Hofmannsthal wurde in jungen Jahren mit Dante verglichen.
So schreibt Hermann Bahr in der ‚Freien Bühne' über seine erste Begegnung mit Hofmannsthal:

> Das Profil des Dante, nur ein bischen besänftigt und verwischt, in
> weicheren, geschmeidigeren Zügen, wie Watteau oder Fragonard es
> gemalt hätte; aber die Nase, unter der kurzen, schmalen, von glat-
> ten Ponnys überfransten Stirne, wie aus Marmor, so hart und
> entschieden, mit starken, starren, unbeweglichen Flügeln.[155]

Betrachtet man Fotografien Hofmannsthals, so ist die Ähnlichkeit hier sicher gewollt herbeigeschrieben, und schon die Relativierungen lassen dies
erkennen. Bemerkenswert ist, dass gerade dieses Zitat Eingang in Wolters'
‚Blättergeschichte' findet und so die Verbindung von George und Hofmannsthal unterstreicht.[156] Wen, wenn nicht einen Dante-ähnlichen Dich-

---

[154] Brasch, Erinnerungen an Stefan George, S. 24. Brasch beschreibt 1934 zurückblickend eine Begegnung mit George 1911. In Brasch, Weitere Erinnerungen an Stefan George, S. 41–44 wird das Äußerliche noch ausführlicher beschrieben, von der
Kopfform über die Größe bis zum Gang. Derartige Beschreibungen Georges sind
typisch in der Erinnerungsliteratur des Kreises. Auch in Edgar Salins Erinnerungen
wird beschrieben, dass George für eine Erscheinung Dantes gehalten wurde. Vgl.
Salin, Um Stefan George, S. 18.
[155] Bahr, Loris, S. 96.
[156] Vgl. Wolters, Stefan George, S. 32f. Die unterschiedliche Auffassung beider Dichter von ikonographischen Bilder zeigt sich im Disput, um die Veröffentlichung der
Dichtertafel in den ‚Blättern für die Kunst'. Vgl. Boehringer, Mein Bild, S. 50.: „Er

ter, hätte George sich zum Freund wünschen sollen? Andererseits war es zu jener Zeit nichts Ungewöhnliches, einen vielversprechenden zeitgenössischen Dichter mit einem großen Dichter der Geschichte – da bietet sich Dante eben an – äußerlich zu vergleichen.[157] Irgendeine Ähnlichkeit, z. B. eine besonders markante Nase, ließ sich nahezu immer finden.

Vergleiche boten sich nicht nur mit Dante an, sondern auch mit anderen Heroen, z. B. Caesar. Salin beschreibt eine Begegnung mit George in Gundolfs Zimmer, in welchem eine Caesar-Büste stand:

> Nun hob sich Georges Kopf, ein wenig nach vorne über die Blätter geneigt, im Profil ab von dem Profil der Caesar-Büste, deren Blick durch das Fenster hindurch in die Ferne wies, und es war nicht nur unser Wissen um den gleichen Tag der Geburt, sondern die unentrinnbare Magie dieses Bildes, die zum Vergleich der Züge drängte.
> Nie hatten wir bis dahin geahnt, wie stark auch im Dichter die Kraft des Täters lag, – nie war uns die Geistigkeit des Römers so deutlich entgegengetreten. Wir verglichen die einzelnen Teile und Linien des Gesichts, aber die Gewalt des Lebens ließ vom Vergleich abstehen und wir sahen nur noch, groß auf großem Hintergrund, den Dichterkopf. [...] Und die Worte Nietzsches über Caesar kamen uns in den Sinn und ihre lebendige Wirklichkeit erkannten wir vor unsern Augen: „Zwischen Schöpfersein, Güte und Weisheit ist die Kluft vernichtet."[158]

Es ist allerdings nicht so, dass nur George durch die Caesar-Ähnlichkeit an Bedeutung gewänne – auch Caesar gewinnt dazu, denn nie vorher war die „Geistigkeit des Römers" so deutlich. Dass Gundolf ein Sammler von

---

[Hofmannsthal] schrieb an George, dem Plan eines Sammelbildes wolle er sich nicht anschliessen; an Dichtern interessierten ihn die Gesichter recht wenig. George nahm dies als Scherz: ob Einer ein Dichter sei, das erkenne er ebenso am Gesicht wie am Gedicht." – Vgl. den Brief von Hofmannsthal an George (1.7.1893), Briefwechsel zwischen George und Hofmannsthal, S. 66: „Dem Plan eines Sammelbildes möchte ich für meinen Theil mich nicht anschließen; an Dichtern interessieren mich gerade die Gesichter recht wenig; auch wird dergleichen so sehr von den uns durchaus fernstehenden reclamesüchtigen Journalen gepflegt; übrigens besitze ich gar kein Lichtbild von mir, auch kein Nachbild eines Ölbildes, nichts als ein Terracottarelief."

[157] In Sabine Lepsius' Erinnerungen findet sich der Hinweis, dass Gundolf auf der Straße von Schuljungen ‚Da geht Schiller!' nachgerufen wurde. Vgl. Lepsius, Stefan George, S. 30. Eine für die Zeit typische Darstellung der Physis bietet Bauer, Goethes Kopf und Gestalt – Das Buch erscheint 1908 und die Seiten 12–28 widmen sich ausführlich der physischen Beschreibung.

[158] Salin, Um Stefan George, S. 30f. Vgl. dazu auch Thimann, Mythische Gestalt, S. 325f.; und Thimann, Caesars Schatten, S. 138ff.

Caesar-Artikeln war, ist bekannt,[159] und dass eine solche Büste bei Gundolf zu finden war, somit nichts Besonderes. Dass sich George jedoch genau davor platzierte und sie in dem Raum beließ, er bevorzugte ansonsten kahle Räume,[160] ist interessant. Bezeichnend ist zudem, dass „der gleiche Tag der Geburt" Georges und Caesars – der 12. Juli – zum Wissen des Kreises gehört.[161]

Auch mit der Organisation seines Werkes arbeitet George an seiner Traditionszugehörigkeit.[162] Georges Gesamtausgabe erscheint genau 100 Jahre nach Goethes Gesamtausgabe. Er inszeniert sich so als *der* Dichter des 20. Jahrhunderts und stellt sich in direkter Folge auf Goethe dar.[163] Und auch seine Übersetzung der 1609 erstmals veröffentlichten Shakespeare-Sonette erscheint gezielt 1909. In der Einleitung weist George sogar darauf hin, dass „*jahrhundertelang* von herausgebern und auslegern unfruchtbar gestritten"[164] wurde – und sagt damit auch, dass man nun, nach 300 Jahren, endlich etwas Fruchtbares in den Händen hält. Während George sich in der Einleitung klar gegen jegliches Rätselraten um die vermeintlichen Personen der Sonette ausspricht, so übersetzt er mit der Widmung an den ominösen W.H. gerade den Teil, der die abenteuerlichsten Spekulationen hervorrief und -ruft. Die Widmung gibt ihm jedoch die Möglichkeit, die Jahreszahl der ersten Veröffentlichung erscheinen zu lassen: Quarto 1609.[165] Die Widmung der ‚Fleurs du Mal' dagegen überträgt George nicht, von Baudelaires ‚Au lecteur' ganz zu schweigen. George übernimmt die Widmung der Sonette bewusst.[166] In Gundolfs ‚Shakespeare in deutscher Sprache' erscheinen die Sonette schließlich erst 1922[167] – wäre nicht die so verlockende Möglichkeit der Jahreszahlen-

---

[159] Vgl. Thimann, Mythische Gestalt; Thimann, Caesars Schatten, S. 104–167. Zu Gundolfs Identifizierung Caesars mit George sowie seiner Interpretation von Shakespeares ‚Julius Caesar' nach dem Bruch mit George vgl. Reichert, Gundolfs Geschichtsschreibung, S. 310 und 313ff.; Thimann, Caesars Schatten, S. 143.

[160] Vgl. Salin, Um Stefan George, S. 45.

[161] Morwitz, Kommentar, S. 145: „Der Dichter liebte es übrigens, Friedrich Gundolf scherzend darauf hinzuweisen, dass es den Anschein hat, dass dessen Heros Julius Cäsar am 12. Juli des Jahres 100 geboren war." Vgl. Thimann, Caesars Schatten, S. 142. Der offizielle Geburtstag Caesars wurde wahrscheinlich wegen eines Feiertages vom 13. auf den 12. Juli vorverlegt.

[162] Zur ‚Werkpolitik' Georges, vgl. Martus, Werkpolitik.

[163] Vgl. Osterkamp, Nachwort, S. 228.

[164] SW XII, S. 5, meine Hervorhebung.

[165] SW XII, S. 6.

[166] Man könnte argumentieren, dass er dies nur tut, weil für Gundolfs Shakespeare-Ausgabe der Text vollständig übertragen werden sollte. Allerdings erscheint die Übersetzung 1909 nicht als einer von Gundolfs Shakespeare-Bänden, sondern als einzelnes Buch und auch ohne Vermerk auf die Gundolf-Übersetzungen.

[167] Vgl. Raub, Melchior Lechter als Buchkünstler (a), S. 137f. In der ersten Auflage des auf 12 Bände ausgelegten ‚Shakespeare in deutscher Sprache' erschienen die So-

Übereinstimmung gewesen, George hätte sich mit der Übersetzung durchaus Zeit lassen können.[168] An der Dante-Übersetzung arbeitet er hingegen immer wieder über einen viel größeren Zeitraum. Die zweite Auflage der Dante-Übersetzung erscheint zum 600. Todestag Dantes, im Jahr 1921.[169] George nutzt also auch die Organisation seines Werkes, um sich in die Nähe anderer Dichter zu stellen.

George arbeitet darauf hin, sich in eine Reihe mit großen Dichtern zu stellen und als deren zeitgenössischer Vertreter zu erscheinen. Dass diese Strategie funktioniert, beweist vor allem die Erinnerungsliteratur des Kreises. George geht es nicht nur darum, Vergangenes darzustellen, sondern er entwirft und arbeitet an einer „ästhetischen Genealogie"[170].

Georges Übersetzung der Sonette dient dazu, eine offensichtliche Verbindung mit Shakespeare herzustellen; eine Verbindung, die in Georges Werkausgabe sichtbar wird; eine Verbindung, die, auch ohne die Übersetzung kritisch zu prüfen, gelingt. Wer, wenn nicht ein Dichter gleichen Ranges, einer der Shakespeare versteht, hätte diese Sonette übersetzen können? Shakespeare, der Dichter der Weltliteratur, wird so in den Kreis der Vorgänger Georges integriert.

Im folgenden Kapitel 3 werde ich ausführen, wie sehr sich George auch als derjenige darstellt, der Shakespeare als Einziger durchschaut. George verbindet sich nicht nur durch die hier beschriebenen Strategien mit Shakespeare, sondern er stellt Shakespeares Gedichte in seiner Übersetzung so dar, dass Shakespeare auch auf einer poetischen Ebene als Vorgänger Georges erscheinen muss.

---

nette nicht, da die geplanten Bände elf und zwölf nicht mehr erschienen. Dies liegt an den Auswirkungen des ersten Weltkrieg und daran, dass sich der Publikumsgeschmack änderte. „Die Zeit für eine so aufwendige Ausgabe war vorbei […]" Ebd., S. 138. Die Sonette erschienen in der schlichteren sechsbändigen Neuauflage ab 1920.

[168] Es gab durchaus auch noch andere, profane Gründe für eine schnelle Veröffentlichung der Sonette 1909: es sollte auch im Fischer Verlag eine Übersetzung der Sonette erscheinen und dieser wollte man zuvorkommen. Lechter/George, Briefe, S. 295 (Brief v. Gundolf an Lechter, 3.5.1909): „Nun zur frage der Herausgabe der Sonette: Stefan bittet Sie schon jezt um Mitteilung ob Sie noch daran denken vor der Aufnahme der Sonette in den Gesamt-Shakespeare diese Sonderausgabe auszuschmücken. Es läge vielleicht darin eine Schwierigkeit für Sie denselben Stimmungsgehalt zweimal zu produzieren. Auch wäre es nicht gut wenn das Werk das dann ein Jahr lang vorliegt über den Herbst hinaus - sagen wir Oktober - warten müsste. Dazu kommt noch eine für die verbreitung nicht unwichtige Sache: K. Wolfskehl hat erfahren, dass S. Fischer jetzt eine Sonettübersetzung für sich dichten lässt die er zu Weihnachten herausbringen will. Also die Entschliessung ist natürlich ganz Ihnen anheimgestellt nur bittet Sie Stefan ihn jetzt schon deshalb zu benachrichtigen."

[169] Vgl. die ‚Vorrede zur zweiten Auflage', SW X/XI, S. 5.

[170] Fitzon, Petrarca um 1900, S. 543.

3. Shakespeares Bedeutung für George

Shakespeares Bedeutung für George ist bisher nicht hinreichend untersucht worden. Es wird zwar kaum in Frage gestellt, dass Shakespeare im Kreis große Anerkennung genoss, inwieweit und vor allem warum Shakespeare für George aber als einer der *unbedingten* Autoren[1] galt, ist bislang kaum beleuchtet worden.

Olga Marx interpretiert Georges Sonett-Übersetzungen als reine Fleiß- und Auftragsarbeit.[2] Es ist richtig, dass wir lediglich die Eckdaten der Übersetzung Georges kennen und ansonsten über seinen Arbeitsprozess nur spekulieren können. Betrachtet man die Geschwindigkeit, mit der George seine Übersetzung abschließt – er braucht weniger als zwei Jahre –, so entsteht der Eindruck, dass es sich, überspitzt formuliert, um eine lieblose Fließbandproduktion handelt. George verband jedoch weit mehr mit Shakespeare und der englischen Sprache als einen Auftrag zum Übersetzen. Marx berichtet über Morwitz' Beschäftigung mit Shakespeares Sonetten:

> Er [= Morwitz] war richtig begierig danach, liess sich jedes Detail erklären, wunderte sich über die ‚Doppelbödigkeit' vieler von Shakespeare gebrauchter Worte und amüsierte sich, wenn er – durch die jahrelange Beschäftigung mit der englischen Sprache – vieles verstand, was George nicht wissen konnte. „Er [= George] arbeitete nur mit Dowden (Edward Dowden, einer der bedeutendsten Ausleger Shakespeares) und einem Wörterbuch", sagte EM. „Jeden Tag war ein Sonett fertig und er zeigte es mir. Daran arbeitete er von fünf bis sieben. Dann schlief er wieder ein Weilchen."[3]

Fälschlicherweise wird hier davon ausgegangen, dass eine nicht übersetzte „Doppelbödigkeit" eine nicht verstandene „Doppelbödigkeit" bedeute. George besitzt jedoch ausreichende englische Sprachkenntnisse und verfügt über mehrere kommentierte Shakespeare-Ausgaben, die die Wahr-

---

[1] Glöckner hat eine Liste mit den nach Georges Meinung ‚unbedingt' zu kennenden Autoren erstellt. Es gab zudem Listen mit ‚nötigen' und ‚nützlichen' Autoren. Vgl. Glöckner, Begegnung mit Stefan George, S. 218f. Zur Bedeutung Shakespeares im George-Kreise siehe auch Kapitel 3.2.

[2] Marx, Stefan George in seinen Übertragungen englischer Dichtung, S. 15. Über den Entstehungsprozess der Sonett-Übersetzung schreibt Marx, ebd.: „Wir wissen jedenfalls, dass der Verleger Bondi ihn [= George] beauftragte, die Sonette zu übersetzen, dass er mit dieser Arbeit im Februar 1907 begann, sie im Dezember 1908 beendete, und dass die ganze Umdichtung im Oktober 1909 gedruckt wurde."

[3] Marx, Meine Zusammenarbeit mit Ernst Morwitz, S. 46. Marx (Carol North Walhope) arbeitete mit dem in die USA emigrierten Morwitz an einer englischen Übersetzung der Gedichte Georges.

scheinlichkeit von Sprachirrtümern erheblich verringern.⁴ George übersetzt viele Doppeldeutigkeiten bewusst nicht, da ihm meist eine der Bedeutungen nicht zusagt oder er die jeweils andere stärken möchte.⁵

Anhand verschiedener Gedichte und Äußerungen Georges stelle ich seine Beziehung zu England und zur englischen Literatur (3.1.) sowie zu Shakespeare (3.2.) dar. Ich betrachte dabei sowohl Briefe und Aussagen, die George direkt zugeschrieben werden, als auch Äußerungen zu England und Shakespeare aus dem George-Kreis.⁶ Ich werde zeigen, dass das Bild Shakespeares, das George zu vermitteln suchte, sich kontinuierlich entwickelte und sich schließlich auch maßgeblich in Georges Übersetzung der Sonette niederschlägt. In den Analysen der Übersetzung stelle ich fest, dass George den Sonetten in seiner Übersetzung einen erzieherischen Aspekt beifügt. Um diese These zu stützen, arbeite ich Georges Shakespeare-Bild heraus, das Shakespeare als Menschenverächter darstellt.

3.1. Georges Englischkenntnisse und sein Bildungsprozess

George verfügt über gute Englischkenntnisse und nutzt Englisch aktiv als Sprache. Vermeintliche Ungenauigkeiten in der Übersetzung, wie sie mancherorts festgestellt wurden, können deshalb nicht ohne Weiteres auf sprachliche Schwierigkeiten zurückgeführt werden, sondern sind als bewusster Akt Georges einzuordnen. George pflegt zudem nicht nur eine besondere Bindung zum französischen Kulturkreis, sondern auch zur englischen Kultur und Literatur. Die Beziehung Georges zu Frankreich und zur französischen Literatur wird oft hervorgehoben, dass George aber schon vor seinem Frankreich-Aufenthalt längere Zeit in England verbrachte, wird meist nur kurz erwähnt und als unwichtig abgetan.⁷ Ich nehme Georges Verbindung zu England und der englischen Sprache genauer in den Blick, um den Stand seiner Englischkenntnisse und außerdem sein Interesse an englischer Literatur zu belegen. George wird zudem nicht erst durch Gundolf auf Shakespeare aufmerksam, sondern beschäftigt sich schon weitaus früher mit dem „Nebel-inseln finstre[n] fürst der geister"⁸.

---

⁴ Vgl. auch Barlow, A critical study of Stefan George's translation from English, S. 103–227. Barlow weist nach, dass George fast keine Sprachfehler macht, und dass er sich eng an die Erläuterungen in der Temple-Ausgabe hält. Ebd., S. 97f.

⁵ Ebd., S. 133: „Where inaccuracy is found, it is never the result of careless translation, but of deliberate sacrifice of one aim to another, or simply a mistake."

⁶ Gundolfs Bedeutung für Georges Shakespeare-Verständnis spielt dabei eine große Rolle und wird in einem Exkurs am Ende des Kapitels besonders einbezogen. Eine ausführliche Studie zur Bedeutung Shakespeares für Gundolf fehlt bislang.

⁷ Vgl. z. B. David, Stefan George, S. 26ff; Norton, Secret Germany, S. 37ff.; Karlauf, Stefan George, S. 72ff.

⁸ SW V, S. 27.

Anhand der Zeugnisse Georges lässt sich nachweisen, dass er in der Realschule in Bingen am Englischunterricht teilnimmt, später im Darmstädter Gymnasium jedoch nicht den Englischunterricht besucht.[9] Eine Tatsache, die zu jener Zeit nicht ungewöhnlich ist, da man an deutschen Gymnasien erst in den 1860er Jahren begonnen hat, „Englisch in größerem Umfang als wahlfreien Gegenstand in das Lehrangebot einzubeziehen".[10] Englischunterricht wurde in Deutschland zuerst in den Realschulen eingeführt, da man der Auffassung war, dass Englisch in Zukunft besonders für die Industrie von Bedeutung sein würde.[11] In den Gymnasien wurde Englisch, wenn überhaupt, meist nur als Wahlfach angeboten, das auf freiwilliger Basis zusätzlich belegt werden konnte. Eine „[g]leichberechtigte Aufnahme in den gymnasialen Fächerkanon fand das Englische erst im Lehrplan von 1901."[12]

George hat von 1880 bis 1882 auf der Binger Realschule Englischunterricht, mit den Noten „gut-genügend" und „gut-recht gut".[13] In Darmstadt lernt er Französisch, Latein und Griechisch. Erstaunlich ist, dass laut Erinnerungen von H. Werner, eines Schulkameraden, Englisch zu Georges liebsten Fächern im Gymnasium gehört.[14] Verlassen kann man sich freilich auf keine dieser Erinnerungen – Schnädter hat einleuchtend gezeigt, wie widersprüchlich diese oft sind.[15] Da nicht alle Darmstädter Zeugnisse erhalten sind, kann man nicht ganz ausschließen, dass George

---

[9] Es ist gut möglich, dass George im Gymnasium nicht am Englischunterricht teilnahm, weil er die dort vermittelten Kenntnisse bereits in der Realschule erworben hatte.
[10] Walter, Zur Geschichte des Englischunterrichts an höheren Schulen, S. 41.
[11] Ebd., S. 40.
[12] Ebd., S. 46.
[13] Die Zeugnisse befinden sich im StGA, Stuttgart. Vgl. außerdem SW XII, S. 170, Anhang Oelmann.
[14] „Auf der Schule aber schenkte er [= George] dem Unterricht nicht viel Interesse, und dementsprechend sind seine Zeugnisse nicht besonders gut ausgefallen. Am meisten fesselten ihn Französisch und das nur fakultativ und darum kümmerlich betriebene Englisch." Werner, Stefan George als Gymnasiast, S. 368. Auch in der von Wohlleben verfassten Biographie Georges steht: „[...] dann besuchte Stefan George als 14-jähriger das humanistische, Großherzogliche Ludwig-Georgs-Gymnasium in Darmstadt mit zugehörigem Internat, das in einem recht weltoffenen Geist geführt wurde – im Gegensatz zu den eher provinziellen Binger Schulen. Er wohnte in der ‚Pension Philipp Raab', Riedeselstraße 68. Dort lernte er neben Englisch und Französisch noch freiwillig Italienisch und Norwegisch (verwandt mit dem Dänischen)." Wohlleben, Stefan George. Spurensuche für Liebhaber und Lernende, S. 11. Solchen ‚Spurensuchen' von offensichtlichen ‚Liebhabern' Georges muss man freilich mit Vorsicht begegnen.
[15] Schnädter, Der Schüler Stefan George, S. 32f.

auch zu dieser Zeit am Englischunterricht teilnimmt. Wahrscheinlicher ist jedoch, dass er seine Sprachkenntnisse im Eigenstudium vertieft.

Am Darmstädter Gymnasium hatte das Fach Englisch einen geringen Stellenwert.[16] Den Schulnachrichten aus Georges Schulzeit in Darmstadt lässt sich entnehmen, welche Lektüre im Englischunterricht behandelt wurde. Auch wenn George nicht am Unterricht teilnimmt, bieten die Schulnachrichten einen möglichen Überblick über Texte, mit denen George – über Mitschüler – in Berührung gekommen sein könnte. Zudem wird sein Englischunterricht in der Binger Realschule Ähnliches beinhaltet haben.[17] Shakespeare findet sich immer wieder in den Lektüreplänen.[18] Generell herrscht am Ende des 19. Jahrhunderts in Deutschland ein Streit darüber, ob Shakespeare auf den Lehrplan gehöre oder nicht. Es gibt mehrere Initiativen, Shakespeare aus dem Englischunterricht zu streichen, da er einerseits zu schwierig sei und andererseits nicht zur Sprech- und Sprachfertigkeit beitragen könne.[19] Shakespeare ist, wenn auch umstritten, zu diesem Zeitpunkt ein fester Bestandteil des Englischunterrichts[20] und der Streit wird schließlich zugunsten der Texte Shakespeares entschieden.[21] Auf dem Lektüreplan in Darmstadt stehen im Schuljahr 1887/88:

---

[16] Es gab keine Englischlehrer, sondern der Unterricht wurde von den Französischlehrern übernommen. In dem Darmstädter Gymnasium sind das Klingelhöffer und Lenz. Letzterer war gut mit George bekannt, da er ihn schon in Bingen unterrichtet hatte und ihn – schon durch die alte Verbundenheit – besonders behandelte. Vgl. Boehringer, Mein Bild, S. 24. Englisch wurde nur in den letzten beiden Schuljahren angeboten (Unter- und Oberprima). Und zudem wurde es, wahrscheinlich aufgrund der geringen Beteiligung, in den verschiedenen (Oster- und Herbst-) Klassen gemeinsam unterrichtet. Außerdem wurde Englisch nur zwei Stunden wöchentlich unterrichtet. Die anderen Sprachen hatten in der Unter- und Oberprima ein deutlich höheres Pensum, so wurde Latein achtmal, Griechisch sechsmal, Hebräisch viermal und Französisch zweimal wöchentlich unterrichtet. Vgl. Programm des Ludwig-Georgs-Gymnasiums zu Darmstadt. 1880–88.

[17] Leider haben sich keine Lehrpläne der Binger Realschule erhalten.

[18] In den Schulnachrichten zwischen 1880 und 1888 findet sich im Lektüreplan Shakespeares ‚Merchant of Venice' und ‚Julius Caesar'. Es werden jedoch nie die ganzen Dramen angegeben, sondern immer nur einzelne Akte oder Szenen. Vgl. Programm des Ludwig-Georgs-Gymnasiums zu Darmstadt.

[19] Vgl. Ahrens, Die Tradition der Shakespeare-Behandlung im Englischunterricht, S. 14ff. Als Beispiel für eine soche Initiative vgl. einen Artikel von 1896: Hengersbach, Shakespeare im Unterricht der preussischen Gymnasien.

[20] Ahrens, Die Tradition der Shakespeare-Behandlung im Englischunterricht, S. 13.

[21] Vgl. z. B. Borchers, Die englische Lektüre am Realgymnasium, S. 15. Welchen Stellenwert Shakespeare zu dieser Zeit hatte, zeigt ein Blick in Anton von Walters Studie, die sich u. a. mit dem ‚Anglistischen Forschungsinteresse an Schule und Universität im Vergleich' beschäftigt. Die Forschungsfelder werden in ‚Alt-/Mittelenglisch', ‚Shakespeare' und ‚Neuenglisch' eingeteilt – Shakespeare nimmt also dementsprechend viel Platz ein. Vgl. Walter, Zur Geschichte des Englischunterrichts an höheren Schulen, S. 226–239; außerdem ebd. S. 71f.

> Wershovens Englisches Lesebuch: Gedichte Nr. 30, 31, 37. History: Nr. 13, 15 (Theatre of Shakespeare), 16 (British Constitution), 17, 18, 19, 20. [...] Marryat, The three Cutters, I. – Sonnenburgs Lesebuch: ausgewählte Abschnitte. [...] Marryat, The Three Cutters: II Cutter the Second; III Cutter the Third, Anfang. [...] Wershovens Englisches Lesebuch: Gedichte Nr. 7, 9, 16. – Lesestücke 1–6 inkl.[22]

Das „Theatre of Shakespeare" im Geschichtsteil des Lesebuches wird ausdrücklich betont. Abgesehen von der ‚British Constitution' wird keine der Lektionen oder Lesestücke näher benannt. Die Schulnachrichten stellen einen Überblick für die Eltern dar, und von dieser Seite wurde auf eine Bildung unter Einschluss Shakespeares Wert gelegt. George ist schon zu seiner Schulzeit in Bingen und vielleicht auch in Darmstadt in Berührung mit englischer Lektüre und sicher auch mit Shakespeare gekommen; er hat neben der englischen Schullektüre weitere englische Werke im Original gelesen.[23] Georges Grammatiklehrbücher, Wörterbücher und englische Lesebücher sind erhalten.[24]

Doch nicht nur in der Schule und im privaten Rahmen kommt George in Kontakt mit englischer Literatur. Schnädter beschreibt George als „eifrige[n] Besucher des Hoftheaters" und stellt die enge Beziehung zwischen dem Darmstädter Theater und Gymnasium heraus.[25] George möchte sich als eifriger Theaterbesucher verstanden wissen und so hebt auch Wolters – in seiner stilisierten ‚Blättergeschichte' – das Theater hervor:

> Das Großherzogliche Theater war von gutem Rufe und konnte, mitten in einem Kreise großer rühriger Städte gelegen, seine Kräfte von allen Seiten aufs beste ergänzen. Die Schüler des Gymnasiums waren seine regelmäßigen Besucher, und George hat hier in den empfänglichsten Jahren nicht nur unsere Klassiker und Shakespeare, sondern auch die Opern Wagners und anderer Komponisten in guter Darbietung gesehen – selbst moderne Stücke wurden gelegentlich aufgeführt.[26]

Im Großherzoglichen Theater Darmstadt wurden jährlich mehrere Dramen Shakespeares aufgeführt. In der Zeit, die George in Darmstadt ver-

---

[22] Programm des Ludwig-Georgs-Gymnasiums zu Darmstadt, Ostern 1888, S. 48f. Bei den ‚Kuttergeschichten' (1836) von Frederick Marryat handelt es sich um kurze Geschichten (6–10 Seiten) die jeweils einen englischen Hafen, eine Yacht und deren Besatzung beschreiben. Das ist beispielhafte Schullektüre. Vgl. Marryat, Olla Podrida. The Pirate, and The Three Cutters, S. 509–573.
[23] Vgl. Norton, Secret Germany, S. 21f.; Rouge, Schulerinnerungen, S. 22.
[24] Vgl. SW XII, S. 170, Anhang Oelmann.
[25] Vgl. Schnädter, Der Schüler Stefan George, S. 32.
[26] Wolters, Stefan George, S. 13. George war zudem auch Gast im Mannheimer Theater. Vgl. ebd., S. 30; Karlauf, Stefan George, S. 54.

bringt (1882–1888), stehen allein dreizehn verschiedene Shakespeare-Inszenierungen auf dem Programm, fast durchgängig werden dabei der ‚Sommernachtstraum' (1882, 83, 85, 87, 88) und ‚Hamlet' (1882, 83, 84, 87) gezeigt.[27] George sieht in seiner Jugend mit ziemlicher Sicherheit Shakespeare in deutscher Übersetzung im Theater.[28]

Nachdem George erste Kenntnisse des Englischen in der Schule sammelt, ergibt sich der Anreiz, dieses Wissen auf einer Englandreise zu erweitern. Insgesamt reist George dreimal nach England, direkt nach Beendigung seiner Schullaufbahn von April bis Oktober 1888[29], im Spätsommer 1891[30] und nochmals im Jahr 1898.[31]

Während seiner ersten Englandreise 1888 geht es George darum, bessere Englischkenntnisse und mehr Lebenserfahrung zu gewinnen.[32] Rouge begründet die Reise damit, dass George „u. a. neue Philologie studieren wollte."[33] Und tatsächlich wird George später in Berlin auch Vorlesungen zur englischen Literatur besuchen. Es handelt sich also um eine Bildungsreise mit dem Bestreben, die englische Sprache, Literatur und Kultur kennenzulernen. Gegenüber Breysig beschreibt George später (1904) seinen Englandaufenthalt als eine vom Spracherwerb geprägte Reise: „Er [= George] lernt von der Sprache; betont, dass dies – ordentlich gemacht – viel Zeit und Mühe erfordere. Ihn interessiere noch heute nichts so sehr wie Übersetzen."[34] George bleibt sechs Monate in England. Während seines Aufenthalts in England pflegt er regelmäßigen Briefkontakt mit den

---

[27] Vgl. die ‚Statistischen Überblicke über die Aufführungen Shakespearescher Werke' in den Jahrbüchern der deutschen Shakespeare-Gesellschaft 1883 (18. Jg.) – 1889 (24. Jg.). Die einzelnen Stücke, die in Darmstadt aufgeführt wurden, sind: Othello, Ein Wintermärchen, Heinrich IV, Richard III, Macbeth, Sommernachtstraum, Hamlet, König Lear, Der Kaufmann von Venedig, Romeo und Julia, Was Ihr wollt, Richard II und Viel Lärm um Nichts.

[28] Vgl. auch SW XII, S. 167, Anhang Oelmann.

[29] Es wird fälschlicherweise oft der Mai als Reisebeginn Georges angegeben. George schreibt schon am 18.4.1888 an Arthur Stahl, dass er nächste Woche nach London reise. Vgl. Brief von Stefan George an Arthur Stahl, 18.4.1888, StGA. Und Carl Rouge sendet seinen ersten Brief nach London am 23.4.1888, StGA George III 10684. Ein Telegramm von Georges Vater bestätigt am 23.4.1888 den Empfang einer Karte aus London. Vgl. Seekamp/Ockenden/Keilson, Stefan George, S. 7. Am 2. Oktober verlässt George London. Vgl. Boehringer, Mein Bild, S. 29.

[30] Vgl. Wolters, Stefan George, S. 30; Boehringer, Mein Bild, S. 41: „[…], das Jahr 1891 beginnt er in Berlin. […] Ende August ist er in Königstein, Anfang September in England, kehrt über Frankreich zurück […]."

[31] Vgl. Wolters, Stefan George, S. 114; Boehringer, Mein Bild, S. 69.

[32] Vgl. Sohnle, Stefan George und der Symbolismus, S. 12. Auch Norton weist darauf hin, dass George wegen seiner im Vergleich zum Französischen schwachen Englischkenntnisse zuerst nach London reiste. Vgl. Norton, Secret Germany, S. 35.

[33] Rouge, Schulerinnerungen an Stefan George, S. 24.

[34] Breysig, Begegnungen mit Stefan George, S. 13f., Tagebuch 07.11.1904.

Schulfreunden Carl Rouge und Arthur Stahl.[35] Leider sind nur wenige der Briefe Georges erhalten, aber auch die Briefe der Freunde geben indirekt Auskunft über Georges Reise.

Die Briefe haben wenig mit den später stark stilisierten und aufs Wesentliche beschränkten Briefen Georges[36] gemein. George benutzt immer wieder englische Wörter, wohl um zu zeigen, wie sehr er schon in der englischen Sprache zu Hause ist. Einen Brief an Stahl beendet George mit: „Enough for today das heist genug für heut!"[37] Um nach Stahls poetischer Arbeit zu fragen, schreibt er: „Wann kommt the second part of your poetical works? I'll hope you will not hesitate. Do you understand me?"[38] Das Gemisch aus Deutsch und Englisch sowie die abschließende Nachfrage ob des Verstehens belegen, wie sich George selbst wahrnimmt: als sprachneugierigen und selbstbewussten Schüler der englischen Sprache. Auch in den Briefen von Rouge an George gibt es englische Einschübe: „My dear friend! / I am very erfreut that you are eingetroffen glücklich at England."[39] Ähnliche Sprachspiele finden sich sicher in den Korrespondenzen vieler Sprachschüler.[40] Dennoch deutet es darauf hin, dass sich George in erster Linie auf einer Sprachreise befand. George preist seinen Englandaufenthalt gegenüber Stahl an:

> Ich habe eine ganze masse zu tun. Du solltest einmal sehen was ich Englisch parliere!! Übrigens sagtest Du nicht dass Du auch in England verwandte hättest, ich würde an deiner stelle das einmal zu nutzen machen und ich kann dreist behaupten, dass man während eines aufenthaltes in England mehr sieht + lernt, als wenn mann sich in Neapel + Palermo herumtreibt, obwohl ich da noch nicht gewesen bin, und kein genügendes urteil formulieren kann. […] Meine lectüre ist fast nur auf das Englische beschränkt: Ich las in der letzten Zeit zwei sehr gute Romane von Lord Lytton (ich weiss

---

[35] „Lange Briefe von acht und sechzehn Seiten flogen hin und her, in denen alle möglichen uns wichtigen Fragen behandelt wurden." Rouge, Schulerinnerungen an Stefan George, S. 24. Tatsächlich sind die Briefe von einer beachtlichen Länge und Ausführlichkeit, wie man sie in späteren Briefen Georges nicht mehr antrifft. Die ‚wichtigen Fragen' werden natürlich nicht ausgelassen. George schreibt z. B. über seine Begegnung mit ‚3 ladies beim thee': „sie zog butterbrot vor und heisst Mabel. vielleicht hörst du später noch etwas von ihr. / pssssst."

[36] „George ist in diesen Briefwechseln [mit den Jüngern] eher der Nüchterne, der Erzieher und Mahner; der, der für Ordnung und Struktur sorgt. Er will prägen, Einfluss nehmen, die Richtung weisen. Nie lässt er sich zu naiver Begeisterung hinreißen." Braungart/Oestersandfort/Andres/Walter, Platonisierende Eroskonzeption und Homoerotik in Briefen und Gedichten des George-Kreises, S. 227.

[37] Brief von Stefan George an Arthur Stahl, 6.8.1888, StGA George II, 5843.

[38] Brief von Stefan George an Arthur Stahl, ohne Datum, StGA George II, 5847.

[39] Brief von Carl Rouge an Stefan George, 23.4.1888, StGA George III, 10684.

[40] Im Briefwechsel mit Rouge und Stahl finden sich (vor bzw. nach der Englandreise) auch Briefe auf Latein und Französisch.

nicht ob dir der name bekannt ist) Rienzi und Pelham. Das letztere gibt ein ausgezeichnetes bild der englischen gesellschaft und besonders des High-Life. Apropos High-Life wünschte ich nur, du hättest eines samstags mit mir durch Hyde Park zu streifen, da könntest Du was erleben. [...] Doch zurück zu meiner lectüre. Ich lese eben Thackeray ich möchte fast sagen, dass er gerade die entgegengesetzte gesellschaftsklasse skizziert als Lord Lytton. Es ist aber deshalb nichts weniger anziehend. Meine norwegische lectüre wollte ich nicht ganz vernachlässigen und einige nächte sind jenem studium geweiht.[41]

Zur Hälfte seines Aufenthaltes (im Juli 1888) „parlier[t]" George schon auf Englisch und beschäftigt sich mit englischer Lektüre.[42] Auch das englische Theater und Shakespeare sind Bestandteil der Briefe. George ärgert sich darüber, dass er nicht öfter ins Theater gehen kann:

Also ich war früher schon einmal im Englischen Theatre gewesen, wo sie eine englische Comödie von Shakespeare aufführten The Taming of the Shrew d. i. der widerspenstigen Zähmung. Es ist schade, dass man hier so namenlos wenig ins Theatre kommt. Erstens ist es ein so furchtbar weiter weg bis dorthin, und zweitens ist es verdammt teuer, der schlechteste platz (von dem man übrigens in vielen theatern sehr gut sieht natürlich muss man darum stürmen wie in den deutschen Olymp) kostet Eighteenpence id est eine mark und fünfzig pfennige. das ist ein bischen viel.[43]

Auch Shakespeare ist Teil der Korrespondenz und Rouge fragt George schon im ersten Brief: „Bist Du mit Deinen Hausgenossen schon über die irische Frage in Streit geraten? Cultiviert man in England Shakespeare

---

[41] Brief von Stefan George an Arthur Stahl, 16.7.1888, StGA George II, 5843.
[42] In Georges Bibliothek finden sich Romane von Lord Lytton und William Makepeace Thackeray. Über einen Roman von Lord Lytton ‚The Coming Race' spricht George noch in seinen letzten Lebensjahren. Vgl. Schlayer, Minusio, S. 125f.: [2.XII.31] „Dann aber zitierte Man eine Sache von Bulwer, so ganz als obs gar nichts damit zu tun hätte, aus einem Zukunftsroman, dass da eine Sprache der Menschen so verfeinert sein würde, dass sie für Frau in der Einzahl und in der Mehrzahl ganz verschiedene Worte hätten, als ob es ganz etwas anderes sei." In den Erläuterungen von Ute Oelmann und Maik Bozza wird im Übrigen belegt, dass sich George hier in seiner Erinnerung täuscht und die Stelle bei Bulwer anders gemeint ist. Vgl. ebd, S. 126, Fn. 291.
[43] Brief von Stefan George an Arthur Stahl, 6.8.1888, StGA George II, 5843. Im Archiv findet sich ein Programm des Royal Lyceum Theatre, Edingburgh vom 2.8.1888. Angekündigt wird Sarah Bernhardt in dem Drama von Alexandre Dumas ‚La Dame aux Camelias', StGA. Vgl. auch Sohnle, Stefan George und der Symbolismus, S. 13. Olymp meint hier wohl das Darmstädter Theater: Wolfskehl, Ibsen-Jugend, S. 353: „[...] ‚Olymp', so hießen die obersten, billigsten, für vierzig Pfennige erhältlichen Galerieplätze im Theater."

oder behandelt man ihn wie Göthe oder Schiller bei uns?"⁴⁴ Die beiden Freunde sind sowohl politisch als auch kulturell an England interessiert. Es geht nicht nur um die Frage, ob man Shakespeare-Stücke im Theater sieht, sondern darum, wie Shakespeare, wie die Dichtung in England gesehen wird. Darüber, wie sie selbst zu Shakespeare stehen, entfacht sich ein kleiner Streit, der leider nur aus den erhaltenen Briefen Rouges rekonstruierbar ist. Dieser schreibt:

> A propos: Kennst Du die Angabe, daß Shakespeare seine Dramen nur Bako von Verulam verdankt? Es wird zwar als Dumheit erklärt, aber mich würde es gar nicht überraschen, wenn eines Tages herauskäme, daß Bako oder ein Mann von Bakons Genius (der Name thut nichts zur Sache) die Entwürfe zu den Shakespearischen Stücken gemacht habe u. daß Sh. sie mit seinen schlechten Witzen ausgepolstert habe. Denn manchmal kommt doch in seinen Stücken irgendein Satz vor, der den Charakter der ganzen Figur über den Haufen wirft. So habe ich eine solche Stelle in ‚Viel Lärm um Nichts' bei der Beatrice gefunden. – Ibsen ist doch eigentlich mehr als Shakespeare, denn er thut mit Verstand, was Shakespeare (wenn er nämlich wirklich seine Stücke ganz selbst geschrieben hat) intuitiv that.⁴⁵

Es wurde und wird immer wieder vermutet, dass Shakespeare seine Stücke nicht selbst geschrieben hat. Die These, Baron Baco von Verulam (das ist Francis Bacon) habe Shakespeares Stücke geschrieben, war besonders Ende des 19. Jahrhunderts weit verbreitet. George ist anderer Meinung und wirft Rouge ein vorschnelles Urteil vor. Rouge verteidigt sich:

> [...] auch habe ich keine weiteren Faelle, in denen [...] Charakter einer Person verdorben wird, denn ich habe noch nicht danach gesucht) – aber ich wollte Dir anzeigen, daß jede Sache 2 Seiten hat, u. daß auch ‚vorschnelle Urteile' nicht gerade immer falsch zu sein brauchen.⁴⁶

George stört sich nicht so sehr an der Frage, ob Shakespeare seine Stücke selbst verfasst habe, als vielmehr an der beschriebenen Darstellung der Charaktere, die er keineswegs als verdorben ansieht. Rouge nimmt in dieser Frage eine verteidigende Haltung ein und versucht sich zu rechtferti-

---

⁴⁴ Brief von Carl Rouge an Stefan George, 23.4.1888, StGA George III 10684.
⁴⁵ Brief von Carl Rouge an Stefan George, 10.5.1888, StGA George III 10685. Die sogenannte ‚Baconian Theory' beinhaltet die These, dass nicht Shakespeare sondern Francis Bacon der Autor der Werke Shakespeares ist. Francis Bacon wurde 1618 als Baron Baco von Verulam in den Adelsstand erhoben und ins Oberhaus aufgenommen. Vgl. Vickers, Francis Bacon, S. 12. Zur Autorschaftsfrage der Werke Shakespeares vgl. McCrea, The Case for Shakespeare; zu Bacon ebd., S. 132–144.
⁴⁶ Carl Rouge an Stefan George, 15.6.1888, StGA.

gen. George zeigt schon hier eine Anerkennung Shakespeares, die er sein Leben lang beibehalten wird. So wie er schon in diesem frühen Briefwechsel Shakespeares Charakterzeichnungen verteidigt, wird er auch später die besonderen Charaktere in Shakespeares Dramen hervorheben. Dass die Kenntnis der Dramen Shakespeares zur Bildung der Freunde gehört, zeigt auch ein weiterer Brief, in welchem Rouge erst darum bittet, etwas aus Georges ‚Manuel' zu lesen, und später Kleist zuviel „Shakespearetum" vorwirft:

> Aber ich bin jetzt derjenige, der <u>nochmals</u> eine Scene aus Deinem ‚Manuel' verlangt, verstanden? Was soll denn diese Verschämtheit eigentlich heißen? Eine Scene, hörst Du? „A kingdom for a scene!" [...] Ich will Kleist seinen Ruhm nicht nehmen: sogar in ‚Schroffenstein' kommt <u>eine</u> shakespearische, wahrhaft glückliche Scene vor – aber auch nur <u>eine</u>. [...] Überhaupt ist es eben dieses Shakespearetum, das Kleist verdirbt: während er Shakespeare nachahmen will, kommt er ins Grosse, Unmögliche, Verzerrte, Übertriebene, Stelzenhaft-Großartige hinein, kurz er wird zur Carrikatur Shakespeares.[47]

Sowohl das abgeänderte Zitat aus Shakespeares ‚Richard III'[48] als auch der spätere Vergleich Kleists mit Shakespeare zeugen von Rouges selbstbewusstem und sicherem Umgang mit Shakespeares Werken. George baut seine Englischkenntnisse während seiner ersten Englandreise aus und wird sie durch englische Lektüre oder Übersetzungen aus dem Englischen sein ganzes Leben nutzen und pflegen. Auf seiner ersten Englandreise hat er eine sprachliche Grundlage geschaffen und sich ein Gefühl für die Sprache erarbeitet, das ihm bei der Übersetzung zugutekommt.[49]

George ist auf kommentierte Sonett-Ausgaben beim Übersetzen angewiesen, da Shakespeares Sonete in einem historischen Englisch verfasst sind. Im Besitz Georges finden sich zwei kommentierte Ausgaben, die gute Englischkenntnisse voraussetzen und die Gebrauchsspuren aufweisen.[50] In der Sonett-Übersetzung lassen sich „kaum eindeutige Sprachirrtümer"[51] aufspüren.

---

[47] Carl Rouge an Stefan George, 23.7 – 2.8.1888, StGA.
[48] „A horse, a horse, my kingdom for a horse!" Richard III, Akt 5, Szene 4.
[49] Dass ihm die englische Sprache und Literatur auch nach der ersten Englandreise und nach seinem Frankreichaufenthalt durchaus wichtig ist, zeigt sich daran, dass eine der ersten Vorlesungen, die er in Berlin an der Universität im Wintersemester 1889/90 besucht, eine Vorlesung des Shakespeare-Kenners Zupitza zu ‚Shakespeares Hamlet' ist. Das Universitätszeugnis Georges erwähnt diese Vorlesung. Vgl. Boehringer, Mein Bild, S. 45; Sohnle, Stefan George und der Symbolismus, S. 21.
[50] Vgl. SW XII, S. 170f., Anhang Oelmann. George benutzte die Ausgaben von Dowden (1899) und die Temple-Ausgabe (1898). Beide Bücher weisen Anstreichungen und Benutzungsspuren auf.
[51] SW XII, S. 171, Anhang Oelmann.

In der ‚Fibel' liegen zwei Gedichte vor, die laut ihrer Datierung während Georges erstem Englandaufenthalt entstanden sind. Das Gedicht ‚Die Glocken' enthält keinen Verweis auf England.[52] Das darauf folgende Gedicht ist ein Abschiedsgedicht:

> Ich kam als der winter noch thronte
> Ich sah vor der sonne ihn weichen
> Ich sah wie in blühenden reichen
> Der frühling die sänger lohnte..
> Nun seh ich die blätter sich färben
> Und gehe bevor sie sterben.
>
> Du freundlicher strand meinen dank
> Dass du mich gastlich geborgen
> Einen langen sommermorgen
> Halb ernster traum halb spiel und schwank![53]

In einer Abschrift Georges trägt das Gedicht den Titel ‚Abschied', und für den vierten Vers finden sich verschiedene andere Varianten: „4a Die lustige vogelschar wohnte / 4b Ich fühlte der sommersonne brand / 4c Wenn wind und regen es zugestand".[54] Der veröffentlichte vierte Vers „Der frühling die sänger lohnte" weist darauf hin, dass George daran gelegen ist, gerade im Nachhinein auch das Künstlerische seiner Reise zu betonen. Zeitlich lässt sich das Gedicht eindeutig auf die Englandreise beziehen, von Mitte April, „als der winter noch thronte", bis Anfang Oktober, „bevor [die blätter] sterben". George selbst hat das Gedicht mit „London herbst"[55] datiert. Er hebt die Gastlichkeit des Landes hervor und berichtet von einer Zeit, die „halb ernster traum halb spiel und schwank!" gewesen sei.[56] Das deckt sich mit dem Eindruck, den man von der Englandreise gewinnt – sie markiert den Übergang des jugendlichen, „schwank"haften (Sprach-)Schülers zum „ernsten" Dichter, der noch nach seiner Sprache sucht. Der „freundliche[] strand" hinterlässt eine po-

---

[52] ‚Die Glocken' berichtet davon, wie George sich 1888 von Glaube und Kirche abwendet. Vgl. SW I, S. 120 [Kommentar], zu Georges Abkehr vom Glauben in seinen Jugendjahren vgl. außerdem Morwitz, Die Dichtung Stefan Georges, S. 16; Curtius, Stefan George im Gespräch, S. 115; Wolters, Stefan George, S. 14.
[53] SW I, S. 56.
[54] Kommentar zu dem Gedicht, SW I, S. 121.
[55] SW I, S. 104.
[56] Ich denke, dass sich die letzte Strophe als Dank an das Land (eine Insel, deshalb Strand) und die verbrachten Sommermonate richtet. Dies wird auch durch eine frühere Version bekräftigt, in der es: „Du freundliches land hab dank / […] / In einer reihe von tagen" heißt (SW I, S. 121). Morwitz dagegen bezieht es auf *einen* Sommermorgen an einem Bergsee und sieht den letzten Vers weniger als Entwicklung hin zum Dichter, sondern als Beweis dafür, dass „die Fremde ihm niemals die Heimat zu ersetzen vermag." Morwitz, Die Dichtung Stefan Georges, S. 16f.

sitive Empfindung, mehr jedoch nicht. Das Ich des Gedichts schaut zu – der Parallelismus am Anfang betont dies –, aber bleibt selbst unbeteiligt und verhält sich abwartend. Die Kunst ist gegenwärtig, aber noch wird das Singen und Färben nur beobachtet. Vergleicht man damit die Gedichte der Paris-Reise, im Frühjahr 1889, findet sich dort ein ganz anderer, dem „ernste[n] traum" näherer Ton. Als Beispiel dient das Gedicht mit dem bezeichnenden Titel ‚Keim-Monat':

> Keim-Monat
> Der puls einem pochenden hammer gleicht
> Und glühender hauch meine lippen bleicht
>
> Ein blick ein atem schon wild mich durchrüttelt
> Ein leises streifen mich fiebrisch schüttelt
>
> Ich fühle in allen tiefen ein gähren
> Mein todesschlaf kann nicht länger währen.[57]

Die Zeiten des „spiel und schwank" sind endgültig vorbei, und so vermittelt George mit seinen Gedichten „von einer Reise"[58] mehr als nur Erinnerungen. Die Reise ist hier – und das ist sicher keine neue Metapher – auch die künstlerische Entwicklung. Es ist die Reise vom Schüler zum Dichter, eine Reise, die in England noch unbeschwert ist, aber die dort ihren Ausgang nimmt.[59] Wie Wolters es ausdrückt: „Die jugendliche Welt des Schülers war in England verweht."[60]

Zu den beiden weiteren Englandreisen Georges in den Jahren 1891 und 1898 gibt es kaum Belege. Sie sind beide von kurzer Dauer und dienen dem Auffrischen schon erworbener Sprach- und Kulturkenntnisse sowie der Suche nach Dichter-Freunden. Wolters beschreibt die Reisen im Jahr 1891, die George unter anderem in den Spätsommermonaten nach England führen, als „im mitteleuropäischen Bildungskreis von Nord nach Süd, von West nach Ost rastlos reisend schauend und suchend."[61] Boehringer spricht von „dämonischer Dynamis", mit welcher George „Europa, suchend und dichtend, durcheilte".[62] Diese rastlose Suche führt George im Dezember 1891 schließlich nach Wien, wo er auf Hofmannsthal trifft.

---

[57] SW I, S. 66.
[58] Beide Gedichte erscheinen in dem Teil ‚VON EINER REISE' der ‚Fibel'.
[59] Vgl. dazu wie die „entschiedene dichterische Produktion, aber noch ein Schwanken zwischen Drama und Lyrik" in London begann. Landmann, Vorträge über Stefan George, S. 28. Vgl. auch Kauffmann, Das Leben Stefan Georges, S. 16: „Sein noch planloser Aufbruch nach London war der Beginn eines Übergangsstadiums, das StG erst nach der Begegnung mit der künstlerischen Bohème in Paris allmählich verließ." Vgl. auch Kauffmann, Stefan George, S. 28ff.
[60] Wolters, Stefan George, S. 17.
[61] Ebd., S. 30.
[62] Boehringer, Mein Bild, S. 41.

Die zweite Englandreise im Jahr 1891 ist damit eine Station von vielen auf der Suche nach einem geeigneten Gefährten.

Die letzte Englandreise, Ende Juli/August 1898, ist erneut von einer Suche geprägt. Diesmal sucht George den Dichter Ernest Dowson, „dessen Gedichte ihn und Verwey entflammt hatten und den dieser schon vergeblich aufzufinden versucht hatte."[63] Er findet einen erschöpften und kranken Dowson in einem verwahrlosten Zimmer[64] und schreibt an Verwey: „aber ganz wichtig ist nur eines: mein mehrmaliges zusammentreffen mit E. D. darin war ich glücklich. als schreiben nur das wenige: sehr seltsam, hochgradig fühlsam, an unnatürlich gedrehte gesichter Aubr. Beardsleys erinnernd und – etwas leben-los!"[65] Das Gedicht ‚Juli-Schwermut' aus dem ‚Teppich des Lebens' ist Ernest Dowson gewidmet:

> JULI-SCHWERMUT
> AN ERNEST DOWSON
> Blumen des sommers duftet ihr noch so reich:
> Ackerwinde im herben saatgeruch
> Du ziehst mich nach am dorrenden geländer
> Mir ward der stolzen gärten sesam fremd.
>
> Aus dem vergessen lockst du träume: das kind
> Auf keuscher scholle rastend des ährengefilds
> In ernte-gluten neben nackten schnittern
> Bei blanker sichel und versiegtem krug.
>
> Schläfrig schaukelten wespen im mittagslied
> Und ihm träufelten auf die gerötete stirn
> Durch schwachen schutz der halme-schatten
> Des mohnes blätter: breite tropfen blut.
>
> Nichts was mir je war raubt die vergänglichkeit.
> Schmachtend wie damals lieg ich in schmachtender flur
> Aus mattem munde murmelt es: wie bin ich
> Der blumen müd · der schönen blumen müd![66]

---

[63] Wolters, Stefan George, S. 114. Zu George und Dowson vgl. Oelmann, Anklänge.

[64] Vgl. Boehringer, Mein Bild, S. 69; Wolters, Stefan George, S. 114 und SW V, S. 123f., Kommentar Oelmann. Dowson notierte scheinbar seinerseits, dass ihn Rilke aus Österreich besucht habe. Vgl. Oelmann, Anklänge, S. 321.

[65] Boehringer, Mein Bild, S. 69. Dowson starb schließlich im Februar 1900 mit 32 Jahren, von Alkohol und Tuberkulose gezeichnet. Zur „ästhetischen Opposition" bei George und Beardsley vgl. Mattenklott, Bilderdienst.

[66] SW V, S. 67. Wahrscheinlich gibt ein Gespräch 1899 mit Verwey Anlass zu diesem Gedicht. Vgl. SW V, S. 123f., Kommentar Oelmann. Zu Georges Gedicht ‚Juli-Schwermut' und einer Antwort der Lyrikerin Nadja Küchenmeister vgl. Braungart, juli-schwermut.

Das Gedicht ist von Melancholie bestimmt und möchte das, „was mir je war", bewahren.[67] Gerade in der Beteuerung, dass sich nichts durch die Vergänglichkeit rauben lässt, liegt jedoch auch die allmähliche Abkehr Georges von Dowson. Dowson wird erinnert werden, aber George entwickelt sich weiter. Die wachsende Inszeniertheit dieses Gedichts, die gehäuften Alliterationen, die in „mattem munde murmelt" ihren Höhepunkt erreichen – all das ist kaum noch steigerbar. Braungart beschreibt die letzte, „poetisch überinstrumentierte" Strophe als „[w]ie aus einem Lehrbuch für Jahrhundertwendelyrik, so posenhaft und geschmäcklerisch."[68] Die von George angestrebte „rituelle, präsentative Ordnungsästhetik"[69] zeigt sich deutlich in diesem Gedicht.

Die „schönen blumen" erzeugen nur noch Müdigkeit. Die Dichtung entwickelt sich weiter, aufbauend auf das, „was mir je war", in Georges Fall bedeutet dies eine Abkehr von rein symbolistischer und die Hinwendung zur prophetischen Dichtung. Der ‚Teppich des Lebens' ist der „Abschluß von Georges Rezeption des französischen und belgischen Symbolismus wie der präraffelitischen Dichtung und Buchkunst."[70] Das Gedicht ‚Juli-Schwermut' steht im ‚Teppich des Lebens' direkt hinter den drei Gedichten an Cyril Meir Scott,[71] markiert also eine weitere Verbindung zu England.

Auch wenn sich George glücklich über das Zusammentreffen mit Dowson zeigt, so musste die Leblosigkeit der englischen Literatur ihn doch enttäuschen. Bei Wolters heißt es im Rückblick: „Aus dem schönen Bund der Präraffaeliten, die Rossettis Dichterkraft erweckt hatten, war keine lebendig weiterwirkende Gemeinschaft erwachsen: die Dichter gingen einsam in England und auch der alternde Swinburne lebte fast verschollen."[72] Dies ist als abschreckendes Beispiel zu lesen, denn so soll es mit dem Dichterkreis um George einmal nicht enden. Gleichzeitig lässt sich durch die Beschreibung der toten englischen Dichterszene die deutsche Dichtung dementsprechend lebendiger darstellen, denn mit George soll diese „lebendig weiterwirken".

Eine persönliche Beziehung zu England ergibt sich aus der Freundschaft mit dem englischen Komponisten Scott, den George 1896 kennen-

---

[67] Zur Melancholie bei George vgl. Braungart, Ästhetischer Katholizismus, S. 288ff.; Kolk, Literarische Gruppenbildung, S. 14–23.
[68] Braungart, Was ich noch sinne und was ich noch füge, S. 4.
[69] Ebd. Zu den Ritualen in Georges Literatur vgl. Braungart, Ästhetischer Katholizismus.
[70] SW V, S. 90, Kommentar Oelmann.
[71] SW V, S. 64–66.
[72] Wolters, Stefan George, S. 114.

lernt.⁷³ Scott übersetzt einen Großteil der Gedichte Georges ins Englische. Während seiner Shakespeare-Übersetzung wendet sich George offenbar an Scott, um sich bestimmte Wortbedeutungen erläutern zu lassen. Scott antwortet im November 1908:

> My dear Friend. I asked an expert re. your questions – sonnet CXXX – ‚she' is often used for the word woman hence – the line means.. as any which belies woman (the female sex) with false comparison. Sonnet CXVII. line 10. and onto all that you can prove about me pile up (accumulate) what you suppose – (accumulate suppositions).
> Just had very successful concert. Sorry to have left you – much love from C·S
> Please greet them all.⁷⁴

Auch Scott wendet sich bei Fragen der Übersetzung an George, so z. B. in einem undatierten Brief: „As to Das Pochen. I must confess I am uncertain as to whether ‚throbbing' or ‚knocking' is what is meant although the former seems to me the most likely."⁷⁵ Beide haben sich sicher des Öfteren über deutsch-englische Übersetzungen ausgetauscht. Für George bedeutet der Kontakt zu Scott nicht nur die Möglichkeit, bei Verständnisproblemen des Englischen nachzufragen, sondern vielmehr den Erhalt seiner Beziehung zur englischen Kultur und Literatur sowie die Gelegenheit, hin und wieder seine englischen Sprachkenntnisse zu nutzen und aufrechtzuerhalten. Die erhaltenen Briefentwürfe und Postkarten sind alle auf Englisch. Meistens handelt es sich um Terminabsprachen, dennoch zeigt der Briefwechsel Georges geübten Umgang mit der englischen Sprache. In Scotts Briefen, von denen weitaus mehr erhalten sind, lässt sich auch beider Interesse an englischer Literatur erkennen. Scott empfiehlt George z. B. bestimmte Dichter: „By the way, do you know of the poet Walt Whitman? Have you read anything of his [...]. He is very extraordinary indeed talks about things in a most outspoken manner. If you have not read him I must lend it to you later on."⁷⁶ Und auch der Tod des bereits erwähnten Ernest Dowson wird von Scott angesprochen:

> There is sad news for you even in a letter from me namely · Ernest Dowson died a fortnight ago from consumption aggregated by starvation. Although I never knew this man I feel at his death as if I

---

⁷³ Vgl. ebd., S. 112; Boehringer, Mein Bild, S. 69ff. Wolters berichtet, dass George Scott beim Erlernen der deutschen Sprache hilft. Vgl. Wolters, Stefan George, S. 113.

⁷⁴ Brief von Cyril Meir Scott an Stefan George, 26.11.1908. StGA. Der Brief Georges ist nicht mehr vorhanden.

⁷⁵ Brief von Cyril Meir Scott an Stefan George, ohne Datum, StGA. Meir Scott bezieht sich wahrscheinlich auf das Gedicht mit dem Titel ‚Das Pochen' SW V, S. 76.

⁷⁶ Brief von Cyril Meir Scott an Stefan George, 29.7.1897, StGA.

had lost a personal friend. To think we have only those few verses to his sacred memory · the only modern English poet I cared about. Never to write again. How sad. – But perhaps you have heard all this.[77]

George interessiert sich zeitlebens für die englische Sprache. Er dichtet sogar auf Englisch, und so sind die Scott gewidmeten Gedichte von George zuerst auf Englisch verfasst worden und wurden erst später, für die Veröffentlichung im ‚Teppich des Lebens', von George selbst übersetzt.[78]

Auch die englische Kultur findet Georges Interesse. Zeitgenossen Georges schildern vielfach seine Bewunderung des englischen Ordnungssinns. In Morwitz' Erinnerung bewundert George vor allem „die Stärke mit der das aristokratische Prinzip das englische Erziehungssystem beeinflußt und geprägt hatte."[79] George ist angetan von dem englischen Erziehungssystem, der Strenge und der hierarchischen Ordnung.[80] Bei Wolters wird die erste Englandreise Georges als eine Reise beschrieben, auf der George bestimmte Eigenschaften entwickelt:

> In London fand der Neunzehnjährige die geeignete Lebensluft für seine inneren Spannungen: ein weites Weltgefühl, getragen von großen staatlichen Aufgaben und Zielen, eine alte, sorgsam die Überlieferungen wahrende Bildungseinheit, eine festgeformte Lebenseinheit aller Schichten der Bevölkerung, eine vornehme Gesittung im Verkehr der Menschen untereinander – Gegebenheiten, die im öffentlichen Leben des Deutschland jener Jahre nicht mehr zu finden oder kaum erst im Entstehen begriffen waren. [...] In England – die tiefen Brüche des Gefüges waren noch nicht spürbar – gaben Überlieferung und Zeitgeltung dem Einzelnen wie dem Gesamten ein festes Gepräge und erzeugten jenen unbeirrbaren Stolz, die selbstbewußte Ruhe, den hohen Anspruch ohne Wallung und Auftrumpf, die wir dem Inselreich und seinen Bewohnern damals neideten. George ergriff mit Eifer diese neue Form des Lebens, das Bestreben, sie sich anzueignen, das Studium der englischen Sprache, die in dem befreundeten Hause, wo er Aufnahme gefunden hatte, fast ausschließlich gesprochen wurde, und die Betrachtung der reichen Kunstschätze der Stadt genügten vollauf, um die jungen Kräfte während der Monate seines Aufenthaltes ganz zu beschäftigen. Die Zeit

---

[77] Brief von Cyril Meir Scott an Stefan George, 10.3.1900, StGA.
[78] SW V, S. 64–66 und 119–123. Eine genaue Analyse von Georges Übersetzungen eigener Texte sowie auch die Rückübersetzungen Scotts wäre sicher lohnenswert. Zu Georges englischem und deutschem Gedicht an Scott vgl. Marx, Stefan George in seinen Übertragungen englischer Dichtung, S. 21ff.
[79] Morwitz zitiert in Farrell, Stefan Georges Beziehungen zur englischen Dichtung, S. 14.
[80] Fritz Cronheim entdeckt in den Werten des George-Kreises sogar englische Züge, vgl. Cronheim, Deutsch-Englische Wanderschaft, S. 105.

Bekanntschaften in der geistigen Welt zu suchen war für den neunzehnjährigen Neuling noch nicht gekommen; aber ein Jugendfreund, der sich in London angesiedelt hatte, erleichterte ihm den Blick in manche Dinge, und er verließ London als ein völlig anderer: mit einer festgefügten Selbstgewißheit, einem sicheren Maß für das persönliche Verhalten Menschen und Dingen gegenüber und einem klar geöffneten Blick in die Weite der großen Welt.[81]

George sucht demnach bereits in England nach dem „sicheren Maß" und eignet sich die Strenge und die Ordnung an, die George laut Wolters faszinieren. In diesem Abschnitt wird allein dreimal das Adjektiv „fest" genutzt: England zeichnet sich durch „eine festgeformte Lebenseinheit" und „ein festes Gepräge" aus, und George verlässt das Land schließlich „mit einer festgefügten Selbstgewißheit". Es ist die Festigkeit, die Beständigkeit und Unbeugsamkeit, die George beeindruckt und die er später von sich, seinem Werk und seinem Kreis einfordert. In den Kreisstrukturen[82], dem Bilden eines ästhetischen Staates[83], in Georges Werkpolitik[84], seiner Sprache[85] und in den Ritualen[86] findet sich diese Beständigkeit wieder. Während die spätere Frankreichreise für Georges Selbstverständnis als Dichter von großer Bedeutung ist, so muss die Englandreise als wichtig für die Herausbildung seines Verständnisses von Erziehung und Ordnung erachtet werden. England bleibt im Leben Georges immer präsent.[87] Oel-

---

[81] Wolters, Stefan George, S. 16f.
[82] Vgl. vor allem Groppe, Die Macht der Bildung; Kolk, Literarische Gruppenbildung.
[83] Vgl. Breuer, Ästhetischer Fundamentalismus.
[84] Vgl. Martus, Werkpolitik.
[85] Vgl. Arbogast, Die Erneuerung der deutschen Dichtersprache.
[86] Vgl. Braungart, Ästhetischer Katholizismus.
[87] George äußert sich in einem Gespräch mit Vallentin auch kritisch über England: „Der Meister hat die Memoiren des Freiherrn von Eckardtstein gelesen und äussert sich dazu. Obwohl er gewiss viel für die Engländer übrig habe, sei doch diese Englandliebe des Freiherrn von Eckardtstein übertrieben. Vor allen Dingen sei es unrecht von ihm, zu sagen, die Spannung zwischen England und Deutschland sei erst Mitte der neunziger Jahre eingetreten und allein durch Wilhelm II verschuldet. Er selbst sei doch Ende der achtziger Jahre in London und England gewesen und habe damals schon überall gemerkt, dass die Engländer den Deutschen nicht gut gesinnt, sondern insbesondere auf ihre wirtschaftlichen, industriellen und Handels-Erfolge neidisch gewesen wären." Gespräch Stefan George mit Berthold Vallentin 31.10.1924, in: Vallentin, Gespräche mit Stefan George, S. 78. Diese Aussage von 1924 zeugt zumindest davon, dass die Englandreise immer noch, gut 35 Jahre später, präsent für George ist. Noch nach Georges Tod (1965) wird Elisabeth Gundolf vermehrt Georges Verbindung zu England ansprechen, um ihn vom Vorwurf der Nähe zum Nationalsozialismus zu schützen. Sie führt an, dass George sich für die vereinfachte Interpunktion an den Engländern orientierte und geht soweit darin eine „Europäisierung der Buchform als ein[en] Schritt zur Europäisierung Deutschlands" zu sehen. E. Gundolf, Stefan George und der Nationalsozialismus, S. 63.

mann hat zudem gezeigt, dass George sich auf seinen frühen Reisen auch in England von der Buchkunst der englischen arts- and crafts-Bewegung inspirieren lässt.[88]

George beschäftigt sich immer wieder mit englischer Literatur. Davon zeugen seine Übersetzungen, die Gespräche und seine Lektüre. Abgesehen von den Gedichten der Präraffaeliten und Shakespeare interessiert George vor allem die englische Prosa. Die Präraffaeliten lernt er laut Verwey schon bei seiner ersten Englandreise kennen.[89] Farrell kann zwar nur wenig Einfluss der Präraffaeliten nachweisen, kommt aber zu dem Schluss, dass George sich zumindest einiges bei der Sprachdichte, den Wiederholungsfiguren und beim besonderen Formwillen abgeschaut habe.[90] Barlow beschreibt die englische Dichtung als Inspirationsquelle für George.[91] In dem Aufsatz ‚Über Stefan George, eine neue Kunst' werden die „verfasser des jungen [...] England" erwähnt:

> Wenn der Deutsche [= George] sich zu den verfassern des jungen Belgien, Frankreich, England hingezogen fühlt, so hat es seinen grund darin, dass es ihm wie Ihnen aufgegangen ist worin das wesen der modernen Dichtung liegt: das wort aus seinem gemeinen alltäglichen kreis zu reissen und in eine leuchtende sfäre zu erheben. jeder versucht das nach dem bau und den gesetzen seiner sprache.[92]

    Außerdem sieht sie „seine Hingabe an das Amt, die Stimmen der Welt dem eigenen Volk zu vermitteln" (ebd., S. 64), also seine Übersetzertätigkeit, als Beweis für sein ‚über-nationales' Denken, seinen Sinn für Europa. Mehrfach führt sie dabei die Verbindung zu England an. Vgl. ebd. S. 52 und 64. Da Elisabeth Gundolf zu dieser Zeit in England lebte, liegt eine Erwähnung Englands für sie sicherlich auf der Hand, sie zeigt aber auch, dass Verbindungen Georges zu England bestanden.

[88] Oelmann, Vom handgeschriebenen Buch zur Erstausgabe, S. 65. Vgl. auch Raub, Melchior Lechter als Buchkünstler (b). Zu Morris und Lechter, S. 20f.; Schütze, Ein Gotiker im George-Kreis, 168f.; Raub, Melchior Lechter als Buchkünstler (a), S. 129; Oemann, Melchior Lechter und die Dichtung; Siehe generell zur Buchkunst Lechters den Ausstellungskatalog Melchior Lechters Gegenwelten.

[89] Vgl. Farrell, Stefan Georges Beziehungen zur englischen Dichtung, S. 15. Farrell, dessen Arbeit 1937 erschien, hat Verwey, Wolfkehl und Morwitz über Georges Beziehung zu England befragt.

[90] Vgl. Farrell, Stefan Georges Beziehungen zur englischen Dichtung, S. 61ff. (Sprachdichte), S. 69ff. (Wiederholungsfiguren) und S. 135–151 (Formwillen). Es wäre durchaus einmal eine Arbeit wert, die möglichen Einflüsse der Präraffaeliten mit denen der französischen Dichter auf George gegenüberzustellen, denn meistens wird die englische Seite übersehen, obwohl sie zeitlich direkt vor den Franzosen einzuordnen ist.

[91] Vgl. Barlow, A critical study of Stefan George's translation from English, S. 40. Als Beispiel nennt Barlow Dowsons Gedicht ‚Ad Domnulam Suam', welches große Ähnlichkeit mit Georges ‚Sieh mein kind ich gehe' zeigt.

[92] Klein, Über Stefan George, eine neue Kunst, S. 47. Vgl. auch Gérardy, Geistige Kunst, S. 110.

Allerdings betont Klein, dass George nicht etwa nachahmt, sondern dass er dasselbe fühlt; er versucht das, was er kundtun möchte, in „seiner sprache" auszudrücken.[93] Hier wird wiederum das bereits dargestellte Ideal einer nacherlebenden Übersetzung deutlich.[94]

Die Entdeckung der zeitgenössischen lyrischen Dichtung Englands beschäftigt George möglicherweise so sehr, dass Shakespeare vorerst in den Hintergrund gedrängt wird.[95] Es ist jedoch falsch, dass George nach einer Einschätzung Verweys zu dem „Fürsten" (das ist Shakespeare) erst durch Gundolf gelangt[96] oder dass Gundolf „eine bedeutende Anreger-Rolle"[97] spielt. Wie ich anhand der Briefwechsel der ersten Englandreise gezeigt habe, besteht weit vor Gundolfs Zeit ein Interesse an Shakespeare und seinen Werken. Durch Gundolf befasst George sich noch intensiver mit Shakespeare, doch auch vorher ist Shakespeare ein fester Bestandteil von Georges Lektüre. Bereits in den ersten Briefen an Gundolf spricht George sehr bewandert über einzelne Sonette – und nachdem Gundolf ihm einige Shakespeare- und Rossetti-Übersetzungen geschickt hat, antwortet George im Juni 1899:

> mein lieber Dichter: für Ihre schönen neuen reihen meinen dank. [...] auch die Shakespeare- und Rossetti-übertragungen sind im ton gut. vielleicht füllt einmal Ihr fleiss eine lücke: eine mögliche umdichtung sei es auch nur teilweis der unsterblichen CLIV. allerdings nur ein beginnen für lieblinge der Götter![98]

George ist, wie auch Oelmann betont, 1899 mit den Sonetten bereits so vertraut, dass ihm die genaue Anzahl und Besonderheiten einzelner Sonette bekannt sind. Er fällt außerdem ein ablehnendes Urteil über bereits vorhandene Übersetzungen, sodass man voraussetzen kann, dass er zumindest mit den verbreitetsten Übersetzungen vertraut war.[99]

Wolfskehl und Morwitz haben Georges Interesse an englischer Prosa bestätigt. Er soll jedes Jahr einen Dickens-Roman gelesen haben und sei ein Bewunderer Rudyard Kiplings gewesen.[100] Michael Landmann gegen-

---

[93] Vgl. hierzu Apel, Die eigene Sprache als fremde. Apel zeigt hier auch, dass es sich nicht so sehr um einen Aufsatz ‚über George' sondern vielmehr um ein Kunstprogramm ‚von George' handelt.
[94] Vgl. Kapitel 2.2.
[95] Vgl. Farrell, Stefan Georges Beziehungen zur englischen Dichtung, S. 20.
[96] Verwey zitiert in ebd., S. 20.
[97] Gutsch, Friedrich Gundolfs Shakespeare-Sonetten-Fragmente, S. 13.
[98] George/Gundolf, Briefwechsel, S. 29.
[99] Vgl. SW XII, S. 166, Anhang Oelmann.
[100] Vgl. Farrell, Stefan Georges Beziehungen zur englischen Dichtung, S. 21. Nur Milton lehnte er gegenüber Verwey mit den Worten ‚das mag ich nicht!' ab. Vgl. ebd., S. 21. Siehe auch Landmann, Gespräche mit Stefan George, S. 152. Gegenüber Michael Landmann sagte er von Milton, „da brauche man gar keine Schlafmittel mehr". Landmann, Stefan George, S. 23.

über erwähnt George einmal Wells' ‚The War of the Worlds'[101], in den Gesprächen mit Edith Landmann bemerkt George, dass er schon mit Vierzehn alle Romane von Scott gelesen habe[102] – und in einer frühen Begegnung mit Gundolf weist er diesen auf ein Schauspiel von Browning hin.[103] George liest auch englische wirtschaftswissenschaftliche Literatur.[104] In seiner Auflistung der unbedingten und der nötigen Literatur werden als englische Literatur gleichwohl nur Shakespeare, Shelleys ‚Defense of Poetry' und Georges Übersetzungen zeitgenössischer Dichter aufgenommen.[105]

In Georges eigener Bibliothek sind zahlreiche englischsprachige Bücher vorhanden.[106] Wenn man nur die Titel zählt, dann besitzt George mehr Werke aus der englischen als aus der französischen Literatur. Neben englischer und französischer ist vor allem die italienische Literatur gut vertreten. Es gibt zwei Verzeichnisse der Bücher in Georges Besitz: von Gundolf (1909) und von Partsch (1940).[107] Beide Verzeichnisse listen viel-

---

[101] Landmann, Stefan George, S. 28.
[102] Landmann, Gespräche mit Stefan George, S. 124.
[103] Wolfskehl/Wolfskehl, Briefwechsel mit Gundolf, S. 49 (Brief vom 23.8.1899, Gundolf an Wolfskehl): „Der Meister sprach im Scherz von einem Drama, zu dem er den Inhalt und ich die Verse geben soll, auch auf eine Übersetzung eines Browningschen Schauspiels wies er mich unter dem Siegel des Geheimnisses (!!!) Schön wärs schon!"
[104] Salin über eine Fahrt mit Landmann und George: „George ließ sich von ‚den beiden Ökonomen' erläutern, wie sie über die mutmaßliche Weiterentwicklung der deutschen und der europäischen Wirtschaft dachten, fragte nach ihrem Urteil über ein Buch von Keynes [Fn: The Economic Consequences of the Peace, London 1920], aus dem er sich hatte vorlesen lassen und dass ihm weniger durch seinen Inhalt denn als Zeichen bedeutend schien: ‚Wenn ein Engländer von Rang etwas von der inneren Unruhe des Kontinents wittert, dann ist auch die Erschütterung des bürgerlichen England schon im Gang'." Salin, Um Stefan George, S. 76f.
[105] Glöckner, Begegnung mit Stefan George, S. 218ff.
[106] Es finden sich Werke von: Bacon, Beaumont, Fletcher, Ben Jonson, Browning, Lord Lytton (Bulwer, Edward), Burns, Lord Byron, Dickens, Goldsmith, Hemans, Johnson, Keats, Longfellow, Milton, Moore, Poe, Scott, Shakespeare, Shelley, Thackeray und Wordsworth.Dies ist umfassend in einem Band von Gisela Eidemüller dokumentiert. Vgl. Eidemüller, Die nachgelassene Bibliothek Stefan Georges, hier S. 135–143. Zur Rezeption Bulwer-Lyttons in Deutschland, vor allem im neunzehnten Jahrhundert, vgl. Zipser, Edward Bulwer Lytton and Germany. Darüber hinaus sind die Bibliotheken von Gundolf und Wolfskehl hervoragend ausgestattet. Vgl. zu Gundolfs Bibliothek Thimann, Caesars Schatten. Allerdings lässt sich „[a]us den eher zufällig überlieferten Titeln [...] das Profil einer Shakespeare-Sammlung nicht nachzeichnen." Ebd., S. 80. Einen Überblick über die Bibliothek Wolfskehls geben die Auktionskataloge. Vgl. Auktion 208, Die Bibliotheken Salman Schocken. Karl Wolfskehl Teil I; und Auktion 211. Die Bibliotheken Salman Schocken. Karl Wolfskehl. Teil II.
[107] 1909 wurde von Gundolf der ‚Katalog der Bücher von Stefan George' angefertigt. Vgl. das Faksimile in Eidemüller, Die nachgelassene Bibliothek Stefan Georges,

fach englische Bücher und Lexika verschiedener Sprachen auf. Georges Bibliothek ist nicht sehr umfangreich und es ist gewiss, dass Georges Lektüre weit über seine Bibliothek hinausgeht. Da er viel reist, nutzt er vor allem die Bibliotheken seiner Freunde.[108] George spricht sich mehrfach gegen die Anhäufung von Büchern aus und den Jüngeren empfiehlt er, nicht mehr als 50 Bücher zu besitzen, alles andere sei Bildung.[109] In einem Brief an Gisela Eidemüller schreibt Boehringer, dass George „zur sogenannten Literatur kein Verhältnis hatte, sondern zur Dichtung. Was von anderen Dichtern ihn anzog hat er übertragen und alle Uebertragungen [findet man] in seinem Werk."[110] George nimmt alles Wichtige direkt in sein Werk auf. Die Bibliothek ist deswegen nur von geringer Aussagekraft für die Interessen Georges. Bei vielen der Bücher handelt es sich um ihm gewidmete und geschenkte Werke, die irgendwo aufbewahrt werden mussten.

Es wird immer wieder über eine Verbindung zwischen Oscar Wilde und George spekuliert.[111] Während George das Schaffen Wildes zu Beginn noch interessiert verfolgt, kehrt er sich später von ihm ab und stört sich an der, in seinen Augen, würdelosen Abhängigkeit Wildes von Douglas.[112] Wie die Gesprächsaufzeichnungen Edith Landmanns zeigen, ist Wilde oft Thema, so im August 1926:

> Über die Epistola von Wilde: den Freund, an den sie gerichtet war, habe er in Paris gesehen. Wilde stelle sich doch da selbst sehr bloss. Welche Würdelosigkeit, mit einem solchen Menschen immer wieder anzufangen! Wenn einmal bestimmte Worte zwischen Menschen gefallen sind, da gebietet die Ehre, nicht mehr mit ihnen zu verkehren. Ich sagte: der Freund habe ihn doch verfolgt, und wenn er geflohen sei, mit Briefen seine Rückkehr erpresst und ihn belagert. Worauf er entrüstet: „Erpresst? Da hätt ich mal sehen wollen, wer mich zurückgebracht hätte!"[113]

Wiederum sind es Beständigkeit und Konsequenz, die George fordert. Schwäche wird bei George nicht geduldet. Gegenüber Breysig bemerkt er zu „Wilde (‚dem Berüchtigten'): es müsse Leute geben, die bedeutende

---

S. 20–25. Danach wurde der Bestand am 24.1.1940 von Karl Josef Partsch aufgezeichnet: „Inventar des Stefan George-Hauses in der hinteren Grube zu Bingen am Rhein" Ebd., S. 27–51.

[108] Vgl. ebd., S. 79.
[109] Vgl. Salin, Um Stefan George, S. 53. Vgl. ebd., S. 52f.
[110] Brief von R. Boehringer an G. Eidemüller vom 27.3.1971, zitiert in: Eidemüller, Die nachgelassene Bibliothek Stefan Georges, S. 81.
[111] Vgl. vor allem die grundlegende Arbeit von Glur, Kunstlehre und Kunstanschauung.
[112] Zu George und Oscar Wilde vgl. Karlauf, Stefan George, S. 261ff.
[113] Landmann, Gespräche mit Stefan George, S. 163. Weitere Äußerungen Georges zu Wilde vgl. ebd., S. 90, 134, 195 und 206.

neue Dinge der Menge dadurch klar machten, dass sie sie dreifach unterstrichen aussprächen."[114] Auch wenn es diese „Leute" geben müsse, so kritisiert George die Art und Weise Wildes. Guido Glur macht deutlich, wie sich beide von einem ähnlichen Startpunkt aus in so unterschiedliche Richtungen entwickelt haben,[115] und kommt zu dem Schluss, dass Grundlegendes aus der Ästhetik Wildes in die Kunstlehre des Kreises – der hier relativ weit gefasst wird – eingeflossen ist. Vor allem Hofmannsthal, Andrian, Perls, Wenghöfer und Klages haben Wilde gelesen.

> Man war früh mit seinem ästhetischen Credo vertraut, hat darin wesentlich mit eigener Meinung Übereinstimmendes gefunden und dieses ins eigene Programm mit hineingewirkt. Als dann später mehr und mehr das Menschlich-Sittliche in den Vordergrund trat, fing man an, die Brücken entschieden abzubrechen.[116]

Eine wirkliche Beeinflussung des Kreises liegt nicht vor, allerdings gibt es eine ähnliche Ausgangssituation (das ist die Anerkennung der Präraffaeliten)[117]. Nach Aussage von Morwitz sieht George Wilde einmal flüchtig in Paris, ohne mit ihm in „persönliche Berührung" zu kommen.[118] Da ein Interesse Georges an Wildes Schaffen vorhanden ist, könnte George durchaus, wie Oelmann anmerkt, Wildes Aufsatz ‚The Portrait of Mr. W.H.' gelesen und somit durch Wilde auf die Sonette gestoßen sein.[119] Wie sehr George die Spekulationen um die berühmte Widmung der Sonette missbilligt, bekräftigt er in seinem Vorwort – und dies spricht dafür, dass er eine der populärsten Veröffentlichungen zum ominösen W.H. kennt.

In Edith Landmanns Erinnerungen an ‚Gespräche mit Stefan George' wird sogar ab und an Englisch gesprochen. So im Sommer 1926, um von den Kindern nicht verstanden zu werden:

> Als die Jungens beim Nachtessen mit grossem Geräusch die Jalousien herunterfallen liessen und wir im Finstern sassen: „Knaben", sagte ich, „müssen immer fuss machen; das scheint ihr Lebenszweck." „Ja", sagte er, und mir ins Ohr: „To prevent old people from fossilising."[120]

---

[114] Breysig, Begegnungen mit Stefan Gerorge, S. 10, Tagebuchaufzeichnung vom 19.09.1899.
[115] Glur, Kunstlehre und Kunstanschauung, S. 81.
[116] Ebd., S. 89.
[117] Ebd., S. 32.
[118] Farrell, Stefan Georges Beziehungen zur englischen Dichtung, S. 19.
[119] Vgl. SW XII, S. 167, Anhang Oelmann.
[120] Landmann, Gespräche mit Stefan George, S. 161. Zur Verwendung verschiedener Fremdsprachen in Georges letzten Lebensjahren vgl. Schlayer, Minusio.

Neben dem Französischen ist Englisch wohl diejenige Sprache, die George am ehesten aktiv – lesend und sprechend – benutzt. Noch im Oktober 1933 lässt er sich von Clotilde Schlayer aus Macauleys ‚Englandgeschichte' vorlesen.[121] Sicher holt sich der junge George „künstlerische Anregungen [...] vorwiegend aus dem französischen Symbolismus"[122], allerdings hat auch die englische Kultur Eindruck hinterlassen. Die Grundlagen für eine gewissenhafte Shakespeare-Rezeption durch George sind auf jeden Fall gegeben.

3.2. Georges Shakespeare-Bild

George vermittelt ein ganz spezifisches Bild von Shakespeare und fügt schließlich auch genau diesen, *seinen* Shakespeare mit Hilfe der Sonett-Übersetzungen in sein Werk, in seine Werkpolitik ein. Er stellt Shakespeare wiederholt als einen Menschenverächter dar. Damit hebt er jenen Punkt hervor, den er an Shakespeare rühmt: die Darstellung menschlicher Stärken und Schwächen; er zeigt aber gleichzeitig, was er an Shakespeare vermisst: das pädagogische Moment.[123] Dieser Aspekt ist wichtig für die Analyse der Sonett-Übersetzungen, weil sich dort zeigen lässt, dass George vorwiegend eigene Ziele – das Gestalten und Prägen junger Menschen – in den Sonetten betont, obwohl das nicht immer den Sonetten Shakespeares entspricht.

Shakespeare gehört für George mit verschiedenen Dramen und den Sonetten zu der Liste der Unbedingten.[124] Doch nicht nur in dieser Liste taucht Shakespeare auf, er ist auch immer wieder Thema in Gedichten und Gesprächen. George entwickelt dabei eine ganz eigene Sichtweise des Genies Shakespeares, und dieses Bild prägt maßgeblich die Shakespeare-Rezeption des Kreises. Die Präsenz der Werke Shakespeares im Kreis verdeutlicht zudem dessen Stellenwert für George. Bislang wurde nicht ge-

---

[121] Vgl. Schlayer, Minusio, S. 273–277.
[122] Egyptien, Die Apotheose der heroischen Schöpferkraft, S. 159.
[123] Shakespeare kann für George nicht, wie Steiner formuliert, „die Inkarnation jener esoterischen Hoheit, jenes wahren Platonismus" sein, denn dazu fehlt Shakespeare der erzieherische Anspruch, der das Platonische im George-Kreis bestimmt. Steiner, Nach Babel, S. 369. Dass George die Sonette in seiner Übersetzung trotzdem durch den pädagogischen Eros bestimmen lässt, hängt weniger mit seinem Shakespeare-Bild als mit seiner eigenen Poetik zusammen.
[124] Vgl. Glöckner, Begegnung mit Stefan George, S. 218f. Dass George selbst, als einziger ‚zeitgenössischer' Autor, in dieser Reihung auftaucht, verdeutlicht, dass er sich zum Kreise der großen Weltliteratur zählt. In der Liste der „Nötigen" findet sich Shakespeare (in der Gundolf/George-Übersetzung) erneut unter dem Punkt ‚England' und außerdem auch Gundolfs ‚Shakespeare und der deutsche Geist'. Vgl. ebd. S. 220ff. Auch die Quantität der Werke Shakespeares zeugt von der Bedeutung, die ihm beigemessen wird.

sondert herausgearbeitet, wie George Shakespeare wahrnimmt.[125] Im Folgenden wird Georges Shakespeare-Bild spezifiziert.

Berthold Vallentin erinnert sich an ein Gespräch am 26. Januar 1909, zu einem Zeitpunkt kurz nach Fertigstellung der Sonett-Übersetzung, in dem George sagt, „nach Homer sehe er als dichterische Persönlichkeit (rein dichterischer Prägung ohne Nebenzwecke) nur Dante. Dann Shakespeare. Auch Goethe nicht so: als Dramatiker doch nur zweiten Ranges".[126] Die Genialität Shakespeares betont George auch gegenüber Michael Landmann:

> „Man ist Dichter", schloss er kategorisch ein Gespräch ab, als ich Shakespeare an zu engen Forderungen des poetischen messen wollte: die Individualität steht über den Regeln. An Shakespeare habe er sieben Jahre seines Lebens gegeben. Ein Stück wie Romeo und Julia berste vor Genialität. Dazu gehöre auch, dass Romeo in den ersten Szenen noch nicht für Julia, sondern für Rosalinde schwärmt.[127]

Welche sieben Jahre und in welcher Weise George diese an Shakespeare gegeben hat, bleibt hier offen. Letzteres klärt sich in einer Erinnerung Melchior Lechters, dass George einmal gesagt habe, dass er „acht Jahre an die Übersetzung Shakespeares gegeben" habe.[128] Bedeutsam ist nicht, ob es sieben oder acht Jahre waren: In beiden Erinnerungen bekennt George, viele Jahre an jemand anderen gegeben zu haben. Wahrscheinlich ist, dass George vor allem die Arbeit mit Gundolf am ‚Shakespeare in deutscher Sprache' meint.[129] Dass Landmann in seiner Erinnerung von sieben Jahren spricht, ist nicht verwunderlich. Oft genug ist die Bedeutsamkeit der Zahl Sieben, nicht nur im Zusammenhang mit dem ‚Siebenten Ring', betont worden. Durch die besondere Zahl wird der Beschäftigung mit Shakespeare mehr Bedeutung verliehen, ein Jahrsiebt ist im George-Kreis ein

---

[125] Vgl. jedoch Egyptien, Die Apotheose der heroischen Schöpferkraft. Egyptien bietet hier einen ersten Überblick über ‚Shakespeare im George-Kreis' und berücksichtigt, passend zum Sammelband über ‚Wissenschaftler im George-Kreis', vor allem die zwei Shakespeare-Bücher Gundolfs. Egyptien weist ebenfalls auf die Charakterisierung Shakespeares als Menschenverachter hin, erläutert dies jedoch nicht näher. Vgl. ebd., S. 170. Vgl. außerdem Egyptien, Schöpfergeist und Kosmanthrop.

[126] Vallentin, Gespräche mit Stefan George, S. 37. Dass George Goethe vor allem als Lyriker und nicht als Dramatiker schätzt, betont auch Gerhard, Stefan George und die deutsche Dichtung, S. 43ff.

[127] Landmann, Stefan George, S. 22.

[128] Dieser Ausspruch beruht allerdings ebenfalls auf der Erinnerung Michael Landmanns an ein Gespräch mit Lechter. Landmann, Figuren um Stefan George, S. 20f.

[129] Allerdings kämen hier mehr als sieben Jahre zusammen, denn Gundolf begann die Arbeit 1907 und der letzte Band erschien 1918.

Zeitraum, in dem etwas Besonderes, in dem eine Entwicklung geschieht.[130] George meint hier – zumindest erinnert sich Landmann so – nicht einen bestimmten Zeitraum, sondern charakterisiert die Zeit, die er Shakespeare gegeben hat, als wichtige und notwendige Zeit.

Auffällig ist zudem, dass George in den erinnerten Gesprächen meist von den Dramen Shakespeares spricht, nicht aber von den Sonetten. Besonders ‚Romeo und Julia'[131] hebt er oft als genial hervor. Warum George in Romeos Schwärmerei für Rosalinde etwas Besonderes entdeckt, ist nur zu vermuten. Für George zeigt sich gerade hier Romeos Schwäche.[132] Romeo verfällt den Frauen mehrfach, und es ist diese Leidenschaft, die das Drama schließlich tragisch enden lässt. George stand derartig lebensbestimmenden Liebesbeziehungen mehr als skeptisch gegenüber.[133] In mehreren Gesprächen mit Edith Landmann bestätigt sich Georges Begeisterung für ‚Romeo und Julia':

> Ich [= Edith Landmann] sagte, in gewissem Sinn könnte man ‚Troilus und Cressida' als Widerlegung von ‚Romeo und Julia' auffassen; die Art wie er in dem Jugendstück die Menschen angesehen hat, stellt sich ihm später als Illusion heraus. „Nein", erwiderte er, „das ist anders. Das spätere Stück widerlegt das frühere so wenig wie der Herbst den Frühling widerlegen kann. Lebendiges kann man nicht widerlegen. Sonst könne ja auch der Herbst zum Frühling sagen: nichts als Geblühe, keine einzige Frucht. In der Jugend ist es so, dass man die Menschen so sehen muss. ‚Romeo und Julia' ist das Genialste, was in der Dichtung überhaupt vorkommt. Es ist

---

[130] Siehe z. B. Gothein, Aus dem Florentiner Tagebuch, S. 17; Landmann, Vorträge über Stefan George, S. 174f.; Salin, Um Stefan George, S. 48f. Vgl. außerdem SW IX, S. 100f. ‚Das Lied', Z. 9: „So flossen sieben jahr dahin". Olga Marx orientiert sich bei der Einteilung Georges verschiedener Phasen des Übersetzens ebenfalls an Jahrsiebten. Vgl. Marx, Stefan George in seinen Übertragungen englischer Dichtung, S. 5f.

[131] In den Schriften des George-Kreises, auch und vor allem bei Gundolf, ist fast immer von ‚Romeo' die Rede. Auch das Drama wird meist nur so betitelt. Welchen Einfluss diese Sicht auf das Drama und seine Rezeption, besonders auch seine Übersetzung durch Gundolf und George hat, müsste noch genauer untersucht werden. Laut Sühnel wird das Stück bei Gundolf „fast ganz umgegossen zum Zwecke der wuchtigeren, nackteren Herausarbeitung von *Romeos abgründiger Leidenschaft jenseits bloßer Sehnsucht und Sinnlichkeit*". Sühnel, Gundolfs Shakespeare, S. 256. Es geht eben nur um Romeos Leidenschaft, nicht um diejenige Julias.

[132] George wendet sich sicher auch gegen eine vorherrschende Sicht Romeos als romantischer Liebhaber, wie sie z. B. Norbert Greiner und Felix Sprang für die Shakespeare-Übersetzungen des 18. Jahrhunderts beschreiben. Greiner/Sprang, Europäische Shakespeare-Übersetzungen im 18. Jahrhundert, S. 2465.

[133] Vgl. Oelmann/Raulff, Frauen um Stefan George, besonders die Beiträge von Osterkamp, Frauen im Werk Stefan Georges (a) und Andres, frauen fremder ordnung.

ganz vollgestopft von Genalität. Auch der Auftakt mit Rosalinde, das ist ein Geheimnis; die Philologen verstehen es nicht."[134]

Während Edith Landmann eine Entwicklung von ‚Romeo und Julia' zu ‚Troilus und Cressida' entdeckt, streitet George dies ab und verweist auf die Genialität des ersteren Stückes, die nur wenige überhaupt erkennen würden.[135] Für mich ist dies ein Hinweis darauf, dass George Romeos Untergang in dessen unbedachter Liebe zu Frauen sieht. Der Unterschied zwischen den beiden Shakespeare-Stücken besteht vor allem darin, dass in ‚Troilus und Cressida' der Liebende Troilus durch Cressidas Untreue enttäuscht wird, während Romeo und Julia als treu und beständig erscheinen. Georges Einspruch könnte sich also auch auf die vermeintliche Treue Romeos beziehen. In einem anderen Gespräch, 1919, beschreibt George Romeo und Hamlet als mit zu viel jugendlicher Kraft ausgestattet, derer man sich schämen könne.[136] Es ist gerade die Unbesonnenheit, die George an Romeo immer wieder anklagt.

In Shakespeare meint er, einen Verbündeten gefunden zu haben im Kampf für die „übergeschlechtliche liebe".[137] Shakespeares Komödien zeichnen ein anderes Bild und interessieren George konsequenterweise überhaupt nicht. In den Erinnerungen Salins ist George wenig angetan davon, dass Salin, Hellingrath und andere eine Aufführung von Shakespeares ‚Wie es Euch gefällt' einstudieren. Georges Missfallen richtet sich wohl vor allem gegen die Auswahl einer Komödie und Salin versteht es als Mahnung, „nicht mit weichen Klängen sich zu betäuben".[138]

George sieht sich als Einziger in der Lage, Shakespeare zu durchschauen. Er teilt sein Wissen jedoch nicht, z. B. in einem Gespräch mit Edith Landmann im September 1916:

> Wenn man so jede Zeile von Shakespeare durchgegangen ist, dann fällt einem allerhand ein, da weiss man von Shakespeare allerhand, worüber die Leute schön staunen würden. Aber ich werde mich hüten, es zu sagen. Auch dem Gundel sage ichs nicht. Ja, sagte ich, ich würde es Dir sagen, aber Du schwatzest es dann doch aus; auch ohne dass Dus merkst, sagst Dus einmal.[139]

---

[134] Landmann, Gespräche mit Stefan George, S. 57, Gespräch im September 1916.
[135] Auch in einem späteren Gespräch, 1924, äußert sich George ähnlich: „Wenn man dagegen an Romeo denkt! Das ist vollkommen und daher ohne alle Zeit. Das kann nur ein Dichter wissen, wie genial der ist!" Ebd., S. 131.
[136] Ebd., S. 75. Gespräch im Sommer 1919: „Über das Übermass der Kräfte in der Jugend: Da möchte man lieber weniger haben, man schäme sich ihrer: Romeo, Hamlet; das Andriangedicht bezeichne eine ganze Epoche der Jugend. In der Jugend möchte man morbid sein."
[137] SW XII, S. 5.
[138] Salin, Um Stefan George, S. 34f.
[139] Landmann, Gespräche mit Stefan George, S. 57.

George schaut dabei keinesfalls als Lernender zu Shakespeare auf, sondern er bewundert ihn, fühlt sich aber ebenbürtig.[140] Diese geistige Gleichrangigkeit ermöglicht es ihm, Shakespeare vermeintlich besser zu verstehen.

Hannelore Michel Schlutz bezeichnet es in ihrer Arbeit als erstaunlichen Befund, dass George sich mit Shakespeare beschäftigt, denn für sie überwiegen die Unterschiede der beiden:

> One would think, however, that he would be repelled rather than attracted by the English poet. Shakespeare's genius was gigantic, but untidy. He was passionate, emotional, sentimental, and vulgar; he understood – and apparently also liked – the uncouth rabble. He loved women and could be obscene and loud.[141]

Außerdem hätte sich Shakespeare durch Sympathie für den normalen Bürger und die unteren Schichten ausgezeichnet, die George dagegen geradezu verabscheue.[142] Dies hieße die Beziehung von George zu Shakespeare aus einem falschen Blickwinkel zu betrachten. George ist nicht an der Biographie Shakespeares interessiert. Er macht im Vorwort seiner Sonett-Übersetzung deutlich, dass gerade die Spekulationen über Shakespeares Leben viel zu sehr von dem Wesentlichen, dem literarischen Werk, ablenken.[143] George begreift Shakespeare als genialen Dichter, der nur durch die Verbindung zu seinem Werk verstanden werden kann. So sieht er Shakespeare nicht zuerst von seinem Leben her oder dem, was man darüber zu wissen meint, sondern sieht ein Genie, das sich über großartige Werke definiert. Von daher gibt es auch keine außerhalb der Texte liegenden Unterschiede, die eine Beschäftigung Georges mit Shakespeare ausschließen könnten. Dass sich George nicht an den „untidy" Charakteren in Shakespeares Dramen stört, wird schon in dem bereits zitierten Briefwechsel mit Carl Rouge deutlich. Zur Vulgarität Shakespeares sieht George nicht, was er nicht sehen möchte. Da Shakespeares sexuelle Anspielungen oft in Wortspielen versteckt sind, lassen sie sich sogar einfach übersehen und werden konsequenterweise, wie sich in den Sonett-Übersetzungen zeigen wird, nicht übersetzt.

Shakespeare wird in Georges Gedichten nie explizit, wie Dante oder Goethe, genannt, er taucht aber namenlos auf.[144] Das bekannteste Shakespeare-Gedicht ist aus dem ‚Teppich des Lebens':

---

[140] Vgl. Kearney, Stefan George und Karl Kraus , S. 18.
[141] Michel Schlutz, Studies to Stefan George's Translation of Shakespeare's Sonnets, S. 1.
[142] Vgl. ebd., S. 2.
[143] Vgl. SW XII, S. 5.
[144] ‚Dante und das Zeitgedicht' SW VI/VII, S. 8f.; ‚Goethe-Tag' SW VI/VII, S. 10f.; ‚Goethes lezte Nacht in Italien', SW IX, S. 8ff.; vgl. auch Barlow, A critical study of Stefan George's translation from English, S. 323.

XVIII
Einst werden sie in deinen schluchten spüren
Was noch darin von deiner stimme dröhne.
>Ist dies der ort von klagen tränen schwüren!
O kleine tiefe< und der eine höhne:

>Sind dies die so gelobten hügelspitzen
Mit ihrem freudenblick in fabellande?
Sind dies die wellen die verderblich spritzen?
Wir reichen mit dem finger bis zum sande<

Und jener wende sich von dir verdrossen:
>Er gab uns nur zu staunen und zu scheuen ·
Wie fernab diese menschentage sprossen!
Wie könnten wir uns ihrer früchte freuen<

So sind dir trost und beispiel höchste meister
Die attischen die reinsten gottesdiener
Der Nebel-inseln finstrer fürst der geister
Valclusas siedler und der Florentiner.[145]

Ich habe die Schlussstrophe des Gedichts schon oben zitiert, um die Selbstverortung Georges unter die großen Dichter zu zeigen.[146] George sieht die großen Dichter wie auch sich selbst als unverstanden. Dante wird, durch die besondere Stellung am Gedichtende, als der Wichtigste betont, auch gerade weil es bei ihm reicht, ihn nur als den Florentiner darzustellen, ohne erläuternde Attribute. Bei Shakespeare sieht es da schon anders aus. England als neblig zu beschreiben, ist ein stereotypes Bild und George hatte es schon in einer frühen Fassung seines Englandreise-Abschied-Gedichts ‚Ich kam als der winter noch thronte' in Betracht gezogen, aber wieder verworfen.[147] Shakespeare als „finster" und als „fürst der geister" zu beschreiben, verlangt nach genauerer Erklärung. Hildebrandt schreibt erläuternd:

> Es sind die attischen Tragiker, deren Werke ihm als die reinsten galten, Shakespeare, in dessen Dramen [!] der von südlicher Sonne Genährte eine finstre Sicht des menschlichen Lebens findet, Petrarcas Feier der geistig-seelischen Liebe und als größter europäischer Dichter des religiösen Kosmos und Eros: Dante.[148]

Auch hier steht, durch den Doppelpunkt besonders abgesetzt, Dante hervorgehoben am Ende. Shakespeare wird als Dramatiker gesehen, der

---

[145] SW V, S. 27.
[146] Siehe Kapitel 2.3.
[147] Vgl. SW I, S. 121. Morwitz weist zudem darauf hin, dass „so schon Tacitus in ‚Agricola'" formuliert. Vgl. Morwitz, Kommentar, S. 171.
[148] Hildebrandt, Das Werk Stefan Georges, S. 152.

auch die dunklen Seiten des Lebens zeigt. Es sind demnach die finsteren Charaktere der Dramen, die menschlichen Abgründe, die George begeistern. In diesem Zusammenhang überrascht es nicht, dass sich in der oben bereits zitierten Liste der „Unbedingten" nur Tragödien Shakespeares finden, aber weder Komödien noch Historiendramen.[149] Es ist die *menschliche* Tragik, die Shakespeares Tragödien von den bei George ebenfalls genannten antiken Tragödien abgrenzt. Es ist nicht mehr das Schicksal, das dem Helden zum Verhängnis wird, sondern sein Unvermögen, seine Zerrissenheit zwischen Vernunft und Gefühl. Es ist dieser psychologische Fokus[150], der Shakespeares Tragödien für George ausmacht; das Zweifeln[151], das für Shakespeares Täterfiguren so typisch ist. Es ist kein Wunder, dass ihm Tragödien gefallen, in denen Menschen an ihrer fehlenden Vernunft scheitern. Das Besondere an Shakespeares menschlich-düsteren Tragödien wird auch dadurch betont, dass Shakespeares Finsternis auch in Georges Gedicht auf die Reinheit der griechischen Dichter folgt. Dies soll nicht wertend gedeutet werden, sondern lediglich das Besondere betonen und damit auch das, was George an den „höchste[n] meister[n]" fasziniert.

In Hildebrandts Kommentar wird Shakespeare als düsterer Dramatiker von Petrarca abgegrenzt. Obwohl die „Feier der geistig-seelischen Liebe" ja auch zu Shakespeares Sonetten passen würde, wird in ihnen doch die „weltschaffende kraft der übergeschlechtlichen liebe"[152] gefeiert. Auf die Geister – auf den „Nebeln-inseln finstre[n] fürst der geister" – geht Hildebrandt nicht ein. Morwitz dagegen betont in seinem Kommentar gerade die Doppeldeutigkeit der Geister und setzt ebenfalls, getreu dem Gedicht, Dante an den Schluss:

> Das achtzehnte Gedicht sagt voraus, wie die Nachwelt den Dichter sehen wird. [...] Demgegenüber weiss Stefan George, dass es den Grössten unter den Dichtern ebenso ergangen ist und dass trotzdem ihr Leben und ihr Werk für ihn sowohl Trost wie auch Vorbild bleiben. Er nennt als die grössten Dichter die attischen Tragödiendichter Äschylus, Sophocles und Euripides, deren Kunst er als reinsten Dienst für die Götter der Griechen empfindet, Shakespeare, der für ihn der finstere Fürst der Geister – das Wort ist doppeldeutig für Dämonen und menschlichen Geist gebraucht –

---

[149] In der Liste der Unbedingten finden sich: „Hamlet, Macbeth, König Lear, Coriolan, Caesar, Antonius und Cleopatra, Romeo". Glöckner, Begegnung mit Stefan George, S. 218f.

[150] Vgl. Neill, Shakespeare's tragedies, S. 126. Dies ist natürlich äußerst vereinfacht. Für einen aktuellen Überblick vgl. die Sammelbände von Drakakis, Shakespearean Tragedy; Smith, Shakespeare's Tragedies und Zimmermann, Shakespeare's Tragedies.

[151] Bohrer, Das Tragische, S. 142f.

[152] SW XII, S. 5.

auf den Nebelinseln Englands – so schon Tacitus in ‚Agricola' – ist, den Siedler von Vaucluse [sic] Petrarca, und Dante, den Sohn von Florenz.[153]

Morwitz geht hier auf die geographische Zuordnung ein, sagt jedoch nichts zur Bedeutung des Adjektivs „finster". Die Geister, als deren Fürst Shakespeare genannt wird, sieht Morwitz als wahre dämonische Geister – man denke z. B. an den Geist von Hamlets Vater oder die Hexen in ‚Macbeth' – und als den menschlichen Geist an. Letzteres spielt wiederum auf den Tragödiendichter Shakespeare an, der mit dem Geist, den Gedanken der Zuschauer spielt, vor allem aber auch mit dem Geist seiner Charaktere. Shakespeare führt in seinen Tragödien vor, wie ein tragischer Held mit seinem Geist, seiner Vernunft und seinem Gefühl, kämpft.

Das Gedicht zeigt – folgt man den beiden kreisinternen Kommentaren von Morwitz und Hildebrandt – den „finstre[n]" Shakespeare der Tragödien, der kein Mitleid mit seinen Charakteren zeigt, sondern sie mit der Entschiedenheit eines Fürsten in ihr Unglück schickt. Dafür spricht, dass in dem Gedicht die Dramatiker (Shakespeare und die Griechen) gegen zwei Lyriker gestellt werden (Petrarca und Dante). Die Lyriker sind als das höchste Ziel der Dichtkunst zu werten, denn sie stehen tatsächlich am Ende, sozusagen am Ziel, und sie bestechen durch ihre Einfachheit, ihre Klarheit. Sie müssen nicht näher erläutert werden, sie stehen für sich und sind über die Kunst der Dramatik erhaben. Georges generelle Skepsis gegenüber dem Drama passt zu diesem Bild.

Eine weitere Interpretation Shakespeares in diesem Gedicht eröffnet sich, wenn man die Nähe Shakespeares zu Petrarca in den Blick nimmt. Der „finstre[] fürst" steht in diesem Gedicht direkt vor Petrarca.[154] Sie folgen aufeinander, und diese Nähe stellt einen Bezug zu Shakespeares Sonetten her. George ist mit beider Sonetten vertraut. Nachweislich dichtet George bereits 1889 ein ‚Sonett nach Petrarka', das eine Übersetzung des 261. Sonetts aus Petrarcas ‚Canzoniere' ist.[155] In dem Jahr 1899, dem Jahr, in dem der ‚Teppich des Lebens' und eben jenes Shakespeare-Gedicht erscheinen, lernt George den jungen Gundolf kennen, der Geor-

---

[153] Morwitz, Kommentar, S. 171.
[154] SW V, S. 27, letzte Strophe: „So sind dir trost und beispiel höchste meister / Die attischen die reinsten gottesdiener / Der Nebel-inseln finstrer fürst der geister / Valclusas siedler und der Florentiner."
[155] SW I, S. 63. Vgl. Fechner, Stefan George. ‚Sonett nach Petrarka'; vgl. außerdem auch Boehringer, Mein Bild, S. 22: „Schon der Vierzehnjährige hat jene Abschriften von Petrarca-Sonetten gemacht […]." Fechner weist zudem darauf hin, dass sich das ‚Sonett nach Petrarka' und das Gedicht XVIII. der ‚Vorspiel'-Gedichte an zahlenkompositorisch ähn-licher Stelle in den jeweiligen zeitnah erscheinenden Werken – ‚Der Tep-pich des Lebens' (1899) und ‚Fibel' (1901) – finden. Vgl. Fechner, Stefan George. ‚Sonett nach Petrarka', S. 19.

ge in den allerersten Briefen bereits Sonett-Übersetzungen schickt und von George ermuntert wird, weitere Sonette Shakespeares zu übersetzen.[156] „Um 1899" entsteht zudem jene Fotografie, die George mit einem Petrarca-Band in der Hand zeigt.[157] Es ist also sicher, dass um 1899 beide Dichter, Petrarca und Shakespeare, George äußerst gegenwärtig waren. George hebt mehr als nur den Tragödiendichter Shakespeare hervor. Shakespeare ist für ihn auch der Dichter der Sonette, und dieses Wissen um die Sonette wird durch die Begegnung mit Gundolf zwar nicht erweckt, aber bestärkt. Es ist hinlänglich nachgewiesen, wie viel Wert George auf Anordnungen von Gedichten im Werk, von Schluss- und Endzeilen gelegt hat – das Aufeinandertreffen der beiden Sonettdichter muss als ein Hinweis auf Shakespeares Sonette gelesen werden. Passen die Attribute finster und fürstlich zu dem Tragödiendichter Shakespeare, so beschreiben sie ebenfalls treffend den Sonettdichter. Shakespeares Sonette zeichnen sich ja gerade durch die Fehlbarkeit der Charaktere aus. Offensichtlich ist dies im antipetrarkistischen Sonett 130, doch auch in anderen Sonetten offenbart sich Shakespeares Abkehr von den petrarkistischen Sonettfolgen seiner Zeit. Shakespeare zeigt in seinen Sonetten die finsteren Seiten der Liebe, die Abhängigkeit und die Unterwerfung wider den besseren Verstand, die aussichtslose Verstrickung zwischen einem adligen jungen Mann und einer dunklen Frau – auch hier finden sich die Attribute finster und fürstlich. Zuallerletzt sei bemerkt, dass auch die Form des Gedichts auf Shakespeares Sonette verweist. Damit meine ich nicht nur den jambischen Pentameter, sondern vor allem die Argumentationsstruktur. Alle Gedichte des ‚Teppichs' sind in eben jener Form verfasst (vier Strophen mit vier Versen).[158] Trotzdem lässt sich in diesen 16 Zeilen auch ein Anklang an das 14-zeilige Sonett entdecken, denn das Gedicht weist eine ganz klare Volta nach den ersten zwölf Zeilen auf. Wie es typisch für viele Sonette der englischen Form (drei Quartette und ein Couplet) ist, wird in den ersten drei Quartetten etwas dargelegt, um im abschließenden Couplet dies zu widerlegen, pointiert zusammenzufassen oder einen neuen Blickwinkel zu eröffnen, der alles in neuem Licht erscheinen lässt. In Georges Gedicht wird in drei Quartetten ein Tatbestand beschrieben: die zukünftige Skepsis gegenüber dem Werk des Dichters. Im vierten Quartett wird jedoch ein neuer Blickwinkel eröffnet: Anderen großen Dichtern erging es ähnlich, und das ist als Trost und Bestätigung zu sehen. Dieses letzte Quartett wird dadurch nicht zum Couplet, aber es ist bezeichnend, dass das Gedicht in der fünfzehnten Zeile Shakespeare nennt, gerade dort, wo die vierzehn Zeilen der Sonettform überschritten werden. Die höchsten Meister bleiben eben Bei-

---

[156] Vgl. George/Gundolf, Briefwechsel, S. 28ff.
[157] Boehringer, Mein Bild. Tafelband, S. 77 und Textband, S. 110f.
[158] Zur Komposition des Bandes vgl. SW V, S. 93f., Anhang Oelmann.

spiel, etwas, von dem man sich inspirieren lässt, dem man aber nicht bedingungslos folgen muss. Dass sich George in den Sonett-Zyklen Shakespeares und Rossettis ein Vorbild für die strenge und konsequente Komposition des ‚Teppich' nimmt, liegt damit noch näher.[159]

Sowohl das Finstere als auch das Fürstliche kommen häufig so oder ähnlich in Georges Werk vor. Bocks Wortkonkordanz listet für „FINSTER.FINSTERNIS.ÜBERFINSTERT" 29 Stellen und für „FÜRST.FÜRSTIN.FÜRSTLICH" 27 Stellen auf.[160] In beiden Fällen lässt sich keine einheitliche Bedeutung ausmachen und es finden sich verschiedenste Konnotationen. Von „schöner finsternis"[161] zu „der finsteren bräuche gewalt"[162] und vom „fürst der zwerge"[163] bis zum „Fürst des Geziefers"[164] oder dem „strenge[n] Fürst des Endes"[165]. Es überwiegt bei beiden Wortstämmen das Dunkle, Unheimliche – allerdings liegt das bei dem Adjektiv „finster" auch nahe. Georges Fürsten sind nicht zwangsläufig gut oder schlecht, gerecht oder ungerecht, friedfertig oder gewaltbereit. Insgesamt ist der Fürst in Georges Gedichten vor allem ein Mensch der Entscheidungen. Auch wenn es ein fliehender[166] oder verschmähender Fürst[167] ist, muss dies nicht von einem schlechten Charakter zeugen, sondern ist die Entscheidung des Herrschers, das unwürdige Land allein in sein Verderben ziehen zu lassen. Wenn George Shakespeare als Fürsten bezeichnet, dann sieht er ihn zunächst als Herrscher über andere. Dichter herrschen durch ihre Kunst und können die Menschen so anführen.[168] In Georges Gedicht gebietet Shakespeare als Fürst über die Geister – hier liegt es nahe, an seine Charaktere zu denken. Dies ist auch deshalb von Bedeutung, weil genau hier die Kritik Georges an Shakespeare einsetzt: Shakespeare ist für ihn ein Herrscher über Geister, nicht aber über die Menschen. Shakespeare wird so auch von Dante abgegrenzt, den George eben als Gestalter der Menschen erkennt. Shakespeare formt seine Charaktere, während George anstrebt, die ihn umgebenden jungen Menschen zu formen. Georges Gedicht zeigt sowohl den

---

[159] Vgl. SW V, S. 93, Anhang Oelmann. Nicht nur die Strenge, auch die bestimmte Verortung der Gedichte innerhalb des Zyklus, verbindet Shakespeare und George. Shakespeares Sonette XII und LX greifen thematisch ihre jeweilige Nummerierung auf.
[160] Bock, Wort-Konkordanz, S. 155f. und 189.
[161] SW III, S. 106.
[162] SW IX, S. 8.
[163] SW III, S. 65.
[164] SW VI/VII, S. 56.
[165] SW VI/VII, S. 146.
[166] Vgl. SW II, S. 51 und SW IX, S. 61.
[167] Vgl. SW V, S. 21.
[168] Hier klingt die Idee eines Künstlerstaates an. Zum Künstlerstaat vgl. Raulff, Vom Künstlerstaat.

großen Tragödiendichter als auch den Dichter der Sonette. Shakespeare wird als finsterer, als strenger und unerbittlicher Souverän dargestellt. Die Konzeption eines Dichters, die George naheliegt. Shakespeare bekommt mit dem „Nebel-inseln finstrer fürst der geister" einen Beinamen, der fortan oft zitiert wird.[169]

Ein weiteres Gedicht Georges, das sich deutlich auf Shakespeare bzw. seine Totenmaske bezieht, ist ‚Heiligtum' aus den ‚Tafeln' des ‚Siebenten Ring':

> HEILIGTUM
> Wie tot ist mancher stadt getümmel und gekling:
> Nur gilt ein altes bild als einzig lebend ding ...
> Hier liegt die form des kopfes der wie nie
> Ein kopf verachtung auf die menschen spie.[170]

Eine vermeintliche Totenmaske Shakespeares, die in Darmstadt in Privatbesitz war, wird hier zum Heiligtum.[171] Die Shakespeare zugeordnete Totenmaske hat besonders Gundolf interessiert und stark bewegt. In einem Brief an George schreibt er 1904:

> Lula Hoby, die Nichte der Shakesperemaske [sic], führte gestern mich und Ernst zu ihr, ein Anblick der allerdings alle Photographie-Vorstellungen weit weit übertrifft! So bald Du wieder nach *Darmstadt* kommst musst Du sie auch sehen. Es ist der erhabenste und adlichste Kopf den ich kenne. An der Echtheit ist nur für Krämer ein Zweifel...[172]

An Wolfskehl schreibt Gundolf: „Lula Hoby nahm Ernst und mich neulich mit zu ihres Onkels Becker Heiligtum."[173] Gundolf spricht hier, wie später George, von einem „Heiligtum". Später, im Oktober 1910, kurz nach Fertigstellung seiner Habilitationsschrift ‚Shakespeare und der deutsche Geist', schreibt Gundolf erneut an George über die Totenmaske:

---

[169] In einer Rezension zu Gundolfs ‚Shakespeare in deutscher Sprache' macht Hans Bernhard von Schweinitz Shakespeare zum „düstre[n] Fürst" – ein Hinweis, dass Gundolfs Übersetzung mit Georges Shakespeare-Bild verbunden wird. Vgl. Schweinitz, Shakespeare in deutscher Sprache, S. 1125.

[170] SW VI/VII, S. 181. Vgl. dazu auch Egyptien, Die Apotheose der heroischen Schöpferkraft, S. 161f. und 183ff.

[171] Das „gekling" bezieht sich, laut Morwitz, auf den „besonders starke[n] Lärm der Strassenbahn im damaligen Darmstadt", und das „einzig lebende Ding in Darmstadt ist für den Dichter die in jener Zeit dort befindliche Madonna von Holbein." Morwitz, Kommentar, S. 331f.; vgl. Hildebrandt, Das Werk Stefan Georges, S. 321.

[172] George/Gundolf. Briefwechsel, S. 153. Der Brief ist nicht datiert, aber nach dem 27.4.1904 einzuordnen.

[173] Zitiert nach ebd., S. 153, Anm. 4. Diese Briefstelle findet sich jedoch nicht im veröffentlichten Briefwechsel zwischen Wolfskehl und Gundolf.

Shakespeares Totenmaske ergreift mich je länger, je mehr: und ich meine mehr über das innerste dieses Herzens zu wissen, wenn ich dies Antlitz betrachte.
„War dies der Gott der ruhvoll Erden schuf,
Der mensch der alle höllen leiden musste?
Bist du gebannt in diese bleiche kruste
Und weckt dich unser scheuer liebesruf?
Unfassbares, untragbares gesicht
Die ganze welt als traum und qual und wissen
Dringt stumm aus deinen kalten finsternissen
Nachglanz von tiefster Glut und hellstem Licht."
Findest du nicht auch vor allem den Dichter der Sonette wieder in dem magischen Haupt?... Es ist kein Zweifel dass dies wirklich Shakespeares Gesicht ist und es macht mich, als gebornen Symbolisten, glücklich, dass man die Leibliche Form dieses Weltgeistes besitzt, und dass sie in Darmstadt liegt, als Amulett und Talisman meine Üebersetzung schirmend.
Manchmal erschrecke ich über alle diese Verknüpfungen, als seien es Wunder die mir zu hoch seien – aber ist ein Wunder gleich dem einen, dass ich Dich kenne, Teurer![174]

Im Gedicht Gundolfs findet sich die Verbindung von Shakespeare und „kalten finsternissen". Georges „finstrer fürst" hat sich auch in Gundolfs Sprachgebrauch niedergeschlagen.[175] Shakespeare wird hier von Gundolf als Erschaffer von Erden und Welten beschrieben und als jemand, der sowohl Schreckensbilder (Höllen, Qual, tiefste Glut) als auch Ermutigendes (ruhvoll, Traum, hellstes Licht) schuf. Getreu dem Shakespeare-Bild Georges wird Shakespeare als Weltenschaffer beschrieben, nicht als Men-

---

[174] Ebd., S. 208. An Ernst Betram schreibt Gundolf am 14.10.1910 begeistert über die Maske: „Wenn Sie etwas Schönes sehen wollen, so besorgen Sie sich Paul Wislicenus, Shakespeares Totenmaske. ...der ergreifenste Menschenkopf den man erdenken kann und der schwerlich einem andern Mann gehört haben kann als dem Verfasser der Sonette. Den erkennt man wieder, den Weltschöpfer selbst getraut man sich nicht vorzustellen." Zitiert in ebd., S. 208f. Der hier erwähnte Text von Paul Wislicenus, der 1910 anhand von Vergleichen der Maske mit verschiedenen Bildnissen zu beweisen versucht, dass die Maske echt sei, zeigt deutlich, dass man glaubte anhand der Maske beweisen zu können, dass Shakespeare seine Werke eigenhändig verfasst hat. Vgl. Wislicenus, Shakespeares Totenmaske, S. 39–105. Auch an Wolters schreibt Gundolf am 19.10.1910 über die Shakespearemaske, vgl. Gundolf/Wolters, Ein Briefwechsel, S. 67. Zur Begeisterung von Ernst und Friedrich Gundolf für die Shakespearemaske siehe auch Egyptien, Versuch über Ernst Gundolf, S. 26–28.

[175] Wolters, Stefan George, S. 342: „Shakespeare, der nicht minder Gewaltige, unter dessen Feueratem unsere Stürmer und Dränger die verschlackten Aschen der Sprache aufschmolzen, der uns eroberte wie der Korse [Napoleon] und dessen Seele wie das Schicksal des Korsen wir in uns aufnahmen und aufnehmen, daß sie neues Dichter- und Tätertum im deutschen Geiste erzeugten." Auch hier wird Shakespeare als gewaltsamer, unerbittlicher Eroberer – als finsterer Fürst – dargestellt.

schenbildender. Dass Gundolf meint, im „magischen Haupt" Shakespeares „vor allem den Dichter der Sonette" zu finden, zeigt die Anerkennung der Sonette und impliziert, dass das ganze Wissen Shakespeares, seine Kunst, in den Sonetten wiedergegeben ist. Dass Gundolf schließlich George und Shakespeare zusammen als ihm widerfahrende Wunder bezeichnet, ist ein weiterer Beweis, wie es George gelingt, sich in eine Traditionslinie mit Shakespeare zu stellen. Ernst Gundolf setzt sich noch 1928 im ‚Shakespeare-Jahrbuch' für eine unbefangene Beurteilung der Maske ein[176] und erkennt in der Maske „einen geistigen Ausdruck, der des Dichters würdig ist, und mehr als das, der dessen eigenste Züge auszusprechen scheint: am stärksten Adel und Menschenverachtung."[177] Die Verachtung als einen Charakterzug Shakespeares zu sehen, ist sicher auf George zurückzuführen.

Morwitz erwähnt in seinem Kommentar zu Georges Gedicht ‚Heiligtum' ebenfalls Shakespeares Verachtung, die sich in dessen Gesichtszügen zeige:

> Das ‚Heiligtum' ist für den Dichter eine in Darmstadt im Privatbesitz aufbewahrte Totenmaske, die er als Totenmaske Shakespeares ansieht. [...] Die Totenmaske zeigt einen aussergewöhnlich ebenmässig geformten Schädel und Gesichtszüge, die tiefe Verachtung der Umwelt auszudrücken scheinen. Der Dichter sagte, dass Shakespeare nur zwei Arten von Menschen nicht verachtet habe: die Jugendlichen und die grossen Herren.[178]

Wenn Shakespeare nur „die Jugendlichen und die grossen Herren" nicht verachtet habe, dann lässt sich daraus schließen, wen er, George nach, verachtete. Einerseits Frauen und andererseits erfahrene Männer, die der Leidenschaft so verfallen, dass sie nicht mehr klar und vernünftig denken können. George schließt die jungen, noch unerfahrenen und beeinflussbaren Männer aus und zudem auch die großen Herren, das soll hier vor allem die großen Herrscher bedeuten.

Auch in Robert Boehringers ‚Der Genius des Abendlandes' taucht die Totenmaske Shakespeares auf. Boehringers Sammlung der „Rundwerke" großer Geister, also Skulpturen oder Masken, nimmt neben zehn anderen auch Shakespeare und George auf.[179] Den jeweiligen Fotografien der Rundwerke werden Texte beigegeben, hauptsächlich Aussprüche der Gezeigten. In Shakespeares Fall sind dies einige Äußerungen Goethes, Geor-

---

[176] Ernst Gundolf, Zur Beurteilung der Darmstädter Shakespeare-Maske, S. 135.
[177] Ebd., S. 139.
[178] Morwitz, Kommentar, S. 331f.; vgl. Hildebrandt, Das Werk Stefan Georges, S. 321.
[179] Boehringers zwölf Genien sind: Homer, Sophokles, Platon, Alexander, Caesar, Vergil, Dante, Michelangelo, Shakespeare, Napoleon, Goethe und George. Vgl. Boehringer, Der Genius des Abendlandes.

ges Einleitung zu seiner Sonett-Umdichtung sowie eben Georges Gedicht ‚Heiligtum'.[180]

Lediglich Lechter wagte Zweifel. In der Erinnerung Michael Landmanns äußert sich Lechter: „Dass die Darmstädter Maske Shakespeare darstellt, bezweifle ich nicht. Aber dann hat nicht Shakespeare die Dramen geschrieben. Dieser Kopf mag geistreich sein. Aber Welten sind nicht darin. [...] Schon Goethes Maske – eine Lebensmaske – fasst mehr, hat andere Räume."[181] Obwohl Lechter den Welterschaffer Shakespeare in Frage stellt, zeigt der erneute Hinweis auf die vermeintliche Totenmaske, wie präsent diese – gerade in Verbindung mit der darin zu entdeckenden Genialität Shakespeares – im Umfeld Georges war.

In allen hier genannten Äußerungen offenbart sich ein Bild Shakespeares, das George durch seine Verse im ‚Heiligtum' unterstützt und geprägt hat:

> Hier liegt die form des kopfes der wie nie
> Ein kopf verachtung auf die menschen spie.[182]

Erst in Verbindung mit der Überschrift wird klar, dass diese Form eines Kopfes etwas *Heiliges* darstellt. Die Zeilen für sich genommen beschreiben lediglich die Einzigartigkeit Shakespeares, der wie kein anderer die Menschen mit Verachtung strafte. Die Verachtung wird in Georges Gedicht auch dadurch herausgehoben, dass sich die drei Silben deutlich von der knappen Silbenzahl der übrigen Worte abheben. Diese Einsilbigkeit wird George auch in der Übersetzung der Sonette vermehrt anwenden, um seine Übersetzung dem Rhythmus der englischen Sprache anzupassen. Die schnelle Folge der Wörter wird durch die „verachtung" abgebremst, und diese Betonung deckt sich auch semantisch mit dem Gedicht. George schreibt nicht über das ‚Heiligtum', um über die Echtheit der Maske zu urteilen oder diese den Schaulustigen anzupreisen. Ihm geht es darum, herauszustellen, was für ihn die Ehrwürdigkeit Shakespeares ausmacht: die konsequente Menschenverachtung. Das Heilige, das Überirdische Shakespeares liegt für George in der Geringschätzung und der Abscheu, die Shakespeare den Menschen und eben seinen tragischen Helden entgegenbrachte. Für George ist Shakespeare ein unbarmherziger (Tragödien-)Dichter – die Komödien finden in Georges Welt nicht statt.[183] Es ist nicht der Hass gegenüber den Menschen und ihrer Alltäglichkeit, der George fasziniert, sondern vielmehr die Konsequenz und Strenge Shakespeares. Nicht so sehr die Verachtung des Menschen an sich, sondern die

---

[180] Vgl. ebd., S. 59–64.
[181] Landmann, Figuren um Stefan George, S. 20f.
[182] SW VI/VII, S. 181.
[183] Gundolf begeisterte sich dagegen für die Lektüre der Komödien Shakespeares. Vgl. Wolfskehl/Wolfskehl, Briefwechsel mit Friedrich Gundolf, S. 45ff.

Verachtung seiner unnötigen Schwächen zeichnet Shakespeare für George aus.

In Georges Gedichten gibt es keine weiteren direkten Hinweise auf Shakespeare. Morwitz stellt trotzdem in vielen Gedichten Verbindungen zu Shakespeare her, und dies verdeutlicht die Präsenz Shakespeares. Besonders in seinem Kommentar zum ‚Stern des Bundes' taucht vermehrt Shakespeare auf. Einen plötzlichen Fanfaren-Stoß,[184] den der Dichter angeblich selbst so erlebt hat, verbindet Morwitz mit einer ähnlichen Szene aus ‚Antonius und Cleopatra':

> Im fünfzehnten Gedicht [im ‚Stern des Bundes', Erstes Buch] berichtet der Dichter von einer Vision, die er, wie er zu Karl Wolfskehl und jener mir sagte, vor 1913 auf einem Gang vor den Toren Münchens hatte. [...] Zwischen den durch ihr Dahinstürmen entstehenden Geräuschen vermeinte er wieder, den gellen Fanfarenstoss zu vernehmen. Der Dichter fragt sich selbst, ob dies der letzte Aufruhr der Götter über Deutschland sei, ob die Götter sich von Deutschland abwendeten, wie in Shakespeares ‚Antonius und Cleopatra' die Wache aus von ihr gehörten Tönen schliesst, dass Herkules seinen bisherigen Liebling Mark Anton verlässt.[185]

In die Erlebnisse Georges baut Morwitz also eine shakespearesche Szene ein. Außerdem weist Morwitz auf Stellen hin, in welchen George seine Vorbilder würdigt, unter denen auch immer Shakespeare genannt wird:

> Im achten Gedicht [im ‚Stern des Bundes', Eingang] beschreibt der Dichter, in welchem veränderten Licht er sogar die Vergangenheit auf Grund des Kommens Maximins sieht. [...] Er erkennt den das Erscheinen Maximins ankündigenden Strahl des ersten Kunfttag-Gedichts in den Kunstwerken erlauchter Ahnen, wie zum Beispiel Dantes, Michelangelos und Shakespeares, [...].[186]

Georges Gedicht weist hier nicht direkt auf Shakespeare hin, aber für Morwitz scheint klar, wer mit den „erlauchte[n] ahnen" gemeint ist.[187]

Auch die „weltschaffende kraft der übergeschlechtlichen liebe"[188], mit der George in seiner Einleitung die Sonette beschreibt, erkennt Morwitz in Georges Werk:

> Im neunundzwanzigsten Gedicht [im ‚Stern des Bundes', Zweites Buch] spricht der Dichter von dem Unterschied zwischen den damals herrschenden Grundanschauungen und seinem Glauben.

---

[184] SW VIII, S. 32.
[185] Morwitz, Kommentar, S. 356f.
[186] Ebd., S. 347. Es handelt sich um das Gedicht ‚Nun wachs ich mit dir rückwärts in die Jahre', SW VIII, S. 15.
[187] Vgl. auch ebd., S. 408.
[188] SW XII, S. 5.

> [...] Der Geist des Menschen, der Nichtwelkendes zu schaffen vermag, reisst die vergängliche Schönheit in sein Bereich und bedenkt, vermehrt und erhält sie unvergänglich. In dieser Weise wirkt ein Leib, der Träger vergänglicher Schönheit ist, im Blut des Dichters, er entfacht die Leidenschaft des Dichters. Dadurch entzückt, umfängt der Geist des Dichters die vergängliche Schönheit und gestaltet sie neu im Werk von Blut und Geist, so dass sie sein Eigentum und zu dauernd Entzücken spendender, unvergänglicher Kunstform wird. Das deutet auf die weltschaffende Kraft der übergeschlechtlichen Liebe, von der der Dichter in seiner Vorrede zur Übertragung von Shakespeares Sonetten spricht.[189]

Eine Dichtung, die gegen die Vergänglichkeit ankämpft, findet sich als zentrales Thema auch in Shakespeares Sonetten.

In anderen Gedichten findet Morwitz sich ähnliche Stellen bei George und Shakespeare. Er möchte damit nicht die Inspiration Georges aufzeigen, sondern die Wesensnähe der beiden Dichter betonen. So bei dem oft als misogynes Beispiel zitierten Gedicht, das vor den „frauen fremder ordnung"[190] warnt:

> Das fünfte Gedicht [im ‚Stern des Bundes', Drittes Buch] handelt vom leiblichen Nachwuchs. Der Dichter nennt das Zeugen von Kindern mit Frauen, die zwar nach der bisherigen Gesellschaftsordnung zu den Männern passen, aber nach den Anschauungen des neuen Lebens ihnen fremd sind, eine Befleckung des Leibes der Männer und rät ihnen, solche Frauen als Pfauen den zu ihnen gehörenden Männern, die er Affen nennt, zu überlassen. Shakespeare spricht in ‚Othello' von ‚goats and monkeys'.[191]

Morwitz zitiert an dieser Stelle Shakespeare, um Georges Sichtweise mit der eines anderen großen Dichters gleichzusetzen und zu legitimieren. Er weist hier auf Georges Eigenes im Fremden hin. In zwei Gedichten Georges besteht ein deutlicher Bezug zu Shakespeare. Morwitz bringt darüber hinaus einige weitere Beispiele, die die Verbindung zwischen George und Shakespeare bestärken.

George nimmt Shakespeare als Genie wahr und möchte ihn als solches anerkannt wissen. Er beschreibt Shakespeare wiederholt als einen

---

[189] Morwitz, Kommentar, S. 379.
[190] SW VIII, S. 86. Zur Misogynie Georges vgl. Andres, frauen fremder ordnung.
[191] Morwitz, Kommentar, S. 382f. In ‚Othello' finden sich sogar zwei Stellen: Akt 3, Scene 3, Vers 408 „Were they as prime as goats, as hot as monkeys," und Akt 4, Scene 1, Vers 260: "You are welcome, sir, to Cyprus.—Goats and monkeys!" (The Norton Shakespeare, S. 2140, 2152). Gundolf übersetzt: III,3 „[...] und wären / Sie geil wie Böcke, heiss wie Affen [...]" und IV, 1 „Willkommen, Herr, in Zypern ... Ziegen und Affen!" Gundolf, Shakespeare in deutscher Sprache. Band I, S. 394 und 408.

finsteren Herrscher, der die Menschen verachtet. Auch gegenüber Edith Landmann:

> Über Komödie, Witz, Humor: „Früher wurde mir [= George] vorgeworfen, dass ich keinen Humor hätte. ‚Humor ist Schnittlauch für schlechte Küchen', sagte ich zu Hofmann. ‚Haben ihre Bilder Humor?' Er geht hervor aus einer unendlichen Gutmütigkeit der Menschen. Dagegen die eigentliche Menschenverachtung bei Shakespeare. Nur den Heros nimmt er aus und die Jugend – Julia ist ein Naturwesen – und charakteristisch Lasterhafte wie Falstaff. Er ist ein Hasser der satten Tugend."[192]

Wie auch Morwitz erinnert, bezieht George Shakespeares Menschenverachtung nicht auf alle, sondern schließt besondere Gruppen aus. Hier sind es der Heros, die Jugend und die Lasterhaften. Dass George die Jugend als von Shakespeare gnädig behandelt sieht und sie von der Verachtung ausnimmt, wird sich in der Übersetzung der Sonette zeigen. Dort tilgt George eine verachtende oder missbilligende Haltung gegenüber dem ‚Fair Youth' und übersetzt gemäß seinem eigenen Verständnis. In Georges Sonett-Übersetzung wird die ‚Dark Lady'

---

[192] Landmann, Gespräche mit Stefan George, S. 80. Boehringer nutzt genau diesen Ausspruch Georges in ‚Der ewige Augenblick' – hier sprechen die Jünger von Shakespeares Verachtung und der ‚Meister' schränkt dies ein. Boehringer, Ewiger Augenblick, S. 42f.:
„FORDER Dieselben einwände, die gegen Dante erhoben werden, vernimmt man gegen Shakespeares sonnette: sie seien künstlich und gedanklich.
DER MEISTER Weil der gedanke heute kein leben mehr hat.
HEINZ Besser verstünde ich den andern: Shakespeare sei herzlos.
FORDER Er verachtet die bürger.
WERNER Er verachtet alle.
DER MEISTER Nur den heros nimmt er aus und die jugend. Julia ist ein naturwesen. Romeo und Julia ist das genialste was in der dichtung überhaupt vorkommt. Es ist ganz gestopft mit genialität. Und Porzia hat etwas von denen, die sie spielten: sie ist so reizend, weil sie ein lausbub ist. Die figuren im Kaufmann von Venedig sind wie auf renaissancebildern, keine helden aber reizend. Auch charakteristisch lasterhafte wie Falstaff hatte er gern. Er ist ein hasser der satten tugend.
Zu seiner zeit war der protestantismus längst in Schottland existent, aber bei Shakespeare bemerkt man davon noch gar nichts. Unmittelbar nach ihm kommt die puritanische welle, er selbst ist noch ganz renaissance.
WERNER Wie gelang es ihm sich so zu verhüllen? Nach dreihundert jahren weiß man nichts mehr von ihm, und schon vorher stritt man sich, ob er überhaupt da war.
FORDER Er verbirgt sich hinter seinem werk.
RUDOLF Dante dagegen ist überall person und hebt sich sichtbar ab vom roten, vom grünen und vom blau-weissen hintergrund."
Bithell weist darauf hin dass mit FORDER Wolters gemeint sei, mit WERNER Morwitz, mit RUDOLF Boehringer und mit HEINZ /OTTO jeweils ein Jünger. Vgl. Bithell, Stefan George – the Man.

ablehnend dargestellt; der ‚Fair Youth' erscheint dagegen oft makelloser als bei Shakespeare. Dies deckt sich mit der Art und Weise, wie George Shakespeare beschreibt, als jemanden, der die Menschen, den *normalen* Bürger verachtet, aber die Jugend schätzt.

Gegenüber Edith Landmann betont George das Menschenbildende eines Dante und Homer, schließt aber Shakespeare aus, da dieser „seine Welt repräsentierte, nicht eine neue inaugurierte."[193] Auch Glöckner erinnert sich in seinem Tagebuch an ein Gespräch, in dessen Verlauf George die Bedeutung Shakespeares für sein eigenes Interesse herabstuft, da es bei Shakespeare eben nicht um das Bilden von jungen Menschen geht:

> Um 5 Uhr bei George. Wie gewöhnlich sprachen wir zuerst von dem Krieg. [...] Er beklagt nur, daß er nicht noch mehr als Erzieher tätig sein könne. Gäbe man ihm Material in die Hände, er wolle alles aus Deutschland machen. Wir sprachen sehr lange über diese Dinge in der Dämmerung; es wurde ganz dunkel darüber. Platon und Dante hätten es in dem einen leichter gehabt, daß sie alles Material [an bildbaren jungen Menschen] in den damaligen Brennpunkten des Lebens auf der Straße sahen; schwerer weil sie gebunden waren durch die Gesellschaft, weshalb auch Sokrates zuletzt den Giftbecher trinken mußte. – Shakespeare hatte nichts mit der Gesellschaft zu tun; er schuf sich als Schauspieler seine großartige Welt im Theater.[194]

Shakespeare hat, vor allem in den späten Jahren – beide Erinnerungen sind aus dem Jahr 1916 –, einen geringeren Stellenwert für George als Dante. Der Grund wird in den Äußerungen deutlich: Es ist das Bilden der Menschen, das Formen der jungen Männer, das George als sein Ziel ansieht. In Dante meint er dafür ein Vorbild gefunden zu haben. Shakespeare beschreibt er dagegen als losgelöst von seiner Gesellschaft. Shakespeare wolle sein Umfeld nicht aus- oder umbilden; er beschreibe es lediglich. Dieses Beschreiben ist genau das, was bereits in Georges Shakespeare-Bild herausgearbeitet wurde: Shakespeare ist ein Menschenverachter – kein Menschenbildner. Shakespeare erkenne zwar die Unvollkommenheit der Menschen; er ergreift jedoch, anders als George, keine Initiative, um dieser entgegenzuwirken. Diese Überzeugung Georges wird auch in einer Szene aus Boehringers ‚Ewiger Augenblick' dargestellt, eine Monographie Boehringers, die in Dialogen das Wirken Georges im Staat zeigt:

> DER MEISTER Der fürst ist der legitime herrscher. Der dichter stellt alles dar, was zur menschlichen würde gehört. NUR verneinendes dichtet er nicht. Poetry is praise.
> WERNER Preis der menschen wie bei Pindar.
> RUDOLF Preis überhaupt.

---

[193] Landmann, Gespräche mit Stefan George, S. 37.
[194] Glöckner, Begegnung mit Stefan George, S. 79f., Tagebuch 3.3.1916.

> HEINZ Indem er menschen preist, stellt er ein vorbild auf.
> DER MEISTER Das ist das geheime, das überliterarische der dichtung. Das menschenbildende ist auch bei Dante, ohne den Michelangelo nicht denkbar wäre, auch bei Homer. Selbst bei Shakespeare ist es nicht so: er vertritt seine welt, führte nicht eine neue herauf.
> RUDOLF Und doch ist unsere dichtung seit Herder unter Shakespeares einfluss, von Dante findet sich darin keine spur.
> DER MEISTER Shakespeare ist höchst germanisch, man kann verstehen, dass die Deutschen ihn zu ihrem ersten dichter gemacht haben. Die bindung, die bei Dante ist, ist etwas grundsätzlich antimodernes. Einer von heute kann Dantes ethik nicht verstehen, der mit dem wirklichkeitssinn des dichters die dinge dieser welt in ordnung haben wollte. Um ihn zu verstehen, muss man entsprechend sein. Er ist der erste europäische dichter. Weder die person noch die sprache war vorher entdeckt. Er ist der dichter der renaissance, nicht dass er zu ihren schönen formen und verhältnissen führte, aber er gab die grösse, die diesen formen zu grunde liegt. […][195]

Boehringer lässt den Meister zusammenfassen, was Dante im Gegensatz zu Shakespeare auszeichnet: der Wille, die Welt zu ordnen. Dieses „überliterarische der dichtung" fehlt Shakespeare, denn „er vertritt seine welt, führte nicht eine neue herauf."

George zitiert Shakespeare vielfach in alltäglichen Gesprächen. In der Erinnerung Edith Landmanns tauchen besonders viele Stellen auf, da sie selbst eine große Verehrerin Shakespeares ist.[196] George nennt Landmanns Sohn „sein ‚ausgemeisseltes Zuckerschweinchen', nach Shakespeare."[197] Eine entsprechende Stelle bei Shakespeare ist mir nicht bekannt, dennoch soll es – nach Landmanns Sicht – die Zuneigung Georges wie auch seinen spielerischen und mühelosen Umgang mit der Weltliteratur verdeutlichen. In einer weiteren Episode spielt George auf die Schauspieler in Shakespeares ‚Sommernachtstraum' an:

> Es war ein klarer aber strahlend sonniger Tag. Ich neckte ihn, dass er nun von der spanischen Sucht befreit sei. Und in der Tat, er schien von nun an Ibiza aufzugeben. „Wir machen es", sagte er, als wir heimkamen, „wie auf der Shakespearebühne. Wir befestigen am Baum hier ein Schild und schreiben darauf: Ibiza." (Dass er nach Ibiza, der spanischen Insel, gehen wolle, war ein Plan von ihm, mit dem er spielte und den er in Deutschland gelegentlich vorschützte,

---

[195] Boehringer, Ewiger Augenblick, S. 41.
[196] Vgl. z. B. Landmann, Edith Landmann, S. 129.
[197] Landmann, Gespräche mit Stefan George, S. 127, Winter 1923/24.

wenn er nicht durchblicken lassen wollte, dass er nach Basel ginge.)[198]

Dies zeigt den Witz, mit dem George Shakespeare anwendet. In einer anderen Situation ermahnt er Edith Landmann, sie solle ihre Söhne „[n]icht so Poloniussch" maßregeln.[199] Shakespeare ist auf vielfältige Weise Gegenstand von Georges alltäglichen Betrachtungen, und auch in den letzten Lebensjahren in Minusio ist er immer wieder Gesprächsthema, häufiger sogar als Dante.[200]

Shakespeare ist ein wichtiges Bindeglied Georges für den George-Kreis. Die Lektüre von Shakespeares Werken wird empfohlen und auch beim so wichtigen Vorlesen taucht Shakespeare häufig auf.[201] Hildebrandt erinnert sich daran, dass George[202] und Gundolf[203] aus ihren Shakespeare-Übersetzungen vorlasen.[204] Cajo Partsch berichtet, dass nach Georges Tod nichts mehr so war wie zuvor, auch das Lesen nicht:

> Auch der Versuch, das Leben so weiterzuführen wie bisher, wollte nicht recht gelingen. Wir haben auch dort Gedichte gelesen, viel Dante und Shakespeares Sonette, aber es drängte sich doch immer wieder auf, dass der Dichter, der uns dies erschlossen hatte, nicht mehr unter uns war.[205]

Dass George den Jüngeren die Gedichte „erschlossen" habe, kann sich auf das Gespräch über Dichtung beziehen, hier aber auch auf das Erschließen der Texte durch die Übersetzung. George macht die Texte durch seine Übersetzung erfahrbar. Partsch beschreibt eine Situation, in der versucht wird, das bisherige Leben mit George wieder heraufzubeschwören, und es ist bezeichnend, dass dafür gerade Shakespeares Sonette in Betracht gezogen werden. Eine der letzten editorischen Absichten Georges ist es, Walter Anton ein Kompendium mit dem Titel ‚Shakespeare als deutscher Dichter' zusammenstellen zu lassen, das jedoch vor Georges Tod nicht mehr zum Abschluss kommt.[206]

Die Beschäftigung mit den Werken Shakespeares ist nicht nur ein Bindeglied zwischen George und Gundolf. Shakespeare ist, vor allem in

---

[198] Ebd., S. 149, Anfang 1926.
[199] Vgl. ebd., S. 178, Sommer 1927.
[200] Vgl. Schlayer, Minusio, S. 47 [17.X.31], 51 [17.X.31], 114 [26.XI.31] 222 [22.XI.32].
[201] Zum Vorlesen im George-Kreis vgl. Tgahrt, Dichter lesen, Band 2, Kapitel ‚George und sein Kreis', S. 327–374.
[202] Hildebrandt, Erinnerungen an George und seinen Kreis, S. 38.
[203] Ebd., S. 89.
[204] Vgl. Thormaehlen, Erinnerungen an Stefan George, S. 102; Landmann, Edith Landmann, S. 129.
[205] Zitiert in Raulff, Kreis ohne Meister, S. 99.
[206] Vgl. Egyptien, Apotheose und Schöpferkraft, S. 184f.

der Übersetzung Georges, ein fester Bestandteil des Kreislebens. Michael Landmann schildert, dass seine Mutter, als George abreist, sich mit folgender Strophe aus Shakespeares Sonetten tröstet:

> Feste sind drum so einzig und so hehr
> Weil dünn-gesezt sie langes jahr durchschneiden
> Wie edle steine · seltner wiederkehr ·
> Und wie die hauptjuwelen an geschmeiden.[207]

Die ersten zwei Quartette aus demselben Sonett LII zählt auch Percy Gothein zu seinen „Lieblingsversen". In seinem Tagebuch zitiert er die beiden Strophen auf Englisch und in der Übersetzung Georges.[208] Das Sonett LII ist eines der fünfzehn Sonette, die George gesondert in den ‚Blättern für die Kunst' veröffentlicht. Schon deshalb kommt dem Sonett eine besondere Bedeutung zu und es ist sicher eines der Sonette, die häufig gelesen wurden, denn oft wurden die ‚Blätter für die Kunst' als Lesebücher genutzt.[209] Zudem handelt es sich bei diesem Sonett um ein verhältnismäßig zugängliches Gedicht, das die geliebte Person mit etwas besonders Kostbarem vergleicht, das nur selten hervorgeholt wird. Diese Exklusivität von Beziehungen muss den Kreismitgliedern bekannt vorkommen. Es ist gut möglich, dass George selbst dieses Sonett gerne zitiert, da es etwas repräsentiert, das auch er vertritt: Begeisterung und Hingabe, die durch Entzug bestärkt werden. Dies lässt sich in Georges eigenem Auftreten erkennen, in der Art und Weise, wie er nur für bestimmte Menschen zugänglich ist und auch nur wenige seinen Aufenthaltsort kennen.[210]

Die Verankerung Shakespeares im George-Kreis lässt sich auch bei Kommerell entdecken. Laut Inge Jens ist der Einfluss des George-Kreises auf Kommerell schon an seiner Lektüre abzulesen, die auch Shakespeare beinhaltet.[211] Jens berichtet weiter, dass George bald zum Vorbild für den jungen Kommerell wird:

> […] er [= George] unterwies ‚die Dioskuren' Hans Anton und Max Kommerell, las mit ihnen Shakespeare, Hölderlin und Dante, sah ihre Gedichte durch, bildete sie durch Reisen, lehrte sie Kunstwerke sehen und begreifen und schulte ihren Sprachsinn durch Übersetzungsaufgaben.[212]

---

[207] Landmann, Edith Landmann, S. 121. Es handelt sich hier um das zweite Quartett des Sonetts LII in Georges Übersetzung. SW XII, S. 58.
[208] Gothein, Aus dem Florentiner Tagebuch, S. 28, Tagebucheintrag vom 14. 7. 1943.
[209] Zu Sonett LII siehe Kapitel 4.2.1.
[210] Die Veröffentlichungsstrategie der frühen Werke Georges sowie der ‚Blätter für die Kunst' zeugt ebenfalls davon, etwas durch Begrenzung kostbar zu machen.
[211] Vgl. Jens, Über Max Kommerell, S. 13.
[212] Ebd., S. 16f.

An seine ältere Schwester schreibt Kommerell im Frühjahr 1920:

> Was liest Du? Ich Hölderlin Novalis Schiller (Briefe über ästhetische Erziehung) Gundolf George, Jahrbücher der Blätter für die Kunst, Shakespeare-Sonette, Fichte, viel Nietzsche. Von Deinem Geld habe ich mir zwei Bände der großen schönen Shakespeare-Ausgabe von Fr. Gundolf gekauft. Ist's recht?[213]

Shakespeare ist ein Bereich der Ausbildung, der den Kreis-Jüngern nicht fehlen darf und der bei der Einbindung neuer Männer in den Kreis wichtig genommen wird. Kommerells Ausgabe der Sonett-Übersetzung Georges weist mehrere Anstreichungen auf, ein Beweis dafür, dass sich Kommerell intensiv mit den Sonetten beschäftigt.[214] Und nicht nur bei der Einbindung in den Kreis, auch bei der Ausgrenzung Kommerells kommt Shakespeare zum Tragen. Kommerell, der im Kreis die Namen „der Kleinste", „Puck" oder „Maxim" hatte, wird nach seiner Abkehr von George nur noch die „Kröte" genannt.[215] Ein Name, der auf Shakespeares ‚Wie es Euch gefällt', Akt II, Szene 1, zurückzuführen ist:

> Which, like the toad, ugly and venomous,
> Wears yet a precious jewel in his head.[216]

Eine Kröte mit einem Juwel im Kopf, laut Hildebrandt will George so das „Mißverhältnis zwischen seinem [= Kommerells] Charakter und seiner geistigen Begabung"[217] kennzeichnen. Auch Jens sieht in dem „Schimpfname[n] [...] weniger die Verwerfung als die positiven Möglichkeiten, die er in diesem Zögling angelegt sah."[218] Die Namen „Puck"[219] und „Kröte" bestätigen, dass Shakespeare in George und seinem Umfeld stets und auf vielfältige Weise vorhanden ist.

---

[213] Kommerell, Briefe und Aufzeichnungen, S. 90f.
[214] In der nachgelassenen Bibliothek Max Kommerells, die in der Universitätsbibliothek Marburg einzusehen ist, findet sich die zweite Auflage der Sonett-Übersetzung Georges. Es sind insgesamt 23 Sonette mit Bleistift einfach oder doppelt angestrichen; nur das Sonett 144 ist mit drei Strichen gekennzeichnet, siehe dazu Kapitel 4.1.1.
[215] Vgl. Boehringer, Mein Bild, S. 170ff.; Groppe, Die Macht der Bildung, S. 369–381; Weichelt, Ergänzung und Distanz, S. 157f. Weichelt zeigt, dass Kommerell die ‚Kröte' als „ironisch-persönliche Pointe" in einen Text aufnimmt.
[216] The Norton Shakespeare, S. 1612. In der von Gundolf durchgesehenen Schlegel-Übersetzung lautet diese Stelle: „Die, gleich der Kröte, hässlich und voll Gift, / Ein köstliches Juwel im Haupte trägt." Gundolf, Shakespeare in deutscher Sprache, Band IV, S. 243. ‚toad' wird also als ‚Kröte' übersetzt.
[217] Hildebrandt, Erinnerungen an Stefan George und seinen Kreis, S. 198f.
[218] Jens, Max Kommerell, S. 12.
[219] Bei Schlegel und in Gundolfs Neu-Übersetzung bekommt die Elfe Puck aus dem ‚Sommernachtstraum' den Namen „Droll". Vgl. Gundolf, Shakespeare in deutscher Sprache, Band X.

Neben der frühen Übersetzung der Sonette durch Gundolf gibt es eine Übersetzung von Albert Verwey (1933). Verwey veröffentlicht bereits 1885 einen Aufsatz über ‚Das Sonett und die Sonette Shakespeares', der George mit Sicherheit bekannt ist.[220] In seinem Vorwort der Übersetzung bezeichnet Verwey „liefde en schoonheid"[221], die Liebe und die Schönheit, als die zentralen Themen der Sonette. Auch in Georges Einleitung werden die „schönheit" und „die leidenschaftliche hingabe des dichters an seinen freund"[222] in den Sonetten hervorgehoben. Eine weitere Übersetzung einiger Sonette existiert von Friedrich Huch,[223] der nicht zum engeren Kreis um George gehört, diesem aber nahesteht.[224] Diese Übersetzung, von 1925, weist einige Ähnlichkeiten in der Wortwahl zu der Sonett-Übersetzung Georges auf und ist sicher von dieser inspiriert.

Insgesamt sind das Werk Shakespeares sowie die Verehrung seines Genies äußerst präsent in Georges Leben und im George-Kreis. Shakespeare wird als Geistesgröße anerkannt, erreicht aber nicht den Status Dantes.[225] Dies liegt daran, dass Shakespeare als Menschendarsteller gesehen wird und weniger als Menschenbildner. George bezeichnet Shakespeare mehrfach als Menschenverachter, da Shakespeare Menschen mit ihren Schwächen darstellt und sie dann erbarmungslos in ihr oft selbst verschuldetes Unglück laufen lässt. Das, was George an Shakespeare vermisst, ist das pädagogische Moment oder anders gesagt: die Absicht, Menschen nicht nur darzustellen, sondern auch zu formen. Es gibt Sonette, in denen George Tendenzen zu einem sozialen Erziehungsanspruch erkennt und diese dann in seiner Übersetzung hervorhebt. Auch wenn Shakespeare selbst nicht als menschenbildend wahrgenommen wird, so gelingt es George, den Menschenverachter in seinem Sinne zu nutzen. Dies geschieht durch Georges stark interpretierende Übersetzung der Sonette und darüber hinaus durch die Einsetzung Shakespeares als Ahnherren des ‚Maximin'-Erlebnisses, eine Stelle in Georges Werk, die ganz klar mit einem pädagogischen Impuls zu verstehen ist. In einem Tagebucheintrag Glöckners vom März 1916 zeigt sich, dass George davon überzeugt ist, dass die Übersetzung dazu genutzt werden kann, eine mögliche und bisher vermisste Wirkung Shakespeares zu verdeutlichen:

---

[220] Vgl. Äußerungen dazu bei Wolters, Stefan George, S. 108.
[221] Verwey, Shakespeare's Sonnetten, S. 7.
[222] SW XII, S. 5.
[223] Huch, 33 Sonette von Shakespeare.
[224] Vgl. Krusche, Huch.
[225] Auch wenn ich deutlich mache, dass George Shakespeare als großen Dichter anerkennt, stimme ich mit Farrell darin überein, dass ein wesentlicher Unterschied zu der Beziehung zwischen George und Dante besteht. Farrell, Stefan Georges Beziehungen zur englischen Dichtung, S. 20f.

Sprachen viel über Dante, dessen Wirkung auf die Kunst erst bei Fra Angelico zum Ausdruck käme. [...] Bei seiner Übersetzung Dantes hätte er mit Absicht die Stellen ausgewählt, die den Menschen zeigten. Die Entdeckung Dantes durch ihn sei sein gewaltigstes Erlebnis auf literarischem Gebiete gewesen.. Shakespeares Wirkung würde durch die neue Übersetzung erst in ihrem ungeheuren Umfang geschehen. Schlegels Übersetzung sei zu spielerisch, rokokohaft, das Leidenschaftliche zu stark betont; der Renaissancemensch Shakespeare und sein Architektonisches seien ganz unterschlagen..[226]

Auch wenn George hier auf die Shakespeare-Übersetzung Gundolfs anspielt, so wird deutlich, was er von einer Übersetzung erwartet, nämlich dass sie Shakespeare in seiner Wirkung zeigt. Weniger Leidenschaft und mehr Architektonik – das bedeutet: weniger verachten und mehr bilden. Und genau das ist es, was auch George in seiner eigenen Sonett-Übersetzung verfolgt: Er zeigt Shakespeare menschenbildend. Eine der anerkannten Geistesgrößen Europas wird so zu einem Ahnen Georges.

Exkurs: Friedrich Gundolfs Shakespeare
George interessiert sich schon vor seiner ersten Begegnung mit Gundolf für Shakespeare, das beweist die Beachtung Shakespeares in der Schulzeit. Die Sonette kennt George bereits, als Gundolf ihm einige seiner übersetzten Sonette als erste Probe seines Schaffens zeigt.[227] Seit dem ersten Zusammentreffen (1899) ist Gundolf jedoch Georges wichtigstes Bindeglied zu Shakespeare. Gundolfs Begeisterung für Shakespeare bestimmt einen großen Teil seiner akademischen Karriere. In seinen Briefen an Karl und Hanna Wolfskehl schreibt Gundolf von seiner Shakespeare-Lektüre, die ihn in „eine fieberhafte Bewunderung treibt"[228]. In seiner Einführung zu Gundolf beschreibt Victor A. Schmitz, dass Shakespeare für Gundolf „zeitlebens als der Inbegriff dichterischer Welt [galt]."[229] Wie sich auch an

---

[226] Glöckner, Begegnung mit Stefan George, S. 82f.
[227] Vgl. George/Gundolf, Briefwechsel, S. 28; Verwey, Mein Verhältnis zu Stefan George, S. 27. In einem Brief im August 1899 an Wolfskehl geht Gundolf auch noch davon aus, dass „etliche der Shakesp.-Sonnette" in den ‚Blättern für die Kunst' gedruckt werden sollen. Es werden jedoch keine der Sonette Gundolfs übernommen. Vgl. Wolfskehl/Wolfskehl, Briefwechsel mit Gundolf, Band I, S. 45 (Brief vom 5.8.1899). Zu der Verbindung George, Gundolf und Shakespeare siehe auch Barlow, A critical study of Stefan George's translation from English, S. 83–102. Als grundlegenden Überblick zu Gundolf vgl. Andres, Gundolf.
[228] Wolfskehl/Wolfskehl, Briefwechsel mit Gundolf, Band I, S. 45 (Brief vom 9.8.1899). Vgl. ebd., S. 47 und S. 59. Vgl. auch Gundolf/von Kahler, Briefwechsel, Band II, S. 69 (Brief vom 21.6.1928); Glockner, Erinnerungen an Friedrich Gundolf, S. 83f.
[229] Schmitz, Gundolf, S. 124. Vgl. auch Wolfskehl/Wolfskehl, Briefwechsel mit Friedrich Gundolf, Band I, S. 174.

Gundolfs Überzeugung von der Echtheit der Shakespeare-Maske zeigt, stellt Gundolf Shakespeare, das heißt seine Autorschaft und sein Genie, nie in Frage.[230]

Während Gundolfs Habilitationsschrift ‚Shakespeare und der deutsche Geist' von Beginn an große Anerkennung erfährt, sind seine Übersetzungen der Dramen wenig bekannt. Die Dramen werden kaum in der Übersetzung Gundolfs aufgeführt[231] und die Übersetzung gilt von Beginn an als „unsprechbar"[232]. Georges Sonett-Übersetzungen sind dagegen auch heute noch ein Bezugspunkt für andere Übersetzungen.[233] Auch fehlen Georges Übersetzungen in kaum einer Anthologie. Dies liegt neben der Bekanntheit Georges auch an der Sorgfalt, mit der George übersetzte, sowie dem lyrisch überzeugenden Zieltext.[234]

---

[230] Vgl. Schmitz, Gundolf, S. 133; Gundolf, Briefwechsel mit Herbert Steiner und Ernst Robert Curtius, S. 227. In Gundolfs Arbeitszimmer befand sich ein Abguss der umstrittenen Totenmaske Shakespeares. Vgl. Thimann, Caesars Schatten, S. 29.

[231] Vgl. Goldsmith, Durchgesehen von Friedrich Gundolf, S. 65. In einem Beitrag von Ingeborg Boltz zu den Shakespeare-Übersetzungen des 20. Jahrhundert taucht Gundolfs Übersetzung z. B. gar nicht auf, da sie als kaum gespielte Übersetzungen auf den deutschen Theaterbühnen nicht in Erscheinung tritt. Vgl. Boltz, Deutsche Shakespeare-Übersetzungen im 20. Jahrhundert.

[232] Meyerfeld, Ein neuer deutscher Shakespeare, S. 129. Vgl. ebd., S. 394ff.; Gothein, Shakespeare in deutscher Sprache, S. 365ff.; Price, Die Aufnahme englischer Literatur in Deutschland, S. 283; Böhtlingk, Gundolfs ‚Shakespeare in deutscher Sprache', S. 40; Kalischer, Shakespeare in deutscher Sprache; Gundolf/von Kahler, Briefwechsel, Band I, S. 10. Selbst bei einer studentischen ‚Wie es Euch gefällt'-Aufführung des Gundolf-Schülers Edgar Salin wird auf die Übersetzung von Schlegel zurückgegriffen und nur ein Monolog in der Übersetzung Gundolfs gespielt. Vgl. Salin, Um Stefan George, S. 112. Auch Saladin Schmitt greift bei seinen Bochumer Shakespeare-Inszenierungen auf die Übersetzung Schlegels zurück. Vgl. Landmann, Vorträge über Stefan George, S. 180. Gundolf selbst sieht nicht so sehr die Aufführung als vielmehr die Verlautbarung als Ziel seiner Übersetzung. Vgl. Gundolf, Shakespeare in deutscher Sprache, Band I, S. 12f.

[233] Karl Kraus liefert seine Übersetzung der Sonette als Gegenentwurf zu Georges Übersetzung. Vgl. Kraus, Sakrileg an George oder Sühne an Shakespeare?. Aber auch bei anderen Übersetzungen wird immer wieder auf Georges Übersetzung Bezug genommen. Vgl. z. B. Biermann, Das ist die feinste Liebeskunst, S. 94f.; Apel, Poesie der Konstanz, S. 329 (Nachwort zur Übersetzung Kaußen); Reichert, Immer anders, S. 10; Kaußen, Ich verantworte, S. 60, 69f. und 76f. (Nachwort zur Übersetzung Celan); Schuenke, Rough winds, S. 154f.

[234] Kluncker beschreibt, dass es den Schülern Georges nicht möglich war, die Vorstellungen Georges zur Übersetzung zu erfüllen: „Die Georgesche Übersetzerhaltung konnten sich die ‚Schüler' nicht zu eigen machen, da ihnen kein eigenes, homogenes Werk zur Verfügung stand, in das eine ‚Umformung' hätte integriert werden können. [...] Die außerhalb der ‚Blätter für die Kunst' veröffentlichten Übersetzungen sind gleichsam ‚Nebenprodukte' der Georgeschen Schulung, die den Übersetzern die sprachlichen Voraussetzungen für ihre Arbeiten eröffnete." Kluncker, Blätter für die Kunst, S. 91.

Bei Gundolfs Sonett-Übersetzungen handelt es sich um einen frühen Versuch Gundolfs, dennoch lässt sich vermuten, dass vor allem eine Gegenüberstellung beider Übersetzungen gewinnbringend wäre. Vergleicht man beide jedoch genau, gibt es wenig Ähnlichkeiten. Zwar wird in einigen Fällen der gleiche Ausdruck gewählt, dies ist aber auch bei vielen anderen Übersetzungen der Fall und zeugt von einem ähnlichen bzw. einem an George orientierten Sprachgebrauch.[235] Solche Stellen mit besonders gelungenen oder überraschenden Formulierungen ähneln sich kaum. Insgesamt orientiert sich Gundolf stärker als George an Shakespeares Text. Oft ist er noch worttreuer – eine Eigenschaft, welche schon Georges Übersetzung als Merkmal trägt. Gerade diese Treue zu den Worten und Satzstellungen des Originals sind es allerdings auch, die den Zugang zu Gundolfs Übersetzungen erschweren: Sie sind unrhythmisch und sperren sich gegen eine fließende Lektüre. Gundolfs Übersetzung unterscheidet sich weniger in der Originaltreue als vielmehr in der überzeugenderen Lyrik von der Übersetzung Georges.

Als Beispiel habe ich hier das Sonett XIV ausgewählt, ein Sonett der sogenannten ‚procreation sonnets' mit einer vergleichsweise einfachen Thematik und Bildsprache. Dieses Sonett zeichnet sich nicht durch eine eigenartige oder besonders abweichende Übersetzung aus. Es soll die Unterschiede und Gemeinsamkeiten der beiden Übersetzungen darstellen. Gundolfs Übersetzung wurde nie veröffentlicht, sondern es sind erste Versuche Gundolfs, die nicht abgeschlossen sind. Georges Übersetzung ist dagegen zur Veröffentlichung bestimmt und um einiges ausgereifter:

> XIV (Übersetzung Gundolf)
> Nicht von den Sternen zieh ich meinen Rat
> Und doch verstehe ich die Kunst der Sterne
> Nicht dass ich gut Geschick und schlimme That
> Tod Teurung und die Läufte künden lerne
>
> Nicht kann ich Schicksals fliehende Sekunden
> Bestimmen, jeden Donner, Regen, Wind
> Kann nicht der Prinzen Herrscherlauf erkunden
> Aus Himmelszeichen so oft sichtbar sind
>
> Von deinen augen will mein Wissen stammen
> Dies feste Gestirn hat mich die Kunst gelehrt
> Wahrheit mit Schönheit soll gedeihn zusammen
> Wenn dich zu wahren sich dein Sinn bekehrt.[236]

---

[235] Zudem sind die deutsche und die englische Sprache in ihrem Ursprung her nicht so weit voneinander entfernt, sodass sich einige Übersetzungen besonders anbieten.
[236] Gutsch, Friedrich Gundolfs Shakespeare-Sonetten-Fragmente, S. 43. Das englische Original von Shakespeare lautet: „Not from the stars do I my judgement pluck;/ And yet methinks I have Astronomy,/ But not to tell of good or evil luck,/ Of

XIV (Übersetzung George)
Nicht von den Sternen nahm ich wissenschaft ·
Besitz ich auch – so scheint mir – deutekunst.
Nur red ich nicht von glücks und unheils kraft
Von pest von teurung oder jahres gunst.

Noch kann ich wahrsagen für kurze frist
Ob donner droht ob regen oder winde ·
Noch fürsten künden wie die zukunft ist
Durch häufigen spruch den ich im himmel finde.

Von deinen augen kommt mir wissenheit
Dort · ständige sterne · les ich solchen satz
Dass treu und schönheit im verein gedeihn ·
Besinnst du dich und mehrst den vorratschatz.

Tu dies da ich sonst prophezeien muss:
Dein tod ist treu und schönheits fall und schluss.

Beide Übersetzungen beginnen gleich („Nicht von den Sternen") und sind damit sehr nahe am Original.[237] Es gibt einige ähnliche Stellen in den beiden Übersetzungen – allerdings ist dies keineswegs ein Beleg dafür, dass sich die Übersetzungen in großem Maße beeinflusst haben. Vielmehr zeugt es von einem ähnlichen Verständnis des Sonetts und vor allem von einer sprachlichen Nähe zum Original. Das Ende des ersten Verses („do I my judgement pluck") lässt erkennen, dass Gundolf näher am Original bleibt und z. B. „pluck" mit „zieh[en]" übersetzt, während sich George freier im eigenen Text bewegt. Auch im zweiten Vers wird deutlich, dass Gundolf eher am englischen Original hängt: Er übernimmt den Beginn des Verses „and yet" als „und doch". George weicht hier ab, kann dafür aber viel genauer das „methinks" mit „so scheint mir" nachbilden. Die Wiederholung der „Sterne" bei Gundolf wirkt eher ungeschickt. Im zweiten Quartett lässt sich feststellen, dass Gundolfs Sonett schwieriger lesbar ist. Durch das Enjambement in Vers fünf und sechs werden erst des „Schicksals fliehende Sekunden" hervorgehoben. Dass es um Donner, Regen und Wind geht, wird nachgeschoben und wirkt an dieser Stelle fehl

---

plagues, of deaths, or seasons' quality;// Nor can I fortune to brief minutes tell,/ Pointing to each his thunder, rain and wind,/ Or say with princes if it shall go well/ By oft predict that I in heaven find:// But from thine eyes my knowledge I derive,/ And, constant stars, in them I read such art/ As truth and beauty shall together thrive,/ If from thyself, to store thou wouldst convert;// Or else of thee this I prognosticate:/ Thy end is truth's and beauty's doom and date."

[237] Andere deutsche Übersetzungen wählen an dieser Stelle einen ähnlichen Einstieg. Vgl. z. B. die Übersetzungen von Christa Schuenke und Therese Robinson. Auch die Prosa-Übersetzung von Klaus Reichert startet mit „Nicht von den Sternen ...".

am Platz. George löst sich hier vom Original und fügt die Wendung „ob [etwas] droht" ein. So wird der Satz verständlicher und rhythmischer. Im dritten Quartett löst sich George selbstbewusster vom Original und formuliert dadurch oft direkter. Dies lässt sich z. B. gut an den Verben beobachten. Während Gundolf „will [...] stammen", „hat [...] gelehrt", „soll gedeihn" und „zu wahren" schreibt, bewegt sich George souveräner in der eigenen Dichtersprache und spart wertvolle Silben, indem er an den entsprechenden Stellen „kommt", „les", „gedeiht" und „mehrst" nutzt. Georges Sonett ist an dieser Stelle direkter und, auch wenn die Wortwahl keinesfalls einfacher als bei Gundolf ist, trotzdem verständlicher. Dies sind nur einige Beispiele, die darlegen, dass sich Gundolfs Übersetzungen noch stärker als Georges Übersetzung am englischen Original orientieren. Es zeigt auch, dass Gundolfs Übersetzung weniger ausgereift, noch unfertig ist.

Ähnliches lässt sich auch für die weiteren Sonette, die Gundolf übersetzt hat, feststellen. George hat sich nicht an Gundolfs Übersetzung orientiert, wenn überhaupt, dann hat er sie als Hilfe genutzt auf der Suche nach deutschen Worten. Entsprechungen der beiden Übersetzungen ergeben sich meist durch einen ähnlichen Sprachgebrauch und vor allem durch die Nähe des Englischen zum Deutschen. Legt man die Übersetzungen nebeneinander, dann zeigt sich schnell, dass George in der Lage ist, sich an den nötigen Stellen von dem englischen Original abzuwenden und eigenere Entsprechungen zu finden, die rhythmisch und stilsicher ein neues Gedicht ausmachen. Gundolfs Übersetzungen erschließen sich hingegen oft erst dann, wenn man das englische Original zurate zieht.

Ein Vergleich der beiden Übersetzungen ist wenig zielführend, auch weil es sich eben um eine sehr frühe Übersetzung Gundolfs handelt, die eher als eine Art Fleißarbeit beschrieben werden kann. Interessant ist dagegen die Verbindung von Gundolfs Shakespeare-Philologie zu Georges Sonett-Übersetzungen.

Es wird immer wieder gefragt, wie viel bzw. welche Stellen der Dramen-Übersetzungen Gundolfs von George stammen.[238] Gundolf spricht in seinem Vorwort zu der neuen Ausgabe seines ‚Shakespeare in deutscher Sprache' 1920 sehr deutlich von einer Mitarbeit Georges:

> Nicht immer hat der Übersetzer, ein Empfänger des neuen Dichtgeistes, genügt, um Shakespeares Wort zu erreichen: notwendig musste bei Stellen der äussersten Spannung, Wucht und

---

[238] Vgl. z. B. Picht, Besinnung auf Stefan George, S. 12f. Bisher gibt es leider keine ausführliche und detailgenaue Untersuchung der Übersetzung Gundolfs. Vgl. aber Goldsmith, Durchgesehen von Friedrich Gundolf. Goldsmith zeigt anhand einiger Szenen aus ‚Julius Caesar', wie Gundolfs Duchsicht mitzuerleben ist und dass sich seine Übersetzung durch „Verständnis für das Original und [...] Verständnis der deutschen Sprache" auszeichnet. Ebd., S. 72.

> Eindringlichkeit die Hilfe des heutigen Meisters selbst mitwirken.[239]

Es gibt zahlreiche Hinweise auf eine gemeinsame Arbeit sowie eine ausgiebige Korrektur der Übersetzungen Gundolfs durch George.[240] In einer Erinnerung Thormaehlens aus dem Frühjahr 1912 heißt es:

> Er [= Gundolf] arbeitete an seiner Habilitationsschrift für Heidelberg und wirkte gleichzeitig gemeinsam mit Stefan George an der Shakespeare-Übersetzung, wobei nicht zu erkennen war, wer eigentlich die Übertragung machte, George oder Gundolf. Soweit nicht die Schlegel-Tiecksche Übersetzung in die Bondische Ausgabe, nur revidiert, übernommen wurde, stammt das Wesentliche der sprachlichen Umformung gewiß von George. Der Dichter beherrschte auch das alte Englisch, während Gundolf es erst zum Zwecke der Shakespeare-Übersetzung gelernt hatte. Die Bücher und den zum Verstehen des Wortsinns und zur Klärung der Urtexte notwendigen philologischen Apparat trug Gundolf herbei. Gundolf mag auch erste Entwürfe gemacht haben, die Hauptstücke jedoch der Neuübersetzungen in Romeo und Julia, im Sturm und im Sommernachtstraum rühren zweifellos von George her. Später äußerte der Dichter, als Albrecht von Blumenthal ihn fragte: „Glaubtest du, die Übersetzungen seien von Gundolf? Gundolf hat sie angefangen. Als ich seine Übertragungen dann durchsah, erklärte ich ihm: nein, Gundel, so geht es nicht – und habe sie selbst gemacht." Auf die Frage, weshalb er nicht seinen Namen dafür gegeben habe, erwiderte der Dichter: „Es waren schon die Umdichtungen der Fleurs du Mal, die der zeitgenössischen Dichter und dann die Dante-Übertragungen erschienen. Noch einmal wollte ich zu einer Übersetzung meinen Namen nicht drucken lassen." Mir gegenüber äußerte George auf die Frage nach dem Wirken Gundolfs an der neuen Shakespeare-Fassung: „Es mußte für Gundolf nach der Beendung seines Studiums eine Arbeit gefunden werden, und so war ich froh, daß sich der Auftrag der Shakespeare-Übersetzung für ihn bot."[241]

Die Erinnerungen Thormaehlens zeigen, dass George die Spekulation über seine bedeutsame Mitwirkung unterstützt. Gundolf steuert bestimmte Fähigkeiten – „den philologischen Apparat" – bei, aber „das We-

---

[239] Gundolf, Shakespeare in deutscher Sprache, Neue Ausgabe in sechs Bänden, Band I, S. 7f.

[240] Boehringer, Mein Bild, S. 124. Vgl. Wolters, Stefan George, S. 392; Thormaehlen, Erinnerungen an Stefan George, S. 19f.; Brasch, Erinnerungen an Stefan George, S. 37; Singer, Aus den Erinnerungen an Stefan George, S. 300 und 308f.; Wolters, Stefan George, S. 392. Vgl. außerdem die Auflistung einzelner Briefe Gundolfs, die die gemeinsame Arbeit mit George vermuten lassen, in Gundolf/von Kahler, Briefwechsel, Band 1, S. 346.

[241] Thormaehlen, Erinnerungen an Stefan George, S. 76f.

sentliche" stammt von George. Wichtig ist, dass George diese – wenn auch nur vermutete – Aufteilung gefällt und dass er sie mit eigenen Aussagen begünstigt.[242] Gundolf selbst wiederum bestätigt einen wesentlichen Anteil Georges, sei es nun als eigentlicher Übersetzer, als Korrektor, als Inspiration oder schließlich als derjenige, der durch die Erneuerung der deutschen Sprache eine neue Übersetzung erst möglich macht.[243] In einem Brief an George beschreibt Gundolf sein Shakespeare-Buch als sein eigentliches Werk, zu dem er „in die Welt gekommen" sei, die Shakespeare-Übersetzung dagegen, „die könnte mit deiner Hülfe noch mancher ausser mir machen"[244]. Im weiteren Verlauf des Briefes schildert Gundolf sein Buch ‚Shakespeare und der deutsche Geist' als Kind seiner Verbindung mit George:

> Ich selbst bin und bleibe Dein Dümmstes, aber dass ich dies Buch habe schreiben können, ist mir ein neuer Beweis, dass es heilige Ehen und dass aus ihnen Kinder entspriessen die göttlicher Herkunft sind, ohne dass ihre Eltern was dauerndes Göttliches wären. [...] Dir hab ichs, wie alles, zu danken und Du sollst auch meine Freude darüber hören ohne die Einschränkungen der geselligen Bescheidenheit: denn es ist ein Kind von dir was ich so preise, nicht von dir allein: aber seine schönsten Kräfte trägt es von Dir.[245]

Es wird deutlich, dass Gundolf George als die Kraft hinter seiner eigenen Arbeit sieht und deswegen keines der hier beschriebenen Werke ganz für sich beansprucht. Gundolfs ‚Shakespeare und der deutsche Geist' ist zudem nicht nur von George beeinflusst, sondern auf ihn hin geschrieben.[246] Während George Gundolfs erstes Shakespeare-Buch als wichtiges Werk anerkannte, konnten die weiteren wissenschaftlichen Werke – angefangen mit Gundolfs Goethe-Buch – George nicht mehr überzeugen.[247] Shakespeare bestimmt einen Großteil der Verbindung zwischen George und Gundolf, und aufgrund der gemeinsamen Arbeit und des gemeinsamen

---

[242] Vgl. Breysig, Begegnungen mit Stefan Gerorge, S. 17f. [Tagebuch Mai 1908]; Landmann, Gespräche mit Stefan George, S. 24, 57, 187.
[243] Vgl. Gundolf, Shakespeare in deutscher Sprache, Band I, S. 10; Wolfskehl/Wolfskehl, Briefwechsel mit Friedrich Gundolf, S. 68f.; Verwey, Mein Verhältnis zu Stefan George, S. 66; Salin, Um Stefan George, S. 109ff.; Kluncker, Blätter für die Kunst, S. 91.
[244] George/Gundolf, Briefwechsel, S. 206 (Brief vom 12.10.1910). Salin beschreibt Gundolf als nahezu mechanischen Übersetzer. Salin, Um Stefan George, S. 108.
[245] George/Gundolf, Briefwechsel, S. 206f.
[246] Wie Reichert betont, ist es zudem interessant, „daß es weniger um Shakespeare geht [...] als vielmehr um seine Wirkung im deutschen Sprachraum, um seine ‚Bildwerdung' durch die deutsche Sprache." Reichert, Gundolfs Geschichtsschreibung, S. 305. Shakespeares Wirkung wird jedoch erst durch George und dessen Spracherneuerung möglich. Vgl. ebd., S. 306f.
[247] Vgl. Landmann, Gespräche mit Stefan George, S. 201f.

Lernens trägt Shakespeare zum Erhalt der hierarchisch platonisierenden Lehrer-Schüler-Beziehung und Gundolfs Jüngertum bei. Da George der akademischen Karriere Gundolfs stets kritisch gegenübersteht[248], ist Gundolfs Begeisterung für Shakespeare der Punkt, an dem ein gemeinsames Lernen möglich ist.

Gundolf ist Georges Tor zur Shakespeare-Philologie und zu anderen Übersetzungen. Die Bibliothek Gundolfs bot eine philologische Fundgrube.[249] Es ist mehrfach bezeugt, dass George sprachlich sehr genau und ohne größere Fehler übersetzt – dies ist auch ein Verdienst Gundolfs, der wiederum Georges philologische Genauigkeit bewundert.[250] Obwohl Gundolf ohne Frage ein Experte auf dem Gebiet Shakespeare ist, weist George des Öfteren auf sein eigenes und exklusives Verständnis des englischen Dichters hin.[251] Das besondere Schüler-Meister-Verhältnis ist eine Verbindung, in der Gundolf und George beide profitieren, gemeinsam etwas erarbeiten, der Meister sich aber stets durch ein weitreichenderes Verständnis und größeres Wissen auszeichnet. In Gundolfs ‚Shakespeare und der deutsche Geist' wird zudem deutlich, dass Gundolfs Shakespeare-Arbeit von George beeinflusst ist. George wird als Entwicklungsstufe gesehen, auf die die deutsche Literatur hinarbeitet.

In der gemeinsamen Arbeit entsteht zudem ein Shakespeare-Bild, das sich sowohl in Gundolfs Shakespeare-Philologie[252] als auch in Georges Shakespeare-Übersetzung zeigt. In Gundolfs ‚Shakespeare und der deutsche Geist' ist deutlich, dass sich Shakespeare für Gundolf vor allem durch Nachahmung der Menschen auszeichnet. Es sei weniger die menschliche Handlung, die bei Shakespeare im Vordergrund stehe, als vielmehr der Mensch selbst.[253] Gundolf hebt außerdem hervor, dass bei Shakespeare alles zusammenspielt und nicht – wie z. B. bei Lessing – nach einem bestimmten Zweck ausgewählt ist.[254] Das Bild Shakespeares als jemand, der Menschen so darstellt, wie sie sind, ohne damit ein offensichtli-

---

[248] Vgl. Georges Gedicht ‚An Gundolf', SW VI/VII, S. 165.
[249] Gundolfs Sammelleidenschaft und sein antiquarisches Interesse zeigt sich gut in seinem Briefwechsel mit Karl Wolfskehl, ein ebenfalls leidenschaftlicher Sammler. Vgl. Wolfskehl/Wolfskehl, Briefwechsel mit Friedrich Gundolf; zur beeindruckenden Bibliothek Gundolfs siehe Thimann, Caesars Schatten.
[250] Vgl. Wolfskehl/Wolfskehl, Briefwechsel mit Friedrich Gundolf, Band II, S. 67f.
[251] Vgl. Landmann, Gespräche mit Stefan George, S. 57.
[252] Neben seiner noch heute bekannten Habilitationsschrift ‚Shakespeare und der deutsche Geist' (1911) veröffentlichte Gundolf ein weiteres zweibändiges Werk zu ‚Shakespeare' (1928) sowie eine Neuübersetzung der Werke Shakespeares ‚Shakespeare in deutscher Sprache' (1908–1918).
[253] Vgl. Gundolf, Shakespeare und der deutsche Geist, z. B. S. 117.
[254] Vgl. ebd., S. 131f. In einem Brief an Erich von Kahler bezeichnet Gundolf Shakespeare als den „Allumspanner", Gundolf/von Kahler, Briefwechsel, Band I, S. 53 (Brief vom 27. 3.1912).

ches Ziel zu verfolgen, arbeitet Gundolf auch in der Abgrenzung zu Goethe heraus:

> Goethes Dichten ist eine unausgesetzte Suche nach Lebensinhalten, ein Ringen um Lebensformen, ein immer strebendes Bemühen um Erlösung. Seine ganze Lebensbewegung ist die zu einem runderen, reineren, reicheren Leben hin als dem, was er jeweils besaß. Wo und wie er die Erlösung suchte, ob hüben oder drüben, ist eine philosophische Frage. Die dichterisch wichtige ist, daß er sie suchte. Shakespeare dagegen strömt unablässig seine Überfülle aus, wirft sie gestaltet ins Chaos, erschafft verschwenderisch Welt um Welt, unbekümmert, ob er oder die Menschheit dadurch besser wird.[255]

Gundolf stützt hier Georges Sicht von Shakespeare als Menschenverachter – jemand, der die Menschen mit allen Stärken und Schwächen darstellt, sich aber nicht besonders um sie kümmert.

Den letzten und abschließenden Teil seines Buches widmet Gundolf dem Kampf zwischen Klassik und Romantik:

> Vielleicht ist der Kampf zwischen Klassik und Romantik selbst nur innerhalb unserer Literatur eine historisch und literarisch bedingte Form jenes uralten Weltkampfes zwischen männlichem und weiblichem Lebensprinzip, zeugendem und gebärendem, plastischem und musikalischem, Tag und Nacht, Traum und Rausch, Gestalt und Bewegung, Zentripetalität und Zentrifugalität, Apollo und Dionysos, oder wie die Scheidungen je nach dem Standpunkte der Betrachter heißen.[256]

Shakespeare, Dante und die griechische Tragödie sind für Gundolf die Beispiele, bei denen die beschriebenen Grundtriebe nicht gegeneinander, sondern zusammenwirken.[257] Das Geheimnis Shakespeares sieht Gundolf in der beweglichen Sprache:

> Der Widerspruch löst sich auf im Geheimnis der Sprache. Die Sprache ist zugleich der Stoff und die Form des Geistes, sein Mittel und sein Element, sein Schicksal und seine Natur. Die Sprache jedes Volkes enthält seine Vergangenheit und umschließt seine Zu-

---

[255] Gundolf, Shakespeare und der deutsche Geist, S. 218. Vgl. z. B. auch Gundolf, Shakespeare, S. 11: „Seine Werke sind […] sprachlich gebärdete Selbstdarstellung eines welthaltigen, allgesichtigen Menschen, dem das Schicksal ward in einer theaterreifen Zeit zu Worte zu kommen, so daß er das Wesen das er war vollständig in der ihm gemäßen Erscheinung ausleben durfte: […] in Dramen welche Welt nicht nur bedeuten, sondern enthalten."; ebd., S. 639f.: „Was bei Dante der geglaubte, gesehene Gottesbau ist […], das ist bei Shakespeare die weltsichtige und weltträchtige, ja weltschöpferische Herzensfülle […]."
[256] Ebd., S. 281.
[257] Ebd., S. 281.

kunft. Sie ist das Gefäß der allgemeinsten, ewigen Inhalte und zugleich der Ausdruck der individuellen, nie wiederkehrenden Bewegungen des Augenblicks. Sie ist der in Worte gewandelte, bewußt gewordene Leib jedes Menschen, darum vor allem das Symbol dafür, daß jeder Mensch das gesamte All und seine Geschichte zur Voraussetzung hat, um gerade das einzige Individuum zu sein, das er ist. Und all das ist die Sprache als Bewegung. Nur als und durch Bewegung kann sie jede Gestalt verkörpern, versinnbildlichen. Ihre Wirklichkeit ist Bewegung, ihre Bedeutung Gestalt.[258]

An der Sprache liegt es laut Gundolf wiederum auch, dass ein mit Shakespeare verglichen „so kleiner Mensch" wie Schlegel „fähig ist, das Erlebnis des größten adäquat nachzubilden."[259] Gundolf unterscheidet zwischen Sprachmeistern wie Schlegel und Sprachschöpfern wie Dante.[260] George wird zwar nicht angesprochen, aber es ist deutlich, dass auch er zu den Sprachschöpfern zu rechnen ist. Damit kann er Shakespeare also nicht nur adäquat nachbilden, sondern ist ebenbürtig und kann eine neue, Shakespeare angemessene Sprache schaffen, in der das Werk lebt.[261] Durch diese Sprachbewegung[262] kann nicht nur der bekannte Shakespeare von George gezeigt werden, sondern mehr, als bisher möglich war. In Gundolfs Buch ‚Shakespeare. Sein Wesen und Werk' wird George als Erneuerer der Sonette hervorgehoben:

> Daß wir die verschlossenen Sonette über den bloßen Wortsinn hinaus begreifen, bis in die Helle und die Finsternis ihres Gehalts hinein, danken wir dem großen Dichter der sie eingedeutscht hat: Stefan George. Er hat ihre nüchterne Inbrunst erneuert, die auch vor der eigenen Qual nicht erblindet, sondern sie wahrnimmt als Bild und Gesetz wie den ewigen „Kampf von Mensch mit Mensch und Tier und Erde" wovon wir Zuschauer oder Opfer sind.[263]

Bei dem Zitat handelt es sich um einen leicht veränderten Vers aus Georges ‚Teppich des Lebens'.[264] Gundolf verbindet hier nicht nur die beiden Dichter, sondern auch ihre Werke.

---

[258] Ebd., S. 304.
[259] Ebd., S. 305.
[260] Vgl. Gundolf, Shakespeare und der deutsche Geist, S. 305f.
[261] Vgl. Salin, Um Stefan George, S. 109f.
[262] Zu einer Verwandtschaft des Denkens über Sprachbewegung und Übersetzung zwischen Benjamin und Gundolf siehe Reichert, Gundolfs Geschichtsschreibung, S. 307. Zu Sprachbewegung und Übersetzung vgl. grundlegend Apel, Sprachbewegung.
[263] Gundolf, Shakespeare, S. 655f.
[264] SW V, S. 25: „Zu neuer form und farbe wird gedeihn / Der streit von mensch mit mensch und tier und erde". Gundolf zitiert diesen Vers mehrfach auch in seinem George-Buch. Vgl. Gundolf, George, S. 182, 189 und 230.

Nachdem Gundolf in ‚Shakespeare und der deutsche Geist' herausgearbeitet hat, wie die Shakespeare-Rezeption in Deutschland die Entwicklung des deutschen Geistes und der deutschen Literatur bestimmt, gibt er am Ende einen Ausblick, wie es weitergehen soll. Gundolf beschreibt, dass sich bis dahin niemand an Shakespeares Wirklichkeit herangewagt hat.[265] Dabei ist es eben nicht nur wichtig, diese Wirklichkeit zu gewinnen, sondern vor allem auch, sie zu nutzen: „Seine Wirklichkeit für unser Lebensgefühl zu erobern und zu gestalten ist eine Aufgabe des neuen deutschen Geistes."[266] So lautet der letzte Satz in Gundolfs ‚Shakespeare und der deutsche Geist', und es könnte kaum eine bessere Beschreibung dessen geben, was sich in der Analyse der Übersetzungen Georges zeigen wird.[267] George gestaltet Shakespeare so, dass er zu seinem Lebensgefühl passt und hilft, dieses weiterzuentwickeln. Und durch dieses Zusammenwirken in der Übersetzung mit George wird der Menschenverachter Shakespeare zu einem Bestandteil des menschenformenden Werkes Georges.

---

[265] Vgl. Gundolf, Shakespeare und der deutsche Geist, S. 310.
[266] Ebd., S. 310.
[267] Wolters nimmt den Aspekt der Wirklichkeit auf und weist in seiner ‚Blättergeschichte' explizit darauf hin, dass es George in seiner Shakespeare-Übersetzung um die Wirklichkeit Shakespeares gehe. Vgl. Wolters, Stefan George, S. 392f. Siehe auch Reichert, Gundolfs Geschichtsschreibung, S. 306f.

4. Analyse der Sonett-Übersetzungen

4.1. ‚Fair Youth'- und ‚Dark Lady'-Sonette

Shakespeares Sonette werden gemeinhin in zwei große Gruppen aufgeteilt: die sogenannten ‚Fair Youth'- und die ‚Dark Lady'-Sonette. Die Gruppe der ersten 126 Sonette ist an einen Mann gerichtet, der sich durch seine Jugend und seine Schönheit auszeichnet und als ‚Fair Youth' bekannt ist. Das Adjektiv ‚fair' (hold, hübsch, anmutig, hell, blond) zieht sich durch die gesamten Sonette und taucht bereits im ersten Vers des ersten Sonetts auf: „From fairest creatures we desire increase".

Die Sonette 127–152 richten sich an die Geliebte des Dichters,[268] eine Frau, die insbesondere durch ihre Promiskuität auffällt. Sie ist nicht im herkömmlichen Sinne hübsch und steht im Widerspruch zum zeitgenössischen Schönheitsideal.[269] Obwohl sie in der Literatur als ‚Dark Lady' bekannt ist, wird sie in den Sonetten nie als ‚dark' oder als ‚lady' bezeichnet. Bei Shakespeare überwiegt das Adjektiv ‚black', das sich zum einen auf Haar-, Haut- und Augenfarbe der Geliebten und zum anderen auf deren Charakter beziehen kann.[270]

Der Gegensatz von ‚fair' und ‚dark' ist deutlich, und so ist der Unterschied der beiden Liebesbeziehungen des Dichters auch eines der Themen der Sonette. Auch die soziale Dimension unterscheidet die beiden Figuren: Der ‚Fair Youth' ist sozial höher als der Dichter gestellt, während die ‚Dark Lady' dem Dichter gleichgestellt ist. Zugespitzt wird die Situation dadurch, dass auch ‚Fair Youth' und ‚Dark Lady' eine Liebesbeziehung eingehen und der Sprecher in vielen Sonetten an dieser komplizierten Situation verzweifelt.

Beide Figuren haben zu zahlreichen Spekulationen und biographischen Deutungen der Sonette insgesamt geführt; und auch wenn es in der anglistischen Forschung als überholt und wenig ertragreich gilt, werden immer wieder neue Hypothesen über die Biographie Shakespeares, den realen ‚Fair Youth' und die wahre ‚Dark Lady' aufgestellt.[271] Der Einfachheit halber werde ich im Folgenden die Sonette immer auf den ‚Fair Youth' und die ‚Dark Lady' beziehen. Ich gehe von

---

[268] Mit dem ‚Dichter' ist die Sprechinstanz des Gedichts gemeint. Der ‚Dichter' und Shakespeare sind nicht als identisch zu sehen, sondern werden als ‚Dichter' (Sprecher im Gedicht) oder als Shakespeare (Autor des Gedichts) bezeichnet.
[269] Vgl. Sonett 130.
[270] Vgl. z. B. die Sonette 127 und 131.
[271] Vgl. z. B. Calvert, Shakespeare's Sonnets and Problems of Autobiography, vor allem ‚Section IV – The Dark Lady', S. 197–213; Brewer, Shakespeare and the Dark Lady; Hammerschmidt-Hummel, Das Geheimnis um Shakespeare's ‚Dark Lady'. Für ausführliche Überblicke zu Shakespeares Sonetten vgl. die gängigen kommentierten Ausgaben: Blakemore-Evans, The Sonnets; Booth, Shakespeare's Sonnets; Duncan-Jones, Shakespeare's Sonnets; Kerrigan, The Sonnets.

einem Sprecher des Sonetts aus, der sich selbst als Dichter darstellt. Da hier Georges Übersetzen im Vordergrund steht, werde ich die Analyse der Sprechsituation möglichst übersichtlich halten.

George spricht sich in seinem Vorwort zu den Shakespeare-Übersetzungen sehr deutlich gegen Interpreten und Übersetzer aus, die versuchen, in den Sonetten Hinweise auf Shakespeares Leben zu entdecken oder die Personen aus den Sonetten Menschen der Zeitgeschichte zuzuordnen. Für George ist es unwichtig, „was spiel und was gefühl sei · wer der blonde jüngling und wer die schwarze dame der lezten abteilung". Derartiges Rätselraten kann für ihn nur zum „völligen verhören des seelen-tones" führen. George möchte diesen Seelen-Ton aufspüren und darstellen: „die anbetung vor der schönheit und den glühenden verewigungs-drang".[272] George grenzt sich von den Spekulationen um Personen und möglichen realen Entsprechungen ab. Er erwähnt dabei den blonden Jüngling und die schwarze Dame, welche allerdings nur eine „dame der lezten abteilung" ist. Die so verordnete Sonderstellung der Dame weist bereits darauf hin, dass George sie eher nebensächlich behandelt. Der „mittelpunkt der sonnettenfolge" wird „in allen lagen und stufen" in der „leidenschaftlichen hingabe des dichters an seinen freund" gesehen.[273] Andere Themen der Sonette werden nicht erwähnt. Es ist nicht außergewöhnlich, dem ‚Fair Youth' mehr Platz als der ‚Dark Lady' einzuräumen. Schon die anerkannte Aufteilung der Sonette in die 126 ‚Fair Youth'-Sonette (1–126) und nur 28 ‚Dark Lady'-Sonette (127–154) lässt quantitativ gesehen keine andere Wahl. Auch wenn man von den blanken Zahlen absieht, wäre es zu einfach, die beiden Figuren auf dieselbe Ebene stellen zu wollen. Die Sonette, die dem ‚Fair Youth' gelten, überragen die anderen in ihrer Komplexität und Themenvielfalt. In Georges Einleitung wird dieser Sachverhalt jedoch explizit zum Thema gemacht: George betont, dass diese Dame nur in den letzten Sonetten vorkommt und dass sie nicht Mittelpunkt sein kann, denn das sind zu jeder Zeit der Dichter und sein Freund.

Schon Georges Vorwort bietet Grund zu der Annahme, dass er die beiden Protagonisten der Sonette unterschiedlich in seiner Übersetzung behandelt. Auch in der Auswahl der übersetzten Sonette, die George in die achte und neunte Folge der ‚Blätter für die Kunst' aufnimmt, fehlen die Sonette der letzten Abteilung.[274] George schenkt der ‚Dark Lady' hier keinerlei Beachtung. Ein Desinteresse an der ‚Dark Lady' ist auch bei Mitgliedern des George-Kreises zu beobachten. Berthold Vallentin erwähnt keine ‚Dark Lady' in seiner Rezension der Sonette.[275] Wolters

---

[272] SW XII, S. 5.
[273] SW XII, S. 5.
[274] Siehe Kapitel 4.2. zu Georges Sonett-Auswahl in den ‚Blättern für die Kunst'
[275] Vgl. Vallentin, Shakespeares Sonette und ihre Umdichtung durch Stefan George.

widmet den Sonetten und der Sonett-Übersetzung in der ‚Blättergeschichte' zwar einige Seiten, von der ‚Dark Lady' fehlt jedoch jede Spur.[276]
Gundolfs frühe Sonett-Übersetzungen enden mit dem Sonett 126, dem
letzten ‚Fair Youth'-Sonett.[277] Verwey übersetzt alle Sonette, erwähnt in
seinem Vorwort aber ebenfalls nur den jungen Freund.[278] In der Übersetzung von Huch schließlich ist unter den 33 ausgewählten Sonetten nur ein
einziges der ‚Dark Lady'-Gruppe.[279]

Obgleich George die Bedeutung der ‚Dark Lady' marginalisiert,
übersetzt er letztlich doch auch diese Sonette. Es ist unwahrscheinlich,
dass George diese Sonette nur übersetzt, weil sie dazugehören. Nahelie-
gend wäre, dass er die besagten, scheinbar uninteressanten Sonette einfach
nicht übersetzt, also durch eine Nicht-Auswahl ausgrenzt. So macht er es
mit Gedichten Baudelaires, mit Stellen aus Dantes ‚Göttlicher Komödie'
und auch mit einzelnen Zeilen oder Wörtern in den Gedichten, die er herausgibt.[280] Dass es sich bei der Sonett-Übersetzung Georges keinesfalls
um eine unemotionale Auftragsarbeit handelt, zeigt sich an der Bedeutung
Shakespeares für George und seiner Präsenz in dessen Leben.[281]

Bedenkt man die Figurenkonstellation der Sonette, erhält man den
Eindruck, dass George die ‚Dark Lady'-Sonette als erforderlich ansieht,
um seine eigene Vorstellung des ‚Fair Youth', im Kontrast zur ‚Dark
Lady', zu vermitteln. Der von George bestimmte Mittelpunkt der Sonette,
die „leidenschaftliche[] hingabe des dichters an seinen freund"[282], erstrahlt
vollkommener und außergewöhnlicher, wenn man ihn im Gegensatz zu
der gewöhnlichen körperlichen Liebe zur ‚Dark Lady' zeigt. Ob und wie
sich diese Sicht Georges auf seine Übersetzung auswirkt, arbeite ich an
einigen Beispielen in den folgenden Kapiteln heraus.

Georges Darstellung des ‚Fair Youth' und der ‚Dark Lady' bietet einen guten Einstieg in die Analyse seiner Übersetzung. Dies betrifft vor allem die verschiedenen Ausprägungen der Liebe, ob nun körperlich, geistig
oder „übergeschlechtlich"[283], darüber hinaus aber auch Fragen der Schuldzuweisung. In der Darstellung der beiden Hauptfiguren zeigt sich, wie
sich die verschiedenen Rollen, die George Shakespeare und sich selbst zuschreibt, in der Übersetzung auswirken. Während Shakespeare die Men-

---

[276] Vgl. Wolters, Stefan George, S. 375ff.
[277] Vgl. Gutsch, Friedrich Gundolfs Shakespeare-Sonetten-Fragmente.
[278] Verwey, Shakespeare's Sonnetten, S. 7. Zu der Bedeutung Shakespeares im George-
Kreis siehe Kapitel 3.2.
[279] Vgl. Huch, 33 Sonette Shakespeares.
[280] Siehe dazu Kapitel 2.2.
[281] Siehe Kapitel 3.
[282] SW XII, S. 5.
[283] Ebd.

schen lediglich verachte und beschreibe, sieht George sich selbst als einen Erzieher, der die Menschen formt und bildet.

Im Folgenden analysiere ich exemplarisch das Sonett 144 ausführlich (4.1.1.), da hier alle drei Figuren (‚Fair Youth', ‚Dark Lady' und der Sprecher) in ihrem Verhältnis zueinander beschrieben sind. Danach erläutere ich die Unterschiede von ‚Fair Youth' und ‚Dark Lady' (4.1.2.), die Opferrolle des ‚Fair Youth' (4.1.3.) sowie die sexuellen Konnotationen (4.1.4.) in Georges Sonett-Übersetzung.

4.1.1. Sonett 144: eine beispielhafte Analyse

Das Sonett 144, in dem ‚Fair Youth' und ‚Dark Lady' gemeinsam auftreten, eignet sich besonders, um Georges Sicht auf diese beiden Figuren zu überprüfen. Kerrigan bezeichnet das Sonett 144 als „one of the strongest sonnets in the volume"[284] und Duncan-Jones weist darauf hin, dass 144 ein Gros sind (also 12 x 12) und schon deswegen dem Sonett eine besondere Bedeutung zukäme.[285] Zu Recht gilt es als eines der Sonette, in dem die komplizierte Situation der Dreiecks-Liebesbeziehung besonders deutlich wird. Kommerell hat in seiner Ausgabe der George-Übersetzung gerade dieses Sonett besonders angestrichen.[286] Das Sonett beschreibt das Dilemma des Sprechers, der weiß oder zumindest ahnt, dass er betrogen wird, und trotzdem nicht einschreitet.

> CXLIV
> Two loves I have of comfort and despair,
> Which like two spirits do suggest me still:
> The better angel is a man right fair,
> The worser spirit a woman colour'd ill.
>
> To win me soon to hell, my female evil
> Tempteth my better angel from my side,
> And would corrupt my saint to be a devil,
> Wooing his purity with her foul pride.
>
> And whether that my angel be turn'd fiend
> Suspect I may, yet not directly tell;
> But being both from me, both to each friend,
> I guess one angel in another's hell:

---

[284] Kerrigan, The Sonnets, S. 59.
[285] Duncan-Jones, Shakespeare's Sonnets, S. 402. Im Folgenden werde ich nur auf wenige, für die Übersetzungsanalyse relevante Aspekte dieses Sonetts eingehen. Für eine Lektüre dieses und anderer Sonette unter einem ökonomischen Gesichtspunkt vgl. Warley, Sonnet Sequences ans Social Distinction in Renaissance England, S. 123ff.
[286] Das Sonett 144 ist mit drei Strichen gekennzeichnet, andere Sonette nur mit einem oder zwei Strichen. Außerdem steht nur neben diesem Sonett eine Anmerkung, die leider nicht mehr zu entziffern ist.

Yet this shall I ne'er know, but live in doubt,
Till my bad angel fire my good one out.

CXLIV
Zwei lieben habe ich von trost und pein.
Gleich zweien geistern lenken sie mich ganz:
Der bessere engel ist ein mann hell fein ·
Der schlimmere geist ein weib von düstrem glanz.

Zur hölle will mich ziehn das weiblich böse ·
Kirrt mir den bessern engel von der seit ·
Wünscht zum verderb · mein Heiliger sei der Böse ·
Lockt schnöder gierde seine lauterkeit.

Und dass mein engel sich verkehrt zum feind
Vermut ich wohl · doch weiss ich nicht genau.
Da beide fern von mir · sich beide freund ·
Deucht mir der engel in des andren klau.

Nur zweifl ich immer noch bis ich erkannt
Dass böser geist den guten ausgebrannt.

In Shakespeares Sonett beschreibt der Sprecher seine „two loves". Sie werden gegenübergestellt und in ihrer Interaktion gezeigt. Auf der einen Seite gibt es den „better angel" oder auch „my saint", einen hübschen, blonden und ehrlichen Mann („right fair") voller „purity". Auf der anderen Seite tritt der „worser spirit" oder „bad angel" auf, „my female evil", eine „ill coloured" Frau, die mit „foul pride" den Mann auf ihre Seite lockt. Zwei Geliebte, die dem Sprecher „comfort and despair", Wohlbehagen und Verzweiflung, bereiten. Shakespeare spielt im zweiten Quartett darauf an, dass ein Engel durch Stolz in die Hölle stürzt und zum Teufel wird. Auch das Bild zweier Engel oder Geister, die dem Sprecher etwas einflüstern, ihn auf ihre Seite ziehen wollen, wird suggeriert. Die sexuellen Anspielungen, ohne die nahezu keines der ‚Dark Lady'-Sonette auskommt, sind auch hier vorhanden. „Win me soon to hell" und „one angel in another's hell" können sich auf den Geschlechtsakt beziehen.[287] Und auch im letzten Vers kann das „fire out" sowohl Geschlechtsverkehr umschreiben als auch auf Geschlechtskrankheiten anspielen.[288]

Die Gegensätze der zwei Geliebten des Sprechers werden durch die Reime „fair/despair" und „fiend/friend" betont. Die große Angst davor,

---

[287] Vgl. Colman, The Dramatic Use of Bawdy in Shakespeare, S. 167 und für eine Definition vgl. ebd., S. 198: „HELL [...] As place of fiery punishment, hell is where a diseased harlot ‚burns poor souls'. In Son 144, *vagina* may also be implied. " Vgl. auch Partridge, Shakespeare's Bawdy, S. 120; Williams, Shakespeare's Sexual Language, S. 156.

[288] Vgl. Colman, The Dramatic Use of Bawdy in Shakespeare, S. 167.

dass die Frau den jungen Freund für sich gewinnt, zeigt sich ebenfalls in den Reimen „evil/devil" und schließlich „hell". Betont wird das Böse durch die Assonanzen und Binnenreime „hell", „female" sowie „ill", „evil" und „devil" sowie auch „angel" – alles innerhalb von vier Versen.

Der Sprecher vermutet, dass seine zwei Geliebten ihn gemeinsam betrügen und dass dabei die Frau versucht, den jungen Mann für sich zu vereinnahmen und dem Sprecher gewissermaßen zu entwenden. Allerdings muss der Sprecher mit diesem Zweifel leben, und das Sonett beschreibt die Qual, die diese Ungewissheit ihm bereitet. Mit der ‚Dark Lady' schafft Shakespeare eine geradezu typische Femme fatale, eine Frau, die einerseits als verlockend und andererseits als äußerst bedrohlich wahrgenommen wird.[289]

In Georges Übersetzung werden die zwei Geliebten ebenfalls deutlich gegenübergestellt. Auf der einen Seite der „bessere engel [...] ein mann hell fein", ein „Heiliger", der sich durch „lauterkeit", also Reinheit und Anständigkeit, auszeichnet. Auf der anderen Seite der „schlimmere geist ein weib von düstrem glanz", „das weiblich böse", das den jungen Mann mit „schnöder gierde"[290] zum „verderb" lockt und „kirrt". Das Verb „kirr[en]" ist zu Georges Zeit bereits ungebräuchlich; es bedeutet zwingen, zähmen und (ver)locken.[291] Es zeigt Georges Vorliebe für eine ihm eigene Sprache.[292] „Kirrt" zeichnet sich zudem durch seine Einsilbigkeit aus und ist ein onomatopoetisches Wort. In seiner lautlichen Nähe zu schwirren und klirren lässt kirren eine Atmosphäre entstehen, durch die die Verlockung des Opfers hörbar wird.[293]

Der Reim betont auch bei George die Gegensätze: Er reimt „pein/fein" und „feind/freund". Bei Letzterem handelt es sich um einen unreinen Reim mit verschiedenen Diphthongen, der sich an Shakespeares

---

[289] Zur Femme fatale in der nachromantischen Literatur vgl. die grundlegende Studie von Hilmes, Die Femme fatale, S. XIIIf: „Die Femme fatale lockt, verspricht und entzieht sich. Zurück bleibt ein toter Mann. Im Spannungsfeld von Eros und Macht gedeihen Wollust und Grausamkeit, entstehen blutige Bilder der Liebe. Die Femme fatale fasziniert durch ihre Schönheit und das in ihr liegende Versprechen auf Glück, einen Wunsch nach leidenschaftlicher Liebe. Gleichzeitig wird sie jedoch auch als bedrohlich empfunden." Zur schwierigen Eingrenzung und Bestimmung der Femme fatale vgl. ebd., S. 2f.; Binias, Symbol and Symptom, S. 33–42.

[290] Zu ‚gierde' siehe SW XII, S. 252, Kommentar: „Das Femininabstraktum findet auch in Georges Gedichten Verwendung mit der Bedeutung von ‚starkem, tiefem Verlangen'. Vgl. George, SW VI/VII, S. 14, Vers 19: „Mit gierden süss und heiss."

[291] Vgl. SW XII, S. 252, Kommentar. Die heute umgangssprachliche Bedeutung, jemanden ‚kirre' im Sinne von verrückt oder nervös machen, ist hier nicht gemeint.

[292] Zudem findet er eine angemessene Übersetzung für Shakespeares „tempteth" (in Versuchung führen) und umgeht das Verb ‚locken', das er zwei Zeilen später als Übersetzung von „wooing" nutzen kann.

[293] Veraltet wurde ‚kirren' auch für das Gurren der Tauben und das Zirpen der Grillen verwendet. Vgl. DWB, Bd. 11, Sp. 842.

ebenfalls unreinem Reim „fiend/friend" orientiert.[294] Das Böse stellt auch George betonend an das Versende und verwendet den identischen Reim „böse/Böse".[295] Georges Diktum, ein Reimpaar nur einmal zu verwenden, ist bekannt.[296] Umso mehr überrascht dieser identische Reim, und es kann bedeuten, dass George die Bosheit hier radikal betonen möchte. George stellt heraus, wie böse, wie gefährlich das Weibliche ist. Der Reim lässt zudem erkennen, dass es hier zwei verschiedene Versionen des Bösen gibt: Das „weiblich böse" kleingeschrieben bezeichnet hier generell das Böse, die Gefahr, die Bösartigkeit; und „der Böse" großgeschrieben bezeichnet eine Person, hier den Mann, der in Gefahr ist, vom Heiligen zum Bösen gemacht zu werden. George nutzt die Großschreibung in seiner Sonett-Übersetzung immer wieder für Personifizierungen.[297] Sieht man genau hin – und das bezweckt George mit einem solchen Reimpaar –, werden die böse Frau und der gute Mann, der nach ihrem Wunsch böse sein soll, es aber noch nicht ist, gegenübergestellt. George fügt dem Gedicht einen Makel zu, er entstellt mit diesem identischen und deshalb unschönen Reimpaar das Gedicht selbst. Die Frau, das Böse, ist für diese Verunstaltung verantwortlich. Insgesamt wird „böse" von George dreimal

---

[294] Laut Duncan-Jones handelt es bei dem Reim um einen im elizabethanischen Englisch akzeptierten Reim, den Shakespeare auch in ‚Venus und Adonis' verwendet. Vgl. Duncan-Jones, Shakespeare's Sonnets, S. 402.

[295] Renate Birkenhauer weist nach, dass identische Reime „ein häufig verwendetes Konstruktionsprinzip" Georges sind und, dass meistens nicht das einzelne Reimwort, sondern das ganze Gedicht von der Wiederholung geprägt wird. Birkenauer, Reimpoetik am Beispiel Georges, S. 139. In Georges eigenen Gedichten finden sich in 43 Gedichten identische Reime. In seinem Gedicht ‚Stern der dies jahr mir regiere!' aus dem ‚Siebenten Ring' reimt George böse auf löse und getöse. Vgl. ebd., S. 286; SW VI/VII, S. 69.

[296] Vgl. Klein, Über Stefan George, eine neue Kunst, S. 48. Vgl. zum Reim auch Blätter für die Kunst, 1. Folge, III. Band, S. 84; Blätter für die Kunst, 2. Folge, II. Band, S. 35; Blätter für die Kunst, 2. Folge, IV. Band, S. 122; Birkenhauer, Reimpoetik am Beispiel Georges, S. 141ff.

[297] George nutzt die Großschreibung für Anreden, Personifikationen, Figurennamen und außerdem zur Betonung. George schreibt z. B. ‚Adonis' (LIII), ‚Eva' (XCIII), ‚Mars' (LV) oder ‚Saturn' (XCVIII) groß. Auch Anreden werden groß geschrieben, vor allem wenn mit dem Wort ‚Lieb(e)', der oder die Geliebte angeredet wird (siehe z. B. XIII, XXII, LXXIX, LXXXIX u. ö.). Weitere Anreden des Geliebten sind ‚Muse' (z. B. C, CI), und ‚Teurer' (XIII, CXI). Auch die personifizierte Zeit wird angeredet (XIX, CIV, CXXIII u. ö.). Neben der Zeit werden weitere Begriffe personifiziert, z. B. der Tod (XVIII, XXXII, CVII u. ö.), die Natur (XX, LXVII, LXVIII) und die Erde (XIX). ‚Zeit' ist allerdings der Begriff der dem Leser am meisten ins Auge fällt, sowohl personifiziert als Anrede oder einfach als Betonung und es ist das Wort das mit Abstand am häufigsten groß geschrieben wird. Zudem gibt es einige Pronomina, die in der Übersetzung gänzlich groß geschrieben werden: DEM (XVI, CXXII); DER (XLII); DIE (XCIX); EIN (CV, CXLI); ER (zweimal in LXXX); JENE (XCIX) und SIE (CXXX).

in diesem Sonett genannt (in den Versen 5, 7 und 14), und es findet sich keinerlei Entsprechung für diese Wiederholung in Shakespeares Sonett, denn dort steht an den entsprechenden Stellen „evil", „devil" und „bad". Dass sich George Shakespeares religiöse Gegenüberstellung von „saint" und „devil" entgehen lässt, ist ein weiteres Indiz für die generelle Betonung des weiblich Bösen.[298] Im folgenden Sonett 145 übersetzt George dagegen Shakespeares „fiend" mit „Satan",[299] während im Sonett 144 der „fiend" *nur* zum „feind" wird. George entscheidet sich offensichtlich nicht gegen religiös aufgeladene Wortfelder, sondern sieht in dem Sonett 144 die Wiederholung des Bösen als wichtiger an. George lässt eher eine Verbindung zwischen Satan und der ‚Dark Lady' zu (Sonett 145) als zwischen Satan und dem ‚Fair Youth' (Sonett 144).[300]

George hebt die Gegensätzlichkeit auch rhythmisch hervor. Im ersten Quartett übernimmt er nicht nur den Parallelismus Shakespeares, sondern setzt bei den gegensätzlichen Komparativen „bessere" und „schlimmere" doppelte Senkungen ein und durchbricht damit die Alternation des Jambus.

> The better angel is a man right fair,
> The worser spirit a woman colour'd ill.
>
> Der bessere engel ist ein mann hell fein ·
> Der schlimmere geist ein weib von düstrem glanz.

Man ist geneigt, „bess're" und „schlimm're" zu lesen. An anderen Stellen im gleichen Sonett verwendet George dagegen Elisionen, um die Worte dem Rhythmus anzupassen. Es werden z. B. mehrfach Synkopen verwendet, um den Rhythmus zu wahren: „ziehn", „bessern", „andren" und „zweifl"; umgekehrt wird das Wort „zweien" durch Einfügung eines unbetonten *e* metrisch gedehnt, um eine Silbe dazuzugewinnen.[301] George

---

[298] Allerdings wird der Verlust von „devil" durch die Personifizierung des Bösen leicht kompensiert.

[299] Sonett 145, Vers 11. Das dritte Quartett lautet: „I hate' she altered with an end, / That followed it as gentle day, / Doth follow night, who like a fiend / From heaven to hell is flown away." Bzw.: „Ich hasse' daran fügt sie an / Was folgte wie der holde tag / Der nacht folgt die wie ein satan / Nach himmeln in der hölle lag."

[300] Dazu ist ebenfalls anzumerken, dass es sich im Sonett 145 um *die* Nacht handelt, „die wie ein satan / Nach himmeln in der hölle lag." In ihrem umfassenden Anmerkungs-Apparat weist Oelmann auf die ungewöhnliche Tonhebung hin, die das Reimwort Satan zusätzlich betont. Vgl. SW XII, S. 151, Kommentar. Das Sonett 145 grenzt sich von den anderen Sonetten sowohl bei Shakespeare als auch bei George durch den für Sonette ungebräuchlichen jambischen Tetrameter ab.

[301] Zu ‚zweien' vgl. SW XII, S. 252, Kommentar. Im Übrigen hat auch ‚Heiliger' eine Silbe zuviel, sodass der Rhythmus ins Stolpern gerät. George trennt generell nie ein ‚I' aus einem Wort, er würde nie ‚Heil'ger' schreiben. Wenn eine solche Silbe un-

fügt die rhythmischen Betonungen bei „bessere" und „schlimmere" ein bzw. lässt sie bewusst so stolpernd stehen.

Er nutzt Wortwiederholungen, Reime und Rhythmusverschiebungen, um die zwei Charaktere deutlich voneinander zu trennen, gegenüberzustellen und darüber hinaus die weibliche Gefahr hervorzuheben. Während die Trennung in Shakespeares Sonett angelegt ist, stellt die Betonung der weiblichen Gefahr eine Verstärkung Georges dar, die sich in weiteren Änderungen Georges bestätigen wird.

In Georges Übersetzung bekommt das Sonett einen anderen Schwerpunkt: Die Frau erscheint schließlich ausnahmslos böse, als trage sie allein die Schuld am Verderb des jungen Mannes. Freilich wird die Frau auch in Shakespeares Sonett böse und schlecht dargestellt, und auch hier ist es die Frau, die den jungen Mann verführt. Bei George wird dies jedoch stärker verallgemeinert. Die Dämonisierung des weiblichen Körpers und seiner Verlockungen ist weder bei George noch bei Shakespeare neu.[302] Allerdings gelingt es George mit seiner Übersetzung, diese Thematik in den Vordergrund zu rücken.

In den vergangenen Jahren wurde Georges Beziehung zu Frauen viel beachtet.[303] Von Interesse sind dabei das Sozialgefüge des Kreises und die Tatsache, dass es erstaunlich viele nachweislich intellektuelle und gebildete Frauen im weiteren Umfeld Georges gab, diese jedoch nie in den eigentlichen Kreis integriert wurden. Außerdem stellt die Darstellung des Weiblichen bzw. die Auslöschung des Weiblichen[304] in Georges Werk ein eigenes Themenfeld dar.

Die Ausgrenzung der Frau (aus Leben und Text) ist eng verbunden mit der Erziehung der männlichen Jugend.[305] „Mit den frauen fremder ordnung / sollt ihr nicht den leib beflecken"[306] – diese zwei Verse aus Georges ‚Stern des Bundes' werden oft zitiert und sind beispiellos in ihrer Deutlichkeit. Auch die frauenfeindlichen Äußerungen im ‚Jahrbuch für

---

vermeidbar ist, dann taucht sie in wichtigen, betonenswerten Worten auf, wie hier ‚der *heilige* Freund'.
[302] Zur Femme fatale vgl. Hilmes, Die Femme fatale.
[303] Siehe den Sammelband Oelmann/Raulff, Frauen um Stefan George, der sich mit der Misogynie des Kreises und ausführlich mit den einzelnen befreundeten Frauen beschäftigt. Außerdem den Aufsatz von Osterkamp, Frauen im Werk Stefan Georges (b).
[304] Vgl. Osterkamp, Frauen im Werk Stefan Georges (b); Stamm, Zwischen Abgrenzung und Auflösung.
[305] Dass die Figurationen von Männlichkeit und Weiblichkeit in Georges Werk eng zusammenhängen, hat Ulrike Stamm gezeigt. Vgl. Stamm, Zwischen Abgrenzung und Auflösung, S. 21.
[306] SW VIII, S. 86.

die geistige Bewegung'³⁰⁷ führten bei den dem Kreis verbundenen Frauen zu einigem Unbehagen.³⁰⁸ Doch wie Osterkamp zeigt, beschränkt sich die Ausgrenzung der Frau nicht nur auf Frauen im Kreis, sondern auch auf Frauen in der Dichtung Georges. Das ‚Neue Reich' wird so zum „poetische[n] Entwurf einer Welt, in der es keine Frauen gibt. In der dichterischen Version dieser Reichsutopie ist die Erlösung von der Moderne mit der Erlösung von Weiblichkeit identisch."³⁰⁹ Osterkamp hat dargelegt, wie sich die Darstellung der Frau in Georges Werk wandelt. Beginnend mit Angst und Horrorvisionen, kommt es zu einer extremen Reduktion des Weiblichen auf die Merkmale der Hexe oder Madonna, dann zur Aufhebung der Geschlechtermerkmale und schließlich zur Auslöschung des Weiblichen.³¹⁰ George nimmt Osterkamp zufolge den Frauen jegliche Bedeutung und marginalisiert schließlich auch die Rolle der Mutter:

> [...] sie [die Verse im ‚Neuen Reich'] sind in der Überzeugung geschrieben, dass die Regeneration des Lebens – Zeugung und Geburt – ausschließlich dem männlichen Körper als dessen geistige Tat anvertraut werden kann, ein Denkmodell, mit dem George seit dem Maximin-Zyklus des Siebenten Ring gespielt hat und das er im Stern des Bundes perfektioniert hat: ‚Ich bin der zeuger bin der schooss'.³¹¹

Ähnlichkeiten in der Behandlung der Frau in Georges eigenen Gedichten und seinen Sonett-Übersetzungen sind deutlich. George betont in seiner Übersetzung des Sonetts 144 konsequent das Böse der Frau und damit auch die Gefahr für die noch zu formende männliche Jugend.

Es fällt auf, dass George in diesem Sonett mehrfach das Possessivpronomen „my" unterschlägt. Aus „my female evil" wird „das weiblich böse", aus „my better angel" wird „den bessern engel", aus „Till my bad angel fire my good one out" wird schließlich „Dass böser geist den guten ausgebrannt". Es gibt zwei Stellen, an denen George das Possessivpronomen übernimmt, jedoch gilt das jeweils der Beschreibung des Mannes: „mein Heiliger" und „mein engel". Der possessive Anspruch ist bei Geor-

---

³⁰⁷ Vgl. die Einleitung im Jahrbuch für die geistige Bewegung. Dritter Jahrgang, S. III-VIII; zur Mysogynie im George-Kreis vgl. Andres, frauen fremder ordnung.
³⁰⁸ Sabine Lepsius stört sich z. B. daran, dass George „die Neigung zeigte, die Frauen aus der Weltgeschichte zu streichen", und dies „war an einem Menschen wie George nur erklärlich durch seine bäuerliche Abstammung." Lepsius, Stefan George, S. 86f. Auch der äußerst bescheidenen und untertänigen Clothilde Schlayer merkt man die kritische Sicht über die Behandlung der Frau im George Kreis an. Vgl. Schlayer, Minusio.
³⁰⁹ Osterkamp, Frauen im Werk Stefan Georges (b), S. 1004.
³¹⁰ Vgl. ebd.
³¹¹ Ebd., S. 1005.

ge nur im Bezug zum jungen Freund deutlich ausgesprochen.[312] Die Frau dagegen wird zu *dem* weiblich Bösen. Es ist nicht nur diese eine, *meine* ‚Dark Lady', die Gefahr birgt – es sind alle Frauen, vor denen hier gewarnt wird. Diese kleinen Änderungen Georges bewirken jedoch nicht, dass sich das Sonet nicht mehr auf die ‚Dark Lady' bezieht. Dies ist schon allein durch den Zusammenhang mit den anderen Sonetten und z. B. auch durch den ersten Vers „Zwei lieben *habe ich*" gegeben und durch „will *mich* ziehn" und „kirrt *mir*" (meine Hervorhebungen). Der Bezug zum Sprecher und *seiner* Geliebten bleibt also auch ohne das Possessivpronomen gewahrt. Allerdings eröffnet George durch seine abweichende Übersetzung eine neue Lesart, eine generalisierte Sicht des Problems, die bei Shakespeare so nicht möglich ist. Zudem nimmt er der ‚Dark Lady' etwas von ihrer Bedeutung, denn die Gefahr geht nicht so sehr von dieser speziellen Person aus, sondern von der Weiblichkeit an sich. Die ‚Dark Lady' ist nur eine von vielen gefährlichen Frauen.[313]

Für diese Deutung spricht, dass bei Shakespeare im letzten Vers die ‚Dark Lady' als Engel bezeichnet wird. „Angel" ist also nicht dem ‚Fair Youth' vorbehalten, sondern wird für beide Geliebten verwendet. Dies

---

[312] Vgl. auch den einseitigen Einsatz der Possessivpronomen bei „Wooing *his* purity with *her* foul pride." und „Lockt schnöder gierde *seine* lauterkeit." meine Hervorhebungen.

[313] Die meisten deutschen Übersetzer übersetzen das ‚my' nicht. Deutsche Übersetzungen sind durch Shakespeares Pentameter an eine geringe Silbenzahl gebunden, die meist dazu führt, dass vermeintlich unwichtige Worte, die sich z. B. aus dem Kontext erklären, eingespart werden. Das Pronomen ‚mein' würde in diesem Fall auch grammatische Flexionen nach sich ziehen, die vermieden werden, in diesem Sonett müsste es z. B. ‚mei<u>nen</u> Engel' statt ‚den Engel' (6 und 14) heißen oder ‚mein weiblich böses' (5) und das bedeutete eine weitere Silbe und im letzten Fall zusätzlich die weibliche Endung des Reimes. Dass George durchaus in der Lage ist, die Akkusativ-Flexion ‚mei<u>nen</u>' zu umgehen, beweist er im siebten Vers: „Wünscht zum verderb · mein Heiliger sei der Böse ·" statt ‚möchte meinen Heiligen zu einem Bösen machen'. Wenn George den Besitzanspruch des Sprechers bei beiden Geliebten als wichtig angesehen hätte, dann hätte er eine Möglichkeit gefunden, auch wenn er dafür die Grammatik oder die leichte Verständlichkeit hätte opfern müssen. George entscheidet sich aber dagegen. Vgl. für andere deutsche Übersetzungen z. B. die Übersetzung Schuenkes, in der die Possessivpronomen an anderer Stelle eingefügt werden und dabei sowohl den guten als auch den bösen Geist berücksichtigen: „Zwei Lieben hab ich – Trost und Höllenpein. / Von diesen zwein kommt alles, was ich schreib. / *Mein guter Geist*: ein Mann, blond, schön und rein, / *Mein böser Engel* ist ein dunkles Weib. / Verderben will mich böse Weiberlist, Die mir den guten Geist abspenstig macht / Und den verteufelt, der mir heilig ist, Den Reinen lockt mit ihrer falschen Pracht. / Ob er gefallen ist, kann ich nicht sagen, / *Mein guter Engel*, aber da die zwei, / Von mir entfernt, sich viel zu gut vertragen, / Mag einer in des andern Hölle sein. / Doch weiß ich's erst, wenn einer mir beteuert: / *Mein böser* hat *den guten Geist* gefeuert." Shakespeare/Schuenke, Die Sonette, S. 151, meine Hervorhebungen.

weist darauf hin, dass die Situation der Dreiecksbeziehung kompliziert ist und Gut und Böse nicht so einfach zu trennen sind. Zudem ist hier, wie schon im siebten Vers mit „devil", die Anspielung auf einen gefallenen Engel möglich. In Georges Übersetzung bleibt die Bezeichnung „engel" dem jungen Freund vorbehalten[314], und die Frau wird im letzten Vers als „böser geist" bezeichnet. George behält damit die Unterscheidung aus dem ersten Quartett bei. Die Ungewissheit des Sprechers, wer denn nun böse, wer gut sei, wird bei George so nicht nachgebildet.[315]

In der Beschreibung dessen, was die Frau tut, übersetzt George das „would corrupt" mit „wünscht zum verderb".[316] Die Frau wünscht, sie intendiert, sie möchte etwas, noch ist aber nicht erwiesen, ob sie dabei erfolgreich ist. Das Verb „corrupt" bedeutet korrumpieren, etwas oder jemanden beschädigen, verderben oder bestechen. George entscheidet sich für das Nomen „verderb" und betont damit die Endgültigkeit und Gefahr: Etwas, das verdorben ist, ist unwiderruflich vernichtet, während etwas Beschädigtes noch zu retten ist. Die Frau wird bei George als skrupellos dargestellt und gleichzeitig wird ihr Erfolg durch den folgenden Konjunktiv „sei" und durch das „wünscht" in Frage gestellt. Der Konjunktiv ist auch im Englischen durch das „would" gegeben.

In dem Sonett wird befürchtet, dass der ‚Fair Youth' der ‚Dark Lady' in die Hölle folgt. Das oben kurz angedeutete sexuelle Wortspiel übernimmt George nicht, so wie er die meisten bei Shakespeare reichlich vorhandenen ‚sexual puns' ignoriert.[317] Auffällig ist hier jedoch etwas anderes. Bei Shakespeare wird nüchtern ‚einer in des anderen Hölle'[318] vermutet und damit nicht gesagt, ob der ‚Fair Youth' den Verlockungen der ‚Dark Lady' erlag oder ob er gegen seinen Willen gezwungen wurde. George dagegen lässt den einen (guten) Engel „in des andren klau" er-

---

[314] Allerdings impliziert der zwölfte Vers – „Deucht mir der engel in des andren klau." – dass es sich um zwei Engel handelt, explizit als solcher bezeichnet wird jedoch nur der gute Engel.

[315] In Georges eigenem Werk gibt es dagegen sowohl wohlwollende als auch grauenhafte Engel. Am bekanntesten ist sicher der Engel, der als Bote des schönen Lebens im ‚Teppich des Lebens' erscheint. Dieser Engel „hält als *guter geist* die rechte waage" und weist die Richtung. Im letzten Gedicht des Vorspiels heißt es: „Nur ER der niemals wankte blieb und wachte / […] / So stand am lager fest und hoch: der engel." SW V, S. 33. Dieser Engel ist ein Künder, Wächter, Leiter. In den ‚Pilgerfahrten' dagegen ist es ein „[b]öser engel · verführender engel!", der „im düstern" den Menschen ins todbringende Moor lockt. SW II, S. 48. Im Gedicht ‚Irrende Schar' aus dem ‚Buch der Sagen und Sänge' sind es „engel [die] mit dem giftspfeil / Zur strafe unerbittlich töten" SW III, S. 50. In der ‚Vorrede zu Maximin' sinkt ‚Maximin' „nieder vor dem kinde das für ihn geschaffen war und das er als engel im eignen spiegel sah." SW XVII, S. 65.

[316] Vgl. aber SW XII, S. 252, Kommentar.

[317] Siehe Kapitel 4.1.4.

[318] „one angel in another's hell"

scheinen. Sicher kann man, wie Olga Marx, die Klauen des Teufels als Umschreibung für die Hölle sehen.[319] Angesichts der Darstellung der ‚Dark Lady' liegt es jedoch nahe, dass die Klaue zudem eine gewaltsame Entführung impliziert.[320] Indem George der Frau die Rolle eines Entführers zuweist, wirkt der junge Freund unschuldiger als die Frau. Der junge Freund wird von der Frau ge*klaut* – bei George gibt es einen Dieb und ein Opfer. Bei Shakespeare werden zwar nicht zwei gleichermaßen Schuldige ausgemacht, aber es bleibt offener. Die Frau bekommt den Part der Verführerin zugeteilt, doch der ‚Fair Youth' wird eben nicht, wie bei George, schuldlos dargestellt. Auch wenn er das Opfer einer Verführung ist, am Ende – und das zeigen auch die sexuellen Anspielungen – hat er einen aktiven Anteil am Betrug.

Dagegen spricht auf den ersten Blick, dass der junge Freund bei George „sich [selbst] verkehrt", während er bei Shakespeare gedreht wird („be turned"). Allerdings ist hier die Wortwahl entscheidend. Mit dem speziellen „sich verkehren" betont George die Tat des Freundes als falsch, als verkehrt. Der Geliebte dreht sich nicht nur zur ‚Dark Lady' – er dreht sich in die verkehrte Richtung. Indem er sich der ‚Dark Lady' zuwendet, verkehrt er sich selbst, er tut etwas ihm Unangemessenes und wandelt sich in sein Gegenteil – von Freund zu Feind. Er verkehrt sich zu etwas hin, das er nicht tun möchte, das nicht das Richtige ist, und bleibt damit ein Opfer der bösen Frau.

Im Couplet stellt George schließlich die Satzteile um. Bei Shakespeare wird der Sprecher niemals etwas über das Verhältnis wissen, sondern im Zweifel leben: „Yet this shall I ne'er know, but live in doubt". Die Einschränkung „till" folgt erst im nächsten Vers, und so wird das Zweifeln, das Ungewisse betont. George formuliert dagegen anders: „Nur zweifl ich immer noch bis ich erkannt". Er zieht die Einschränkung „bis" im Satz vor und ermöglicht so, dass das Erkennen am Ende des Verses steht. Außerdem nimmt er durch das Umstellen der Satzteile dem Zweifel seine betonte Stellung am Versende; George erhebt das Erkennen über den Zweifel.[321] Zudem tilgt George das „this" in „this shall I ne'er know", sodass es sich um eine weitreichendere Erkenntnis und nicht nur um das

---

[319] Vgl. Marx, Stefan George in seinen Übertragungen englischer Dichtung, Teil II, S. 70.

[320] In Georges *eigenen* Gedichten wird ‚Klaue' nur als Pranke eines Tieres („Die der gemeinen tiere klaue lässt" SW II, 41; „Die mit den scharfen klauen mäler brennen" SW VI/VII, 87), als Bild für die Hölle („Und ob auch keiner glut und klaue fühlte" SW VI/VII, 8) oder als Hand des Henkers („Dein wunder leib erträgt der henker klaue·" SW VI/VII, 177) benutzt, also ähnlich grauenerweckend. Vgl. Bock, Wort-Konkordanz, S. 323. ‚Klauen' im Sinne von stehlen oder rauben, leitet sich von ‚mit der Klaue nehmen' ab. Vgl. DWB, Bd. 11, Sp. 1033.

[321] Auch im achten Vers wendet George dasselbe Prinzip an. Er wertet die Lauterkeit des Freundes höher als die Gierde der Frau.

Erkennen dieses einen Verhältnisses handelt. Während sich der Sprecher bei Shakespeare quält und im Ungewissen verharrt, setzt der Sprecher bei George einen Schlusspunkt. Bei Shakespeare bleibt der Sprecher so lange im Zweifel, bis etwas von außen passiert. Es ist unwichtig, welche Bedeutung man dem „fire [...] out" gibt, erst das Handeln der beiden Geliebten führt dazu, dass der Sprecher das Verhältnis der beiden anerkennt. Bis dahin klammert sich der Sprecher an den Hoffnungsschimmer, dass etwas, das er nicht sicher weiß, unter Umständen auch nicht wahr ist. Dieses Verharren in der Ungewissheit wird durch „ne'er know" und „live in doubt" betont, während George den Sprecher zunächst zweifeln, dann aber auch aktiv erkennen lässt. Bei George zweifelt der Sprecher nur so lange, bis *er selbst* erkennt, dass die Situation aussichtslos ist. Bei Shakespeare ist das Subjekt des letzten Verses der „bad angel"; bei George dagegen behält der Sprecher die Rolle des Subjekts – dem „böse[n] geist" wird weniger Bedeutung zugestanden. George nimmt dem Couplet damit das Ungewisse und lässt keinen Zweifel daran, dass die Verlockungen der Frau etwas Böses darstellen. Dieses Böse sollte man, so vermittelt es Georges Übersetzung, möglichst frühzeitig erkennen. Mit dem Partizip „ausgebrannt" unterstützt George zudem die Gefahr der ‚Dark Lady' – „fire [...] out" bezeichnet dagegen einen Prozess, der weniger gefährlich, weil weniger endgültig ist.

George warnt in diesem Sonett mit Nachdruck vor den Gefahren böser Frauen. Junge Männer werden durch den Umgang mit Frauen verdorben, der gute Geist wird ausgebrannt. Es liegt nahe, hier an Georges Bruch mit Gundolf zu erinnern. Schon 1919, einige Zeit vor der endgültigen Trennung, stellt George gegenüber Salin die Frage: „was ist mit Gundolf geschehen, daß ein Weibwesen überhaupt solchen Einfluß auf ihn gewinnen kann?"[322] George fürchtet den Einfluss der Frau, welche in seinen Augen Gundolf schließlich verdirbt. In seinem letzten Brief an George schreibt Gundolf: „Da ich dich nicht überzeugen konnte, so will ich lieber mit ihr in die Hölle als ohne sie in den Himmel."[323] Eine Beziehung, die mit der Übersetzung der Sonette begann, endet ähnlich wie im Sonett 144 beschrieben.

Diese ausführliche Analyse von Georges Übersetzung des Sonetts 144 hat verschiedene Besonderheiten in Georges Umgang mit den beiden Hauptfiguren der Sonette verdeutlicht. Drei Aspekte, die Georges Übersetzung prägen, werden in den folgenden Kapiteln mit anderen Sonettbeispielen ergänzt:

1.) George unterscheidet ‚Fair Youth' und ‚Dark Lady' wesentlich stärker als Shakespeare. Die unmoralischen Seiten der ‚Dark Lady' werden

---

[322] Salin, Um Stefan George, S. 60, Gespräch mit Salin am 10.6.1919.
[323] George/Gundolf, Briefwechsel, S. 372 (Brief vom 21.6.1926).

in der Übersetzung forciert. Der ‚Fair Youth' erscheint im Gegensatz zur ‚Dark Lady' fehlerlos und rein. Seine charakterlichen Makel werden in Georges Übersetzung gemildert. Die Heroisierung der männlichen Jugend wird so vorangetrieben. Im folgenden Kapitel 4.1.2. erarbeite ich weitere Beispiele für begünstigendes und benachteiligendes Übersetzen.

2.) In Georges Übersetzung der Sonette wird der ‚Fair Youth' als Opfer dargestellt. Der passive Zustand des ‚Fair Youth' begünstigt die Absicht Georges, mit diesem jungen Mann einen idealen Vertreter seines jugendlichen Schönheitsideals zu schaffen: äußerlich und innerlich rein und damit aufnahmebereit für die Lehren des Kreises. Dass die passive Opferrolle des ‚Fair Youth' auch in anderen Sonetten von George unterstützt wird, ist Thema in Kapitel 4.1.3.

3.) George stellt nicht nur die Gefahr dar, die von Frauen ausgeht, sondern er verurteilt die Abhängigkeit der Männer von der körperlichen Liebe. So ignoriert George beispielsweise die sexuell doppeldeutigen Wortspiele Shakespeares. Während der Sprecher in Shakespeares Sonetten mit sich hadert und das Verhältnis zu seiner Geliebten eine Qual bedeutet, schreckt George in seiner Übersetzung nicht vor der Erkenntnis des weiblich Bösen zurück. Georges Verurteilung der köperlichen Liebe und wie sich dieser Aspekt in der Sonett-Übersetzung zeigt, erläutere ich im Kapitel 4.1.4.

4.1.2. Verstärkendes und abschwächendes Übersetzen

Ich beschreibe Georges Übersetzen als *verstärkend* und *abschwächend*. Dies erweist sich als geeignet, weil George in vielen Fällen schwächer oder stärker wertende Worte als Shakespeare wählt. Ein Unterschied ist zunächst kaum auffällig. Betrachtet man aber die Situationen, in denen George leicht von Shakespeare abweicht, lässt sich ein klares Schema ausmachen. Er schwächt die schlechten Eigenschaften des ‚Fair Youth' in der Übersetzung, während er die schlechten Eigenschaften der ‚Dark Lady' verstärkt. Umgekehrt werden auch die guten Eigenschaften des ‚Fair Youth' verstärkt, während die guten Eigenschaften der ‚Dark Lady' abgeschwächt werden. George begünstigt das Eigene bzw. eigene Ideen, während er das ihm Fremde benachteiligt. Für den ‚Fair Youth' wählt er die für diesen günstigste Interpretation. Die ‚Dark Lady' dagegen wird bei George als böser Einfluss gesehen, und die Übersetzung betont das Charakterlose und Gefährliche der ‚Dark Lady'.

Sonette, die das Dreiecksverhältnis zwischen Sprecher, ‚Fair Youth' und ‚Dark Lady' beschreiben, eignen sich besonders gut, um Georges unterschiedliche Behandlung der beiden Geliebten zu erläutern. Der vom Sprecher im Sonett 144 vermutete Treuebruch[324] taucht bereits in den So-

---

[324] Siehe Kapitel 4.1.1.

netten 33 und 34 auf. In der Sonettsequenz wird hier zum ersten Mal eine mögliche Untreue des ‚Fair Youth' angesprochen.

XXXIII
Full many a glorious morning have I seen
Flatter the mountain-tops with sovereign eye,
Kissing with golden face the meadows green,
Gilding pale streams with heavenly alchemy;

Anon permit the basest clouds to ride
With ugly rack on his celestial face,
And from the forlorn world his visage hide,
Stealing unseen to west with this disgrace:

Even so my sun one early morn did shine
With all-triumphant splendour on my brow;
But out, alack! he was but one hour mine,
The region cloud hath mask'd him from me now.

Yet him for this my love no whit disdaineth;
Suns of the world may stain when heaven's sun staineth.

XXXIII
Manch prächtigen morgen sah ich überglühn
Die bergeshöhn mit königlicher gunst ..
Sein goldnes antlitz küsst der wiesen grün ·
Vergüldet bleichen strom mit götterkunst.

Dann liess er niederstes gewölk beziehn
Mit garstigem dampfe seinen himmelsblick ·
Verhüllt aus der verlassnen welt zu fliehn
Unsichtbar westwärts mit dem missgeschick.

So sah ich früh einst meiner sonne schein
Mit dem allsieger-glanz auf meiner brau ·
Doch ach · nur eine stunde war sie mein:
Höh-wolken bergen mir nun ihre schau.

Doch · liebe · für dies blassen nimmer hasse
Sonnen der welt wenn himmels sonne blasse!

Das Sonett 33 führt ein Bild ein, das sich häufig in den Sonetten findet: eine Sonne, die von Wolken verdeckt wird.[325] Die Verbindung der Sonne zum ‚Fair Youth' wird betont.[326] Im Deutschen ist es schwierig, diese

---

[325] Weitere ‚shadows' finden sich in den Sonetten 27, 34, 37, 43 53, 61, 67 und 98.
[326] Shakespeare spielt hier damit, dass ‚sun' und ‚son' im Englischen gleich ausgesprochen werden, phonetisch [sʌn].

Verbindung zu übernehmen, da Sonn(e) und Sohn nur einen unreinen Reim ergeben und außerdem *die* Sonne feminin und *der* Sohn maskulin ist. George bezieht die ersten zwei Quartette auf *den* Morgen und erhält so ein männliches Subjekt. Ab dem dritten Quartett führt er *die* Sonne ein und bezieht das folgende Quartett generell auf *die* Liebe. Obwohl die ersten zwei Quartette eine generelle Situation einführen und sich erst das dritte Quartett auf den ‚Fair Youth' bezieht („my sun"), kann nur in dem englischen Sonett durchgängig ein männlicher Bezug hergestellt werden („his", „he" und „him"). George erreicht allerdings, dass die Trennung zwischen der allgemeinen Situation und dem ‚Fair Youth' deutlicher wird.

In der deutschen Übersetzung ist der Bezug zum ‚Fair Youth' schwieriger herzustellen als in Shakespeares Sonett. Während im Englischen „masked *him* from me now" (meine Hervorhebung) sowohl ‚the sun' als auch den ‚Fair Youth' beschreiben kann, bezieht sich Georges „bergen mir nun *ihre* schau" (meine Hervorhebung) nur auf die Sonne, und der Leser muss die Verbindung von „meiner sonne" und ‚Fair Youth' selbst schaffen. Die Bezugnahme wird zudem dadurch erschwert, dass George zu Beginn den Morgen weniger deutlich personifiziert als Shakespeare. Es fehlt das „eye" des Morgens, und es ist auch nicht der Morgen selbst, der küsst, sondern „[s]ein goldnes antlitz".[327]

Die doppelten Senkungen bei „prächtigen" und „garstigem" betonen bei George den Gegensatz von Gut (prächtiger Morgen, Sonne, ‚Fair Youth') und Böse (garstiger Dampf, Wolke, ‚Dark Lady'). Im Couplet übernimmt George Shakespeares elf statt der üblichen zhn Silben und damit auch den weiblichen Reim.

Im ersten Quartett der Übersetzung fällt die Häufung der Umlaute ä, ö und ü auf. Das Quartett endet mit der „götterkunst", und es ist die Kunst, auf die sicht- und hörbar mit der auffälligen Ansammlung der Umlaute angespielt wird. Die Götterkunst, mit welcher der Morgen hier zu glänzen versucht, ist unbeholfen, aber es ist Kunst. Auch wenn der Morgen, wie auch der ‚Fair Youth', noch lernen muss; beide repräsentieren etwas Junges und daher Lernbereites. Ganz anders bei Shakespeare: Hier ist „heavenly alchemy" am Werk, also himmlische oder göttliche Alchemie. Da es um das Vergolden der Ströme geht, passt das Bild der Alchemie, deren frühes Ziel war, unedle Metalle in Gold umzuwandeln. Die Kunst allein steht bei Shakespeare also nicht im Vordergrund. Während bei Shakespeare also schon im Bild des morgendlichen Alchimisten der Betrug impliziert wird, rückt George den Morgen als Künstler in ein besseres Licht. Diese wohlwollende Darstellung der männlichen Jugend zieht sich durch Georges Übersetzung dieses Sonetts. Bei Shakespeare wird den

---

[327] ‚Antlitz' findet sich in einigen eigenen Gedichten Georges. Vgl. Bock, Wort-Konkordanz, S. 15f. In einem Begriff wie ‚Antlitz' zeigt sich Georges Wille zu einer ausgesuchten Sprache, die immer betont, dass sie Kunst ist.

Wolken erlaubt („permit"), die Sonne zu verdecken. In Georges Übersetzung „liess" der Morgen es zu, aber es wird nicht explizit erlaubt. Der Morgen bleibt passiv, er wehrt sich nicht. Der Betrug wird zugelassen, aber nicht begünstigt.[328]

Der Geliebte bei Shakespeare versteckt („hide") schließlich sein Gesicht und stiehlt sich ungesehen davon („stealing unseen"). George formuliert mit „verhüllt" und „fliehn" weniger deutlich. Zudem flieht man *vor* etwas. Das kann hier die Flucht vor der eigenen Unmoral sein oder die Flucht vor der bösen Verführerin, der Wolke. Während Shakespeares Wortwahl den Eindruck eines unmoralischen jungen Mannes unterstreicht, drückt George dies viel weniger deutlich aus. Er begünstigt mit seiner Übersetzung den ‚Fair Youth'.

Das englische „disgrace" bedeutete zu Shakespeares Zeit vor allem eine Verunstaltung oder Entstellung.[329] Die (charakterliche) Grazie des jungen Mannes wird beschädigt. In Georges Übersetzung handelt es sich lediglich um ein „missgeschick". Das bedeutet keine bleibenden charakterlichen Schäden und ist zudem nur ein zufälliges Geschehen und tendenziell nicht intendiert gewesen. In dem Zusammenhang des Sonetts wirkt „missgeschick" unpassend, vor allem, wenn man die weitere Entwicklung des treulosen ‚Fair Youth' bis hin zum Sonett 144 bedenkt. Die Übersetzung Georges spielt die Tat herunter. Auch wenn es sich in diesem Teil des Sonetts um die Taten anderer junger Männer („manch prächtigen morgen") und nicht die des ‚Fair Youth' handelt, werden eben junge Männer und damit auch der ‚Fair Youth' in Schutz genommen.

Das zusammenfassende Couplet unterstützt diese Sicht. Mit der Änderung von „sun/him/fair youth" hin zu „sonne/sie/die liebe" generalisiert George die Aussage des Sonetts. Nicht der untreue ‚Fair Youth' („him for this") wird verachtet, sondern die Liebe soll „nimmer hasse[n]". „[M]y love" bei Shakespeare bezieht sich gemeinsam mit dem „him" eindeutig auf den *einen* Geliebten. Der letzte Vers bietet auch bei Shakespeare eine Verallgemeinerung, die Sprichwortcharakter hat und zudem mit einem Doppelpunkt eingeführt wird: Wenn selbst die Sonne am Himmel befleckt ist, dürfen das auch die anderen, die weltlichen Sonnen, die geliebten Menschen sein. Während in Shakespeares Sonett vom konkreten Beispiel zur Verallgemeinerung übergeleitet wird, generalisiert George im gesamten Couplet. Er formuliert imperativisch, und so wird es ein Aufruf an andere, an den Geliebten, an die (eigene) Liebe. Es ist kein Eingeständnis, welches bestätigen würde, dass der Sprecher über die Tat

---

[328] Das „liess" kann man auch als ‚veranlassen' verstehen, in Verbindung mit dem gesamten Sonett, halte ich erstere Lesart aber für passender.
[329] Duncan-Jones, Shakespeare's Sonnets, S. 176; Blakemore-Evans, The Sonnets, S. 136; Kerrigan, The Sonnets, S. 217.

des jungen Mannes hinwegsieht. Da gerade dieses Eingeständnis in Georges Übersetzung fehlt, wird die Untreue des ‚Fair Youth' ignoriert.

George übersetzt „stain" mit „blassen". Er wählt hier die am wenigsten wertende Bedeutung. Das Verb „stain" kann zwar verblassen bedeuten, aber auch verfärben, beschmutzen oder beflecken. Der Glanz oder die Grazie verblassen. Gleichzeitig beschmutzt der ‚Fair Youth' damit auch sein eigenes Ansehen sowie das des Sprechers. Der ‚Fair Youth' ist gezeichnet, seine Moral beschädigt – all das wird in Georges Übersetzung abgeschwächt. Sowohl mit „disgrace" als auch mit „stain" deutet Shakespeare in seinem Sonett das Makelhafte des ‚Fair Youth' an – und beide Stellen übersetzt George wohlwollender gegenüber dem ‚Fair Youth'.[330]

Das Sonett 33, das erstmals die Untreue des jungen Mannes zum Thema macht,[331] wird in Georges Übersetzung derart abgeschwächt, dass der junge Mann weniger von seinem Glanz verliert. Dieser bleibt damit näher an dem, was ein junger Mann in Georges Verständnis sein soll: rein und aufnahmefähig.

Die Tendenzen, die sich im Sonett 33 beobachten lassen, bestimmen auch die Übersetzung des folgenden Sonetts 34. Diese beiden Sonette sind eng miteinander verbunden. Auch hier wird der ‚Fair Youth' (die Sonne) durch andere Beziehungen (Wolken) dem Sprecher entzogen.

> XXXIV
> Why didst thou promise such a beauteous day,
> And make me travel forth without my cloak,
> To let base clouds o'ertake me in my way,
> Hiding thy brav'ry in their rotten smoke?
>
> 'Tis not enough that through the cloud thou break,
> To dry the rain on my storm-beaten face,
> For no man well of such a salve can speak
> That heals the wound and cures not the disgrace:
>
> Nor can thy shame give physic to my grief;
> Though thou repent, yet I have still the loss:
> The offender's sorrow lends but weak relief
> To him that bears the strong offence's cross.

---

[330] Im Kommentar der Sonett-Ausgabe in Georges Besitz wird deutlich auf die Bedeutung von ‚stain' verwiesen. Dowden, The Sonnets, S. 178f.: „Stain, used in the transitive and intransitive senses for dim. [...] Faithlessness in friendship is spoken of in the same way as a stain in Sonnet CIX. 11, 12." In dem Sonett 109, in dem sich der Makel auf den Sprecher selbst bezieht, übersetzt George ‚stained' mit ‚befleckt'.

[331] Dies wird in der Ausgabe in Georges Besitz hervorgehoben. Dowden, The Sonnets, S. 178f.: „A new group seems to begin with this sonnet. It introduces the wrongs done to Shakspere by his friend."

Ah, but those tears are pearl which thy love sheds,
And they are rich and ransom all ill deeds.

XXXIV
Warum versprachst du solchen schönen tag
Dass ich mich ohne mantel aufgemacht?
Mich holten niedre wolken ein – da lag
Verhüllt in fauligem dunste deine pracht.

's ist nicht genug dass du durch wolken siehst ·
Und trocken wischst mein sturmgepeitscht gesicht ..
Denn keiner solche salbe lobt: sie schliesst
Die wunde aber heilt den unfall nicht ·

Noch zieht mein schmerz arznei aus deiner scham ..
Bereust du auch · ist der verlust doch mein.
Nur schwache lindrung gibt des kränkers gram
Dem der erträgt der schweren kränkung pein.

Doch tränen die du weinst sind perlen – ach!
Und sie sind reich und sühnen jede schmach.

Schon die Wortwahl verbindet die Sonette 33 und 34. Shakespeare wiederholt „base clouds" (33, 5 und 34, 3), „hide" (33, 7 und 34, 4) und schließlich „disgrace" (33, 8 und 34, 8). „Disgrace" beschließt in beiden Sonetten das zweite Quartett und steht so an hervorgehobener Position. In beiden Sonetten wird die Tat des ‚Fair Youth' damit zusammengefasst und die Wiederholung unterstreicht die Beschädigung, für die der junge Mann selbst verantwortlich ist. Er erleidet „disgrace" – er verliert also seine Grazie. George wiederholt ebenfalls: „niedre wolken" und „verhüllt". „Disgrace" dagegen übersetzt er unterschiedlich, im Sonett 33 mit „missgeschick" und im Sonett 34 mit „unfall". Er unterlässt in der Übersetzung nicht nur die Wortwiederholung, sondern auch die hervorgehobene Stellung des Wortes am Ende des zweiten Quartetts. Die besondere Stellung von „disgrace" kann George nicht entgangen sein, und anhand der anderen Wortwiederholungen sieht man, dass er diese als wichtig anerkennt.[332] Wie zuvor mit „missgeschick" wählt er mit „unfall" ein Nomen, dass die Tat des ‚Fair Youth' abschwächt. George nimmt dem jungen Freund die Absicht – er tut zwar etwas Falsches, dies ist aber nicht intendiert. Erneut erscheint der ‚Fair Youth' in Georges Übersetzung als jemand, mit dem etwas geschieht, der aber nicht selbst handelt. Diese Passivität entlastet

---

[332] Siehe auch Georges genaue Übersetzung von Wiederholungen und Parallelismen in einzelnen Versen, z. B. Sonett 5, Vers 3/4; Sonett 64, Vers 8; Sonett 92, Vers 12; Sonett 119, Vers 3.

den ‚Fair Youth' und stellt ihn als jung, unbedarft und lernfähig dar. Es entspricht dem, was George von der Jugend erwartet.

Die Passivität des ‚Fair Youth' in Georges Übersetzung wird auch im ersten Quartett deutlich. Bei Shakespeare wird beschrieben, was der ‚Fair Youth' tut: Erst verspricht er etwas, dann bringt er den Sprecher dazu, etwas zu tun, und schließlich lässt er dunkle Wolken aufziehen, die ihn verstecken. Ganz anders stellt sich dies in Georges Übersetzung dar: Auch hier verspricht der junge Mann einen schönen Tag, doch alles, was dann folgt, ist zwar eine Konsequenz aus seinem Versprechen, aber nicht mehr an sein Handeln gebunden. So macht der Sprecher sich selbst ohne Mantel auf („ich mich aufgemacht"), und er wird von den Wolken eingeholt („mich holten [...] ein"). Die Pracht des jungen Mannes „lag" schließlich hinter den Wolken – im Liegen wird auch erliegen oder unterliegen konnotiert. Es entsteht der Eindruck, als sei der junge Mann von den Wolken überwältigt; selbst herbeigeholt hat er sie nicht. Wie schon im vorangegangenen Sonett fehlt das aktive „hiding" in Georges Übersetzung. Die Schuld für den Betrug wird in Georges Übersetzung nicht bei dem ‚Fair Youth' gesucht. Die Stellen, die den ‚Fair Youth' als untreu, charakterlos und listig gegenüber dem Sprecher beschreiben, sind in Georges Übersetzung weniger deutlich als bei Shakespeare.

Die ‚Dark Lady' wird in Georges Übersetzung vor allem als Kontrast zum ‚Fair Youth' sowie als abschreckendes Beispiel genutzt. Um diese Unterschiede in Georges Übersetzung zu verdeutlichen, werfe ich nun einen genaueren Blick auf Georges Darstellung der ‚Dark Lady'. Das Sonett 138 behandelt das Lügen. Der Sprecher lügt bezüglich seines Alters, die ‚Dark Lady' bezüglich ihrer Treue.

CXXXVIII
When my love swears that she is made of truth,
I do believe her, though I know she lies,
That she might think me some untutor'd youth,
Unlearned in the world's false subtleties.

Thus vainly thinking that she thinks me young,
Although she knows my days are past the best,
Simply I credit her false-speaking tongue:
On both sides thus is simple truth suppress'd:

But wherefore says she not she is unjust?
And wherefore say not I that I am old?
O, love's best habit is in seeming trust,
And age in love loves not to have years told:

Therefore I lie with her and she with me,
And in our faults by lies we flatter'd be.

CXXXVIII
Wenn meine liebe schwört sie sei ganz wahr
So glaub ich ihr · erkenn ich auch den lug.
Sie denke mich als knaben wissens bar
Und unbekannt mit lebens feinem trug.

So glaub ich eitlerweis · sie glaubt mich jung ·
Weiss sie auch meine beste zeit entrückt.
So trau ich ihrer lügen-redigen zung ..
Zweiseitig wird was einfach wahr erdrückt.

Doch was gesteht sie nicht ihr unrecht ein?
Und was gesteh ich nicht wie alt ich war?
O beste liebesart ist: traun dem schein ..
Und liebend alter hört nicht gern sein jahr.

Drum lüg ich mit ihr und sie lügt mit mir
Und voller schuld durch lug sind glücklich wir.

Das hier durchexerzierte Wortfeld des Glaubens und Lügens ist auch bei George zu finden: schwören, glauben, erkennen, wissen, trauen, gestehen, lügen – das sind Verben, die das Thema des Sonetts eindeutig beschreiben.[333] Unterschiede zum Sonett Shakespeares sind trotzdem zu entdecken. Der Sprecher bei Shakespeare gibt sich jung und damit „unlearned in the world's false subtleties". In Georges Übersetzung heißt es „unbekannt mit lebens feinem trug". Wie Oelmann in ihren Erläuterungen zu Georges Übersetzung hervorhebt, „verschiebt [= George] die Begrifflichkeit vom Weltlichen ins eher Existenzielle".[334] Für George ist es hier wesentlicher, vor den *lebens*bedrohlichen Gefahren der unehrlichen Frau zu warnen. George verdreht zudem das Adjektiv mit dem Nomen: von falschen Feinheiten („false subtleties") hin zu „feinem trug". Der (Be-)Trug steht so betont am Ende des Verses und des Quartetts. Während es bei Shakespeare nur kleine Feinheiten sind, die falsch sind, ist es bei George der Betrug, der fein ist. Das macht den Betrug sogar noch gefährlicher, noch schwieriger erkennbar.[335] Lug und Betrug der Frau werden in Georges Übersetzung betont.

Bei Shakespeare wird auf beiden Seiten die Wahrheit „supressed", also unterdrückt oder verdrängt. Bei George wird das Wahre „erdrückt" – das ist endgültig und unterstreicht erneut die Gefahr, die von der Lüge

---

[333] In seiner Temple-Sonett-Ausgabe (George-Archiv, Stuttgart) notiert George sich die Wortschöpfung „lügenredige zung", eine Übersetzung, die er demnach wohl als besonders gelungen oder wichtig für dieses Sonett ansah.
[334] SW XII, S. 249, Kommentar.
[335] Die Möglichkeit, dass sich George an die Version des Sonetts aus dem Passionate Pilgrim hält („Unskilful in the worlds false forgeries") ist unwahrscheinlich, da er darauf bedacht ist die Feinheit aus ‚subtleties' zu übernehmen.

ausgeht. Zudem schwingt in dem „[z]weiseitig" die Bedeutung mit, dass etwas zwei Seiten hat, eine gute *und* eine schlechte.[336] Bei Shakespeare werden dagegen schlicht die „both sides" angesprochen, die der Frau und die des Mannes.

Im Couplet schließlich übersetzt George den letzten Vers moralisierend.[337] Bei Shakespeare wird das Lügen als „our faults" beschrieben. In Georges Übersetzung sind die Liebenden durch ihr Lügen „voller schuld". Schuld wiegt schwerer als ein Fehler und wird durch den von George eigenmächtig eingefügten Komparativ „voller" noch verstärkt. Während Shakespeare die Zuordnung der Fehler kennzeichnet („our"), hebt George die Gewichtigkeit der Tat hervor. Dass George das „flattered", also etwa geschmeichelt, mit „glücklich" übersetzt, gibt dem letzten Vers eine nahezu ironische Wendung. Einerseits verstärkt George die „faults" zu „schuld" in moralisierender Weise und andererseits erhöht er gleichzeitig das daraus resultierende Geschmeicheltsein zu einem Gefühl des Glücks. In Georges Übersetzung wird deutlich, dass es sich hier um ein unmoralisches und unvertretbares Verhalten des Sprechers und der ‚Dark Lady' handelt. Mit dem Aufeinandertreffen von „schuld" und „glücklich" wird dies betont. Die Reinheit des ‚Fair Youth' nimmt zu – auch wenn er in diesem Sonett nicht handelnd auftritt.

Im gesamten Sonett sind es nur scheinbar kleine Abweichungen Georges, und doch werden die ‚Dark Lady' und ihre Taten schlechter und gefährlicher dargestellt. Auch in diesem Sonett versucht George nicht, die sexuellen Anspielungen zu übernehmen, die sich durch die Doppelbedeutung von „lie", also lügen und (miteinander) liegen, ergeben.[338]

Im folgenden Sonett 139 hadert der Sprecher schließlich doch mit den Lügen der ‚Dark Lady' und ihren Seitenblicken auf andere Männer.[339]

CXXXIX
O call not me to justify the wrong
That thy unkindness lays upon my heart;

---

[336] In Grimms Wörterbuch wird dieser Vers aus Georges Übersetzung zitiert als Beispiel für ‚zweiseitig' in der Bedeutung ‚doppelzüngig'. Vgl. DWB, Bd. 32, Sp. 1069. Auch die Redewendung vom ‚zweischneidigen Schwert' deutet darauf hin, dass etwas zwei Seiten hat, eine vorteilhafte und eine nachteilhafte.
[337] Vgl. SW XII, S. 249, Kommentar.
[338] Eine weitere sexuell konnotierte Anspielung findet sich in dem Gleichklang von ‚made of truth' (1) und ‚maid of truth' (= Jungfrau). Zu Shakespeares Wortspielen in diesem Sonett mit ‚lie' vgl. Pointner, Bawdy and Soul, S. 85f.; Williams, Shakespeare's Sexual Language, S. 187. Zu weiteren sexuellen Wortspielen vgl. Kapitel 4.1.4.
[339] Diese beiden Sonette sind ein typisches Beispiel dafür, dass die Sonette einer bestimmten Reihenfolge folgen. Barlow listet 139 als eines der Sonette bei denen „the imagery [...] particularly well translated" ist. Barlow, A critical study of Stefan George's translations from English, S. 149.

Wound me not with thine eye, but with thy tongue;
Use power with power, and slay me not by art.

Tell me thou lovest elsewhere; but in my sight,
Dear heart, forbear to glance thine eye aside:
That need'st thou wound with cunning, when thy might
Is more than my o'er-pressed defence can bide?

Let me excuse thee: ah, my love well knows
Her pretty looks have been mine enemies;
And therefore from my face she turns my foes,
That they elsewhere might dart their injuries:

Yet do not so; but since I am near slain,
Kill me outright with looks, and rid my pain.

CXXXIX
Heiss mich nicht suchen nach der kränkung grund
Die durch dein hartes herz schwer auf mir ist.
Triff mich nicht mit dem aug · nur mit dem mund ·
Üb macht mit macht · erschlag mich nicht durch list.

Sag · du liebst andre – doch für meine sicht ·
Lieb herz · tu keine seitenblicke mehr.
Was sehrest du mit ränken: dein gewicht
Ist mehr als stark für meine schwache wehr.

Lass dich freisprechen · Lieb · ach du weisst gut:
Aus deinen holden blicken kommt mir krieg ..
Drum wandtest du von mir der feinde wut
Damit ein andrer ihrem schuss erlieg.

Doch tu das nicht! Denn ich bin schon halb tot.
Mit blicken morde schnell: lös meine not!

Bereits im ersten Vers wird ein Thema der petrarkistischen Sonett-Tradition aufgenommen: Der Sprecher verteidigt sein Leiden und damit die Grausamkeit, die die Geliebte ihm zufügt.[340] Erst spricht er sich gegen dieses typische Szenario aus („call *not* me to justify", meine Hervorhe-

---

[340] Vgl. Blakemore-Evans, The Sonnets, S. 242; Booth, Shakespeare's sonnets, S. 481; Kerrigan, The Sonnets, S. 370. Zum Petrarkismus vgl. Borgstedt, Petrarkismus, S. 59: „Besonders charakteristisch sind die antithetische Gestaltung der schmerzhaft-unerfüllten Liebe [...] in einem Spannungsfeld von Affekt und Norm [...] sowie der Schönheitspreis mittels typischer Motive [...] und stilistischer Verfahren." In der Sonett-Ausgabe von Edward Dowden (in Georges Besitz) wird das „O, call [...]" im ersten Vers mit einem Komma abgetrennt, sodass dem leidvollen Ausruf „O" noch mehr Betonung zukommt.

bung), erliegt dann aber doch der Tradition und verteidigt die Geliebte („Let me excuse thee"). Aus dem thematisch wichtigen „justify the wrong" macht George „suchen nach der kränkung grund". Hier wird nach dem Grund *gesucht* und das heißt nicht, dass man diesen Grund auch rechtfertigt. Das petrarkistische Konzept der schmerzhaft-unerfüllten Liebe, deren Leiden verteidigt werden, geht bei George verloren.[341] Erneut ist dies ein Indiz dafür, dass die Taten der ‚Dark Lady' in Georges Übersetzung schwerwiegender erscheinen.

In dem darauffolgenden Vers verschiebt George das Herz vom Sprecher zur Geliebten und verstärkt damit deren schlechte Eigenschaften.[342] Die ‚Dark Lady' bei George ist nicht „unkind", sondern sie hat ein „hartes herz". Durch die parallele Stellung des Herzens in Verbindung zur Frau erreicht George, dass in der späteren Bezeichnung für die Geliebte, „[l]ieb herz", auch „hartes herz" mitklingt.

Bei Shakespeare beginnt das dritte Quartett einleitend mit „Let me excuse thee", und auf den Doppelpunkt folgt die Erklärung, mit welcher der Sprecher die Geliebte gegenüber anderen verteidigt. George übersetzt imperativisch „Lass dich freisprechen" und lässt die direkte Anrede der ‚Dark Lady' folgen. Anders als bei Shakespeare wird dabei nicht deutlich, ob der Sprecher selbst die ‚Dark Lady' freispricht und ihr verzeiht. George gibt zwar eine mögliche Erklärung für die Seitenblicke der Frau, entschuldigt wird sie aber nicht. Da zudem lediglich das Du direkt angeredet wird, während bei Shakespeare *über* die Frau gesprochen wird, ist diese Erklärung auch weniger verbindlich. Von einer öffentlichen Freisprechung ist die ‚Dark Lady' in Georges Übersetzung weit entfernt. In Georges Übersetzung fehlen infolge der direkten Ansprache des Du im dritten Quartett die weiblichen Personalpronomen („*Her* pretty looks" – „*deinen* holden blicken" und „*she* turns" – „wandtest *du*", meine Hervorhebungen). Die Stellung des Sonetts innerhalb der ‚Dark Lady'-Sequenz[343] und Georges missgünstig verstärkendes Übersetzen führen allerdings dazu, dass dieses Sonett auch in Georges Übersetzung klar der ‚Dark Lady' zuzuordnen ist. Ein Hinweis ergibt sich auch darin, dass am Ende des dritten Quartetts „ein andrer" den Blicken erliegen soll, also ein männliches Opfer, das eine weibliche Angreiferin impliziert.

Die folgenden Reimworte verdeutlichen das wertende Übersetzen. George übersetzt „krieg", „wut" und „erlieg[en]" für „enemies", „foes" und „injuries". Er wählt damit bedrohlichere Worte und suggeriert End-

---

[341] Zum freiwilligen Schmerz, ‚dolendi voluptas' vgl. Hempfer, Problem der Bestimmung des Petrarkismus, S. 253–277.
[342] Vgl. SW XII, S. 249f., Kommentar.
[343] Ich habe bereits darauf hingewiesen, dass das Sonett 139 sich thematisch an das Sonett 138 anschließt, welches auch in Georges Übersetzung klar an die ‚Dark Lady' gerichtet ist.

gültigkeit. Während bei Shakespeare die Blicke verwunden können, kann man bei George ihrem Schuss erliegen. George schildert die Situation konkreter und damit bedrohlicher. Zum Subjekt der Aussage wird „ein andrer", der den Blicken zum Opfer fällt. Bei Shakespeare bleiben die Blicke, nicht das Opfer, im Mittelpunkt und zielen mit ihren Verwundungen in unbestimmte Richtung: „elsewhere".

Dass George hier „art" mit „list" übersetzt, bedeutet in diesem Fall nicht unbedingt ein verstärkendes Übersetzen, da „art" bei Shakespeare nicht nur als Kunst, sondern auch als listige Magie verstanden werden kann und soll.[344] Bezeichnend ist jedoch, dass George in dem oben bereits analysierten Sonett 33 in einem ähnlichen Zusammenhang (der Einsatz von Kunst zur Täuschung) „heavenly alchemy" mit „götterkunst" (Sonett 33, V. 4) übersetzt. Betrifft es den ‚Fair Youth', favorisiert George also die Kunst vor der Täuschung; er übersetzt wohlwollend und schwächt einen möglichen Makel des ‚Fair Youth' ab. Betrifft es dagegen die ‚Dark Lady', begünstigt George den Aspekt der Täuschung und verstärkt in seiner Übersetzung die fehlerhaften Eigenschaften der Frau.

Auch in der Übersetzung des Sonetts 132 (Vers 9–14) wird die ‚Dark Lady' unvorteilhaft dargestellt:

CXXXII
As those two mourning eyes become thy face:
O, let it then as well beseem thy heart
To mourn for me, since mourning doth thee grace,
And suit thy pity like in every part.

Then will I swear beauty herself is black,
And all they foul that thy complexion lack.

CXXXII
Wie die zwei trauer-augen dein gesicht.
O sei dein herz nun auch für mich bereit
Zu trauern – trauer ja entstellt dich nicht –
Umkleide so dein mitleid allerseit.

Dann schwör ich gern: schönheit sei schwarz sogar
Und alle schlecht die deiner farbe bar.

Der Sprecher plädiert dafür, dass auch das Herz der ‚Dark Lady' Mitleid mit ihm haben und trauern sollte. Bei Shakespeare heißt es schmeichelnd: „mourning doth thee grace". Das Trauern gibt der ‚Dark Lady' etwas Graziles, es verschönert sie äußerlich und innerlich. George kehrt die Aussage um und formuliert ablehnend: „trauer ja entstellt dich nicht". Die eigentliche Aussage – du darfst trauern – bleibt bestehen, aber die Grazie,

---

[344] Vgl. Duncan-Jones, Shakespeare's Sonnets, S. 392.

die schöne Seite der ‚Dark Lady', geht verloren. George nimmt der ‚Dark Lady' die Möglichkeit eines Wandels zum Guten bzw. zum Schönen.

Anhand verschiedener Sonette, sowohl aus der ‚Fair Youth'- als auch aus der ‚Dark Lady'-Sequenz, wird deutlich, dass George für die beiden Hauptfiguren der Sonette unterschiedliche Übersetzungsstrategien wählt und damit die beiden Hauptfiguren moralisch ab- bzw. aufwertet. Während George die Fehler des ‚Fair Youth' abschwächt, verstärkt er im Gegenzug ähnlich mangelhafte Charakterzüge der ‚Dark Lady'. Die ‚Dark Lady' erscheint in Georges Übersetzung als die eigentlich böse Macht innerhalb der Dreiecksbeziehung. Dem ‚Fair Youth' wird dagegen jede Schuld an seinem untreuen Verhalten genommen. In Georges Übersetzung wird, in Übereinstimmung mit seinen eigenen Gedichten und vor allem mit seinem Anspruch auf die Erziehung der sogenannten Jünger, eine männliche Jugend dargestellt, die noch frei von Schuld ist und sich dazu eignet, heroisiert zu werden. Dem entgegengesetzt stellt er eine Frau dar, die als der Impulsgeber für die charakterlose Untreue innerhalb der Dreiecksbeziehung erscheint. Die ‚Dark Lady' wird in Georges Übersetzung zu einer skrupellosen Femme fatale, der er keine Möglichkeit zum Wandel zugesteht.

George drängt den ‚Fair Youth' damit in eine Opferrolle, die zum einen die boshafte Tatkraft der Frau unterstreicht und zum anderen der Jugend eine passive und damit offene, noch formbare Rolle zuschreibt. Diese Opferrolle des ‚Fair Youth' wird Thema des folgenden Kapitels sein.

4.1.3. Der ‚Fair Youth' als Opfer

George weist dem ‚Fair Youth' eine stärker ausgeprägte Opferrolle zu als in Shakespeares Original. Mit der konsequenten Darstellung der ‚Dark Lady' als gefahrbringende, bösartige Frau nimmt George in Kauf, dass der ‚Fair Youth' dem Geschehen gegenüber passiv erscheint. Wie bisher gezeigt wurde, ist es vor allem die Schuldzuweisung, die in Georges Übersetzung sehr einseitig verläuft. Die ‚Dark Lady' ist die Unruhestifterin und der ‚Fair Youth' ist das wehrlose und unerfahrene Opfer.

Eigenschaftslosigkeit kann als ein Merkmal für Schönheit funktionieren. In seinem Buch über das ‚Versprechen der Schönheit' widmet Menninghaus das erste Kapitel der Schönheit des Adonis[345] und beschreibt, dass Adonis sich nicht durch besondere Schönheitsmerkmale auszeichnet: „ihm wird keine besondere Fähigkeit, keine ihn auszeichnende Tat, ja, nicht einmal ein besonderer Vorzug seines Aussehens nachgesagt. Er ist

---

[345] Vgl. Menninghaus, Das Versprechen der Schönheit, Kapitel I: „Wegen der Schönheit": Glanz und Elend des Adonis, S. 13–65; und Anhang: Die Deutungen des Adonis, S. 288–316.

abstrakt schön – und sonst nichts."³⁴⁶ Es ist leicht nachzuvollziehen, dass der „Mangel an Individualität"³⁴⁷ ein besonderes Kennzeichen von Schönheit sein kann, von Reinheit und Ursprünglichkeit. Wenn diese pure, noch unversehrte Schönheit bewahrt werden soll, führt sie oft in den Tod:

> Weil Adonis die Schönheit selbst – und nichts als sie – verkörpert, muß er so jung sterben. [...] Die normative Jugendlichkeit des schönen Körpers ist Fertigkeit als Unfertigkeit, Vollendung als Unvollendung, Sein als Versprechen. [...] Sie läßt Spielraum für weitere Entwicklungen und damit zugleich für imaginative Besetzungen.³⁴⁸

Dieser hier beschriebene Spielraum ist es, den George sich bei ‚Maximin' und auch bei seiner übersetzerischen Interpretation des ‚Fair Youth' in den Sonetten zunutze macht. Erst nach seinem frühen Tod wird Maximilian Kronberger zu ‚Maximin' – vorher gibt es für eine derartige Vergötterung keine Anzeichen. Durch seinen Tod bleibt der Knabe rein und damit eignet er sich als Bild der idealisierten Jugend. In seinem späten Werk ab dem ‚Siebenten Ring' stellt sich George zunehmend als Erzieher dar. Sein Wirken bekommt einen staatsbildenden Schwerpunkt, und George schart immer mehr junge Männer um sich, die zu zukünftigen Staatsstützen erzogen werden sollen. Der pädagogische Eros spielt dabei eine große Rolle. Der George-Kreis orientiert sich an Platon, der als Ahnherr einer Schüler-Lehrer-Beziehung gesehen wird, die sich über die Kraft des Eros verwirklicht.³⁴⁹ Das soziopoetische Konzept Georges wird bestimmt durch die „Vorstellung eines pädagogischen Eros zur Erziehung des Jünglings in der Lebens-Kunst durch den (liebenden) älteren Lehrer"³⁵⁰. George hat sich „besonders mit der Kreisentwicklung ab 1907 in immer stärkerem Maß als Pädagoge verstanden, der sich zur Führung der Jugend berufen sah."³⁵¹ Diese Entwicklung findet genau zu der Zeit statt, als die Sonett-Übersetzung entsteht.

Der ‚Fair Youth' wird in Georges Übersetzung als ein Vorbild für die Jugend aufgebaut. Um das jugendliche Ideal zu erfüllen, für das George ihn vorgesehen hat, muss er makellos und klar bleiben. Eine Idealisierung jugendlicher Männer als kommende Staatsträger ist so möglich. Das Fehlen von Eigenarten und Persönlichkeit geht mit der Passivität des ‚Fair Youth' einher. Das Offene und Passive des ‚Fair Youth' wird in Georges Übersetzung hervorgehoben und rückt ihn verstärkt in eine Opferrolle

---

[346] Ebd., S. 15.
[347] Ebd., S. 16.
[348] Ebd., S. 61.
[349] Vgl. Andres, Soziale Prozesse, S. 736–740; Oestersandfort, Antike-Rezeption, S. 655–657.
[350] Oestersandfort, Antike-Rezeption, S. 656.
[351] Andres, Soziale Prozesse, S. 736.

gegenüber der ‚Dark Lady'. Zwischen Sprecher und ‚Fair Youth' soll ein pädagogischer Eros entstehen, der schließlich zur Vollkommenheit des ‚Fair Youth' führt. Der im Vorwort von George geprägte Begriff der „übergeschlechtlichen Liebe"[352] betont im Fremden etwas Eigenes – nämlich eine Liebe zwischen männlichem Lehrer und Schüler, die geistig und nicht körperlich geprägt ist – und dies wird später wieder auf sein Eigenes zurückprojiziert. Auch in der Übersetzung selbst setzt George weitere Schwerpunkte, die sich so interpretieren lassen, dass die Sonette der Anleitung der Jugend dienen. Georges Darstellung des ‚Fair Youth' ist der Anfang und in den späteren Kapiteln werden weitere Apekte hinzukommen.[353]

Es gibt einige Sonette in der Übersetzung Georges, in denen die Reinheit des ‚Fair Youth' durch seine Passivität und auch seinen Mangel an Individualität betont wird. Auch in den bereits zitierten Sonetten 33 und 34 habe ich die Tatenlosigkeit des ‚Fair Youth' angesprochen. Da der ‚Fair Youth' bisher vor allem in Abgrenzung zu der ‚Dark Lady' gezeigt wurde, sollen hier einige Beispiele aus solchen Sonetten folgen, die sich nicht in erster Linie mit der Dreiecksbeziehung beschäftigen.

Das dritte Sonett gehört in die Gruppe der sogenannten ‚procreation sonnets' (Sonette 1–17), die den ‚Fair Youth' zur Fortpflanzung und damit zum Weiterreichen seiner Schönheit überreden möchten.

> III
> Look in thy glass and tell the face thou viewest
> Now is the time that face should form another;
> Whose fresh repair if now thou not renewest,
> Thou dost beguile the world, unbless some mother.
>
> For where is she so fair whose unear'd womb
> Disdains the tillage of thy husbandry?
> Or who is he so fond will be the tomb
> Of his self-love, to stop posterity?
>
> Thou art thy mother's glass, and she in thee
> Calls back the lovely April of her prime:
> So thou through windows of thine age shalt see,
> Despite of wrinkles, this thy golden time.
>
> But if thou live, remember'd not to be,
> Die single, and thine image dies with thee.

---

[352] SW XII, S. 5.
[353] Siehe in Kapitel 4.1.4. die Unterscheidung zwischen geistiger und körperlicher Liebe; in Kapitel 4.2. die thematische Eingliederung der Sonette in die ‚Maximin'-Thematik; und in Kapitel 4.3. die Fortführung der Sonette in Georges ‚Stern des Bundes' sowie Georges Absicht, die Sonette in ihrer Wirkmächtigkeit zu zeigen.

III
Dein antlitz dem im spiegel du begegnest
Verlangt dass du ein neues bald gestaltest ·
Die welt nicht täuschst und eine mutter segnest.
Nun ist es zeit dass du ersatz erhaltest.

Wo ist die schöne deren bracher schoss
Vor deines anbaus furchenzug erschrickt?
Wess törige eigenliebe ist so gross
Dass er – ein grab – die nachkommen erstickt?

Du bist der mutter spiegel und er stellt
Ihr lieblichen april der jugend dar.
So wird durch alters fenster einst erhellt
Dir trotz der runzeln dies dein golden jahr.

Doch lebst du zum vergessenwerden hier:
Stirb einzeln und dein bild erstirbt mit dir.

Zu Beginn soll kurz dargelegt werden, dass George auch in diesem Sonett vieles meisterhaft, mit einer großen Sorgfalt übersetzt. Er übersetzt z. B. gekonnt das Bild des Ackerbaus (Vers 5 und 6), das wenig außergewöhnlich mit der (sexuell konnotierten) Fortpflanzungssymbolik verbunden ist. Oelmann hat darauf hingewiesen, wie sich dieses Bild und die Wortwahl in Shakespeares ‚Measure for Measure' wiederfinden – und auch in der Übersetzung des Dramas durch Gundolf.[354] Die Mitarbeit Georges an Gundolfs Übersetzung ist bekannt: Diese Stelle zeigt, wie sehr sich George in derartige Bilder Shakespeares einarbeitet und wie ernst er deren genaue Übersetzung nimmt. In der Sonett-Ausgabe aus Georges Besitz wird auf den Vergleich der beiden Stellen hingewiesen.[355]

---

[354] SW XII, S. 184f., Kommentar Oelmann: „Vgl. ‚Measure for Measure', Act. I. sc.4, ll. 43f.: ‚Her plenteous womb / Expresseth his full tilth and husbandry.' Die Verse lauten in F. Gundolfs Übersetzung: ‚Wie Blütezeit / Die kahle Brache durch Besämung bringt / Zu schwellendem Ertrag · so strotzt ihr Schoss / Von seinem tüchtigen Pflügen und Bebaun.'" Die Worte ‚brach' und ‚Schoss' tauchen in beiden Übersetzungen auf und die Ackerbau-Metaphorik zeigt sich in ‚Anbau' und ‚Furchenzug' sowie in ‚Ertrag' und ‚Pflügen und Bebaun'. Die Anspielung auf den Geschlechtsverkehr zeigt sich jeweils im ‚Schoss', einmal im ‚Anbau' des Mannes und das andere Mal im *schwellenden* Ertrag'. Vgl. bei Colman, The Dramatic Use of Bawdy in Shakespeare, die Einträge zu ‚husbandry' S. 200, ‚plough' S. 208, ‚tillage' S. 219 und ‚uneared womb' S. 221. Vgl. auch das Glossary bei Partridge, Shakespeare's Bawdy, hier S. 125, 163, 202 und 208; Williams, Shakespere's Sexual Language, S. 166, 240. Zur Metaphorisierung des Ackerbaus in Shakespeares Sonetten vgl. auch Volkmann, Shakespeares Sonette auf deutsch, S. 105.

[355] Dowden, The Sonnets, S. 157. Barlow legt an dieser und anderen Stellen dar, wie es George gelingt Shakespeares ‚imagery' sehr treu – und näher als andere Übersetzer

In Shakespeares Sonett wird sprachlich betont, dass die Schönheit der Vergangenheit in der Zukunft *wieder* erscheinen soll. Die Vorsilbe „re" zeugt dafür: „*re*pair", „*re*newest" und „*re*member" (meine Hervorhebungen). Diese Wörter weisen darauf hin, dass etwas in Zukunft auch noch da ist. George nimmt die Häufung der Vorsilbe in seiner Übersetzung auf, indem er im vierten Vers „*er*satz *er*haltest" (meine Hervorhebungen) schreibt. Die Betonung ist hier noch deutlicher, da die beiden Wörter direkt aufeinander folgen. Doch damit nicht genug, George baut die Vorsilbe „er" sowie das Personalpronomen „er" vermehrt in dieses Sonett ein: „*er*schrickt", „*er*stickt", „*er* stellt", „*er*hellt" und „*er*stirbt" (meine Hervorhebungen). Die Vorsilbe erleichtert hier den weiblichen Reim (6/8 und 9/11). Anders als Shakespeare weist George hier jedoch nicht auf etwas Wiederkehrendes oder Zukunftweisendes hin. George betont seine kunstvolle, fast schon übertriebene Aufnahme eines Stilmittels von Shakespeare, und außerdem arbeitet er so auch einen Hinweis auf den *männlichen* Geliebten ein. Besonders die Tatsache, dass sich „er stellt" auf „erhellt" reimt, weist darauf hin, dass eben nicht nur die Vorsilbe, sondern auch das männliche Personalpronomen „er" betont wird. Bei Shakespeare ist dies eines der Sonette, in dem – im zweiten Quartett – deutlich ein Mann angesprochen wird. In Georges Übersetzung wird die Männlichkeit des Geliebten zusätzlich hervorgehoben.

George übersetzt den letzten Vers scheinbar wortwörtlich. „Die single and thine image dies with thee." – „Stirb einzeln und dein bild erstirbt mit dir." Shakespeare wiederholt „[d]ie" – George übersetzt erst „[s]tirbt" und dann schließlich „*er*stirbt" (meine Hervorhebung). George, der ansonsten sehr sorgfältig in der Übersetzung von Wortwiederholungen ist, richtet sich hier sicher nicht nach einer noch fehlenden Silbe. Er betont die Männlichkeit des Geliebten und ermöglicht die Lesart: Dein Bild, das ein junger Mann ist – es bzw. er stirbt mit dir. Eine weitere Möglichkeit ist, dass George in diesem Vers, der durch seine Stellung am Gedichtende an Bedeutung gewinnt, auf seine eigene Kunst, sein eigenes Schreiben hinweist. Damit greift er vorweg und macht auf die Funktion der Poesie/Kunst als Schönheitsbewahrerin aufmerksam; bei Shakespeare wird dieses Thema erst in den Sonetten 15 bis 18 als Resultat der ‚procreation sonnets' eingeführt. Sowohl „einzeln"[356] als auch „erstirbt" wirken in die-

---

– wiederzugeben. Vgl. Barlow, A critical study of Stefan George's translations from English, S. 174f. Bei Kahn dagegen werden die Verse 5/6 in verschiedenen Übersetzungen verglichen, wobei Georges Übersetzung als die preziöseste beschrieben wird, bei der „die sinnliche Bildlichkeit durch die Sprache verloren" ginge. Kahn, Shakespeares Sonette in Deutschland, S. 104.

[356] Olga Marx weist darauf hin, dass für George „die üblichen Worte ‚ledig' oder ‚unverheiratet' dichterisch nicht geeignet gewesen [wären]". Marx, Stefan George in seinen Übertragungen englischer Dichtung. Teil II, S. 8.

ser Zeile kunstvoll und fallen zudem durch ihre Zweisilbigkeit auf. George zeigt eine Möglichkeit, wie sich mit Kunst, in diesem Falle mit Wortkunst, das Sterben verzögern lässt. Zudem verdeutlicht er, dass seine Dichtung und eben auch seine Übersetzungen etwas Besonderes sind und keinesfalls alltäglich.[357] Indem er den letzten Vers unterstreicht, bewirkt er, dass dieser Vers und die Thematik der jugendlich männlichen Schönheit nicht vergessen werden. Die Vorsilbe „er" bei „erstirbt" kann Nachdruck erzeugen im Sinne von wirklich, richtig sterben oder löst eine gekünstelt wirkende Stimmung aus: Wenn z. B. die Liebe langsam erstirbt, dann verblasst sie. In seinem eigenen Werk nutzt George mehrfach „ersterben" in Verbindung mit Licht oder Klang.[358] In beiden Fällen handelt es sich um ein langsames (Er-)Sterben, einen Prozess des immer schwächer, immer leiser Werdens. George ist es also wichtig, dass die vollkommene Schönheit jung und männlich ist. Er ist von seiner Kunst überzeugt und sieht in ihr das Medium zur Bewahrung und Verbreitung der Schönheit. Der Bezug zum Kunstschaffen zeigt sich auch in „gestaltest" und „stellt dar".

George steigert in seiner Übersetzung zudem die Passivität des ‚Fair Youth'. Der Beginn des Sonetts bietet ein Beispiel:

> Look in thy glass, and tell the face thou viewest
> Now is the time that face should form another;

> Dein antlitz dem im spiegel du begegnest
> Verlangt dass du ein neues bald gestaltest ·

Shakespeare beginnt mit einer Aufforderung im Imperativ an den jungen Mann: „Look [...] and tell". Die Dringlichkeit wird durch das „now" im folgenden Vers bekräftigt. In Georges Übersetzung fehlt der Imperativ, stattdessen beginnt der Satz mit dem Antlitz, das zudem zum Subjekt des Satzes gemacht wird. Die Aufforderung geht nicht mehr vom Sprecher, sondern vom Antlitz aus und wirkt weniger dringlich, denn eine Erneuerung soll lediglich „bald" stattfinden, keinesfalls jetzt sofort („now"). Zu-

---

[357] Zur Sprache Georges vgl. z. B. Braungart, Was ich noch sinne und was ich noch füge, S. 7: „Dieses Werk zieht strikt die Grenze zur profanen Sprache. Es will das Poetische als das Andere, das als solches zugleich das absolut Verbindliche sein soll. Nur so kann es wirksam sein. Eben das ist die entschiedenste Geste sogar schon der frühen Geschraubtheiten und Manierismen."

[358] Das Wort ‚ersterben' nutzt George auch in seinem eigenen Werk. Vgl. Bock, Wort-Konkordanz, S. 588. Hier verwendet es George vor allem in Verbindung mit Dingen: „Eh dein grösster ruhm ersterbe" SW II, 117; „Bevor das scharfe licht ersterbend loht" SW IV, 41; „Erstirbt das lied von dunst und schlaf umflutet" SW IV, 115; „Dir gibt ersterbender und sanfter klang" SW VI/VII, 73; „[...] ihr müden schwärme / Die ihr unserm tag erstarbt" SW VI/VII, 180; „Dass nach dem furchtbaren fug leben am leben erstirbt!" SW IX, 16.

dem wird dem jungen Mann in Georges Umdichtung die Eigenverantwortung genommen. Er soll nicht selbst in den Spiegel hineinschauen, sondern sein Antlitz wird ihm darin begegnen; das impliziert eher ein zufälliges Treffen und ist damit dem Original stark entgegengesetzt. Bei Shakespeare soll der junge Mann selbst die Anweisung zur Neugestaltung geben („tell"). Bei George dagegen wird diese Forderung vom Antlitz gegenüber dem Du vorgetragen.[359] Der junge Freund bleibt bei George passiv; ihm wird keine Handlung zugemutet. Der Beginn dieses Sonetts zeugt von den unterschiedlichen Darstellungen des ‚Fair Youth'. Bei Shakespeare wird ganz deutlich auf die Eigenverantwortung angespielt. Dagegen vermittelt die Übersetzung Georges ein ganz anderes Verhältnis des Sprechers zu dem jungen Mann. Der Sprecher ist weit davon entfernt, dem ‚Fair Youth' etwas zu befehlen. Viel eher zeigt er Verständnis für die Untätigkeit und schiebt die Verantwortung anderen zu.

Genau 100 Sonette später, im Sonett 103, greift Shakespeare auf das dritte Sonett zurück und der ‚Fair Youth' wird erneut aufgefordert, in den Spiegel zu schauen. Im zweiten Quartett heißt es:

> O, blame me not, if I no more can write!
> Look in your glass, and there appears a face
> That over-goes my blunt invention quite,
> Dulling my lines and doing me disgrace.

> O scheltet nicht für die so karge schrift!
> In eurem spiegel seht euer antlitz nach
> Das meine dumpfen fabeln übertrifft ..
> Es macht mein reimen matt und bringt mir schmach.

In einem Sonett, in dem es um die vermeintlich ungenügende Schreibkunst des Sprechers geht, fordert dieser den ‚Fair Youth' auf, in den Spiegel zu schauen, um zu sehen, dass er weit schöner ist, als es sich in Versen beschreiben lässt. Die Betonung des Imperativs – „Look" am Versanfang – übernimmt George zwar erneut nicht, diesmal aber lässt er den ‚Fair Youth' selbst agieren. Allerdings ist es eine positiv konnotierte Aufforderung: Schau in den Spiegel und sieh, wie schön du bist. Anders als im dritten Sonett lässt George den ‚Fair Youth' hier aktiv handeln. Im dritten Sonett, einem Sonett, in dem der ‚Fair Youth' als nachlässiger und keineswegs vollkommener Charakter dargestellt wird, nimmt George Änderungen vor. Wenn der ‚Fair Youth' dagegen als einwandfrei

---

[359] Man könnte auch sagen, dass die Aufforderung vom Abbild im Spiegel und damit von der Kunst und weiter gedacht vom Dichter selbst kommt. Dann wäre es ebenfalls ein Imperativ, der jedoch sehr versteckt wäre und keinesfalls so offensiv wie bei Shakespeare vorgebracht wäre.

beschrieben wird, bleibt George möglichst nahe an Shakespeares Original.[360]

Die Passivität, mit der George den ‚Fair Youth' darstellt und die dazu führt, dass dieser in der Übersetzung viel eher als idealer Typus einer verherrlichten Jugend gesehen werden kann, zeigt sich auch in weiteren Stellen des dritten Sonetts, z. B. in den weiteren Versen des ersten Quartetts:

> Look in thy glass, and tell the face thou viewest
> Now is the time that face should form another;
> Whose fresh repair if now thou not renewest,
> Thou dost beguile the world, unbless some mother.

> Dein antlitz dem im spiegel du begegnest
> Verlangt dass du ein neues bald gestaltest ·
> Die welt nicht täuschst und eine mutter segnest.
> Nun ist es zeit dass du ersatz erhaltest.

George stellt die Verse um.[361] Dies führt dazu, dass er die zu erwartenden Taten des ‚Fair Youth' positiv formulieren kann. Bei George lautet die Aufforderung: Gestalte ein neues Antlitz, und du wirst die Welt nicht täuschen und zudem eine Mutter segnen. Der junge Mann soll affirmativ zur richtigen Tat – in diesem Fall zur Fortpflanzung – ermuntert werden. In dem Originalsonett Shakespeares funktioniert die Argumentation entgegengerichtet: Wenn du dies – deine Frische zu erneuern – nicht tust, dann wirst du die Welt belügen und eine Mutter entsegnen.[362] Dies ist eine Drohung, die gegenüber dem ‚Fair Youth' ausgesprochen wird, und sie macht offensichtlich, dass er fehlbar ist. Dieser Tatsache geht George aus dem Weg, indem er den vermeintlich richtigen Weg darstellt und zudem keine vergleichbare wenn/dann-Konstruktion für das „if" wählt. Dazu kommt, dass George erneut die Verantwortung von den Schultern des ‚Fair Youth' nimmt. Während im Original der ‚Fair Youth' selbst dafür sorgen soll, seine Frische, seine Jugend („fresh repair") zu erneuern, ist es in der Umdichtung „zeit dass du ersatz erhaltest".[363] Abermals wird der ‚Fair Youth' in seiner aktiven Rolle beschränkt und muss passiv darauf warten, dass für Ersatz gesorgt wird. Wie und von wem der Ersatz beschafft wird, ist nicht von Bedeutung, entscheidend ist vielmehr, dass die

---

[360] Im Sonett 77, einem weiteren ‚Spiegel'-Sonett, ist der Spiegel sowohl bei Shakespeare als auch bei George das Subjekt des Satzes.

[361] George vertauscht die Verse nicht eins zu eins, sondern nimmt eine komplexere Umstrukturierung vor, sodass man die Versteile nicht eindeutig zuordnen kann.

[362] Das Verb ‚to unbless' wurde von Shakespeare geprägt. Wichtig ist, dass allein schon die Vorsilbe ‚un' den negativen Aspekt betont.

[363] Das bei Shakespeare wiederholte „now" taucht in Georges Übersetzung als „nun" wieder auf, aber nur in Bezug auf den Erhalt eines Ersatz, nicht als zeitlich affirmative Aufforderung an den ‚Fair Youth'.

Schuldfrage bei George verschleiert wird. Während bei Shakespeare die eigene Erneuerung eng mit dem ‚Fair Youth' verbunden ist und als seine Aufgabe gezeigt wird, ist diese Verbindung bei George viel weniger deutlich. Das gleiche Prinzip tritt später im Sonett noch einmal auf, wenn George „thou [...] shalt see" mit „[dir] wird [...] erhellt" übersetzt. Auch hier offenbart sich der Eigenwille Georges, der männlichen Jugend mit dem ‚Fair Youth' ein idealtypisches Vorbild zu kreieren.

Eine weitere beachtenswerte Verschiebung bietet George in der Übersetzung des Bildes aus dem dritten Quartett:

> Thou art thy mother's glass, and she in thee
> Calls back the lovely April of her prime:

> Du bist der mutter spiegel und er stellt
> Ihr lieblichen april der jugend dar.

Bei Shakespeare erscheint eine Mutter, die in ihrem Kind, wie in einem Spiegel, *ihre eigene* Jugend wiederentdeckt. Sie ruft sich „*her* prime" ins Gedächtnis zurück. In der Übersetzung stellt der Spiegel den „lieblichen april *der* jugend dar" (meine Hervorhebungen). Hier handelt es sich nicht um die individuelle Jugend der Mutter, sondern ganz generell um die Jugend. Zudem kappt George die verwandtschaftliche Verbindung zwischen Mutter und Kind. Das zu erreichende Ideal, die Jugend, wird zu einem Gut, das dem jungen Mann zu eigen ist. Diese Jugend soll dargestellt werden – und zwar nicht, damit andere in Erinnerung schweifen können – das „calls back" fehlt gänzlich in der Übersetzung und auch der Binnenreim „she in thee" findet keine Entsprechung –, sondern damit man in der Jugend die Kraft erkennt.

Osterkamp hat gezeigt, dass mit dem ‚Siebenten Ring', also zeitlich nahe zu der Sonett-Übersetzung, „die Marginalisierung der Mutter als der einzig verbliebenen positiven Imago von Weiblichkeit ein[setzt]"[364]. Es leuchtet ein, dass mit Georges neuer Rolle eines Künders und Schöpfers,[365] also mit dem Auftritt ‚Maximins', die Rolle der Mutter bedeutungslos wird. Ulrike Stamm spricht im Zusammenhang des Gebär-Topos davon, dass „es nämlich George im ‚Stern des Bundes' darum geht, das Weibliche abzulösen und durch männliche Leistungen ersetzbar zu machen."[366] Das Erziehen wird als das wahre Gebären, das Schöpfen oder Bilden eines Menschen gesehen und „das weibliche Gebären als bloßes Hervorbringen eines Tieres abqualifiziert", daher „als unerheblich und

---

[364] Osterkamp, Frauen im Werk Stefan Georges (b), S. 1017.
[365] Vgl. SW VI/VII, S. 109: „Ich geschöpf nun eignen sohnes".
[366] Stamm, Zwischen Abgrenzung und Auflösung, S. 15.

verzichtbar."[367] Dörr spricht in diesem Zusammenhang von Georges Herrschaftsmythos, der sich in der „Überwindung der weiblichen Sphäre" manifestiert und in dem die geistige Zeugung zum eigentlichen, zum primären Schöpfungsakt umgedeutet wird.[368]

Die hier mehrfach beschriebene Marginalisierung der Mutter in Georges Werk zeigt sich auch in seiner Sonett-Übersetzung. Shakespeare entwickelt in seinen Sonetten die Rolle des Dichters als Schöpfer erst ab dem 16. Sonett[369] und kommt schließlich im Sonett 18 zu dem Schluss, dass, wenn schon keine leiblichen Nachkommen geschaffen werden, so dann doch wenigstens ein Kunstwerk zu schaffen ist, das die Vergänglichkeit überwindet. In den Sonetten Shakespeares geht es dabei immer um das Erschaffen eines unvergänglichen Gedichts. In Georges Übersetzung dagegen spielt das Menschenbildende von Anfang an eine Rolle, also noch bevor eine leibliche Nachkommenschaft durch den ‚Fair Youth' ausgeschlossen wird. Dies deckt sich mit Georges zuvor beschriebener Sicht Shakespeares als Menschenverachter.[370] Beiden ist gemein, dass sie den Menschen mit seinen Schwächen verachten. Die Konsequenzen sind allerdings unterschiedlich: Shakespeare lässt seinen Sprecher in den Sonetten daran resignieren, den ‚Fair Youth' umzustimmen. Der Sprecher entschließt sich, ein eigenes Bild der jugendlichen Schönheit zu schaffen – die Sonette sind das Resultat. George dagegen macht schon in seiner Übersetzung des dritten Sonetts deutlich, dass es ihm gar nicht so sehr darum geht, den ‚Fair Youth' umzustimmen. Die Dringlichkeit der ‚procreation' kommt in der Übersetzung abhanden. Vielmehr zeigt seine Übersetzung, dass es auch in den Sonetten darum geht, Schönheit zu schaffen. Allerdings möchte er nicht nur ein Gedicht schaffen, sondern auch den Menschen, den das Gedicht dann beschreibt. George hat auch in den Sonett-Übersetzungen einen menschenbildenden Anspruch.

Während bei Shakespeare der Ausgangspunkt ein schöner Mensch ist, dessen Beschreibung schließlich den Sonett-Zyklus entstehen lässt, sind es bei George Shakespeares Sonette, die beschrieben oder besser umgeschrieben werden und schließlich einen jugendlichen Idealtypen entstehen lassen.[371] George geht es hier nicht um die Erinnerung an vergangene Zeiten, sondern um die gegenwärtige und zukünftige Kraft der Jugend.

---

[367] Ebd., S. 13. Stamm bezieht sich hier u. a. auf das Gedicht ‚Die weltzeit die wir kennen…' SW VIII, 96.
[368] Dörr, Muttermythos und Herrschaftsmythos, S. 13. Zum Muttermythos bei den Kosmikern, vgl. bei Dörr Kapitel V, S. 185–278 ‚Muttermythos: Kosmiker'.
[369] Siehe Kapitel 4.3.1.
[370] Siehe Kapitel 3.2.
[371] Die Übersetzung selbst kann dabei wiederum als ein Prozess der ‚procreation' verstanden werden. Vgl. auch Georges Verständnis der Übersetzung als Nacherleben (siehe Kapitel 2.2.).

Und so ist es nicht verwunderlich, dass er im Couplet nicht das umständlich formulierte „remembered not to be" aufgreift, sondern mit „vergessenwerden" eine geradlinigere Übersetzung wählt.[372] Entweder man benutzt die Kraft der Jugend jetzt, oder die Möglichkeiten ziehen vorbei und alles wird vergessen. Die reine Erinnerung an die Jugend hat keinen Wert für George.

Während das dritte Sonett ein ausführliches Beispiel für die Passivität des ‚Fair Youth' geliefert hat, sollen nun noch einige weitere kurze Beispiele aus anderen Sonetten angeführt werden. Es liegt nahe, zunächst noch eines der ‚procreation sonnets' genauer zu betrachten. Folgt man der These, so müssten sich verschiedene Tendenzen – z. B. die Trennung von Kind und leiblicher Mutter; die fehlende Schuldzuweisung an den ‚Fair Youth' – auch in weiteren der ‚procreation sonnets' finden. In der Tat häufen sich in dieser Sonettgruppe die Schuldzuweisungen des Sprechers gegenüber dem ‚Fair Youth' und ebenso ist bezeichnend, dass George in weiteren Sonetten in passive Formulierungen ausweicht.

Im neunten Sonett vermutet der Sprecher, dass der ‚Fair Youth' nicht heiratet, weil er keine Frau zur Witwe machen will.[373] In Georges Übersetzung lassen sich einige Besonderheiten zeigen.

> IX
> Is it for fear to wet a widow's eye,
> That thou consumest thyself in single life?
> Ah! if thou issueless shalt hap to die,
> The world will wail thee like a makeless wife;
>
> The world will be thy widow, and still weep
> That thou no form of thee hast left behind,
> When every private widow well may keep
> By children's eyes her husband's shape in mind.
>
> Look, what an unthrift in the world doth spend
> Shifts but his place, for still the world enjoys it;
> But beauty's waste hath in the world an end,
> And kept unused, the user so destroys it.

---

[372] Vgl. Marx, Stefan George in seinen Übertragungen englischer Dichtung. Teil II, S. 8: „Zeile 13 vergessenwerden für remember'd not to be ist stärker und direkter durch die positive Fassung als der negative Ausdruck des Textes". Das hier von George ebenfalls nicht aufgenommene „if" wird durch das „doch" kompensiert, allerdings trägt dies auch dazu bei, dass weniger Einschränkungen die Aussage in der Übersetzung endgültiger wirken lassen.

[373] Die Argumentation in diesem Sonett ist relativ schwach. Die Angst durch den eigenen frühen Tod eine weinende Witwe zu hinterlassen, hat nichts damit zu tun, ob man Nachkommen zeugt oder nicht. Auch ist keine überzeugende Verbindung zwischen den ersten beiden Quartetten und den letzten sechs Zeilen vorhanden. Vgl. auch Duncan-Jones, Shakespeare's Sonnets, S. 128.

No love toward others in that bosom sits
That on himself such murderous shame commits.

IX
Ist es die angst um einer witwe not
Wenn einzeln du verzehrest deinen leib?
Ach dich wird · wenn du ohne nachwuchs tot ·
Die welt beweinen wie ein ehlos weib.

Die welt ist deine witwe und sie weint
Dass nach dir keine form mehr auf dich weist ·
Wenn jeder einzlen witwe auch erscheint
Durch kinder-aug des gatten form im geist.

Sieh welche summ ein taugnichts auch verschwende –
Sie tauscht den platz nur: stets der welt gehört sie.
Doch hat der schönheit nutzung hier ein ende:
Der braucher der sie falsch gebraucht zerstört sie.

Dess brust nicht liebe für die andren nährt
Der mit sich selbst so mörderisch verfährt.

Zuerst sei auf Georges äußerst gelungene Übersetzung der klanglichen Mittel verwiesen. George folgt Shakespeare sowohl in den ei-Assonanzen der Reime (eye/die, life/wife, behind/mind – leib/weib, weint/erscheint, weist/geist) als auch in der w-Alliteration des fünften Verses und der Anapher in den Versen vier und fünf. Zudem entscheidet George sich für den unüblichen Begriff „braucher", um die Figura etymologica (user/unused – braucher/falsch gebraucht) zu übernehmen. Erneut formuliert George eine den ‚Fair Youth' betreffende Schuldzuweisung passiv:

> That thou no form of thee hast left behind,

> Dass nach dir keine form mehr auf dich weist ·

Bei Shakespeare ist der ‚Fair Youth' verantwortlich und hinterlässt „no form of thee". In Georges Übersetzung dagegen ist es eine Tatsache, dass „keine form mehr auf dich weist" – der ‚Fair Youth' trägt keine offensichtliche Verantwortung.

In Georges Übersetzung scheint die Tatsache, dass der ‚Fair Youth' keine Frau bzw. keine Mutter für zukünftige Kinder vorzuweisen hat, im Gegensatz zu Shakespeare wenig relevant zu sein. Dafür spricht, dass bei Shakespeare der Ausruf „Ah!" den Schmerz über die Kinderlosigkeit des jungen Mannes deutlicher macht; vor allem durch das Ausrufezeichen wird das Unverständnis des Sprechers signalisiert. In Georges Übersetzung wirkt das „Ach dich wird" dagegen eher resignierend, aber keinesfalls drückt sich Entsetzen vonseiten des Sprechers aus. George verwendet Ausrufezeichen generell sparsam, allerdings betont er an anderen Stellen in der Sonett-Übersetzung durchaus ein schmerzhaftes „Ach", indem er es durch Hochpunkte, also durch Atempausen, isoliert.[374] Hinzu kommt, dass in Shakespeares Sonett die Kinderlosigkeit des ‚Fair Youth' als Zukunftsvision behandelt wird: „The world will be thy widow". In der Übersetzung formuliert George dagegen im Präsens: „Die welt ist deine witwe" – hier wird also nicht eine mögliche, zu befürchtende Zukunft heraufbeschworen, sondern viel eher ein bestehender Sachverhalt beschrieben. Dies betrifft ebenfalls die Übersetzung „may keep" mit „erscheint". Die mutmaßliche Kinderlosigkeit wird bei Shakespeare – zumindest in den ‚procreation sonnets' – als Sorge aufgefasst bzw. als etwas, dem entgegengewirkt werden muss. Im Werk Georges ist die leibliche Zeugung dagegen bedeutungslos und erst die geistige Zeugung schafft den wahren Nachkommen.[375]

In diesem typischen ‚procreation sonnet' wird zudem die fehlende Nachkommenschaft des ‚Fair Youth' als „beauty's waste", also als Verfall der Schönheit, bezeichnet. Das dritte Quartett verdeutlicht, dass man mit anderen Gütern verschwenderisch umgehen kann, da sie auf der Welt verbleiben; die Schönheit dagegen ist vergänglich, sie verfällt, wenn sie nicht genutzt („kept unused") wird. George fasst dies in seiner Übersetzung weniger endgültig: Aus „beauty's waste" wird „der schönheit nutzung", aus „kept unused" wird „falsch gebraucht". In der Übersetzung steht also nicht nur das Nutzen, sondern das *richtige* Nutzen der Schönheit im Vordergrund. Das Gebrauchen der Schönheit bezieht sich in Shakespeares ‚procreation sonnets' immer auf die erstrebenswerte Zeugung eines Kindes. Die Übersetzung spezifiziert dagegen und spricht von *falscher* Nutzung, impliziert also eine *richtige* Nutzung. Es bleibt offen, wie sich falsche und richtige Nutzung auszeichnen. Es ist durchaus möglich, in Georges Übersetzung sogar eine Abkehr von der physischen Zeugung zu lesen. Das Bestreben nach leiblichen Nachkommen, nach einer Verbindung mit einem weiblichen Wesen, wäre demnach der falsche Weg, die Schönheit zu bewahren; der richtige Weg wäre indessen das Sorgen um geistige Nachkommenschaft. Auch in Shakespeares Sonetten findet sich freilich die Abkehr von physischer Nachkommenschaft hin zu einem geis-

---

[374] Siehe z. B. die Verwendung des Ausrufs ‚Ah!/Ach' in den Sonetten 34 „Doch tränen die du weinst sind perlen - ach!", 90 „Ach · wenn mein herz entronnen seinen sorgen", 103 „Was meine muse · ach · so arm beschert", 104 „Ach · schönheit schleicht doch wie ein zeiger geht".

[375] Siehe Kapitel 4.1.2. und außerdem ausführlich Sonett 151 in Kapitel 4.1.4. Vgl. Osterkamp, Frauen im Werk Stefan Georges (b); Stamm, Zwischen Abgrenzung und Auflösung.

tigen Erbe. Allerdings geschieht dies erst am Ende der ‚procreation sonnets', nachdem die Argumentation zugunsten eines leiblichen Kindes gescheitert ist. Insgesamt wird deutlich, dass George in seiner Übersetzung weniger Wert auf den körperlichen ‚procreation'-Aspekt der ersten Sonette legt.

Auf zwei Arten erreicht George also, dass der ‚Fair Youth' weniger als Täter denn als Opfer gesehen wird. Zum einen stellt er ihn viel passiver dar als in Shakespeares Sonetten, dem ‚Fair Youth' wird keine direkte Schuld zugewiesen. Zum anderen verharmlost George das Vergehen der fehlenden Nachkommenschaft, das dem ‚Fair Youth' in Shakespeares Sonetten vorgeworfen wird. Alles in allem bleibt der ‚Fair Youth' demzufolge weniger angreifbar; George ermöglicht es in seiner Übersetzung, dass er als ein tadelloser junger Mann gesehen wird, der sich als Idealtypus für die ersehnte Jugend eignet.

Im Folgenden werde ich zwei weitere kurze Beispiele erläutern. Die Beispiele sollen die These unterstützen, dass George den ‚Fair Youth' in vielen Sonetten bewusst in den genannten zwei Arten anders als Shakespeare darstellt. Zunächst sei auf den Beginn des dritten Quartetts aus Sonett 18 hingewiesen.

> But thy eternal summer shall not fade,
> Nor lose possession of that fair thou owest;
>
> Doch soll dein ewiger sommer nie ermatten:
> Dein schönes sei vor dem verlust gefeit.

Es geht mir in diesem Fall um Georges Formulierung „dein schönes sei vor dem verlust gefeit".[376] In Shakespeares Sonett steht dagegen sinngemäß etwa: Dein Sommer soll auch nicht den Besitz deiner Schönheit verlieren. Wie schwierig die Übersetzung dieser zwei Verse ist, lässt sich gut an anderen deutschen Übersetzungen ablesen, die allesamt sehr unterschiedlich ausfallen.[377] In der affirmativen Bestätigung der Beständigkeit der Schönheit wird gleichzeitig eine Warnung versteckt: Der ‚Fair Youth' soll wissen, dass der Verlust der Schönheit durchaus eine

---

[376] Siehe zu diesem Sonett auch Kapitel 4.2.1.
[377] Vgl. als kleine Auswahl einige deutsche Übersetzungen: Christa Schuenke: „Doch nie soll deines Sommers Pracht ermatten, / Nie soll zerschleißen deiner Schönheit Kleid,"; Kaußen: „Dein Sommer, immerwährend, hab nicht Not, / Nie schwinde ihm die Schönheit, einmal dein,"; Robinson: „Doch deines Sommers Glanz wird nie ermatten, / Nie von dir fallen deine Herrlichkeit,"; Kraus: „Dir aber soll der Sommer niemals scheiden, / die Zeit sei fern, daß Schönheit dir verdirbt."; Biermann: „Dein Sommer aber wird nie welken, nie vergehn / Was du besitzt, raubt keiner dir. Ich weiß Bescheid"; Reichert: „Doch nicht vergehen soll dein ewiger Sommer, auch nicht verlieren, was ganz dein: die Schönheit."; Fields: „Doch deines Sommers Kraft wird nie ermatten, / Nie seiner Schoenheit zwingende Gewalt."

Möglichkeit ist. Das Verlieren des eigenen Besitzes, das thematisch die vorangegangenen 17 Sonette bestimmt hat, wird in Georges Übersetzung weniger dringlich formuliert. Der ‚Fair Youth' soll bei George vor Verlust gefeit sein. Nach dem Wunsch des Dichters soll ihm und seiner Schönheit nichts geschehen. Der Konjunktiv kann dabei die Funktion einer Einschränkung haben: Es soll so sein, sicher ist es aber nicht. Der Konjunktiv kann aber auch optativ eingesetzt werden im Sinne von: So sei es. Dies nimmt zum einen eine mögliche Last von den Schultern des ‚Fair Youth' und bestätigt zum anderen George in seiner Bedeutung als Dichter. Denn darum geht es schließlich in diesem Gedicht: Die Schönheit des ‚Fair Youth' wird der Vergänglichkeit trotzen, weil diese in den Sonetten weiterlebt. Während Shakespeare leise Zweifel an der eigenen Bewältigung der Vergänglichkeit zulässt, ist sich George seiner Sache sicher. Der geringere Zweifel im Kampf mit der Vergänglichkeit sowie der Anspruch, etwas Gültiges und Beständiges zu schaffen, zeigen sich auch darin, dass George „shall *not* fade" mit „soll [...] *nie* ermatten" (meine Hervorhebungen) übersetzt. Während „nie" endgültig ist, kann sich „not" auch auf eine kürzere Zeitspanne beziehen. George unterstützt mit seiner Wortwahl seine Ambition, etwas Bedeutsames zu schaffen.

In dem oben bereits erwähnten Sonett 34 (Vers 1–4 und 9) erscheint der ‚Fair Youth' ebenfalls passiv und nicht verantwortlich. Die entsprechenden Stellen werden hier nur kurz wiederholt:

> XXXIV
> Why didst thou promise such a beauteous day
> And make me travel forth without my cloak,
> To let base clouds o'ertake me in my way,
> Hiding thy bravery in their rotten smoke?
> [...]
> Nor can thy shame give physic to my grief;

> XXXIV
> Warum versprachst du solchen schönen tag
> Dass ich mich ohne mantel aufgemacht?
> Mich holten niedre wolken ein – da lag
> Verhüllt in fauligem dunste deine pracht.
> [...]
> Noch zieht mein schmerz arznei aus deiner scham ..

Das Sonett 34 wird mehrfach in dieser Arbeit zitiert, da es eine wichtige Rolle in Georges Übersetzung spielt. George veröffentlicht dieses Sonett, mit einigen anderen Sonetten, gesondert in den ‚Blättern für die Kunst' und verleiht dem Sonett schon dadurch eine besondere Bedeutung. Zudem fällt auf, dass dies eines der Sonette ist, an denen sich viele Besonderheiten des Georgeschen Übersetzens zeigen lassen. Das liegt daran, dass dieses Sonett, gemeinsam mit dem Sonett 33, erstmals in dem Sonett-

Zyklus die Untreue des ‚Fair Youth' anspricht. Diese Sonette sind interessant, weil sich mit der beschriebenen Untreue des ‚Fair Youth' auch immer ein Bekenntnis des Sprechers zu seinem Geliebten verbindet.

George tilgt in seiner Übersetzung sowohl das „make me" als auch das „to let". In beiden Fällen wird eine Handlung des ‚Fair Youth' beschrieben, die in der Übersetzung so nicht mehr vorhanden ist. Zwar ist auch in der Übersetzung der ‚Fair Youth' als der Schuldige zu erkennen, schließlich hat er „solchen schönen tag [versprochen]", allerdings ist die Verantwortung des ‚Fair Youth' weniger deutlich. Die von George auferlegte Passivität geht für den ‚Fair Youth' sogar so weit, dass er später in dem Sonett auch die Arznei nicht geben darf („[n]or can thy shame give"), sondern der Sprecher ihm auch dies abnimmt („zieht mein schmerz"). Durch seine Inaktivität wird der ‚Fair Youth' in diesem Fall weder weniger schuldig noch erscheint er in einem besseren Licht. Es handelt sich zudem um eine verneinte Aussage, also um etwas, das nicht geschieht („nor can thy shame"). Trotzdem erreicht George durch seine Übersetzung, dass der ‚Fair Youth' weniger darin verwickelt ist, Schmerzen zuzufügen oder zu nehmen.

George stellt den ‚Fair Youth' vielfach passiv dar. Dies führt dazu, dass der ‚Fair Youth' deutlicher als Opfer der ‚Dark Lady' wirkt. Zudem wird der ‚Fair Youth' aber auch in anderen Sonetten, die ihn allein betreffen (z. B. aus der ‚procreation'-Gruppe), inaktiv übersetzt. Die Handlungen gehen oft von anderen aus bzw. vor allem vom Dichter/Sprecher der Sonette. George schafft damit einen ‚Fair Youth', der durch seine Passivität und dadurch bedingte fehlende Individualität als Idealtypus einer männlichen Schönheit bestehen kann. Der ‚Fair Youth' büßt damit die Position eines gleichwertigen Partners und teilweise auch Widersachers des Sprechers ein und wird von diesem vielmehr als Projektionsfläche für die Jugend genutzt. Schließlich geht es in Georges Sonett-Übersetzung nicht nur um die Bewahrung der Schönheit des ‚Fair Youth', sondern auch um die richtige Nutzung dieser Schönheit. Georges Übersetzung fügt den menschendarstellenden Sonetten Shakespeares einen menschenbildenden Aspekt hinzu.

4.1.4. Verurteilung der körperlichen Liebe

In den Übersetzungen der ‚procreation sonnets' wurde deutlich, dass George die geistige Zeugung von Nachkommen unterstützt und die körperliche Zeugung leiblicher Nachkommen weniger befürwortet. Im Folgenden soll nun betrachtet werden, wie George mit den vielen sexuell und körperlich konnotierten Stellen in Shakespeares Sonetten umgeht. Schließlich wird in der „frankness about sex"[378] ein Aspekt gesehen, der

---

[378] Edmonson/Wells, Shakespeare's Sonnets, S. 72.

Shakespeares Sonette von anderen zeitgenössischen Sonett-Sammlungen unterscheidet.

Die These ist, dass George – anders als Shakespeare – die körperliche Liebe in den Sonetten ablehnt und streng verurteilt. Dies zeigt sich daran, dass er viele der betreffenden Wortspiele[379] Shakespeares ignoriert und nicht nach entsprechenden Übersetzungen sucht. Zudem preist George eine körperlose, geistige Liebe offensiver an als Shakespeare. Schließlich wird in Shakespeares Sonetten die Abhängigkeit des Sprechers von der körperlichen Liebe mehrfach thematisch aufgegriffen und beklagt. George geht in seiner Übersetzung ganz anders mit diesem Thema um: Sein Sprecher hadert und klagt nicht, sondern versucht, die Abhängigkeit zu bekämpfen.[380]

Jüngst hat sich Osterkamp mit den ‚Frauen im Werk Stefan Georges' beschäftigt und dargelegt, wie sich Georges Werk von Horrorvisionen des Weiblichen über Reduktionen des Weiblichen bis hin zur Auslöschung des Weiblichen entwickelt.[381] Eine derartige Entwicklung lässt sich so in Georges Übersetzungen nicht nachweisen. Allerdings lassen sich viele der von Osterkamp beschriebenen Phänomene auch in Georges Übersetzung zeigen. Zwar kann George die ‚Dark Lady' nicht aus den Sonetten tilgen, aber er kann – wie oben bereits beschrieben – die Darstellung der ‚Dark Lady' verändern: George reduziert die Momente, die die ‚Dark Lady' wohlwollend darstellen, sodass das Bild der begehrenswerten Frau schließlich nahezu verschwunden ist. Im Folgenden sollen die Schreckensbilder des Weiblichen sowie des Geschlechtlichen im Vordergrund stehen. Osterkamp beschreibt Georges „bestürzende[s] Panorama an Warn- und Schreckbildern des Weiblichen und das Horrorkabinett seiner Sexualängste, das er in der *Fibel* zusammengetragen hatte" und an dem sich Georges Frauenbild zeigt: „es bleibt bis zum Ende dasjenige des adoleszenten Homosexuellen, den in Gegenwart des Frauenkörpers der Schwindel vor Schlucht und Abgrund ergreift und der deshalb Halt sucht an der Härte des männlichen Körpers."[382] Die frühen Gedichte Georges sind von der Angst vor dem weiblichen Körper geprägt. Allerdings ist es nicht nur der weibliche Körper, sondern das, wie Stamm schreibt, „Sexuelle der Triebhaftigkeit"[383], das George zu bannen versucht. Auch Oelmann zeigt, dass „die Angst vor der Frau als Verführerin zum Geschlechtlichen

---

[379] Ich verwende hier den allgemeinen Begriff Wortspiel, da bei Shakepeare verschiedene rhetorische Mittel genutzt werden, um auf die körperliche Lust hinzuweisen. Am weitaus häufigsten handelt es sich um Polysemie.
[380] Zu Georges eigener Liebeslyrik vgl. die bisher einzige ausführliche Studie von Keilson-Lauritz, Von der Liebe die Freundschaft heißt.
[381] Vgl. Osterkamp, Frauen im Werk Stefan Georges (b).
[382] Ebd., S. 1012.
[383] Stamm, Zwischen Abgrenzung und Auflösung, S. 11.

Georges Werk bis Ende 1895 geprägt"[384] hat. Es ist also nicht die Frau an sich, sondern die Verführung zum Geschlechtlichen, die es für George zu verdrängen gilt. Erst mit dem ‚Engel' im ‚Teppich des Lebens' verringert sich die Angst vor dem Weiblichen und „die Verführung durch die Frau ist nur noch ein ferner Schrecken, an den der ‚Engel' erinnert (‚Vorspiel VI'): ‚Entsinne dich der schrecken ... Der trocknen sommer wilde feuersbrunst'."[385] Es ist nicht so sehr der Schrecken vor dem Weiblichen, der in Georges Sonett-Übersetzung wichtig ist, sondern vielmehr die Verachtung gegenüber sexueller Gier und vor allem der damit verbundenen Abhängigkeit vom Körper.

Um Georges Umgang mit sexueller Lust in der Übersetzung zu zeigen, soll zunächst das Sonett 151 ausführlich analysiert werden. In diesem Sonett finden sich sexuelle Anspielungen,[386] und darüber hinaus wird das Ringen zwischen Körper und Geist thematisch aufgegriffen.

CLI
Love is too young to know what conscience is;
Yet who knows not conscience is born of love?
Then, gentle cheater, urge not my amiss,
Lest guilty of my faults thy sweet self prove:

For, thou betraying me, I do betray
My nobler part to my gross body's treason;
My soul doth tell my body that he may
Triumph in love; flesh stays no farther reason,

But rising at thy name doth point out thee
As his triumphant prize. Proud of this pride,
He is contented thy poor drudge to be,
To stand in thy affairs, fall by thy side.

No want of conscience hold it that I call
Her ‚love' for whose dear love I rise and fall.

CLI
Lieb' ist zu jung und kennt gewissen nicht ..
Doch heissts · gewissen ist der liebe kind.
Drum · holde trügerin · geh nicht vor gericht
Wo man dein süss selbst mit mir schuldig find'.

Denn du verrätst mich so wie ich verrate
Mein edler teil an groben leibes trug.

---

[384] Oelmann, Das Eigene und das Fremde, S. 302.
[385] Ebd., S. 302. Das Zitat findet sich in SW V, S. 15.
[386] Wells nennt das Sonett 151 „one of Shakespeare's most explicitly sexual poems". Wells, Shakespeare's Sonnets and Sex, S. 12.

In mir die seele sagt zum leib: im staate
Prange die liebe ... Fleisch bleibt nicht mehr klug ·

Ja · steigt bei deinem namen auf und zielt
Auf dich siegpreis .. geziert mit dieser zier ·
Freut es sich wenns dein armes lasttier spielt ·
In deiner sache steht und fällt bei dir.

Nennt nicht gewissensleer ihn der lieb hält
Jene um deren lieb' er steigt und fällt!

Zunächst werde ich kurz auf einige rhetorische Mittel hinweisen, die George in seiner Übersetzung gemäß Shakespeares Original einfügt. George übersetzt das Oxymoron „gentle cheater" mit „holde trügerin". Die Übersetzung „trügerin" hat eine Senkung zu viel und ist eine Betonung, die sich so nicht bei Shakespeare findet. George betont mit der doppelten Senkung die Trughaftigkeit der Frau.

Anders als Shakespeare, der den Gegensatz von Körper und Geist zum Thema macht und den Körper schließlich als Sieger dieses Duells darstellt, betont George diesen Gegensatz, um vor dem Körper zu warnen. Auch die verschiedenen Formen der Paronomasie, die Shakespeare verwendet, setzt George ein. Er übersetzt sowohl das Polyptoton „For, thou betraying me, I do betray" / „Denn du verrätst mich so wie ich verrate" als auch die, in diesem Falle tautologische, Figura etymologica: „Proud of this pride" / „geziert mit dieser zier". Shakespeare fügt einen weiblichen Reim in den Versen 6 und 8 ein; George reimt die Verse 5 und 7 weiblich. Das Aufeinandertreffen des weiblichen und männlichen Reimes bleibt in Georges Übersetzung bestehen. Das dreifach wiederholte „conscience" übersetzt George jeweils mit „gewissen". Er kann damit ebenfalls das vorherrschende Thema dieses Sonetts betonen: der Kampf des Gewissens und des Geistes mit der Triebhaftigkeit des Körpers. Die sexuellen Andeutungen, die Shakespeare schon im Wort „conscience" mit der klanglichen Anspielung auf ‚con-science' oder ‚cunt-science'[387] gibt, lassen sich im Deutschen so nicht nachbilden. In Shakespeares Sonett findet sich zudem eine Anapher, die George nicht übersetzt. Das viermalige

---

[387] Vgl. Booth, Shakespeares Sonnets 1977, S. 526; Williams, Shakespeare's Sexual Language, S. 80. Die Wiederholung des Wortes „conscience" spielt außerdem auf ‚pricks of conscience' also ‚Gewissensbisse' an; die Verbindung mit ‚prick' (Penis) auf das Sprichwort „Penis erectus non habet conscientiam". Für das Sprichwort vgl. Taylor, The proverb, S. 171. Vgl. außerdem Duncan-Jones, Shakespeare's Sonnets, S. 418; Kerrigan, The Sonnets, S. 383; Blakemore-Evans, The Sonnets, S. 253. Booth, Shakespeare's Sonnets, S. 525–529. Zu ‚prick' vgl. Colman, The Dramatic Use of Bawdy in Shakespeare, S. 209; Partridge, Shakespeares's Bawdy, S. 167; Williams, Shakespeare's Sexual Language, S. 245f. In den beiden Sonett-Ausgaben in Georges Besitz finden sich keine Hinweise auf die doppeldeutigen Wortspiele.

„my" in den Versen 6 und 7 wird in Georges Übersetzung nicht wiederholt. Dieses Vernachlässigen der Anapher ließe sich sicher auch mit der erforderlichen Silbeneinsparung in deutschen Übersetzungen erklären, ich bin aber der Meinung, dass sich hier schon Georges Tendenz zur Generalisierung des Sonetts zeigt.

In der soeben beschriebenen Wiederholung des „my" fällt auf, dass George zwar den Bezug des Sprechers zum Geistigen bestehen lässt: „mein edler teil" und „in mir die seele". Dem „leib" dagegen wird diese Zugehörigkeit verwehrt, auch wenn sie sich aus dem Kontext ergibt. Seele und Gewissen sind die für George wichtigen Aspekte, die bewahrt und geachtet werden müssen, während der Körper in den Hintergrund treten soll. Dieser Unterschied tritt nicht erst in Georges Übersetzung auf. Die Adjektive in „my nobler part" und „my gross body's" beschreiben dies deutlich. Allein George steigert den Unterschied noch, indem er den Geist durch das Possessivpronomen näher zum Sprecher setzt als den Körper. George sträubt sich im Rahmen seiner Übersetzung gegen die Vorherrschaft des Körpers, gegen die sexuelle Abhängigkeit. Während Shakespeare seinen Sprecher resigniert gegen die Triebhaftigkeit klagen lässt, schafft George einen sich wehrenden Sprecher, der dem Verlangen seines Körpers entgegenwirkt. Im Übrigen fehlt auch schon im ersten Quartett der Hinweis auf „*my* amiss" (meine Hervorhebung) bei George. Während Shakespeares Sprecher eigene Vergehen eingesteht, bittet der Sprecher in Georges Übersetzung nur darum, nicht vor Gericht zu klagen. Worüber die ‚Dark Lady' klagen könnte, bleibt in der Übersetzung unklar, und der Sprecher wirkt weniger fehlerhaft.

Im Couplet gibt Shakespeares Sprecher zu, dass er sich dem Körper ergibt, dass er trotz Betrugs und anderen Missetaten zur ‚Dark Lady' hält und dass seine Liebe zu ihr, entgegen der Einwände seines eigenen Gewissens, bestehen bleibt:

> No want of conscience hold it that I call
> Her ‚love' for whose dear love I rise and fall.

> Nennt nicht gewissensleer ihn der lieb hält
> Jene um deren lieb' er steigt und fällt!

Georges neu gebildetes Wort „gewissensleer" für „want of conscience" und auch, dass er das Couplet mit dem bezeichnenden Verb „fällt" (Steigen und Fallen des Penis und Niederlage des Gewissens)[388] enden lässt, ist sehr nahe an Shakespeare. Allerdings bleibt Georges Couplet eine generelle Feststellung und bezieht sich nicht auf das Sprecher-Ich. Während bei Shakespeare „I call her love" und „I rise and fall" steht, findet sich in der Übersetzung lediglich „ihn der lieb hält" und „er steigt und fällt". Im Ge-

---

[388] Vgl. Wells, Shakespeare's Sonnets and Sex, S. 18.

gensatz zu Shakespeare schließt George das Sonett also nicht mit dem *gefallenen* Sprecher und dessen besiegtem Geist, sondern er endet mit der generellen Tatsache, dass es Menschen gibt, die für die Liebe ihren Geist vergessen. Diese Tatsache ist weniger als Resignation, sondern eher als Warnung zu verstehen. George generalisiert das Couplet weiterhin, indem sich das „jene" nicht zwangsläufig auf eine Frau beziehen muss. Es kann sich, anders als bei Shakespeare, auch auf geliebte Menschen beziehen. George entpersonalisiert dieses Sonett und baut eine Distanz zur triebhaften, körperlichen Liebe auf. Diese Liebe kann, aber muss sich nicht auf den weiblichen Körper beziehen. In der Übersetzung zeigt sich, wie in seinen eigenen Gedichten,[389] Georges Bemühen, die Triebhaftigkeit des Sexuellen zu verbannen.

Dass George in seiner Übersetzung die Übermacht des Körpers anzweifelt, zeigt sich bereits am Beginn des Sonetts, im zweiten Vers:

>   Yet who knows not conscience is born of love?

>   Doch heissts · gewissen ist der liebe kind.

Hier wird das Thema des Sonetts, die Vorherrschaft der (körperlichen) Liebe gegenüber dem Geist, als allbekannte Tatsache eingeführt. Dieser Sachverhalt wird bei Shakespeare mit den Worten „yet who knows not" eingeleitet, bei George mit „doch heissts". Während Shakespeares rhetorische Frage (etwa: Wer weiß es nicht?) etwas Allgemeingültiges ankündigt, lässt Georges Formulierung Zweifel zu. „Doch heissts" kann auch die Bedeutung von ‚es wird erzählt, dass' haben, und in diesem Falle sind Bedenken am Gesagten durchaus zulässig. Schon am Beginn dieses Sonetts macht George deutlich, dass die Herrschaft des Körpers über den Geist keinesfalls verbindlich ist, sondern hinterfragt werden kann und muss.

Nachdem die bisher erläuterten Abweichungen bereits Georges eigenwillige Interpretation dieses Sonetts zeigen, soll abschließend noch der gravierendste Eingriff Georges betrachtet werden. Auch Oelmann weist in ihren Anmerkungen darauf hin, dass dies „[e]iner der wenigen, gründlich verändernden Eingriffe Georges"[390] sei.

>   My soul doth tell my body that he may
>   Triumph in love; flesh stays no farther reason,

>   In mir die seele sagt zum leib: im staate
>   Prange die liebe ... Fleisch bleibt nicht mehr klug ·

---

[389] Vgl. dazu Stamm, Zwischen Abgrenzung und Auflösung, S. 11.
[390] SW XII, S. 256, Erläuterungen Oelmann. Olga Marx weist in ihrer Arbeit zwar auch auf den Unterschied hin, kommentiert diesen allerdings nicht. Vgl. Marx, Stefan George in seinen Übertragungen englischer Dichtung. Teil II, S. 73.

Zuallererst fällt auf, dass George das „im staate" einfügt, obwohl bei Shakespeare keine Entsprechung dafür vorhanden ist. Die selbstbeschreibende Rede vom Staat hat etwa im Jahr 1907 Eingang in den George-Kreis gefunden.[391] Wolters gibt an, dass das „‚staatlich[e]' fühlen und handeln" mit dem Erscheinen des ‚Siebenten Rings' zusammenfällt,[392] und Boehringer weist darauf hin, dass die Bezeichnung des Kreises als Staat der Denkweise von Wolters zu verdanken sei.[393] Zur Zeit der Sonett-Übersetzung Georges begann sich der Kreis also selbst als Staat zu sehen und George nutzt dieses Wort hier, um eine liebende Gemeinschaft zu beschreiben, die sich vom Körperlichen abgrenzt.

Die Seele bei Shakespeare sagt zum Körper außerdem „that *he* may / Triumph in love" (meine Hervorhebung) – der Körper darf triumphieren, die Seele gibt nach. In Georges Übersetzung spricht die Seele zwar auch den Leib an, aber der Inhalt der Aussage ist ein ganz anderer: „im staate / Prange die liebe". Hier ist nicht gesagt, um welche Art der Liebe es sich dabei handelt. Es ist möglich, Georges Übersetzung so zu lesen, dass im Staate die körperlose, die geistige Liebe herrschen soll. Dafür spricht, dass das „nicht mehr klug[e]" Fleisch deutlich durch drei Punkte vom Staat getrennt ist. Dass die Interpunktion Georges sein „wollen" durch eine radikale Beanspruchung der Leser unterstützt, hat Steffen Martus in einem Aufsatz zu „Georges Punkten" gezeigt.[394] Da George drei Punkte sonst meist zu zwei Punkten verkürzt, kommt diesen Punkten hier eine besondere Bedeutung zu. Anders als Martus denke ich nicht, dass George eine Dreipunktreihe „später auf zwei Punkte verkürzt"[395], sondern dass er Drei- und Zweipunktreihen mit unterschiedlichen Intentionen gebrauchte. Während

---

[391] Vgl. Breuer, Ästhetischer Fundamentalismus, S. 52ff.; Egyptien, Die Kreise, S. 401f.
[392] Wolters, Stefan George, S. 389.
[393] Vgl. Boehringer, Mein Bild, S. 129. Hinweise dazu auch bei Kolk, Literarische Gruppenbildung, S. 178.
[394] Vgl. Martus, Stefan Georges Punkte, hier z. B. S. 302. Martus bescheinigt der Interpunktion Georges eine „Strategie der Verunsicherung und Verunklärung" des Lesers die auf das „wollen" Georges hinausläuft. Dabei folgt die Interpunktion allerdings keinen festen Regeln; sie ist „nicht nur kontingent, sondern auch willkürlich". Ebd., S. 326. Auch Holschuh bezeichnet Georges Zeichensetzung als „elitäre[n] Ausbruch", die den Leser „vom prosaischen Begreifen hinweg zur sinnlichen Spracherfahrung" zwingt. Holschuh, Poetische Zeichensetzung, S. 58.
[395] Martus, Stefan Georges Punkte, S. 301. Adorno beschreibt die Kürzung der Punkte wie folgt: „Die drei Punkte […] suggerieren die Unendlichkeit von Gedanken und Assoziation […]. Reduziert man aber, wie die Georgeschule, jene den unendlichen Dezimalbrüche der Arithmetik entwendeten Punkte auf die Zahl zwei, so meint man, die fiktive Unendlichkeit ungestraft weiter beanspruchen zu können, indem man, was dem eigenen Sinn nach unexakt sein will, als exakt drapiert." Adorno, Satzzeichen, S. 109.

zwei Punkte als „horizontaler Doppelpunkt"[396] auf die Bedeutung des Folgenden verweisen können und als verkürzter Dreipunkt das unbestimmte und andeutungsvolle Ende eines Satzes markieren, sehe ich die Dreipunktreihe bei George – vor allem wenn sie wie hier allein steht und nicht an ein Wort angehängt ist – als bedeutungsschwere Gedankenpause. Diesen drei Auslassungspunkten bei George steht im Original Shakespeares ein Semikolon gegenüber. Auch hier ist also eine Pause oder ein Neuanfang zu erkennen, vor allem aber trennt dieses Semikolon zwei nebeneinandergestellte Sätze. Georges drei Auslassungspunkte fallen auch anhand der optischen Breite auf. Die drei Auslassungspunkte in der Übersetzung Georges stehen für eine Pause, die nicht nur eine Atempause, sondern auch einen Umschwung bedeutet, einen Wechsel der Richtung, eine Umkehr der Gedanken.[397]

Liest man Georges Übersetzung so, wie eben beschrieben, dann ergibt sich für das folgende dritte Quartett eine ganz neue Situation. Hier wird nun nicht, wie bei Shakespeare, beschrieben, wie der Körper des Sprechers über den Geist triumphiert, sondern es wird ein Gegenbild zur Liebe des Staates gezeigt. Dafür spricht zudem, dass George die sexuellen Anspielungen deutlich übersetzt, während er sie in den meisten anderen Sonetten ignoriert. In diesem Sonett dagegen „steigt [es] auf", „zielt", „steht" und „fällt", und es liegt nahe, hier in Verbindung zur Liebe des Fleisches an das männliche Geschlechtsorgan zu denken.[398] Dass sich in Georges Übersetzung die Taten auf „es" und nicht „he" beziehen, hat den einfachen Grund, dass das Fleisch im Deutschen sächlich ist. Dies ermöglicht George zudem eine stärkere Abgrenzung des fleischlichen Parts von dem männlichen Sprecher des Gedichts. Dass George auf für ihn unübliche Weise die sexuellen Anspielungen übersetzt, hängt damit zusammen, dass er in diesem dritten Quartett eben den Gegenpart zur geistigen Liebe darstellt, den Körper, vor dem gewarnt wird.

Auf der einen Seite steht die anzustrebende körperlose Liebe des Staates, auf der anderen Seite das abschreckende Beispiel der Abhängigkeit von der Begierde des Fleisches. In Shakespeares Sonett besteht weiterhin eine Verbindung zwischen Fleisch und Geist, denn „flesh stays no farther reason", also etwa ‚das Fleisch wartet nicht auf den Rat des Geistes'. In der

---

[396] Martus, Stefan Georges Punkte, S. 308.
[397] Zu Georges Interpunktion vgl. außerdem Holschuh, Poetische Zeichensetzung, S. 58ff. Zu der Bedeutung und der Geschichte der Auslassungspunkte vgl. Abbt, Die Auslassungspunkte; Klein/Grund, Die Geschichte der Auslassungspunkte; Osterkamp, Drei Punkte. Allerdings kann auch der Doppelpunkt eine Umkehrfunktion haben: vgl. Gumbrecht, Der Doppelpunkt, S. 68f.
[398] Auch Marx weist vorsichtig darauf hin, dass „in der Übersetzung die Anspielungen des Textes wieder[gegeben werden]". Marx, Stefan George in seinen Übertragungen englischer Dichtung. Teil II, S. 73. Zur „phallic conclusion" dieses Sonetts bei Shakespeare vgl. Colman, The Dramatic Use of Bawdy in Shakespeare, S. 167.

Übersetzung dagegen „bleibt [Fleisch] nicht mehr klug", und George unterlässt es damit, auf die bei Shakespeare implizierte Diskussion zwischen Geist und Fleisch hinzuweisen. Auch Georges Wahl des Verbes „bleibt" deutet hier darauf hin, dass Fleisch und Geist für ihn nicht nur für den Moment, sondern generell als getrennt voneinander anzusehen sind. Sicherlich findet sich der Geist in dem Adjektiv „klug", aber die Interaktion zwischen Geist und Körper geht verloren. Während im Staat die richtige, die geistige Liebe vorherrscht, lassen sich andere Liebende durch den Körper bestimmen. Dass bei George die Liebe im Staat „prange", bedeutet anders als Shakespeares „triumph" nicht nur einen Hinweis auf das Herrschaftliche, das Machtvolle dieser Liebe, sondern birgt auch klangliche Assoziationen zu Prunk und Pracht. Die geistige Liebe, die George hier beschwört, ist also durchaus auch eine prachtvolle, eine vom ‚schönen Leben' geprägte Liebe.

Das Sonett 151 ist ein Beispiel dafür, wie es George gelingt, in seiner Übersetzung die Aussage eines Sonetts in seinem Sinne zu ändern und umzuinterpretieren. Während in Shakespeares Sonett der Körper des Sprechers über den Geist triumphiert, werden in Georges Sonett zwei Arten der Liebe – die geistige und die körperliche – gegenübergestellt und es wird vor einem Triumph des Fleisches gewarnt. Der Sprecher wird in Georges Übersetzung nicht als Opfer seiner Fleischeslust dargestellt, und so stellt George dieses Gedicht standhaft gegen sexuelle Triebe.

Im Folgenden sollen nun einige der häufig sexuell konnotierten Wortspiele Shakespeares und deren Übersetzung Georges näher erläutert werden. Zunächst das im Themenbereich der Sexualität oft zitierte Sonett 20.

> XX
> A woman's face with Nature's own hand painted
> Hast thou, the master-mistress of my passion;
> A woman's gentle heart, but not acquainted
> With shifting change, as is false women's fashion;
>
> An eye more bright than theirs, less false in rolling,
> Gilding the object whereupon it gazeth;
> A man in hue, all ‚hues' in his controlling,
> Which steals men's eyes and women's souls amazeth.
>
> And for a woman wert thou first created;
> Till Nature, as she wrought thee, fell a-doting,
> And by addition me of thee defeated,
> By adding one thing to my purpose nothing.
>
> But since she prick'd thee out for women's pleasure,
> Mine be thy love, and thy love's use their treasure.

XX
Ein frauenantlitz das Natur selbsthändig
Gemalt – hast du · Herr-Herrin meiner minne ·
Ein zartes frauenherz · doch das nicht ständig
Den wechsel sucht nach falscher frauen sinne.

Ein aug so hell wie ihrs doch nicht so hehlend ·
Jed ding vergoldend worauf es sich wendet ·
Ein mann in form · den formen all befehlend ·
Der mannes aug und weibes seele blendet.

Du warst als frau gedacht als erst dich schaffte
Natur · doch sie verliebte sich beim werke ·
Indem durch zutat sie dich mir entraffte.
Tat sie ein ding bei – nicht für meine zwecke.

Doch da sie dich erlas zu weibes labe ·
Sei mein dein lieben · ihnen liebes-gabe.

Das Sonett 20 beschäftigt sich explizit damit, dass der ‚Fair Youth' ein Mann ist. Viele der bekannten Sonett-Folgen wurden zu Shakespeares Zeit an eine geliebte Frau gerichtet. In den ersten zwei Quartetten werden die Vorteile eines Mannes gegenüber einer Frau dargelegt. Anschließend wird die Schönheit des ‚Fair Youth' damit begründet, dass er eigentlich als Frau erschaffen werden sollte, aber als sich *die* Natur in sie/ihn verliebte, doch noch als Mann ummodelliert wurde. Besonders die letzten sechs Verse weisen einen hohen Anteil an sexuell konnotierten Polysemen auf. Zum einen geht es um die Zugabe des männlichen Geschlechtsorgans, zum anderen um dessen Verwendung. Die verschiedenen Glossare zu Shakespeares ‚Bawdy Language' geben Auskunft über die Bedeutung von „nothing" und „treasure" (weibliches Geschlechtsorgan oder männlicher Samen), „prick" (männliches Geschlechtsorgan) und „use" (Geschlechtsverkehr).[399]

George bildet die Figura etymologica „by addition [...] by adding" nach: „durch zutat [...] tat sie". Für die Gegenüberstellung „one thing [...] nothing" findet sich bei George keine Entsprechung. Anders verhält es sich in Vers 5: Hier bildet George zwar nicht die Komparative „more bright" und „less false" nach, allerdings erreicht er die Gegenüberstellung der männlichen und weiblichen Eigenschaften, indem er sie in einem assonanten Parallelismus „so hell" und „so hehlend" aufeinandertreffen lässt.[400]

---

[399] Vgl. z. B. Partridge, Shakespeare's Bawdy; Colman, The Dramatic Use of Bawdy in Shakespeare; Pointner, Bawdy and Soul; Williams, Shakespeare's Sexual Language. Vgl. außerdem die Kommentare zu diesem Sonett in den kommentierten Shakespeare-Ausgaben.

[400] Vgl. SW XII, S. 192, Erläuterungen Oelmann; Marx, Stefan George in seinen Übertragungen englischer Dichtung. Teil II, S. 16. Interessanterweise bemerken beide Texte nur den ersten unübersetzten Komparativ.

Anders als Shakespeare nutzt George in seiner Übersetzung mehrfach Enjambements, genauer in den Versen 1/2, 3/4 und 9/10. Mit diesen Enjambements betont George den Wechsel von Frau zu Mann und integriert das Thema weiter in das Sonett. Das fällt besonders in den Versen 3 und 4 auf, da hier explizit ein Wechsel beschrieben wird. Da es sich bedingt durch den zweisilbigen, weiblichen Schluss der Verse um asynaphische Versübergänge handelt, wirkt das Enjambement besonders sperrig. Durch die drei Enjambements lässt George also die beiden Senkungen noch deutlicher aufeinandertreffen.

Shakespeares oft zitierte Anrede des ‚Fair Youth' mit „master mistress" gibt George wortgetreu mit „Herr-Herrin" wieder – eine Stelle, die themengebend für dieses Sonett ist. Dass George einen Bindestrich nutzt, um Herr und Herrin zu verbinden, verdeutlicht, dass sowohl männliche als auch weibliche Komponenten innerhalb dieser einen Person vorhanden sind. Die Majuskeln in Georges Übersetzung, „Herr-Herrin" und „Natur", ergeben sich zum einen durch die Anrede und zum anderen durch die Personifizierung der Natur. Georges Deutung dieses Verses, der verschiedenste Interpretationen angeregt hat und als Beweis sowohl für als auch gegen eine Homosexualität Shakespeares angeführt wurde,[401] zeigt sich klar in seiner Übersetzung. George vermindert den leidenschaftlichen und körperlichen Aspekt von „passion" und wählt mit „minne" einen Begriff, der den künstlerischen und geistigen Aspekt der Liebe betont.[402] Shakespeares „passion" lässt diese Deutung, also die Passion für die Sonete bzw. für das eigene Werk, ebenfalls zu. George entscheidet sich also für eine geistig künstlerische Interpretation.

Auch in Georges eigenen Gedichten taucht die Minne auf,[403] am bekanntesten ist sicher der Minner aus ‚Der Fürst und der Minner'[404]. Morwitz sagt zum Minner, dass dieser „schon vor seinem Gebrauch durch den Dichter in der Bedeutung von ‚Liebender' allgemein bekannt gewesen ist."[405] Die Minne soll also vor allem Lieben bedeuten, jedoch keinesfalls eine körperliche Liebe, sondern eine geistige, die den Geliebten „einen beglückenden Rausch, der ihre Lebenskraft erhält, zuteil werden [lässt]"[406]. Der Minner in Georges Gedicht spricht die Geliebten direkt an: „Für euch

---

[401] Zu den verschiedenen Möglichkeiten das Sonett 20 zu interpretieren, vgl. den kurzen Überblick von Edmondson/Wells, Shakespeare's Sonnets, S. 73ff.

[402] Barlow weist darauf hin, dass ‚minne' ein typisches Wort der Lyrik Georges sei und dass sich seine Übersetzung durch den Gebrauch solcher – obsoleter – Worte auszeichnet. Vgl. Barlow, A critical study of Stefan George's translation from English, S. 324.

[403] Vgl. Bock, Wort-Konkordanz, S. 405.

[404] SW VI/VII, S. 40f.

[405] Morwitz, Kommentar, S. 239.

[406] Ebd., S. 240.

Geliebte – o all ihr Geliebten!"[407] Der Minner ist ein Liebender, der mit dieser liebenden Kraft etwas zu erreichen sucht. Morwitz, der in dem Minner ganz klar ‚Maximin' erkennt, formuliert wie folgt: „Die Aufgabe des Minners besteht darin, durch seinen Anhauch Mut und Kraft zu beleben und seinen Kuss tief in die Seelen zu brennen"[408]. Diese von Morwitz aus dem ‚Stern des Bundes'[409] entnommene Aufgabenbeschreibung macht deutlich, dass mit Minne immer ein Ziel verbunden ist. Es soll etwas in dem Geliebten bewegt werden. Es ist daher bezeichnend, dass George das Wortfeld um Minne nahezu ausschließlich im ‚Siebenten Ring' gebraucht.[410]

Dass der ‚Fair Youth' in dem Sonett 20 von George also als „Herr-Herrin meiner minne" angesprochen wird, verdeutlicht, dass der ‚Fair Youth' auf eine solche Art geliebt wird, die ein Ziel verfolgt, die Lebenskraft vermitteln will. Auch wenn die Rollenverteilung eine andere ist – der ‚Fair Youth' ist das Objekt der Minne, während ‚Maximin' der Minner ist. Wichtig ist, dass die Minne bei George von einer Kraft umgeben ist, die vom pädagogischen Eros geprägt wird und deren Ziel die schöne Lebens-Kunst ist.[411] Die meisten gängigen und/oder aktuellen deutschen Übersetzungen entscheiden sich im Übrigen dafür, „passion" mit „Leidenschaft" zu übersetzen.[412]

In den letzten sexuell konnotierten Versen dieses Sonetts macht George weniger offensichtliche Anspielungen als Shakespeare. In der Übersetzung von „one thing" mit „ein ding" bleibt George in seiner Übersetzung zwar wortwörtlich nahe an Shakespeares Original. Da er aber, wie oben schon angemerkt, die Gegenüberstellung mit „nothing" in der deutschen Sprache nicht nachbilden kann, bleibt der Hinweis auf die Geschlechtsorgane bei George weniger deutlich als bei Shakespeare. Indem George das „prick'd thee out" mit „dich erlas" übersetzt, gibt er dem hier beschriebenen Zum-Mann-Modellieren eine positive Bedeutung. Etwas Erlesenes ist etwas mit Bedacht und Sorgfalt Ausgewähltes, etwas Besonde-

---

[407] SW VI/VII, S. 41. Dem Teil ‚Der Minner' geht ein Motto aus einem Gedicht von Maximilian Kronberger voraus. Vgl. SW VI/VII, S. 209, Kommentar.
[408] Morwitz, Kommentar, S. 240.
[409] Im dritten Gedicht des ‚Eingang' lauten die letzten Verse: „Schon ward ich was ich will. Euch bleibt beim scheiden / Die gabe die nur gibt wer ist wie ich: / Mein anhauch der euch mut und kraft belebe / Mein kuss der tief in eure seelen brenne." SW VIII, S. 10. Morwitz bezeichnet dies als „eines der wenigen [Gedichte] in denen der Dichter Maximin sprechen lässt." Morwitz, Kommentar, S. 240.
[410] Im ‚Siebenten Ring' gibt es fünf Verweise auf ‚Minne'. Vgl. Bock, Wort-Konkordanz, S. 405. Die einzige Ausnahme bildet „Melusinens minne" in SW III, 50, sowie die Verwendung in dem hier beschriebenen Sonett.
[411] Zum Konzept des pädagogischen Eros vgl. Oestersandfort, Antike-Rezeption.
[412] Therese Robinson, Christa Schuenke, Wolfgang Kaußen und auch Klaus Reicherts Prosa-Übersetzung wählen „Leidenschaft". Wolf Biermann spricht in seiner kolloquial gehaltenen Übersetzung von „Lüste".

res. Bei George liegt die Betonung also auf der Besonderheit des männlichen Körpers, während sie bei Shakespeare eher auf dem sexuellen Wortspiel mit „prick" liegt.

Die anschließende Aufforderung „use their treasure", die den ‚Fair Youth' geradezu zum Geschlechtsverkehr mit Frauen auffordert und ein Nachklang der ‚procreation'-Gruppe ist, übersetzt George ausweichend mit „sei [...] ihnen liebes-gabe". Auch wenn Marx dies als „kühne Übersetzung" bezeichnet, die „die nicht beachtete Anspielung in Vers 13 [ersetzt]"[413], und sie eine deutlich sexuell konnotierte Anspielung in Georges Übersetzung zu erkennen meint, denke ich, dass George hier weit weniger direkt als Shakespeare formuliert. Der ‚Fair Youth' kann seine körperliche Liebe den Frauen geben, ob er davon einen Nutzen („use") für sich selbst hat, bleibt offen. Die Bezeichnung „liebes-gabe" ist zudem sehr sachlich und unbestimmt, gerade im Kontext dieses Sonetts. Zudem schwächt das Kompositum die Kraft des Wortes ab. „Treasure" dagegen beinhaltet, abgesehen von den verschiedenen derben Bedeutungen, auch etwas Kostbares. Während die körperliche Liebe zwischen Mann und Frau bei Shakespeare einerseits unverblümt roh und andererseits als etwas Wertvolles beschrieben wird, bleibt dieselbe Stelle in Georges Übersetzung vergleichsweise kraftlos und blass. Ausgehend von Shakespeares Sonett gipfelt auch Georges Übersetzung in dem Couplet, das dem ‚Fair Youth' die zwei Möglichkeiten der Liebe – eine geistige und eine körperliche – verdeutlicht. Im Gegensatz zu Shakespeare schmückt George in seiner Übersetzung die körperliche Liebe nicht besonders aus. Mit der geistigen Liebe geht George in seiner Übersetzung weitaus sorgfältiger um. Zunächst einmal bleibt er scheinbar nahe an Shakespeare's Formulierung: „Mine be thy love" – also etwa ‚mein ist/sei deine Liebe' und bei George „Sei mein dein lieben". Die vermeintlich worttreue Übersetzung Georges weicht jedoch an einer wichtigen Stelle ab. Während Shakespeares Sprecher die Liebe, also ein Nomen, für sich in Anspruch nimmt, verlangt der Sprecher in Georges Übersetzung das Lieben, also das Verb, für sich. Anders verhält es sich bei der körperlichen Liebe: Bei Shakespeare steht hier die Genitivkonstruktion „Love's use" und bei George das Kompositum „liebes-gabe". Während im Original die körperliche Liebe durch aktive Nutzung beschrieben wird, ist diese in der Übersetzung durch das Kompositum abgeschwächt und statisch; die Aktivität wird dagegen mit der geistigen Liebe verbunden. Das, was der ‚Fair Youth' aktiv und aus eigenem Antrieb heraus tut, wird in Georges Übersetzung der geistigen Liebe zugeschrieben, und damit wird dieser Art der Liebe auch mehr Bedeutung beigemessen. In Georges Übersetzung wird die geistige Liebe zusätzlich durch die Assonanz in „sei mein dein" und den Binnenreim „mein/dein" hervorgehoben. George nutzt hier rheto-

---

[413] Marx, Stefan George in seinen Übertragungen englischer Dichtung. Teil II, S. 16.

rische Mittel, die keine Entsprechung bei Shakespeare haben. Abschließend muss der Rhythmus des letzten Verses beachtet werden. Durch die soeben beschriebenen klanglichen Mittel und durch die Einsilbigkeit der ersten drei Wörter eilt der erste Versteil und läuft auf das „lieben" hin. Dann folgt ein Hochpunkt, der bei George eine Zäsur bedeutet, und schließlich endet der Vers ruhig und unaufgeregt in den zweisilbigen Worten „ihnen liebesgabe".[414] Auch durch die rhythmische Struktur des Verses setzt die Übersetzung einen deutlichen Schwerpunkt auf die geistige Liebe. Im Bereich der geistigen Liebe passiert etwas, hier steigert sich der Rhythmus, hier ist es interessant.

George stellt die geistige Liebe deutlich über die körperliche Liebe – und dies eben nicht nur in seinen eigenen Werken, sondern auch dann, wenn Shakespeare diese Frage ambivalent offenlässt. Während Shakespeares Sonett noch heute Anlass für Diskussionen liefert, weil es Spielraum für verschiedene Interpretationen bietet, macht George seine Position in seiner Übersetzung unmissverständlich klar. Sicherlich muss man anmerken, dass es für Übersetzer immer schwierig ist, Polyseme in einer anderen Sprache nachzubilden. Deswegen ist es nicht nur wichtig, dass George die derben Wortspiele Shakespeares nicht übersetzt, sondern dass er darüber hinaus ganz bewusst die Betonung des Sonetts auf andere Bereiche lenkt. Im Gegensatz zu den meisten anderen Übersetzern unternimmt George auch keinen Versuch, die sexuellen Konnotationen dieses Sonetts an anderen Stellen, in anderen Worten nachzuahmen.[415]

---

[414] Einen ähnlichen Effekt, die Beruhigung des Verses, erreicht George in dem Schlussvers des Gedichts ‚Mein garten bedarf nicht luft und nicht wärme': „dunkle grosse schwarze blume." SW II, S. 63.

[415] Andere Übersetzer versuchen die kalauernden Wortspiele Shakespeares nachzubilden. Einige aktuelle Übersetzungen können hier als Beispiele dienen. Wolfgang Kaußen übersetzt das Couplet: „Da du gegliedert, Frauenlust zu dienen, / Dein Lieben mir! dein Liebszins nütze ihnen." Shakespeare/Kaußen, Die Sonette, S. 49. Christa Schuenke übersetzt: „Gab sie das Ding dir, Frauen zu entzücken, / Schenk mir die Liebe; sie magst du beglücken." Shakespeare/Schuenke, Die Sonette, S. 27. In Vers 11 übersetzt Schuenke „[sie] hängte dir was an", ebd., S. 27. Eine freie Übersetzung liefert Wolf Biermann: „Es pflanzte die Natur zur Freude dich der Frauen / Mein sei dein Herz, am Rest solln andre sich erbauen." Biermann, Das ist die feinste Liebeskunst, S. 19. Vers 11 übersetzt Biermann sehr kalauerhaft „Mir kann dein kleines Ding da vorne gar nicht schmecken". Ebd. Selbst in der Prosa-Übersetzung Klaus Reicherts ist es schwer die Wortspiele nachzuahmen: „Doch da sie dich für Frauenlust gerüstet, sei deine Liebe mein, und deiner Liebe Nutz *ihr* Schatz." Shakespeare/Reichert, Die Sonette – The Sonnets, S. 53. Es ist bezeichnend, dass es auch in einer Prosa-Übersetzung, die nicht auf Reim und Rhythmus achten muss, schwierig ist alle Bedeutungen nachzubilden, sodass man sich sogar mit Kursivierungen behelfen muss.

Ein weiteres Sonett, das die körperliche Liebe und die damit verbundene leidenschaftliche Hingabe und Abhängigkeit des Sprechers thematisiert, ist das Sonett 129 aus der Gruppe der ‚Dark Lady'-Sonette:

CXXIX
The expense of spirit in a waste of shame
Is lust in action; and till action, lust
Is perjured, murderous, bloody, full of blame,
Savage, extreme, rude, cruel, not to trust;

Enjoy'd no sooner but despised straight;
Past reason hunted; and no sooner had,
Past reason hated, as a swallowed bait,
On purpose laid to make the taker mad:

Mad in pursuit, and in possession so;
Had, having, and in quest to have, extreme;
A bliss in proof, and proved, a very woe;
Before, a joy proposed; behind, a dream.

All this the world well knows; yet none knows well
To shun the heaven that leads men to this hell.

CXXIX
Verbrauch von geist in schändlicher verzehr
Ist lust in tat · und bis zur tat · ist lust
Meineidig · mörderisch · blutig · voll unehr ·
Wild · tierisch · grausam · roh · des lugs bewusst.

Genossen wo gleich drauf verachtung trifft ·
Sinnlos erjagt und gleich nach dem empfang
Sinnlos gehasst wie ein verschlucktes gift ·
Eigens gelegt dass toll wird wer es schlang.

Toll im verfolg und im besitz zumal ·
Erlangt und im und beim erlangen wild ·
Glück beim versuch und wenn versucht nur qual ·
Erst: freudig hoffen · nachher: schattenbild.

Dies weiss jedweder .. doch nicht wie man flieht
Den himmel der zu dieser hölle zieht.

Dieses Sonett handelt von den Qualen, die die sexuelle Lust bereitet, von der Abhängigkeit und von der Unmöglichkeit, beides zu durchbrechen. Für Frye ist das Sonett 129, neben 146, eines der Sonette, die „the total range of the theme of love as Shakespeare handles it"[416] beschreiben, und

---

[416] Frye, How true a twain, S. 49.

auch für Gundolf gehören das Sonett 66 und das Sonett 129 „zu den mächtigsten Bekenntnissen des Meisters [= Shakespeare]: sie enthalten in gedrungenen Formeln den Grundstoff des ganzen Zyklus und die Grundstimmung seiner Weltschmerzdramen."[417] In den drei Quartetten wird zum einen das Dilemma beschrieben, der körperlichen Lust ausgesetzt zu sein, und zum anderen werden die gegensätzlichen Gefühle verdeutlicht, die dies mit sich bringt. Das Sonett nutzt vermehrt gegenüberstellende rhetorische Mittel, um zu verdeutlichen, wie schnell Gefühle wechseln und sich ändern können. Es geht dabei immer um das moralische Empfinden, das in keinem Verhältnis zu der unmoralischen, aber trotzdem begangenen Tat steht. Das Couplet fasst schließlich das Problem zusammen und erklärt, dass es keine Möglichkeit gibt, dem Begehren des weiblichen Körpers zu entkommen.

Auch in diesem Sonett finden sich wieder einige ‚bawdy puns' Shakespeares: „spirit" wird oft als Beschreibung für das männliche Sperma gebraucht, „waste of shame" lässt eine ‚shameful waist' als Beschreibung einer Prostituierten anklingen – und dass „hell" auch das weibliche Geschlechtsorgan beschreiben kann, wurde bereits weiter oben erwähnt.[418] Das Thema des Sonetts, der Gegensatz von moralischem Empfinden und sexueller Begierde, wird mit rhetorischen Mitteln, vor allem der Wiederholung und der Gegenüberstellung, verdeutlicht. Es finden sich sowohl Polyptoton (Vers 10) als auch Figura etymologica (11), Anapher (6/7), Epanodos (2 und 13), Accumulatio (3/4), antithetischer Parallelismus (12) und Anadiplose (8/9). George bildet die meisten Stilmittel beeindruckend nach. In der direkten Gegenüberstellung der beiden Sonette lässt sich dies gut nachprüfen. Die einzigen rhetorischen Mittel, die in der Übersetzung keine Entsprechung finden, sind der zweite Epanodos „well knows [...] knows well" und die Anadiplose „mad: / Mad". Bei Letzterem übernimmt George aber die Wiederholung des Wortes „toll". Ohne genauer auf die einzelnen Entsprechungen eingehen zu müssen, kann man feststellen, dass George die Betonung des moralischen Dilemmas, des Hin- und Hergerissenseins, aufnimmt und ebenfalls hervorhebt.

Auffallend ist zunächst, dass George hier die derbe Sprache Shakespeares nachbildet. Das Wortfeld des körperlichen Verlangens zeigt sich z. B. in Ausdrücken wie „verzehr", „lust", „wild", „tierisch", „genossen", „empfang", „toll", „schlang" und „qual". Im Gegensatz zu dem bei George in seiner Derbheit abgeschwächten Sonett 20 geht es hier um die Liebesbeziehung zur ‚Dark Lady'. George stellt *diese* körperliche Liebe drastisch dar und grenzt sie so von der geistigen Liebe ab. Auch bei der Aufzählung der Adjektive im ersten Quartett bleibt George in seiner

---

[417] Gundolf, Shakespeare, S. 650.
[418] Vgl. Colmans, The dramatic use of Bawdy in Shakespeare, S. 193 und 198; Williams, Shakespeare's Sexual Language, hier S. 284, 330, 156. Siehe auch die Erläuterungen zu Sonett 144 in Kapitel 4.1.1.

Übersetzung möglichst nahe an Shakespeare. Um den Rhythmus zu erhalten, stellt George im vierten Vers die Adjektive um: „wild" ist die Übersetzung von „extreme", „tierisch" von „savage", „grausam" von „cruel" und „roh" von „rude". Die Wiederholung von „extreme" (Vers 1 und 10) findet sich mit „wild" also auch in Georges Übersetzung. Die Feststellung Oelmanns zu der vermeintlichen Übersetzung „extreme"/„tierisch", dass „[d]ie Gleichsetzung von geschlechtlicher Lust und Tierischem [...] nur in Georges Übertragung gegeben [ist]"[419], kann also nicht bestätigt werden. Allerdings stimmt es, dass George das Tierische besonders hervorhebt und in Shakespeares Sonett kein so direkter Hinweis auf Tiere besteht.[420] Die Übersetzung des „extreme" mit „wild" unterstützt die Betonung des Tierischen in der geschlechtlichen Liebe. Auch das direkte Aufeinandertreffen von „wild · tierisch" in Georges Übersetzung hebt das Tierische hervor – vor allem, da die erste Silbe nur als Auftakt gelesen und so gerade das (wilde) Tier betont wird.

Das erste Quartett weist weitere Besonderheiten in der Übersetzung auf. Schon im ersten Vers bemerkt Oelmann, dass George mit „verzehr" einen Neologismus schafft: „ein feminin gebrauchtes Substantiv [...] mit der Konnotation der Verschwendung".[421] Während *der* „Verbrauch von geist" noch maskulin gewendet ist, heißt es daraufhin nicht – wie es möglich wäre – in schändlich*em* verzehr, sondern „in schändlich*er* verzehr" (meine Hervorhebung). Der Ver- oder Gebrauch des Geistes ist eine männliche Tat, die Verderb bringende sexuelle Handlung – das schändliche Verzehren – dagegen weiblich. Erst das weiblich gewendete Verzehren bringt den Sittenverfall mit sich, also in diesem Sonett die geschlechtliche Lust. In dem folgenden äußerst markanten Vers „Ist lust in tat · und bis zur tat · ist lust" steigert George den bei Shakespeare bereits vorhandenen Epanodos dadurch, dass er einsilbig formuliert und zudem klanglich mit sich wiederholenden t- und st-Lauten arbeitet. Der ganze Vers wirkt mechanisch und sperrig. Die sich wiederholenden, dentalen t-Laute machen es schwierig, den Vers fließend auszusprechen. George betont hier also nicht nur das Vorherrschende, Allgegenwärtige der „lust", sondern eben auch, dass es sich hier um etwas Falsches handelt, etwas, das sich sperrt, etwas, das nicht zu empfehlen ist. Am Ende des ersten Quartetts übersetzt George „not to trust" mit „des lugs bewusst". Auf den ersten Blick scheint die Übersetzung nicht weit vom Original entfernt zu sein: Jemand, dem nicht vertraut wird, ist wahrscheinlich als Lügner bekannt. Einige Sonette später

---

[419] SW XII, S. 246, Erläuterungen Oelmann.
[420] Das ‚Tierische', zumindest das unzivilisierte und bestialische, ist auch in Shakespeares „savage" vorhanden.
[421] Vgl. SW XII, S. 246, Anmerkungem Oelmann. In seinem *eigenen* Werk nutzt George ‚verzehren' nur als Verb oder Adjektiv. Vgl. Bock, Wort-Konkordanz, S. 405.

wird sich zeigen, dass die Beziehung zwischen dem Sprecher und der ‚Dark Lady' auf Lügen, auf „lug", beruht.[422] Der Liebende ist sich in Georges Übersetzung „des lugs bewusst", er *weiß* ob seines falschen Tuns. George appelliert hier an den Verstand, an den Geist, der das Quartett eröffnet, und an das Bewusstsein, das das Quartett beendet.[423] In der Übersetzung Georges ist eine Abkehr von dem sexuellen Trieb möglich, wenn man dem Geist folgt.

Im Couplet wird schließlich erneut deutlich, dass George in seiner Übersetzung vehementer als Shakespeare zu einer Flucht vor der geschlechtlichen Liebe aufruft. Georges Verben „flieht" und „zieht" sind stärker als Shakespeares „shun" und „leads" und lassen viel eher einen gewaltsamen Kampf vermuten. Wenn man vor etwas flieht, dann handelt es sich um eine Furcht einflößende Bedrohung, dann reicht es nicht, dieser auszuweichen oder sie zu meiden („shun"). Und auch die Bedrohung ist bei George eine andere, sie „zieht" zur Hölle, das impliziert ein gewaltsames Festhalten, ein Ziehen gegen den Willen des anderen. Bei Shakespeare werden die Männer dagegen zur Hölle geleitet („leads"), sie gehen freiwillig oder zumindest scheinen sie sich nicht zu wehren. Dieses Sonett, das die Abhängigkeit von sexueller Lust wider besseres Wissen beschreibt, endet bei Shakespeare resignierend. In Georges Übersetzung dagegen wird der Widerstand gegen die geschlechtliche Lust nicht aufgegeben. Genau aus diesem Grund fehlt in der Übersetzung auch der Epanodos, der das Nicht-Wissen („none knows well") eines Ausweges betont. Bei George bleibt die Hoffnung auf einen Fluchtweg bestehen.

George übersetzt den „dream", der hier den Zustand nach dem Geschlechtsverkehr beschreibt, mit „schattenbild". Diese Übersetzung erklärt sich daraus, dass, wie Oelmann bereits anmerkt, der Traum „[i]n Georges Dichtung […] ein zentraler Begriff, vor allem im Spätwerk meist positiv besetzt"[424] ist. George geht der offensichtlichen Übersetzung also aus dem Weg, um keinen positiv besetzten Begriff zu verwenden. Auch der Schatten taucht in Georges Dichtung auf, häufig mit düsteren, bedrohlichen Konnotationen.[425] Insgesamt zeigt die Übersetzung des Sonetts 129, dass George sich in der Übersetzung anhand verschiedener Abweichungen vehement gegen die Macht der körperlichen Begierde wehrt.

Zum Ende dieses Kapitels sollen einige weitere kurze Stellen aus verschiedenen Sonetten angeführt werden, um zu zeigen, dass George auch in

---

[422] Vgl. Sonett 138, in dieser Arbeit in Kapitel 4.1.2.
[423] Vgl. SW XII, S. 246, Erläuterungen Oelmann.
[424] SW XII, S. 246, Erläuterungen Oelmann. Zu Morwitz' Erörterungen des Schlüsselbegriffes Traum vgl. Helbing, Stefan George und Ernst Morwitz, S. 28–36.
[425] Vgl. Bock, Wort-Konkordanz, S. 496. Vgl. außerdem auch die Verwendung der ‚Schatten' in den Sonetten 33 und 34, siehe Kapitel 4.1.2 und 4.2.1.

anderen Sonetten als den hier ausführlich analysierten dazu neigt, die körperliche Liebe in der Übersetzung abzuwehren.

Im Sonett 42 (Vers 1–4), das deutlich von einer Liebesbeziehung zwischen ‚Fair Youth' und ‚Dark Lady' spricht, macht George in der Übersetzung deutlich, dass die Liebe zum ‚Fair Youth' die wichtigere Liebe ist.

> XLII
> That thou hast her, it is not all my grief,
> And yet it may be said I loved her dearly;
> That she hath thee, is of my wailing chief,
> A loss in love that touches me more nearly.

> XLII
> Dass du sie hast ist nicht mein ganzer gram
> Und doch wird recht gesagt: sie liebt ich herzlich.
> Dass sie Dich hat ist was als schlimmstes kam ·
> Mehr trifft mich DER verlust an liebe schmerzlich.

Auch bei Shakespeare ist es die Liebe zum ‚Fair Youth', deren Verlust den Sprecher „more nearly" berührt. In Georges Übersetzung wird also mitnichten etwas Neues hinzugefügt. Dennoch ist diese Liebe in Georges Übersetzung noch herausragender, noch betonenswerter als bei Shakespeare. Das Reflexivpronomen in „Dass sie Dich hat" hebt George mit einem Großbuchstaben hervor. Es handelt sich hier nicht um das Hervorheben einer Anrede, sonst würde dies weitere Personalpronomen dieses Sonetts betreffen, und auch nicht um das Großschreiben zur Personifikation.[426] George betont hier lediglich den Grund für das „schlimmste[]", nämlich dass dem Sprecher das Du entwendet wird. Noch deutlicher wird dies im folgenden Vers, denn hier wird „DER verlust" des Sprechers gleich ganz in Großbuchstaben gesetzt. Es ist nicht irgendein Verlust, der betrauert wird, sondern der Verlust der Liebe des männlichen ‚Fair Youth'. George kann hier kaum offensichtlicher werden, und diese zwei Verse wirken nahezu übertrieben. George stellt die Liebe zum ‚Fair Youth', und das ist – in den meisten Sonetten – die geistige Liebe, mit Vehemenz höher als die (körperliche) Liebe zur ‚Dark Lady'.

In anderen Sonetten übersetzt George sexuelle Anspielungen nicht bzw. schwächt sie ab, vor allem in Bezug auf die Untreue des ‚Fair Youth'. Im zweiten Sonett (Vers 4) übersetzt George „lusty days", die sowohl die jugendlich lustigen als auch die lustvoll sexuellen Tage des ‚Fair Youth' beschreiben, mit „rüstigen zeit".[427] Das Lustvolle dieser Jugend-Zeit geht in Georges Übersetzung verloren.

---

[426] George nutzt die Großschreibung ansonsten vor allem für Anreden und Personifikationen.

[427] Vgl. SW XII, S. 184, Erläuterungen Oelmann. Rüstig wird eher mit geschmückt/schön gekleidet, vital und widerstandsfähig in Verbindung gebracht. Vgl.

In Sonett 41 übersetzt George im ersten Vers „liberty", das sich hier kontextbedingt auch auf sexuelle Freiheiten bezieht, mit „leichtsinn". George wählt damit eine klar wertende Übersetzung, die impliziert, dass man die in diesem Sonett beschriebenen „hübschen sünden" („pretty wrongs") verhindern könnte.[428] Der ‚Fair Youth' tut das Falsche nicht deshalb, weil er frei ist, zu tun, was er möchte, sondern weil er leichtsinnig ist, weil er seinen Verstand nicht einsetzt. Im selben Sonett wird später (Vers 9) vom Sprecher befürchtet, dass der ‚Fair Youth', wenn er sich der ‚Dark Lady' zuwendet, den Schoß des Sprechers meiden könnte, „mightst my seat forbear". „Seat" ist in diesem Fall eine deutlich sexuelle Anspielung, die George mit seiner Übersetzung „meiden könntest du mein Haus" außer Acht lässt. Eine mögliche sexuelle Beziehung zwischen Sprecher und ‚Fair Youth' wird in Georges Übersetzung dieses Sonetts ignoriert.

Im Sonett 121 übersetzt George „adulterate eyes" mit „tückische nähe". Wichtig ist die Übersetzung des Adjektivs, denn die „eyes" werden von George im folgenden Vers mit „blicke" aufgenommen. Shakespeares „adulterate" beinhaltet die Anspielung auf einen Seitensprung (adultery). Mit dem Adjektiv „tückisch" erhält George zwar die boshafte Eigenschaft, tilgt aber die sexuelle Anspielung.[429] Dass es sich hier um die Beschreibung „Andere[r]" handelt, die sich dem Sprecher nähern, bestätigt nur, dass George generell möglichst wenig sexuelle Anspielungen in Verbindung mit dem Sprecher oder/und dem ‚Fair Youth' zulässt.

George diskreditiert in seiner Sonett-Übersetzung die körperliche Liebe vehementer, als es bei Shakespeare vorgegeben ist. Dies zeigt sich darin, dass George sexuelle Anspielungen, die den ‚Fair Youth' betreffen, entweder nicht übersetzt oder abwertet. Betreffen die sexuellen Anspielungen dagegen die ‚Dark Lady', übernimmt George diese und verstärkt den unmoralischen Aspekt.[430] Dieser bereits mehrfach beobachtete unter-

---

DWB, Bd. 14, Sp. 1550. Im Glossar der Temple-Ausgabe steht ‚vigorous' (lebhaft, kräftig, stark) als Erläuterung für ‚lusty'. The Temple Shakespeare, Shakespeare's Sonnets, S. 158.

[428] Auch Oelmann schreibt, dass George hier „deutend" übersetzt. Vgl. XII, S.202, Erläuterungen Oelmann.

[429] Vgl. SW XII, S. 242, Erläuterungen Oelmann. Im Glossar der Temple-Ausgabe steht ‚lewd' (lüstern, unzüchtig) als Erläuterung für ‚adulterate'. Vgl. The Temple Shakespeare, Shakespeare's Sonnets, S. 155.

[430] Allerdings sind die sexuellen Anspielungen, die die ‚Dark Lady' betreffen in den meisten Fällen auch drastischer als es beim ‚Fair Youth' der Fall ist. Vgl. Frye, How true a twain, S. 50: „The basis of the attachment here is sexual, and the slightly ribald tone of 138 and 151 is appropriate for it. This ribald tone never appears in the first group except in the close of Sonnet 20, an exception which clearly proves the rule." Auch in der Studie von Barlow fällt auf, dass als Beispiele für Georges gelungene Übersetzungen der ‚sexual puns' vor allem Stellen aus der ‚Dark Lady'-

schiedliche Umgang mit ‚Fair Youth' und ‚Dark Lady'[431] führt in der Übersetzung dazu, dass beide voneinander abgegrenzt werden und eine Unterscheidung leichter fällt. George stellt die körperliche Liebe extremer und in einem schlechteren Licht dar als Shakespeare, lässt aber, ebenfalls im Gegensatz zu Shakespeare, die Möglichkeit eines Auswegs zu. Während in Shakespeares Sonetten der Sprecher vor der Macht des sexuellen Triebes resigniert, wird in Georges Sonett-Übersetzungen dagegen angekämpft. Es zeigt sich bereits hier, dass George den Sprecher der Sonette selbstbewusster auftreten lässt.[432] Insgesamt wird in Georges Sonett-Übersetzung die Trennung zwischen körperlicher und geistiger Liebe stärker vollzogen als bei Shakespeare und dies führt dazu, dass die geistige Liebe als die wahre und einzig richtige Liebe hervorgehoben wird. Nicht nur in Georges eigenen Gedichten und seinem Kreis-Leben wird die erzieherische, durch den pädagogischen Eros bestimmte Liebe als das zu erreichende Ziel propagiert und vorgelebt. Auch in Georges Sonett-Übersetzung findet sich die Ablösung des Weiblichen, um es „durch männliche Leistungen ersetzbar zu machen."[433] Die hier zitierte Aussage Stamms zu Georges eigenen Gedichten lässt sich auf Georges Sonett-Übersetzung übertragen.

Gruppe zitiert werden. Vgl. Barlow, A critical study of Stefan George's translation from English, S. 178ff.
[431] Siehe Kapitel 4.1.2.
[432] Siehe Kapitel 4.3.2.
[433] Stamm, Zwischen Abgrenzung und Auflösung, S. 15.

4.2. Georges Auswahl der Sonette in den ‚Blättern für die Kunst'

Die Ordnung seines eigenen Werkes ist für George von besonderer Bedeutung.[1] Dies betrifft auch die Veröffentlichungen in den ‚Blättern für die Kunst', die George genauestens kontrolliert und organisiert. George veröffentlicht 16 seiner Sonett-Übersetzungen in der achten Folge (1908/09) der ‚Blätter für die Kunst', die im Februar 1910 erscheint. Allerdings gibt es bereits im Oktober 1909 einen Auswahlband der ‚Blätter für die Kunst' – „[e]ine Auslese aus den Jahren 1904–1909" –, in dem 15 der Sonette bereits publiziert werden, also vor der eigentlichen Veröffentlichung.[2] Diese zwei gesonderten Veröffentlichungen der Sonett-Übersetzungen sollen im Zentrum dieses Kapitels stehen. Die Sonette werden nicht zufällig in dieser Auswahl und an dieser Stelle in den ‚Blättern für die Kunst' platziert. George positioniert seine Übersetzungen sorgfältig und bewirkt mit seiner Auswahl, dass Shakespeares Sonette in Verbindung mit seinem eigenen Werk gesehen werden.

Im Folgenden soll zunächst die thematische Auswahl der Sonette untersucht werden (Kapitel 4.2.1.). Die Auswahl Georges umfasst vor allem zusammenhängende Sonette, und dabei bilden sich fünf Gruppen. Es gilt, diese einzelnen Gruppen zu analysieren und thematische Schwerpunkte sowie Verbindungen herauszuarbeiten. Dabei wird sich zeigen, dass George einige Aspekte der Sonette ganz ausspart und wiederum andere besonders hervorhebt.

George wählt die einzelnen Sonette nicht nur sorgfältig aus, sondern er positioniert sie innerhalb der ‚Blätter für die Kunst'. Wie sehr die Stellung der Gedichte die Wechselwirkung oder Korrespondenz mit den umstehenden Gedichten begünstigt bzw. absichtlich herbeiführt, ist Thema des dann folgenden Kapitels (4.2.2.). Die Auswahl der Sonette steht am Beginn der ‚Blätter für die Kunst' zwischen den ‚Nachträgen zu Maximin' und der ‚Vorrede zu Maximin'. Diese Positionierung der Umdichtung verbindet die Beziehung Shakespeare/Jüngling mit der Beziehung George/‚Maximin'. George legitimiert damit seine eigenen Gedichte und erreicht zudem, gleichwertig mit Shakespeare zu erscheinen. Die Sonette feiern, wie George in seiner Einleitung klarstellt, die „weltschaffende[] kraft der übergeschlechtlichen Liebe"[3], und genau so müssen sie auch hier gesehen werden: als Erläuterung des ‚Maximin'-Erlebnisses, denn auch dieses ist durch eine weltschaffende Liebe geprägt. Erst durch George,

---

[1] Zu Georges Strategien der Werkordnung, zu seiner ‚Publikationspolitik' vgl. Mettler, Stefan Georges Publikationspolitik; Roos, Stefan Georges Rhetorik der Selbstinszenierung, S. 71ff.; Martus, Werkpolitik, S. 685ff.

[2] Zu diesem Auswahlband der ‚Blätter für die Kunst' und der *Auswahl* einiger Gedichte, die erst zeitlich versetzt in der achten Folge erschienen vgl. Osterkamp, Poesie der leeren Mitte, S. 70/71.

[3] SW XII, S. 5.

durch den Bund mit George, durch seine Verkündung, kann die Kraft ‚Maximins' in die Welt gelangen.⁴

4.2.1. Die thematische Auswahl der Sonette

Im Folgenden betrachte ich die Sonett-Auswahl in der achten Folge der ‚Blätter für die Kunst'. Teilweise sind die Sonette in einer leicht geänderten Fassung erschienen, dies betrifft vor allem die Großschreibung einzelner Worte und die Zeichensetzung. In diesem Kapitel zitiere ich die Schreibung aus dem Auswahlband der ‚Blätter für die Kunst' (1909) und damit eine Auswahl der Sonette vor deren eigentlicher Veröffentlichung. Bei den Unterschieden handelt es sich vornehmlich um nachträglich eingefügte Hochpunkte.⁵ Sollten die Änderungen relevant für das Verständnis bzw. den Übersetzungsprozess Georges sein, beziehe ich dies ein. Ich werde in diesem Kapitel weniger die Übersetzungen Georges untersuchen, sondern eher die möglichen Auswahlkriterien und den Eindruck, den er durch ebendiese Auswahl von den Sonetten entstehen lässt. Im Folgenden werden deswegen auch nur die Übersetzungen Georges abgedruckt und Shakespeares Originale werden nur wenn nötig im Text zitiert. Anhand der Auswahl Georges lassen sich Rückschlüsse auf seine Intentionen bezüglich der gesamten Übersetzung ziehen, die schließlich auch seine Übersetzung bestimmen.

Bei den von George ausgewählten 16 Sonetten handelt es sich ausschließlich um solche aus der Gruppe der ‚Fair Youth'-Sonette. Weder die ‚Dark Lady' noch der ‚Rival Poet' werden implizit oder explizit angesprochen. Laut Barlow gehören die ausgewählten Sonette zu den besten, die George übersetzt hat, und „express the poet's belief in the triumph and immortality of his love."⁶ Den hier vermuteten, aber nicht weiter beschriebenen Auswahlkriterien Georges werde ich nachgehen und zeigen, dass diese Auswahl eine Verbindung zur ‚Maximin'-Thematik liefert.

Die Gruppen in Georges Auswahl beinhalten die Sonette 17 und 18, 29 bis 34, 52 und 53, 73 bis 76 sowie 97 und 98. Drei Zweiergruppen werden von einer großen Sechsergruppe und einer Vierergruppe unterbrochen. Alle diese Sonette sind nicht nur aufgrund ihrer Nummerierung

---

⁴ Vgl. Braungart, Durch Dich, für Dich, in Deinem Zeichen, S. 67.
⁵ Die Unterschiede zwischen dem Auswahlband und der ersten eigenständigen Veröffentlichung der Sonette sind am zahlreichsten. Die Übersetzung Georges war im Februar 1909 scheinbar schon relativ abgeschlossen und so wurden bis Oktober 1909 nur noch wenige ‚Verbesserungen' gemacht. Zu den genauen Varianten, vgl. die ‚Varianten und Erläuterungen' in SW XII, S. 183–259. Vgl. außerdem die Aussage Gundolfs in einem Brief an Wolfskehl vom Dezember 1908: „Shakespeares Sonnette alle 160 sind fertig und Romeo fast ganz neu […]", Wolfskehl/Wolfskehl, Briefwechsel mit Friedrich Gundolf, Band II, S. 72.
⁶ Barlow, A critical study of Stefan George's translation from English, S. 48f.

miteinander verbunden, sondern weisen auch starke andere Verbindungen auf. So werden einige dieser Sonette auch bei Shakespeare als zusammengehörig angesehen. Dies zeigt sich unter anderem an gedichtübergreifenden Themen oder an Wortwiederholungen.

Gerade die Sonette dieser Auswahl tauchen vermehrt im George-Kreis auf. Dies hängt damit zusammen, dass die ‚Blätter für die Kunst' eine beliebte Lektüre des Kreises waren und die Jünger oft aus ihnen vorlesen mussten.[7] So war die Auswahl im Kreis sicher am geläufigsten und es passt, dass eines der Sonette – das Sonett 52 – zu den liebsten Sonetten sowohl von Edith Landmann[8] als auch von Percy Gothein[9] gehört. Zudem existiert eine Handschrift des Sonetts 97 aus Gundolfs Besitz, auf der George notiert, dass dieses ein „mir besonders gelungenes"[10] sei. Der Zusatz Georges, dass in diesem Sonett „seltsamerweise etwas jahrderseelestimmung"[11] zu vernehmen sei, bestätigt die These, dass George seine Übersetzung und Herausgabe der Sonette immer auch in Verbindung mit seinem eigenen Werk sieht. Um genauere thematische Verbindungen aufzudecken, werde ich die Sonett-Gruppen nun der Reihe nach näher untersuchen.

XVII und XVIII
XVII
Wer glaubt mir später · auch wenn du erschienst
In meinem vers mit deiner reichsten gabe?
Er zeigt – weiss himmel – kaum dein halb verdienst
Und hüllt dein leben wie in einem grabe.

Hätt ich dem reize deines augs genügt ·
Mäss ich in neuem maass all deine schöne ·
So spräche künftige zeit: ›der dichter lügt.
Kein erdgesicht birgt solche himmelstöne.‹

Wer dann die altersgelben blätter las
Lacht – wie auf greise minder wahr als lang ·
Nennt dein gut recht ein dichterlich geras ·
Gedehnten ton von einem alten sang.

Doch lebt dann noch von deinem stamm ein glied ·
So lebst du zwier: in ihm und meinem lied.

---

[7] Zum Vorlesen im George-Kreis vgl. Tgahrt, Dichter lesen. Band 2, Kapitel ‚George und sein Kreis', S. 327–374. Vgl. auch die Erinnerungen aus dem Kreis der Jünger, z. B. Hildebrandt, Erinnerungen an George und seinen Kreis, S. 38 und 89; Thormaehlen, Erinnerungen an Stefan George, S. 102
[8] Vgl. Landmann, Edith Landmann, S. 121.
[9] Gothein, Aus dem Florentiner Tagebuch, S. 28, Tagebucheintrag vom 14.7.1943.
[10] SW XII, S. 230.
[11] Ebd.

XVIII
Soll ich vergleichen einem sommertage
Dich der du lieblicher und milder bist?
Des maien teure knospen drehn im schlage
Des sturms und allzukurz ist sommers frist.

Des himmels aug scheint manchmal bis zum brennen ·
Trägt goldne farbe die sich oft verliert ·
Jed schön will sich vom schönen manchmal trennen
Durch zufall oder wechsels lauf entziert.

Doch soll dein ewiger sommer nie ermatten:
Dein schönes sei vor dem verlust gefeit.
Nie prahle Tod · du gingst in seinem schatten.
In ewigen reimen ragst du in die zeit.

Solang als menschen atmen · augen sehn
Wird dies und du der darin lebt bestehn.

Bei diesen beiden Sonetten handelt es sich sicher um zwei der bekanntesten Sonette Shakespeares. Der Anfangsvers des 18. Sonetts hebt das selbstreflexive Dichten hervor. Außerdem bilden diese beiden Sonette den Übergang von den sogenannten ‚procreation sonnets' zu den übrigen Sonetten. Dieser Übergang bedeutet die Abkehr von der Relevanz leiblicher Nachkommen hin zu der Überzeugung, dass die Dichtkunst als Bewahrer der Schönheit des ‚Fair Youth' fungieren kann.

Das Sonett 17 blickt in die Zukunft und befürchtet, dass den Sonetten kein Glauben geschenkt werden wird, da die gepriesene Schönheit als zu unwirklich erscheint. Als Lösung dieses Problems wird – wie üblich in den ‚procreation sonnets' – die Zeugung leiblicher Nachkommen empfohlen. Im 18. Sonett geht es darum, dass es schwierig ist, die Schönheit des ‚Fair Youth' zu beschreiben, da er alle Vergleiche übertrifft. Anders als der Sommer, also die natürliche Schönheit, wird die in der Kunst festgehaltene Schönheit des ‚Fair Youth' nicht nachlassen, sondern bis in die Ewigkeit überdauern. Während das 17. Sonett noch an der Wirksamkeit der Dichtkunst zweifelt, bekräftigt das 18. Sonett die Dichtkunst und ihre Bedeutung für die Ewigkeit. Beiden Sonetten ist ein zentrales Thema gemeinsam: das Bewahren der Schönheit mit den Mitteln der Dichtkunst.[12]

Schon in dieser stark vereinfachten Zusammenfassung beider Sonette zeigen sich deutliche Verbindungen zur Poetik Georges. George ist von der Wirkmächtigkeit seiner Dichtung überzeugt und richtet sein Werk ganz bewusst als zukunftsweisend und als Dichtung mit pädagogischem Mehrwert aus. Verschiedene Signalwörter verdeutlichen in Georges Über-

---

[12] George verbindet beide Sonette zudem dadurch, dass beide mit einem Enjambement beginnen.

setzung die Themenschwerpunkte (Be-)Wahrung, Schönheit und Dichtkunst. Als Zeichen des Bewahrens treten die Temporaladverbien bzw. die davon abgeleiteten Temporaladjektive „später", „künftig" und „ewig" auf. Gerade diese temporalen Adjektive werden in Georges Umdichtung durch doppelte Senkungen rhythmisch betont.[13] Zum Bewahren gehört zusätzlich auch die Betonung des zu vermeidenden Verfalls, in diesem Fall das Grab (17, 4)[14], der Verlust (18, 10) und der Tod (18, 11).[15]

Die Schönheit, die es zu bewahren gilt, wird ebenfalls in beiden Sonetten deutlich. Es werden der „reiz[]" (17, 5) und „all deine schöne" (17, 6) genannt sowie die Komparative „lieblicher und milder" (18, 2) und der Superlativ die „reichste[] gabe" (17, 2) gebraucht. Im Sonett 18 wird zudem mehrfach die Substantivierung das Schöne (18, 7 und 10) genutzt. Das 17. Sonett beginnt mit dem Satz: „Wer glaubt mir später · auch wenn du erschienst" und weist damit ebenfalls auf etwas Besonderes, etwas Außergewöhnliches hin. Etwas, das erscheint, ist mit Leuchten und Glänzen verbunden.[16] Im Erscheinen liegt immer auch etwas Göttliches. Das Erscheinen von Menschen wird mit dem Hervortreten und dem Ins-Auge-Fallen umschrieben – all dies passt zu der äußerst schönen *Erscheinung* des ‚Fair Youth'. Mit dem Verb ‚erscheinen' wird außerdem ein Anfang beschrieben, etwas, das vorher nicht da bzw. nicht sichtbar war. Unterstützt wird die Besonderheit des „erschienst" dadurch, dass George dieses Verb wählt, obwohl in Shakespeares Original steht: „Who will believe my verse in time to come, / If it were fill'd with your most high deserts?" Das Original-Sonett könnte mit jedem gewöhnlichen Gegenstand gefüllt („fill'd") sein. Georges Übersetzung dagegen betont schon mit der Wortwahl die Einzigartigkeit und die Bedeutung für einen Neuanfang. Durch Georges Gebrauch eines Enjambements wird zudem erst im zweiten Vers verständlich, dass der ‚Fair Youth' lediglich in den Versen und nicht auf der Welt erscheint. George wählt mit diesem Sonett eine deutliche Huldigung des schönen Jünglings und betont dies.

---

[13] Dies betrifft Sonett 17, Vers 7: „So spräche künftige zeit: ‚der dichter lügt.'"; Sonett 18, Vers 9: „Doch soll dein ewiger sommer nie ermatten:" und Sonett 18, Vers 12: „In ewigen reimen ragst du in die zeit."

[14] Ich werde in diesem Kapitel aus den Sonetten immer in Klammern im Text zitieren. Dabei wird zuerst die Nummer des Sonetts genannt und durch Komma abgetrennt der Vers, also: (Sonett, Vers).

[15] Weitere Hinweise sind die „altersgelben blätter" (17, 9), ein „alte[r] sang" (17, 12) und die „frist" (18, 4).

[16] In Grimms Wörterbuch werden als Beispiele für ‚erscheinen' nach Sonne/Gestirn und Tag/Feuer zunächst Gott und Engel genannt. Vgl. DWB, Bd. 3, Sp. 955f.

In Sonett 17 geht es um Verse (17, 2) und Versmaß (17, 6), den Dichter selbst (17, 7 und 11), sein Lied (17, 14) und dessen Töne[17] (17, 8 und 12). Im 18. Sonett wird zwar nicht derart deutlich vom Dichten gesprochen, dafür kulminiert es unmissverständlich in dem Satz: „In ewigen reimen ragst du in die zeit." (18, 12) Ein Satz, der nicht nur durch die schon erwähnte doppelte Senkung in „ewigen", sondern auch durch die Alliteration „reimen ragst" und die Assonanz „reimen [...] zeit" hervorsticht. An dieser Stelle wird wiederum die Übersetzung Georges wichtig, denn George übersetzt hier das englische Verb „grows't" mit „ragst" und verleiht der Dichtkunst so eine standhafte, unumstößliche Bedeutung. Während Shakespeare den Entwicklungsprozess betont, hebt George das Kraftvolle und Beständige hervor. Das gesamte dritte Quartett des 18. Sonetts ist schon im Aufbau interessant, da Shakespeare ein Quartett schafft, das sich durch die Konjunktionen „but", „nor" und „when" und fehlende abschließende Satzzeichen als eine Aussage auszeichnet, als ein Satz, der – mit einem Doppelpunkt – auf das Couplet hinläuft.

> But thy eternal summer shall not fade,
> Nor lose possession of that fair thou owest;
> Nor shall Death brag thou wander'st in his shade,
> When in eternal lines to time thou grow'st:
>
> Doch soll dein ewiger sommer nie ermatten:
> Dein schönes sei vor dem verlust gefeit.
> Nie prahle Tod · du gingst in seinem schatten.
> In ewigen reimen ragst du in die zeit.

George dagegen schreibt mehrere Aussagesätze und so wirkt auch dieser Teil des Sonetts als etwas Standhaftes: Es wächst nicht, es *ragt* in die Zeit. Die Aussage des Sonetts spiegelt sich in der Gestaltung des Gedichts. Es zeugt von der Absicht Georges, den 12. Vers als eine wichtige Aussage darzustellen, dass er als Abschluss des Verses 11 erst einen Punkt gesetzt hat und später in der Version der Gesamtausgabe zwei Punkte[18] nebeneinander setzt, die mehr noch als z. B. ein Komma oder ein Hochpunkt, eine bedeutsame Denk- oder Atempause kennzeichnen und deswegen wie ein Doppelpunkt verstanden werden können.[19] In beiden Fällen ist es eine Aussage und es fehlt die Einschränkung „When". Die Beständigkeit, die

---

[17] Mit ‚ton' nutzt George hier zudem „einen Terminus seiner eigenen Poetik", der in beiden Fällen auch leicht vom englischen Original abweicht. SW XII, S. 191, Erläuterungen Oelmann.

[18] Also: „Nie prahle Tod · du gingst in seinem schatten . .", zu den Varianten vgl. SW XII, S. 191.

[19] Vgl. Martus, Stefan Georges Punkte, S. 308. Martus beschreibt die zwei nebeneinander geordneten Punkte als „horizontal angeordneten Doppelpunkt bzw. [...] um einen Punkt verkürzten Dreipunktreihe".

der Schönheit durch die Dichtung gewährleistet wird, zeigt sich auch an zwei weiteren Stellen der Übersetzung. So übersetzt George im 18. Sonett das „Nor lose possession", also eine Wendung, die die Möglichkeit des Verlierens impliziert, mit dem bestärkenden „sei vor dem verlust gefeit". Außerdem betont er im letzten, alliterierenden Vers „du der darin lebt" das Leben des ‚Fair Youth' – der ‚Fair Youth' lebt und das Leben muss ihm nicht gegeben werden („this gives life to thee"). Beide Stellen betonen bei George die Stärke der hier beschworenen Dichtkunst.

George beginnt seine Auswahl der Sonette mit zwei Gedichten, die die Schönheit eines Jünglings preisen und die Bewahrung dieser Schönheit als die unumstößliche Kraft der Dichtung beschreiben. Die Wirkung der Dichtkunst wird dabei in Georges Übersetzung besonders selbstbewusst präsentiert und hervorgehoben.

XXIX–XXXIV
XXIX

Wenn ich verbannt von glück und menschenblick
Bewein allein mein ausgestossnen-los ·
Mich selber sehend fluche dem geschick ·
Zum tauben himmel schreie aussichtslos:

Möcht ich wie einer sein mit freunden viel ·
Wie er geformt · wie er von hoffnung voll
Und wünsche Eines kunst · des andren ziel ·
Dess mindest froh was meist mich freuen soll.

In solchem sinnen fast mich selbst verachtend
Fällst du mir plötzlich ein: ich steig empor
Und · wie die lerche mit dem frührot trachtend
Aus trüber erd · lobsing am himmelstor.

Dein · süsse liebe · denken bringt solch glück ..
Nun weis ich tausch mit königen zurück.

XXX

Wenn ich zu süssen stillen sinnens tag
Aufruf' erinnrung der vergangenheit ·
Beseufze manch ein ding woran mir lag
Und altes weh neu weint um schwund der zeit:

Dann fliesst mein aug dem seltne träne kam
Um teure freunde fern in todesnacht ·
Rinnt um der lang getilgten liebe gram ·
Klagt um den ausfall viel verblichner pracht.

Dann schmerzen mich die schmerzen längst ertragen
Und schwer von weh zu wehe zähl ich her

Die trübe liste schon beklagter klagen
Und zahle sie wie nicht bezahlt vorher.

Doch denk ich teurer freund an dich dieweil:
Sind sorgen ferne und verluste heil.

XXXI
Dein busen ist mit allen herzen reich
Die ich gestorben meinte beim verlust
Der lieb und jeden liebesdings bereich
Und aller freunde die ich tot gewusst.

Wie hat viel heilige trauerhafte zähren
Fromm-teure lieb in meinem aug erweckt
Als recht der toten – und nun scheint die wären
Etwas entrücktes nur in dir versteckt!

Du bist die gruft wo liebe lebt im grab ·
Vom denk-schmuck meiner fernen lieben voll ·
Sie gaben all ihr teil von mir dir ab ·
Nun ist ganz dein was vielen eignen soll.

Jed bild das ich geliebt seh ich in dir
Und du – sie all – hast all das all von mir.

XXXII
Wenn du vom günstigen tag an weiterlebst
Wo rüpel Tod staub streut auf mein gebein –
Zufällig mit dem blicke nochmals schwebst
Auf deines toten minners plumpen reihn:

Vergleich sie mit der zeit verbesserung ·
Bewahr sie · überholt durch jede schrift ·
Um meine liebe · nicht um ihren schwung
Dess höhe manch beglückterer übertrifft.

Sprich huldvoll dann mit liebendem bedacht:
›Wär mit der zeit gedeihn gediehn sein sang ·
Hätt edler werk des freundes lieb erbracht
Um dazustehn in stattlicherem rang.

Doch da er starb und dichter besser schrieben
Les ich sie um den stil · ihn um sein lieben.‹

XXXIII
Manch prächtigen morgen sah ich überglühn
Die bergeshöhn mit königlicher gunst ..

Sein goldnes antlitz küsst der wiesen grün
Vergüldet bleichen strom mit götter-kunst.

Dann liess er niederstes gewölk beziehn
Mit garstigem dampfe seinen himmelsblick ·
Verhüllt aus der verlassnen welt zu fliehn
Unsichtbar westwärts mit dem missgeschick.

So sah ich früh einst meiner sonne schein
Mit dem allsieger-glanz auf meiner brau ·
Doch ach! nur eine stunde war sie mein:
Höh-wolken bergen mir nun ihre schau.

Doch liebe · für dies blassen nimmer hasse
Sonnen der welt wenn himmels sonne blasse!

XXXIV
Warum versprachst du solchen schönen tag
Dass ich mich ohne mantel aufgemacht?
Mich holten niedre wolken ein – da lag
Verhüllt in fauligem dunste deine pracht.

's ist nicht genug dass du durch wolken siehst ·
Vom regen wischt mein sturmgepeitscht gesicht ..
Denn keiner solche salbe lobt: sie schliesst
Die wunde aber heilt den unfall nicht

Noch zieht mein schmerz arznei aus deiner scham ..
Bereust du auch · ist der verlust doch mein ·
Nur schwache lindrung gibt des kränkers gram
Dem der erträgt der schweren kränkung pein.

Doch tränen die du weinst sind perlen – ach!
Und sie sind reich und sühnen jede schmach.

Das vorherrschende Thema in diesen sechs Sonetten ist die Abwesenheit des ‚Fair Youth' und damit verbunden der Tod, also das vollkommene Entschwinden eines geliebten Menschen. Der Sprecher zeigt sich in diesen Sonetten einsam und verlassen und beklagt sein Schicksal.[20]

Die klagende Grundhaltung wird durch die Semantik deutlich und die Intensität wird durch verschiedene rhetorische Mittel betont. Es finden sich Binnenreime: „verbannt von glück und menschenblick" (29, 1); Alliterationen: „mindest froh was meist mich freuen" (29, 8), „trachtend / Aus trüber erd" (29, 11f.), „süssen stillen sinnens" (30, 1), „staub streut"

---

[20] Die Sonette 33/34 werden mehrfach in dieser Arbeit analysiert, siehe auch Kapitel 4.1.2. Zu einem Überblick verschiedener Übersetzungen des Sonetts 29 vgl. Kahn, Shakespeares Sonette in Deutschland, S. 105–113.

(32, 2), „gibt des kränkers gram" (34, 11); Assonanzen: „Bewein allein mein" (29, 2), ö- und ü-Assonanzen (33); der Gleichklang mehrerer z-Laute: „zieht mein schmerz arznei" (34, 9); Figura etymologica: „schmerzen mich die schmerzen" (30, 9), „beklagter klagen" (30, 11), „gedeihn gediehn (32, 10); Polyptoton: „von weh zu wehe" (30, 10), „zahle wie sie nicht bezahlt" (30, 12) und andere Wiederholungen: z. B. „all" im gesamten Sonett 31 und „Und du – sie all – hast all das all von mir" (31, 14). Auch wenn nicht in allen diesen herausgegriffenen Beispielen direkt das Klagen thematisiert ist, so wird doch die eindringliche Grundstimmung dieser Sonettgruppe unterstützt.[21] Der Verlust des geliebten jungen Menschen wird hervorgehoben und so fügt sich diese große Sonettgruppe innerhalb der ‚Blätter für die Kunst' in die Thematik, nämlich die Trauer um ‚Maximin'.

In den ersten vier Sonetten (29–32) ist es dabei vor allem der Tod, der befürchtet wird und dessen Bedrohung durch die Möglichkeit des Weiterlebens in der Dichtung gebannt wird.[22] In den letzten beiden Sonetten (33 und 34), die durch Wortwiederholungen[23] eng verbunden sind, wird dagegen die Abkehr des ‚Fair Youth' vom Sprecher beklagt. Der ‚Fair Youth' wird in einer Sonnen- und Wolken-Metaphorik als jemand beschrieben, der seine Gunst auch anderen und nicht nur dem Sprecher zukommen lässt. Während es bei Shakespeare naheliegt, in dem ‚Fair Youth' einen treulosen Betrüger zu erkennen, ist die Schuld des ‚Fair Youth' in Georges Übersetzung weniger deutlich auszumachen.[24]

Gemeinsam ist allen Sonetten, dass sie aufmunternd enden – durch die bestätigenden und bewahrenden (32) Kräfte der Liebe bzw. der Dichtung, die den Verlust ausgleichen. Auch in dieser Sonettgruppe wird schließlich die zukunftsweisende Kraft liebender Dichtung gepriesen, die Schicksalsschlägen aller Art vorbeugt. Der geliebte Jüngling wird dabei als der wichtigste Bezugspunkt gesehen, der alles in sich vereint – dies wird besonders deutlich in der Wiederholung des „all" in Sonett 31.

Auch hier sind es einige Stellen in Georges Übersetzung, die die thematische Auswahl dieser Sonette unterstreichen. George zeigt z. B.

---

[21] Gundolf nennt das Sonett 29: „[…] ein ergreifendes Bekenntnis des unerfüllbaren Ehrsinns wie der selbständigen Leidenschaft […]." Gundolf, Shakespeare, S. 624. Barlow zitiert das Sonett 30 als Beispiel für Georges gewissenhafte Übersetzung der Wortfelder. Vgl. Barlow, A critical study of Stefan George's translation from English, S. 191.
[22] Man beachte beispielsweise die Häufung solcher Begriffe wie Todesnacht (30), tot (31 und 32), die Toten (31), der Tod (32), der Verlust (31 und 32), sterben (31 und 32), trauerhaft (31) sowie Gruft und Grab (32).
[23] Die Schlüsselbegriffe dieser beiden Sonette wiederholen sich: „niederstes gewölk" (33, 5) und „niedre wolken" (34, 3), „verhüllt" (33, 7 und 34, 4) und im Englischen auch „disgrace" (33, 8 und 34, 8).
[24] Siehe dazu ausführlich Kapitel 4.1.3.

keine Zweifel oder Unsicherheiten, sondern führt den Eindruck eines starken Dichters weiter. Schon im Sonett 29 ist es in Georges Übersetzung der Dichter selbst, also „ich" und nicht nur „my state", der zum Lobpreis emporsteigt. Im Sonett 31 übersetzt er „those friends which I thought buried" mit „freunde die ich tot gewusst" und macht aus einer Vermutung eine Tatsache.[25] Auch gibt es in Georges Übersetzung keine Dichter der Gegenwart, die sich als besser erweisen („and poets better prove"), sondern nur „dichter [die] besser schrieben". George nutzt zwar die schon erwähnten rhetorischen Mittel, um die Intensität des Klagens zu unterstreichen, er verweigert jedoch einen weinerlichen Ton der Sonette, der sich z. B. in schmerzhaften Ausrufen zeigt. Im Sonett 34 stellt er den Ausruf „ach!" an das Ende des Verses und nimmt ihm so die Dringlichkeit. Im Sonett 33 schreibt er in der ersten Variante noch „Doch ach!" und ersetzt in allen späteren Varianten das Ausrufezeichen durch einen Hochpunkt, der zwar eine Pause markiert, nicht aber einen Ausruf.[26] Im Couplet des Sonetts 33 wandelt George zudem eine einfache Aussage in einen Imperativ um und betont so den nachdrücklichen Wunsch nach konsequenter und wirkmächtiger Dichtung. Im Sonett 32, das sich mit dem möglichen Tod des Sprechers, also des Dichters, befasst, übersetzt George den ersten Vers weniger klar:

> If thou survive my well-contented day,
>
> Wenn du vom günstigen tag an weiterlebst

Während es bei Shakespeare offensichtlich darum geht, dass der ‚Fair Youth' den Tod des Sprechers überlebt, vermittelt Georges Übersetzung die Möglichkeit, dass der ‚Fair Youth' nach seinem eigenen Tod weiterlebt – eben in der Dichtung. Wiederum werden hier also die Funktion und die Wirksamkeit der Dichtkunst betont.

Nachdem die ersten zwei Sonette der Auswahl (17 und 18) die Dichtkunst als Bewahrer der Schönheit preisen, werden die Liebe und die daraus resultierende Dichtung in dieser Sechsergruppe (29–34) als Schutz gegen mögliche Verluste gesehen. In der Übersetzung Georges erscheinen diese Verluste eher als schicksalsbestimmt, während in den Originalsonetten bereits die charakterlose Untreue des ‚Fair Youth' zu erkennen ist.

---

[25] Allerdings sei hier angemerkt, dass George im zweiten Vers „I [...] have supposed dead" adäquat mit „Die ich gestorben meinte" übersetzt. Im vierten Vers ist es deshalb möglich, dass die Abweichung vom Original lediglich im Reim begründet ist.

[26] Zu den Varianten vgl. SW XII, S. 198.

LII und LIII
LII
Dem Reichen gleich ich dem sein liebes schloss
Aufspringt zum süss verborgenen besitze
Dess anblick er nicht jederzeit genoss
Dass nicht verstumpft der seltnen freude spitze.

Feste sind drum so einzig und so hehr
Weil dünngesezt sie langes jahr durchschneiden
Wie edle steine · seltner wiederkehr ·
Und wie die hauptjuwelen an geschmeiden.

So hält die zeit dich mir wie eine lade
Und wie das fach vom feierkleid gefüllt:
Besondre stunde bringt besondre gnade
Wenn sie den eingefangnen prunk enthüllt.

Gesegnet bist du: dessen wert · wenn offen
Zum jubel anlässt · wenn verdeckt · zum hoffen.

LIII
Was war der stoff der dich gebildet hatte
Dass tausend fremde schatten dich umreihn?
Ist jedem dinge · jedem · nur Ein schatte:
Kannst du · der Eine · jeden schatten leihn?

Beschreib Adonis: und die schilderei
Ist eine schwache nachahmung von Dir ..
Helenens stirn leg alle reize bei:
Und Du bist neu gemalt in griechischer zier.

Von frühling sprich · von früchtezeit im jahr
Eins lässt den schatten deiner schönheit sehn
Das andre macht uns deine güte klar:
Aus jeder teuren form willst Du erstehn.

Kein äussrer reiz · der nicht an dir erfreue!
Doch gleichst du keinem · keiner dir · an treue.

Diese Sonette behandeln wiederum die Abwesenheit des ‚Fair Youth'. Auch wenn es zunächst nicht so scheint, sind sie doch beide mit den Sonetten der vorangegangenen Gruppe (29–34) verbunden. Dies zeigt sich in der Metaphorik und der damit verbundenen Wortwahl.[27] Im Sonett 52 versucht der Sprecher, der Abwesenheit des ‚Fair Youth' etwas Gutes ab-

---

[27] Zu Georges „sensitive and felicitous translation of the imagery" dieses Sonetts vgl. Barlow, A critical study of Stefan George's translations from English, S. 150f.

zugewinnen, indem er argumentiert, dass man nur das seltene Ereignis wirklich wertschätzen kann. Es liegt nahe, hier eine Verbindung zu den Gegebenheiten des George-Kreises zu vermuten, und es ist bezeichnend, dass genau dieses Sonett im Kreis beliebt war.[28] Auch hier sind die besonderen Ereignisse – in diesem Fall meist eine Begegnung mit George persönlich – nur rar gesät und gewinnen dadurch immens an Bedeutung.[29] Auch dass George stets die Kontrolle über die Begegnungen behielt, indem z. B. sein Aufenthaltsort nur wenigen bekannt war, spielt hier eine Rolle. Zudem lässt sich hier auch an die Veröffentlichungspraxis Georges denken. Gerade seine frühen Werke erscheinen in geringer Auflage, sind nur über Umwege zu beziehen und besonders ausgestattet, also z. B. auf besonderem Papier gedruckt.[30] Diese Kontrolle Georges trägt zu einer Steigerung der Nachfrage und damit auch zu einer höheren Wertschätzung bei. Eben genau das, was im Couplet des Sonetts 52 ausgedrückt wird: Wenn man das Besondere besitzt, kann man jubeln, wenn nicht, dann steigert sich die Hoffnung und damit der Wert.[31] George führt in seiner Übersetzung die Wiederholung des Adjektivs „seldom" fort, während er den bei Shakespeare dreifach genannten Schlüsselbegriff „blessed" jeweils dreimal verschieden übersetzt.[32]

In Georges Übersetzung wird das Besondere durch ein Schloss verborgen und nicht mit einem Schlüssel („key"). Dies ist an sich keine schwerwiegende Abweichung, allerdings springt bei George das Schloss von selbst auf. Das Besondere wird bei George als etwas dargestellt, das selbst mitbestimmt und eine Begegnung will. Der Verzicht wird von beiden Seiten herbeigeführt und damit eher zu einer gleichberechtigten Entscheidung und nicht zu einer einseitigen Zwangspause. George stellt in diesem Sonett den Vorteil des Verzichts vor und konzentriert sich nicht so sehr wie Shakespeare auf die Abhängigkeit, die der Situation ebenso anhaftet.

Das Sonett 53 beginnt mit einer rhetorischen Frage über die unerklärliche Schönheit des ‚Fair Youth'. Allerdings wird hier nicht nur die

---

[28] Vgl. Landmann, Edith Landmann, S. 121; Gothein, Aus dem Florentiner Tagebuch, S. 28, Tagebucheintrag vom 14.7.1943.
[29] Zur Besonderheit der Begegnung mit George vgl. Braungart, Metánoia, S. 73–80.
[30] Dazu vgl. Roos, Stefan Georges Rhetorik der Selbstinszenierung, v. a. S. 58–99; Mettler, Stefan Georges Publikationspolitik; Haug/Lucius, Verlagsbeziehungen und Publikationssteuerung, v.a. S. 467–490.
[31] Ein ähnlicher Bezug zum *eigenen* Werk Georges wird sich auch in Sonett 76, einem weiteren Sonett der Auswahl, zeigen.
[32] George übersetzt „blessed key" mit „liebes schloss"; „special blessed" mit „besondre gnade" und „Blessed are you" mit „Gesegnet bist du". Vgl. auch SW XII, S. 206, Erläuterungen Oelmann. Im Sonett 53 übersetzt George „blessed form" mit „teuren form". Auf die Wdh. von ‚blessed' wird in der Sonettausgabe mit der George arbeitete hingewiesen. Vgl. Dowden, The Sonnets of William Shakespeare, S. 190.

Schönheit beschrieben, sondern auch die Tatsache, dass diese Schönheit auch viele andere anlockt. Die Einzigartigkeit des schönen ‚Fair Youth' wird durch die Großschreibung des „Einen" (Vers 3 und 4) erreicht. In dieser ersten Version des Sonetts schreibt George korrespondierend dazu noch einige der Personalpronomen „Du/Dir" groß.[33] Der Vergleich mit Adonis und Helena sowie mit Frühling und Herbst unterstreicht zusätzlich die Einzigartigkeit des ‚Fair Youth'.

Ähnlich der beschriebenen Selbstbestimmung des Besonderen im vorangegangenen Sonett 52 verleiht George auch in Sonett 53 dem ‚Fair Youth' einen Willen zum Guten. Den Vers „And you [appear] in every blessed shape we know" übersetzt George mit „Aus jeder teuren form willst Du erstehn." Der ‚Fair Youth' bekommt damit einen Willen. Er erscheint nicht nur im Besonderen, sondern will dies auch selbst und unterstützt damit die Bewahrung. Im folgenden Vers des Couplets wird die allübergreifende Schönheit bestätigt. Bei George gibt es „Kein[en] äussre[n] reiz · der nicht an dir erfreue!", bei Shakespeare hat der ‚Fair Youth' dagegen nur „some part [in all external grace]". Der letzte Vers ist bei beiden – Shakespeare und George – doppeldeutig. Er kann einerseits ein Lob der Treue des ‚Fair Youth' sein oder andererseits, dem Verlauf der übrigen Sonette entsprechend, ein ironischer Vermerk dazu, dass der ‚Fair Youth' auf dem Gebiet der Treue nicht mit anderen mithalten kann.

Beide Sonette (52 und 53) lassen Verbindungen zu den vorangegangenen Gruppen erkennen. Während zuvor „verhüllt" wurde (33, 7 und 34, 4), wird nun „enthüllt" (52, 12), und wo vorher „niedere wolken" (33, 5 und 34, 3) den ‚Fair Youth' umgaben, sind es nun „fremde schatten" (53, 2). Schließlich erinnern die unzureichenden Vergleichsversuche im Sonett 53 an den ebenfalls unbefriedigenden Vergleich mit dem Sommer in Sonett 18. Die Sonette 52 und 53 sind offensichtlich in Verbindung zu den bisherigen Sonetten ausgewählt und behandeln zusammengefasst die Schönheit des ‚Fair Youth' und die Bestimmung, die sich damit verbindet: die kostbare Begegnung mit solcher Einzigartigkeit.

LXXIII–LXXVI
LXXIII
Die zeit des jahres magst du in mir sehn
Wo gelbe blätter · keine · wenige hangen
Auf diesen ästen die im wind sich drehn ·
Chor-trümmer kahl wo einst die vögel sangen.

In mir siehst du zwielicht von solchem tag
Der nach der sonne weggang bleicht in west ·
Das schwarze nacht gar bald entführen mag –
Zwilling des tods umhüllt sie alles fest.

---

[33] Zu den Varianten vgl. SW XII, S. 207.

In mir siehst du das brennen solcher glut
Die auf den aschen ihrer jugend schwebt
Wie auf dem totenbett wo sie bald ruht
Durch das verzehrt wovon sie einst gelebt.

Dein lieben wächst · wirst du dir dess bewusst ·
Und du liebst wohl was du bald lassen musst.

LXXIV
Doch sei zufrieden: wenn der grause spruch
Ohn allen aufschub mich von dannen treibt
So hat mein leben wert in diesem buch
Das noch als angedenken bei dir bleibt.

Du siehst wenn du es übersiehst hinfür:
Den grössren anteil widmete ich dir.
Die erd erhält nur erde als gebühr
Mein geist ist dein · der bessere teil von mir.

So hast du nur verloren wenn ich starb
Des lebens hefe · fürs gewürm der rest ·
Die beute die ein meuchler feig erwarb
Zu schlecht als dass du dich erinnertest.

Der wert von jenem ist was ihm entschwebt
Und das ist dieses hier – was mit dir lebt.

LXXV
So bist du meinem sinn wie brot dem leibe
Wie süss gewürzter regen ist fürs feld.
Ich der ums glück in dir in kämpfen treibe ·
Wie es dem geizhals geht mit seinem geld ·

Bin bald wie ein geniesser stolz bald bang
Dass diebisches alter seine schätze raube.
Bald wünsch ich dich mir zum allein-empfang ·
Bald möcht ich dass die welt mein glück auch glaube.

Oft schwelg ich voll in deinem angesicht
Und dann verhungr ich rein um einen blick.
Und andre lust besitz und such ich nicht
Als mich aus dir heisst nehmen das geschick.

So bin ich täglich trunken und verdorrt
An allem schlemmend – oder alles fort.

LXXVI
Was ist mein vers an neuer pracht so leer ·
Von wechsel fern und schneller änderung?
Was schiel ich mit der zeit nicht auch umher
Nach neuer art und seltner fertigung?

Was ich nur stets das gleiche schreib · das eine ·
Erfindung halt im üblichen gewand
Dass fast aus jedem wort mein name scheine
Die herkunft zeigend und wie es entstand?

O süsses lieb! ich schreibe stets von dir
Und du und liebe · ihr seid noch mein plan ..
Mein bestes: altes wort in neuer zier:
Dies tu ich immer · ists auch schon getan.

So wie die sonne täglich alt und neu
Sagt meine liebe schon gesagtes treu.

Diese vier Sonette, die nahe den Sonetten stehen, die sich mit dem ‚Rival Poet' beschäftigen (78–86)[34], haben wiederum die Bedeutung der Freundschaft und die daraus resultierende Dichtkunst zum Thema. Die Reflexion über die eigene Dichtkunst leitet zu den ‚Rival Poet'-Sonetten hin. Die Sonette 73 und 74 gehen direkt ineinander über. Dies zeigt sich unter anderem an der Konjunktion „[d]och", die die beiden Sonette verbindet. Erst wird das Alter des Sprechers und sein nahender Tod ausgeführt (73). Dies soll Anlass für eine wachsende Liebe des ‚Fair Youth' sein. Als Trost wird daraufhin die Dichtung des Sprechers als sein bleibendes Vermächtnis herangezogen (74).

Der Tod sowie Anspielungen auf den Lauf der und den Vergleich mit den Jahreszeiten (73) sind bereits aus den vorangegangenen Sonetten bekannt.[35] Erneut lassen sich in dieser Auswahl übergreifende Themen ausmachen. George stellt den Tod weniger beängstigend und drastisch dar,[36] betont aber die Aussage des Couplets, indem er sie durch w- und d-Alliterationen bestärkt: „Dein lieben wächst · wirst du dir dess bewusst · / Und du liebst wohl was du bald lassen musst." (meine Hervorhebungen) George hebt hier das hervor, was er schließlich in seiner Einleitung[37] zu der Sonett-Umdichtung als maßgebend bezeichnen wird: die überge-

---

[34] Siehe auch Kapitel 4.3.2. dieser Arbeit.
[35] Zu Georges Übersetzungen der verschiedenen Bilder dieses Sonetts vgl. Barlow, A critical study of Stefan George's translations from English, S. 154.
[36] Z. B. übersetzt George „Auf diesen ästen die im wind sich drehn ·" für „Upon those boughs which shake against the cold," und wählt mit ‚schweben' und ‚ruhen' euphemistischere Verben als Shakespeare mit ‚lie' und ‚expire'. Vgl. auch SW XII, S. 217, Erläuterungen Oelmann.
[37] SW XII, S. 5.

schlechtliche Liebe, das heißt eine Liebe, die sich weder nach Geschlecht noch nach Alter richtet, sondern an sich anderen, geistigen Werten orientiert.

Der im Gegensatz zum Körper wichtige Geist wird im Sonett 74 besonders hervorgehoben und als der „bessere teil von mir" bezeichnet. Das Sonett beschreibt „dieses hier", also dieses Gedicht, als den besonderen Wert. George geht dabei weiter als Shakespeare und beschreibt nicht nur „in *this line* some interest", sondern „wert in diesem *buch*" (meine Hervorhebungen). Er bezieht sich damit konsequenter auf sein Werk als Vermächtnis und als etwas Wertvolles. Im Couplet deutet George die Bestimmung der Dichtkunst an: „Der wert von jenem ist was ihm entschwebt / Und das ist dieses hier – was mit dir lebt." Der Dichtung *entschwebt* ein Wert, der schließlich sogar *lebt*. Bei Shakespeare heißt es dagegen: „The worth of that is that which it contains, / And that is this, and this with thee remains." Hier wird also lediglich etwas Bleibendes beinhaltet. In den Verben ‚entschweben' und ‚leben' steckt dagegen viel mehr Bestimmung, nämlich die Bestimmung, verbreitet und gelebt zu werden.

In den folgenden Sonetten 75 und 76 geht es weiterhin erst indirekt und dann direkt um die Dichtung des Sprechers. Erst wird die Bedeutung des ‚Fair Youth' als sehr wichtig für das Leben des Sprechers geschildert – der ‚Fair Youth' wird als (lebenswichtige) Nahrung des Sprechers beschrieben.[38] Dann stellt der Sprecher im Sonett 76 seine eigene Dichtung dar, die sich dadurch auszeichnet, dass sie nur ein beständiges Thema hat: den ‚Fair Youth'.

Im Sonett 75 ist der Vers entscheidend: „Bald möcht ich dass die welt mein glück auch glaube". Es wird hier wieder auf die Bestimmung der Dichtung angespielt, sie soll von dem Sprecher glaubhaft in der Welt verbreitet werden – und damit eben auch das Wissen um die Schönheit des ‚Fair Youth'. Der ‚Fair Youth' wird dabei als die Nahrung des Dichters beschrieben – als Quelle seiner Dichtung. Diese gleichbleibende Quelle bzw. die Muse des Dichters ist daraufhin Thema des 76. Sonetts. Dieses Sonett ist eines der poetologischsten innerhalb der Sonette Shakespeares. Wie bereits Oelmann erwähnt, lässt sich diese „Poetik von Shakespeares

---

[38] In Boehringers ‚Ewiger Augenblick' zeigt sich, dass vor allem die Sonette dieser Auswahl präsent im George-Kreis sind. Boehringer zitiert als Überschrift des dritten Teiles den ersten Vers des Sonetts 75: „So are you to my thoughts as food to life" Boehringer, Ewiger Augenblick, S. 57. Im Folgenden geht es um die Lektüre der ‚Jünger' zu der neben der „meisterliche[n] dichtung" auch „[a]lle Shakespearesonnette / und einzelne szenen aus den dramen" gehören. Ebd., S. 62f. Für seine Reclam-Auswahl der Gedichte Georges wählt Boehringer drei Sonett-Umdichtungen: das hier besprochene 75 sowie ein weiteres Sonett der Auswahl, nämlich 18 und das Sonett 129. Vgl. George, Gedichte.

Sonetten [...] auch als diejenige seines Übersetzers lesen."[39] Oelmann bezieht sich hier nur auf die Verse 6 bis 8, allerdings lässt sich dies auch für die Anfangsverse des Sonetts behaupten. George entfernt sich hier für seine Verhältnisse weit von dem wortwörtlichen Sinn des Originals. In Georges Übersetzung wird davon gesprochen, dass die Verse des Dichters „[fern] von wechsel [...] und schneller änderung" sind, dass sie eben nicht von „neuer art" sind – und der Dichter bekennt: „Dies tu ich immer". Im Umkehrschluss bedeutet das, dass die Gedichte beständig sind und sich statt nach neumodischen Trends eher nach bewährten Mustern richten. Oder mit anderen Worten: „Ihr sehet wechsel · doch ich tat das gleiche"[40]. Der Verweis auf eine „neue[] art" ist dabei doppeldeutig zu verstehen. George vermag es, eine alte und teils obsolete Sprache so zu gebrauchen, dass ihm die Schaffung einer neuen Dichtersprache gelingt. Genau so, also doppeldeutig, ist der Hinweis auf fehlende „seltne[] fertigung" zu verstehen. Wie das Original Shakespeares[41] untertreibt George hier den Wert eigener Dichtung, denn wer, wenn nicht George, schuf Werke in seltener Fertigung? Beide Dichter, der des Originals und der der Übersetzung, tun in diesem Sonett so, als ob sie nur immer das Gleiche tun und dies dazu auch noch in einem sehr fest gefügten Rahmen, dem Sonett. Trotzdem schaffen beide gleichzeitig eine abwechslungsreiche und die Sprache erneuernde Dichtung. Abseits von dieser interessanten Reflexion über die eigene Dichtung bietet das Sonett auch die Einsicht, dass es richtig und gut ist, beständig und sich selbst und dem Objekt seiner Dichtung treu zu bleiben. Das Schlusswort und Schlüsselwort dieses Sonetts – „treu" – fügt George übrigens eigenständig ein.[42] Die Berufung auf die eigene Beständigkeit im Werk und auch im Leben passt zu der Übung des Verzichts aus dem Sonett 52 – ein weiterer Punkt der Verbindung innerhalb der Sonett-Auswahl. Ein letzter wichtiger Punkt dieses Sonetts ist, dass George „argument" mit „plan" übersetzt. Er beschreibt demnach eine Dichtung, die nicht nur einem Thema folgt, sondern die einen Plan hat, also ein bestimmtes Ziel verfolgt. Wiederum ein Hinweis auf eine prinzipielle Bestimmung und eine angestrebte Wirksamkeit, die George der Dichtung zuschreibt.[43]

---

[39] SW XII, S. 220.
[40] SW VI/VII, S. 7 (Das Zeitgedicht).
[41] Im Original heißt es: "Why with the time do I not glance aside / To new-found methods and to compounds strange?" Shakespeare spielt hier mit der Tatsache, dass er eben sehr wohl neue Methoden anwandte und neue Wörter schuf. Die Substantivierung ‚compound' wurde passenderweise von Shakespeare eingeführt.
[42] Bei Shakespeare heißt es: "So is my love still telling what is told.", bei George: „Sagt meine liebe schon gesagtes treu.". Oelmann bezeichnet dies als „starken inhaltlichen Akzent". SW XII, S. 220.
[43] Zu Georges Übersetzung dieser und anderer Stellen in denen er von ‚Plan' oder ‚Ziel' spricht, siehe Kapitel 4.3.1.

Die Gruppe dieser vier Sonette befasst sich mit der übergeschlechtlichen Liebe sowie dem, was daraus resultiert und gleichzeitig die Liebe bewahrt: das dichterische Werk.

XCVII und XCVIII
XCVII
Gleich einem winter war mir meine ferne
Von dir · entzücken du vom flüchtigen jahr!
Wie fühlt ich frost · verdunkelt sahn die sterne
Und überall Dezember alt und bar!

Doch waren sommers zeiten die entlegnen ·
Der trächtige herbst mit reicher schwellung gross
Trug von dem sommer her das üppige segnen
Wie nach des gatten tod der witwe schoss.

Doch dieser volle ausbruch deuchte mir
Hoffnung von waisen · vaterlose frucht –
Denn sommer und sein reichtum warten dir
Und vögel werden stumm bei deiner flucht.

Doch wenn sie singen ist so trüb der laut
Dass bleich das laub wird dem vorm winter graut.

XCVIII
Von dir war ich entfernt im vorfrühling
Als stolz April im bunten schmucke schritt
Den geist der jugend goss in jedes ding –
Der schwere Saturn lief und lachte mit.

Doch gab mir vogellied und süsser hauch
Von blumen reich an duft und glanz nicht lust
Mich zu ergehen nach des sommers brauch ·
Sie zu entpflücken ihrer stolzen brust.

Das weiss der lilie nahm ich nicht in acht
Noch lobte ich der rose tiefes rot ..
Sie waren süss doch abglanz nur der pracht:
Nach dir gezeichnet der das vorbild bot.

Doch winter schien es · denn du kamest nie.
Wie deinen schatten so umspielt ich sie.

Die Präsenz der Jahreszeiten fällt in der letzten Zweiergruppe auf. Die beiden Sonette 97 und 98 nutzen den Winter, um die Trennung von dem den Sommer repräsentierenden ‚Fair Youth' zu umschreiben. Zu dieser Gruppe der Sonette, die sich mit der Trennung beschäftigen, gehört eigentlich auch das Sonett 99, allerdings hat George dieses nicht in seine

Auswahl integriert. Möglicherweise wollte George daran festhalten, Gruppen aus einer geraden Anzahl von Sonetten zu bilden, oder es störte ihn, dass das Sonett 99 aus unregelmäßigen 15 Versen besteht. Eine weitere Möglichkeit ist, dass er mit dem Sonett 98 einen passenden Abschluss für seine Auswahl gefunden hat und eine perfekte Überleitung zu der ‚Vorrede zu Maximin' schafft. Alle drei Gründe sprechen für Georges Nicht-Auswahl des Sonetts 99.

Das Sonett 97 ist eines von nur vier Sonetten, die in einer Handschrift Georges existieren. Die Handschrift stammt aus Gundolfs Besitz, weist noch einige Abweichungen zu der endgültigen Version auf und trägt eine Notiz Georges, die besagt: „Hier ein mir besonders gelungenes / sag hat das nicht seltsamerweise / etwas jahrderseele-stimmung?"[44] Dieses Sonett ist also für George nicht nur „besonders gelungen[]", sondern lässt auch eine Verbindung zu seinem eigenen Werk erkennen. Die „jahrderseele-stimmung" kann dabei zweierlei bedeuten: Entweder das Sonett erinnert tatsächlich in der Stimmungslage an den Gedichtband Georges und das würde dafür sprechen, dass es ihm besonders auffällt und er es mit großer Aufmerksamkeit übersetzt. Oder das Sonett hat erst durch Georges Übersetzung eine ähnliche Stimmung von George bekommen – ob nun absichtlich oder eher durch Zufall spielt dabei keine Rolle. Die Notiz Georges lässt beide Möglichkeiten bzw. eine Mischung beider zu, bezieht sich aber klar auf das übersetzte Sonett. Festzuhalten ist, dass das Sonett tatsächlich an Gedichte des ‚Jahrs der Seele' erinnert, da es eben die Stimmung zwischen Sommer und Winter einfängt und den Verlust eines sommerlichen Gefühls betrauert. Es geht unter anderem darum, dass es zwar einen Ertrag des Sommers gibt, aber trotzdem nie ganz das eigentliche und entschwundene Gefühl des Sommers erreicht werden kann. Ähnliche Stimmungen finden sich im ‚Jahr der Seele' z. B. in dem Gedicht ‚Die blume die ich mir am fenster hege'.[45] Die Beschreibung einer (jahreszeitlichen) Trennung kann man auch in ‚Ruhm diesen wipfeln! dieser farbenflur!', ‚Es lacht in dem steigenden jahr dir' oder ‚Willst du noch länger auf den kahlen böden' ausmachen.[46] Dies sind sicher nur einige mögliche Beispiele, aber sie bezeugen, dass George in diesem Sonett ein Thema ausgemacht hat, das an die eigene Dichtung erinnert. Dies ist ein Grund mehr, auch in den übrigen Sonetten Verbindungen zu Georges eigenem Werk nachzuspüren.[47]

Das Sonett 97 behandelt die Trennung des Sprechers von dem ‚Fair Youth', die er scheinbar selbst zu verantworten hat. Das Sonett be-

---

[44] Zitiert nach SW XII, S. 230.
[45] SW VI, 31.
[46] SW VI, S. 45, 89, 118.
[47] Siehe hierzu Kapitel 4.3.3.

schreibt, was die Trennung in dem Sprecher auslöst: Es ist nur noch Winter für ihn und er kann weder die Früchte des Sommers noch den Vogelgesang genießen. Während die vorangegangene Sonettgruppe beschreibt, dass der ‚Fair Youth' die Nahrung oder die Lebensgrundlage des Sprechers ist, zeigt sich hier, dass er tatsächlich unter einer Trennung leidet. Der einzige Trost sind die Früchte des Sommers, die sich nun ernten lassen. Diese Früchte könnten z. B. die bereits vorher beschworenen Gedichte, also der Ertrag der Liebe, sein. Auch wenn dies nicht den Sommer ersetzen kann, so wird in Georges Übersetzung trotzdem mehr als bei Shakespeare auf den kleinen Trost, den Ertrag, angespielt. Während dies bei Shakespeare der „wanton burthen of the prime" ist, also eine Belastung (burden), übersetzt George: „von dem sommer her das üppige segnen". Dies lässt mehr Hoffnung und Wohlwollen erkennen, denn die Belastung wird zum Überfluss. Die rhythmischen Betonungen durch doppelte Senkungen bei den Adjektiven „flüchtigen", „trächtige" und „üppige" unterstreichen sowohl die Vergänglichkeit als eben auch die Fülle. Wo Shakespeare eine zu tragende Last beschreibt, ist der Sprecher in Georges Sonett zumindest gewillt, einen Nutzen aus seiner Verbindung mit dem ‚Fair Youth' zu ziehen. Das vorher viel beschworene Fortleben in den Gedichten kann den ‚Fair Youth' zwar nicht ersetzen, bleibt aber bedeutsam.

Im Sonett 98 beschreibt der Sprecher weiterhin seine Entfernung von dem ‚Fair Youth'. Anders als in dem vorangegangenen Sonett ist es nun zwar Sommer, aber die Freuden des Sommers kommen ohne den ‚Fair Youth' nicht mehr zur Geltung. Alles Schöne kann nur ein „abglanz" sein und das „vorbild" nicht erreichen. Wie schon im Sonett 53 wird hier angedeutet, dass alles Schöne nur ein unzureichendes Abbild der wahren Schönheit des ‚Fair Youth' ist. Auch die Erwähnung des Schattens im Couplet erinnert an das Sonett 53. Dass in diesem Sonett die Trennung oder Entfernung von dem Geliebten im „vorfrühling" stattfindet, ist deswegen interessant, da auch der junge Maximilian Kronberger im Frühling starb und so gewissermaßen auch entfernt wurde.[48] In dieser Hinsicht ist es auch von Bedeutung, dass George im Couplet „du kamest nie" für „and, you away" übersetzt. In Georges Übersetzung wird die Trennung so zu einer endgültigen erklärt. Dies sind wichtige Verse, gerade weil sie den Abschluss der Auswahl bilden und George von Shakespeare abweicht. Da die Schönheit in den Sonetten „nie" wirklich ankommt, kann sich das ‚Maximin'-Erlebnis im Folgenden davon abgrenzen und noch an Bedeutung gewinnen. George leitet sein ‚Maximin'-Erlebnis mit einem anderen

---

[48] Inwieweit sich Verbindungen zwischen Georges ‚Maximin' und der Sonett-Auswahl herstellen lassen, wird im folgenden Kapitel (4.2.2.) genauer untersucht.

Werk der Weltliteratur ein, um dieses dann sogar zu übertreffen. ‚Maximin' wird aber erst im ‚Stern des Bundes' zu seiner Vollendung kommen.

Diese Stelle lässt sich zudem im Zusammenhang des gesamten Sonetts lesen. Es geht um die verschiedenen Blumen, die nicht an die Schönheit des Geliebten heranreichen und nur ein unvollkommenes Abbild sein können. In diesem Fall bezieht sich „du kamest nie" auf die Blumen: Der Geliebte kommt nicht in den Blumen wieder – ein einfaches Symbol reicht nicht an seine Schönheit heran. Um wahre Schönheit wiederkehren zu lassen, braucht es mehr als ein Abbild, es braucht jemanden, der das ‚schöne Leben' erläutert. Sieht man es so, dann passen diese letzten Verse gut als Übergang zu Georges Werk und dem ‚Maximin'-Erlebnis.

Insgesamt behandeln beide Sonette die Trennung von dem ‚Fair Youth' und die damit verbundene emotionale Qual für den Sprecher. Nichts ist mehr wie vorher und die wahre Schönheit ist entschwunden. In diesen letzten beiden Sonetten bestätigt sich damit, was vorher befürchtet wurde: dass man gegen den Verlust – wie groß dieser auch sein mag – mit den Mitteln der Dichtung ankämpfen muss. Auch wenn es eine Qual bedeutet und nicht an die eigentliche Schönheit heranreichen kann, so macht der Dichter dennoch weiter.

Die 16 Sonette, die George in den ‚Blättern für die Kunst' veröffentlicht, haben drei Hauptthemen: erstens die Trennung vom Geliebten bzw. dessen Abwesenheit (29, 30, 33, 34, 52, 73, 75, 97); zweitens die Dichtkunst, die dazu beiträgt, den Geliebten auch in Zukunft leben zu lassen (17, 18, 32, 74, 76); und drittens die Schönheit des Geliebten, die als Muster alles Schönen gesehen wird (31, 53, 98). Wird diese Trennung, vor allem die Trennung durch den Tod, anfangs nur als Schreckensszenario imaginiert, um die Dichtkunst zu legitimieren, so wird die endgültige Trennung am Ende zu einer Tatsache. Die Dichtkunst ermöglicht es, die Schönheit weiterleben zu lassen, auch wenn dies wie ein schwacher Trost scheint. Die Dichtkunst hat eine weitere Bestimmung: die Verbreitung des Wissens um die Schönheit. Sie soll konsequent ein Ziel verfolgen.

Die Sonette sind nicht nur innerhalb der Gruppen, die der üblichen Nummerierung folgen, verbunden, sondern auch dadurch, dass bestimmte Bilder immer wiederkehren. So spielen die Vergleiche mit den Jahreszeiten eine große Rolle (18, 53, 73, 97, 98) und dies zeigt wiederum die Reflexion der Dichtung, die sich ganz intensiv mit ihren Möglichkeiten und ihren Grenzen befasst. Das andere wiederkehrende Bild ist das der den ‚Fair Youth' verdeckenden Wolken oder Schatten (33, 34, 53, 98). Auch hier geht es darum, zu verdeutlichen, dass die Schönheit des ‚Fair Youth' nie in ihrer Vollkommenheit sichtbar ist. Es zeigen sich vielerlei Schnittpunkte, auch durch andere wiederholt auftauchende Begriffe, z. B. die Sonne (33, 34, 76) oder singende Vögel (29, 73, 97, 98), ein Symbol des Dichters, der sein Gedicht in die Welt trägt. Auch der Tod ist ein wiederkehrendes Thema, das zur Beschreibung der Trennung dient: der Tod anderer (30, 31), des Geliebten (17) und des Sprechers (32, 73, 74).

Die Gruppe der Sonette ist vielfältig thematisch verbunden, keines der Sonette steht allein. Sie bilden eine Einheit und werden so nicht nur als einzelne Übersetzungsproben verstanden, sondern sollen ein bestimmtes Bild vermitteln.[49] George erzeugt mit seiner Sonettauswahl die Darstellung eines überaus schönen Jünglings, dessen Bedeutung mit den Mitteln der Dichtkunst weitergetragen wird, auch wenn diese nicht in der Lage ist, ein vollkommenes Abbild zu schaffen. George stellt, im Kleinen, genau das dar, was er auch für die gesamten Sonette feststellt: die „weltschaffende[] kraft der übergeschlechtlichen Liebe"[50]. Bedenkt man die ‚Maximin'-Thematik, so liegt es nahe, dass George solche Themenschwerpunkte setzt. Mit der Sonettauswahl untermauert George die Bedeutung ‚Maximins' für sein Werk. Dabei hebt er die vermittelnde und bildende Funktion der Dichtung hervor – wie sie auch für sein eigenes Werk (zwischen ‚Siebentem Ring' und ‚Stern des Bundes') immer bedeutender wird.[51] Die Verbindungen der Sonett-Auswahl Georges zu ‚Maximin' und anderen Aspekten aus Georges Werk zeigen sich auch in der Stellung, die die Auswahl in den ‚Blättern für die Kunst' einnimmt.

4.2.2. Stellung der Sonettauswahl in den ‚Blättern für die Kunst'

Mit der Stellung seiner Sonett-Übersetzungen in den ‚Blättern für die Kunst' liefert George sowohl eine Erläuterung als auch eine Legitimation seines ‚Maximin'-Erlebnisses. Er setzt die Sonette Shakespeares gezielt ein, um mit einem großen Werk der Literatur auf sein eigenes Werk zu weisen und sich in dessen Tradition zu stellen.

Shakespeares Jüngling und Georges ‚Maximin' werden nicht nur in ihrer Parallelität gezeigt, sondern ineinandergeblendet. Mit ‚Maximin' sieht George die Möglichkeit zur Erneuerung der Welt, weg von der bürgerlichen und hin zu einer elitären, ästhetisch-schönen Welt. Das Wort soll Gestalt annehmen, es soll etwas Bleibendes stiften.[52] Georges Lehren

---

[49] In dieser Sonett-Auswahl zeigt sich auch Georges Kunst als Übersetzer. Die Meisterschaft Georges wird in diesen Sonetten dadurch begünstigt, dass es sich um Themen und poetologische Überlegungen handelt, die George als äußerst relevant – auch in seinem eigenen Werk – ansieht. Es ist kein Wunder, dass Barlow Stellen aus einigen dieser Sonette (nämlich 18, 34, 75 und 97) zitiert, um die poetische Dichtkraft in Georges Übersetzung zu beweisen. Vgl. Barlow, A critical study of Stefan George's translation from English, S. 225ff.

[50] SW XII, S. 5.

[51] Zum Übergang vom ‚Siebenten Ring' zum ‚Stern des Bundes' vgl. auch Kauffmann, Stefan George, S. 134–154.

[52] Diese politisch und kulturgeschichtlichen Aspekte müssen bei George immer mitbedacht werden. Wie sich die Lehre Georges in Taten umwandeln kann, lässt sich an den Brüdern Stauffenberg beobachten, die zum erweiterten Kreis um George

umfassen aber eben nicht nur die eigene Lyrik, sondern auch die Übersetzungen, die bewusst von George ausgewählt und bearbeitet sind. Auch in der Shakespeare-Übersetzung ist es schließlich das Wort, das dem Jüngling Gestalt verleiht und ihm zum Fortbestehen verhilft.

Die Auswahl der Sonett-Übersetzungen erscheint in der achten Folge der ‚Blätter für die Kunst'[53] unmittelbar zwischen zwei ‚Maximin' gewidmeten Abschnitten. Die achte Folge der ‚Blätter für die Kunst' beginnt mit den ‚Nachträgen zu Maximin', bringt dann die 16 Sonett-Übersetzungen und auf sie folgend die ‚Vorrede zu Maximin'. Eine Verbindung wird nicht nur durch die Platzierung der Sonette begünstigt, sondern auch durch wiederkehrende und die Texte bestimmende Themen hervorgerufen. Es geht hier um die von George geschaffene Figur ‚Maximin' und nicht um den realen Maximilian Kronberger. Zu Lebzeiten wurde Kronberger nie als ‚Maximin' angesehen und auch die Namensgebung fand erst nach seinem Tod statt.[54] Erst der Tod Kronbergers ermöglicht es George, sich aus ihm ein jugendliches Idealbild zu schaffen, das vorher so nicht existierte.[55] Manfred Frank sieht in der „Wiederbelebung des Göttlichen den Akt der Distanzierung von den Garzuvielen allererst begrün-

---

gehörten. Vgl. dazu Hoffmann, Stauffenberg, S. 13–19, 69; Norton, Secret Germany, S. 743–746. Zu Gundolfs Begriff der ‚Gestalt' vgl. Zöfel, Die Wirkung des Dichters, S. 114–186. Vgl. auch Wolters, Gestalt, S. 146; Kolk, Wissenschaft, S. 592f.

[53] Ich werde im Folgenden von der achten Folge der ‚Blätter für die Kunst' ausgehen, da sich nur hier die ‚Nachträge zu Maximin' finden. Blätter für die Kunst, 8. Folge, S. 156, ‚Nachrichten': „Die achte folge der Blätter für die Kunst wurde bereits in dem dritten Ausleseband des Bondischen Verlags gedruckt · so dass ihr erscheinen für weitere kreise unnötig wurde. Sie enthält hier nur noch die nachträge zu Maximin die nicht für die öffentlichkeit bestimmt sind. Der vorliegende abdruck ist nur als beigabe zur neunten folge für die mitglieder des engeren kreises gedacht." Die Stellung der Sonett-Übersetzung in dem früher erschienenen Auswahlband beziehe ich, wenn nötig, ein.

[54] Dennoch wird die Episode oft genug als wahre Liebesgeschichte behandelt und erscheint z. B. in mehreren populärwissenschaftlichen Veröffentlichungen, die sich im weitesten Sinne mit der Liebe in Literatenkreisen befassen: in einem Sammelband ‚Sternstunden der Liebe', vgl. von Eckartsberg, Der romantische Höhepunkt der Liebe, S. 206f.; in einem Sammelband zu ‚Liebesaffären deutscher Literaten', vgl. Schneider, Auf einen anderen Stern gehoben; außerdem in einem Samelband zu ‚Schicksalen der Weltliteratur', vgl. Grieser, Maximin, Nachspiel in Wien.

[55] Zum „Kult um Maximin" vgl. van Laak, Mythen, S. 762ff. Zu George und Maximilian Kronberger vgl. David, Stefan George, S. 253ff.; Walter, Maximilian Kronberger; Martynkewicz, Maximin, die Lichtgestalt. Dass solche Mythisierungen durchaus zeitgenössisch begründet sind, zeigt Plumpe: Plumpe, Alfred Schuler und die ‚kosmische Runde', S. 234. Vgl. auch Norton, Secret Germany, S. 338; Martus, Werkpolitik, S. 647.

det"⁵⁶ und so zeigt sich auch hier eine soziale Intention, nämlich eine der Abgrenzung der eigenen Gruppe gegenüber der gewöhnlichen Masse. Der Aufbau des ‚Maximin'-Erlebnisses, der durch die Veröffentlichungen in der achten Folge der ‚Blätter für die Kunst' unterstützt wird, dient dazu, diesen Mythos darzustellen. Auch in Georges Umfeld taten sich einige schwer mit der Vorstellung dieses neuen Gottes. Für Verwey z. B. ist ‚Maximin' ganz klar der Punkt, ab dem er Georges Werk nur noch „bedingungsweise wilkommen"⁵⁷ heißt. Bereits im Juni 1904 zeigt sich Verwey skeptisch gegenüber Georges ‚Maximin'-Erlebnis.⁵⁸

Die ‚Nachträge zu Maximin' sind einige Gedichte Maximilian Kronbergers, die nicht im ‚Maximin'-Gedenkbuch und nicht in dem Ausleseband der ‚Blätter für die Kunst' erschienen sind.⁵⁹ Es handelt sich um dreizehn Gedichte sowie einige Ausschnitte aus Kronbergers Gedicht ‚Ein Kampf', hier als ‚Aus einem frühen Zyklus'. Die Gedichte sind alle von George korrigiert und teilweise umgeschrieben, wie er es mit allen Veröffentlichungen in den ‚Blättern für die Kunst' handhabt.⁶⁰ So betitelt Kronberger ein Gedicht ‚Stille Worte / an M. D.' – mit M. D. ist Kronbergers Jugendliebe Mimi Droste gemeint – und in Georges Auswahl heißt das Gedicht nach dem ersten Vers ‚Verlornes Schwingen'.⁶¹ Auch wenn George die Gedichte selbst bearbeitet, ist es eine symbolische Aufwertung der Gedichte, dass sie den Band eröffnen dürfen. Im Normalfall beginnen die ‚Blätter für die Kunst' immer mit Gedichten Georges oder anderer ‚Meister', z. B. Hölderlin in der neunten Folge oder Waclaw Lie-

---

⁵⁶ Frank, Stefan Georges ‚neuer Gott', S. 278. Vgl. auch Osterkamp, Das Eigene im Fremden, S. 395; von Petersdorff, Fliehkräfte der Moderne, S. 115ff. Außerdem Enright, Stefan George, Friedrich Gundolf and the Maximin Myth, S. 178: „The boy-god's death was to George no tragedy: it was simply the confirmation of his godhead through sacrifice and, thus, the final confirmation of George's belief in the beautiful body and beautiful spirit and in their union – it was, also, another reason for demanding obedience and dedication from those who remained."
⁵⁷ Verwey, Mein Verhältnis zu Stefan George, S. 56. Siehe dagegen den Zuspruch Lechters in Bezug auf Georges ‚Maximin'-Erlebnis. Vgl. Philipp, Gibst du duft aus sternenräumen, S. 182.
⁵⁸ Vgl. Verwey, Mein Verhältnis zu Stefan George, S. 47. Vgl. dazu auch Pannwitz, Albert Verwey und Stefan George, S. 31ff.
⁵⁹ Zu den einzelnen Gedichten Kronbergers und ihren Veröffentlichungen vgl. die Auflistung von Georg-Peter Landmann in Kronberger, Gedichte, Tagebücher, Briefe, S. 147ff.
⁶⁰ Vgl. Kluncker, Blätter für die Kunst, S. 54f. Georges Änderungen stießen vor allem bei Hofmannsthal, Andrian und Vollmoeller auf Widerstand. Vgl. den Brief von Hofmannsthal an Klein (1.4.1893), Briefwechsel zwischen George und Hofmannsthal, S. 61.
⁶¹ Zu weiteren Änderungen und Kürzungen Georges vgl. die Anmerkungen in: Kronberger, Gedichte, Tagebücher, Briefe, hier S. 124. Vgl. auch Martynkewicz, Maximin, die Lichtgestalt, S. 251f.

der – in Übersetzung Georges – in der dritten Folge. Gedichte jüngerer Dichter erscheinen erst ab der achten Folge und dann am Ende des Bandes und anonym.[62] Es ist bezeichnend, dass hier nur von ‚Maximin', nicht aber von Maximilian Kronberger gesprochen wird. Kronbergers Gedichte hätten zu Lebzeiten nicht ebenjene Stelle am Anfang der ‚Blätter für die Kunst' erhalten und hatten auch 1904 noch keinen Platz in den ‚Blättern für die Kunst'.[63]

Kluncker hat gezeigt, dass mit der achten Folge eine Änderung der Konzeption der ‚Blätter für die Kunst' stattfindet:

> Der literarische Avantgardismus und das Außenseitertum der Zeitschrift [...] wurden ersetzt durch eine freilich nicht weiter entlegene neue Gemeinschaftsform des Kreises. [...] Dichterisch drückt sich dieser Wandel vor allem darin aus, daß der Komplex ‚Meister-Jünger' nun zum beherrschenden Thema der Zeitschrift wird.[64]

Breuer beschreibt diese Änderungen ähnlich:

> Aus dem ursprünglich an einer gemeinsamen Sache, dem Dienst an der Kunst, orientierten Blätter-Kreis wird jetzt ein um eine Person zentrierter Kreis, der sich auf die Anerkennung der Göttlichkeit Maximins und Georges als seines Trägers gründet; aus der relativ offenen, wertrationalen Vergesellschaftung eine nach außen und innen geschlossene charismatische Vergemeinschaftung, die sich vorrangig auf emotionale Beziehungen stützt.[65]

Die hier beschriebene neue Ausrichtung der ‚Blätter für die Kunst' – von einer literarisch-künstlerischen Zeitschrift zu einem gemeinschaftsbildenden Organ des George-Kreises – beginnt also mit den Veröffentlichungen ‚Maximin' betreffend sowie einer Auswahl der Sonett-Übersetzungen.[66] Auch in den Übersetzungen zeigt sich die Entwicklung der ‚Blätter für die Kunst': Während es zunächst das erklärte Ziel ist, zeitgenössische Auto-

---

[62] Vgl. Kluncker, Blätter für die Kunst, S. 43.
[63] Nach dem Tod von Richard Perls 1898 war es bereits einmal zu Veröffentlichungen aus dem Nachlass gekommen, im dritten Band der vierten Folge. Vgl. Blätter für die Kunst, 4. Folge, 3. Band, S. 65. Auch diese Gedichte eröffnen den Band.
[64] Kluncker, Blätter für die Kunst, S. 43. Vgl. ebd., S. 174.
[65] Breuer, Ästhetischer Fundamentalismus, S. 44.
[66] Auch Wolters schreibt, dass die „achte und neunte Folge [...] die innere Umbildung und Festigung des Kreises der Blätter seit dem letzten Jahrfünft schon deutlich wider[spiegelten]." Wolters, Stefan George, S. 358. Und ebd. zur achten Folge: „Dieser Eingang [= ‚Nachträge zu Maximin'], verbunden mit der ‚Vorrede zu Maximin', besagte deutlich, unter welchem Zeichen das kommende Jahrzehnt der Blättergschichte stand: was nicht um diese Mitte kreiste, sank langsam von selbst zurück, was ihr zuwuchs, gewann immer reiner das dort geschaute Bild. Nicht als ob in Gedichten oder Prosen ausdrücklich davon die rede sei!"

ren anderer Sprachen einzuführen, gewinnen zunehmend die Übersetzungen großer Meister an Bedeutung und George positioniert sich dadurch als mindestens ebenbürtig.[67] Mit ‚Maximin' und den Sonett-Übersetzungen zeigt George zudem den Dichter in der Vermittler-Rolle. Der Dichter bewahrt das besondere Leben und die Botschaft des Gottes und ermöglicht so, dass diese weitergetragen wird.

In den ‚Blättern für die Kunst' wird dies exemplarisch gezeigt. Erst zeugen die Gedichte ‚Maximins' von seiner Göttlichkeit und seiner Todessehnsucht. Dann beschäftigen sich die Sonette Shakespeares mit dem möglichen Tod und der Entfernung des göttlichen Knaben. Die Dichtkunst wird eingesetzt, um die Schönheit des Jünglings zu bewahren. In der ‚Vorrede zu Maximin' wird schließlich ein ebensolches Erlebnis geschildert: der Tod eines göttlichen Knaben und die damit verbundene Besinnung auf die künstlerische Vermittlung.

Die Auswahl der ‚Nachträge zu Maximin' beginnt mit ‚Aus einem frühen Zyklus' und den bezeichnenden Versen: „Ich will / Mir meine Gottheit selbst erbilden · / Ich will mich aus der geistigen ruhe / An ewige gedanken wenden"[68]. Insgesamt finden sich auf der ersten Seite vier Abschnitte, die um göttliches und irdisches Dasein kreisen. Diese sind so geschickt ausgewählt, dass sie wie ein Vorwort zum ‚Maximin'-Erlebnis Georges zu lesen sind. Zusammengefasst geht es um Göttlichkeit, um die Ewigkeit und die eigene Bereitschaft bzw. den eigenen Willen, das irdische Leben gegen ein geistig göttliches aufzugeben. Dies sind allein die vier Bruchstücke der ersten Seite, die jedoch einen guten Einblick in die ‚Nachträge' bieten und nicht ohne Absicht so hervorgehoben am Anfang stehen. Die Verse „Ich will / Mir meine Gottheit selbst erbilden ·" könnten auch ein Paradigma Georges sein und werden ‚Maximin' in den Mund gelegt. Der eigene Wille ist auch in den nächsten Versen präsent. Da heißt es: „Nehmt mir mein irdisch gut · mein heilig können / bleibt doch mein eigen · denn ich selbst / Gebar es mir in heissen stunden."[69] Die Unterscheidung zwischen dem Irdischen und der angestrebten Ewigkeit wird hier deutlich, genau wie der eigene Antrieb, denn „ich selbst / Gebar es mir". In den folgenden Versen geht es darum, dass die menschlichen Kräfte zu schwach sind, um die „ewigkeiten" und das „meer des göttlichen Entzückens" zu stützen. Die letzten Verse dieser Seite beinhalten eine Aufforderung: „Zieht mit mir ihr die einsam und verlassnen · / Lasst einen himmel uns errichten / In dessen unbeschränkten räumen / Die ewige heimat unsres freien geistes ist."[70] Dies ist eine Vorwegnahme der Sonett-Übersetzungen Georges: Es geht darum, einen ewigen Aufenthalt nicht

---

[67] Siehe Kapitel 2.3. und vgl. Kluncker, Blätter für die Kunst, S. 88–92.
[68] Blätter für die Kunst, 8. Folge, S. 8.
[69] Ebd.
[70] Ebd.

nur für die Schönheit, sondern vor allem für den freien Geist zu schaffen. „Ewig" ist dabei ein Adjektiv, das die Sonett-Übersetzung Georges bestimmt und auch in seiner Auswahl gleich zu Beginn im Sonett 18 wiederholt wird.[71] Auf den ersten beiden Seiten der ‚Nachträge' finden sich: „ewige gedanken", „ewigkeiten", „ewige heimat", „will ich ewig sitzen", „ewiger Gott", „ewige brust" und „meinen Gott schaun ewiglich".[72]

Nach den Fragmenten ‚Aus einem frühen Zyklus' kommt erst das Gedicht ‚Ewiger Gott' und dann das Gedicht ‚Tod', welches mit den Versen beginnt: „Dass meine glieder einst vergehen werden / Ist gewiss · doch dass mein geist vergeht / Hindert meine gottheit."[73] Bei der thematischen Untersuchung der Sonett-Auswahl in den ‚Blättern für die Kunst' hat sich gezeigt, dass der Tod ein vorherrschendes Thema ist. Die Vergängnis ist „gewiss", aber die Schönheit (Sonette) oder eben der Geist (Nachträge) kann bewahrt werden. In dem Original-Gedicht Kronbergers steht nur „*der* Geist"[74] und erst George ändert es zu „*mein* geist" (meine Hervorhebungen). In den Sonetten wird die Kunst als Mittel der Bewahrung eingesetzt, in diesem Gedicht der ‚Nachträge' ist es die „gottheit", die die Vergängnis verhindert. Beides wird schließlich in Georges ‚Maximin'-Mythos verbunden. Der Tod offenbart die Göttlichkeit ‚Maximins' und George nutzt die Kunst, um diese Gottheit zu vermitteln, damit diese nicht vergeht, aber vor allem auch weiter wirken kann. In den Gedichten zeigt sich eine melancholische Weltuntergangsstimmung, die charakteristisch für die Jugenddichtung der Jahrhundertwende ist. Es zeigt sich der Weltschmerz eines 15-jährigen literarisch gebildeten Mannes.[75] In den Gedichten spielt weiterhin der Unterschied zwischen göttlichem und irdischem Dasein eine große Rolle und es zeigen sich in fast jedem Gedicht die Sehnsucht nach Abkehr von dem gewöhnlichen Leben sowie die Zuversicht eines göttlichen Weiterlebens. Einige Verse können hier als Beispiel dienen:

---

[71] Das dritte Quartett lautet: „Doch soll dein *ewiger* sommer nie ermatten: / Dein schönes sei vor dem verlust gefeit. / Nie prahle Tod · du gingst in seinem schatten .. / In *ewigen* reimen ragst du in die zeit." SW XII, S. 24, meine Hervorhebung. In den Sonetten Shakespeares ist es das Adjektiv „eternal", das den gesamten Sonettzyklus bestimmt. Bei George fällt das Adjektiv „ewig" besonders auf, da es durch das Aufeinanderprallen zweier unbetonter Silben nahezu immer rhythmisch betont ist.
[72] Blätter für die Kunst, 8. Folge, S. 8f.
[73] Ebd., S. 9.
[74] Kronberger, Gedichte, Tagebücher, Briefe, S. 45.
[75] Zur Qualität der Dichtung Maximilian Kronbergers vgl. z. B. David, Stefan George, S. 254; Martynkewicz, Maximin, die Lichtgestalt, S. 238.

Ich will zum hellen sonnenlicht mich wenden · / Im reinen äther droben enden. / [...] / Ich darf zur sonne auferstehen / Und dort die reine liebe sehen.⁷⁶

Und in liebendem laufe / Nehmen den sänger sie mit. / Nur der gefühllose haufe / Bleibet zur tiefe verbannt.⁷⁷

Sie winken mich ab von dem lärme / Der welt und flehen mich an / Dass ich nicht weiter mich härme. / Ich folge dem lockenden bann.⁷⁸

Es wirkt so, als ob ‚Maximin' spricht und selbst erklärt, was mit ihm geschieht bzw. geschah und warum. In dem ersten Beispiel aus dem Gedicht ‚Fluch' streicht George zwei Verse und fügt neue Verse ein. An diesem Beispiel ist deutlich zu erkennen, welche Intention er den Gedichten verleihen will. Georges neue Verse lauten: „Ich darf zur sonne auferstehen / Und dort die reine liebe sehen." In dem Original-Gedicht Kronbergers steht stattdessen: „Und hofft vergeblich auf ein Wiedersehn / Und hofft vergeblich auf ein Auferstehen."⁷⁹ George kehrt also die bezeichnenden Schlussverse dieses Gedichts von einem vergeblichen Hoffen auf Auferstehung in das genaue Gegenteil um: die Auferstehung ‚Maximins'. Es ist wichtig, zu unterscheiden, dass George in den ‚Blättern für die Kunst' die Auferstehung ‚Maximins' beschreibt – es ist also daher kaum verwunderlich, dass ein Gedicht Kronbergers dahin gehend geändert wird, dass es zu ‚Maximin' passt. Die Intention Georges, ‚Maximin' in dessen eigenen Gedichten mit einer göttlichen Vorhersehung auszustatten, ist deutlich.

An sich ist dies keine herausragende Poesie – die Auswahl Georges und die Inszenierung des Textes verleihen den Versen erst eine besondere Bedeutung. In der ‚Vorrede' wird dann schließlich der Eindruck eines herbeigesehnten irdischen Todes unterstützt, indem es z. B. heißt: „Maximin hat nur kurz unter uns gelebt. Gemäss einem frühen vertrag den er geschlossen wurde er auf einen andren stern gehoben [...]."⁸⁰ Der Tod ‚Maximins' wird also als eine Art göttlicher Plan dargestellt. Zudem erscheint der Tod als eine gewollte und geplante Abkehr vom irdischen Leben – und dies wird durch die eben erwähnten Textstellen unterstützt, denn dort heißt es: „*Ich will* zum hellen sonnenlicht mich wenden"⁸¹ und „*Ich folge* dem lockenden bann"⁸² (meine Hervorhebungen).

---

⁷⁶ aus: ‚Fluch', Blätter für die Kunst, 8. Folge, S. 11.
⁷⁷ aus: ‚Leben', ebd., S. 13.
⁷⁸ aus: ‚Traurigkeit', ebd., S. 15.
⁷⁹ Kronberger, Gedichter, Tagebücher, Briefe, S. 59.
⁸⁰ Blätter für die Kunst, 8. Folge, S. 32.
⁸¹ aus: ‚Fluch', ebd., S. 11.
⁸² aus: ‚Traurigkeit', ebd., S. 15.

In den von George ausgewählten und ‚Maximin' zugeschriebenen Gedichten finden sich mehrere Gedichte, die sich scheinbar aufeinander beziehen und denen konsequenterweise dasselbe Erlebnis zugrunde liegt. Hier wird eine Verbindung zu der ‚Vorrede zu Maximin' aufgebaut. In der ‚Vorrede' wird geschildert, dass „Maximin […] im rauschenden frühling an der hand der geliebten durch die gärten [ging]"[83]. Das Gedicht ‚Landschaft' aus den ‚Nachträgen' beginnt mit dem Vers: „Einst gingen wir im frühling durch die wiesen ·"[84]. Weiter heißt es in dem Gedicht: „Am himmel zogen lichte goldne flügel"[85], und in der ‚Vorrede' antwortet ‚Maximin' dem Meister mit den Worten: „[…] ich habe die ganze brust voll glück und über jedes ende hinaus winkt mir mit goldnen flügeln unsterblichkeit."[86] Um einen besonderen Abend zwischen ‚Maximin' und dem Meister zu beschreiben, wird in der ‚Vorrede' von einer sich erhebenden „weinrote[n] wolke"[87] gesprochen, die sich als „purpurwolken"[88] auch in dem ‚Maximin'-Gedicht ‚Ich kam zum Berg…' findet. George stellt mit den ‚Nachträgen' eine Auswahl zusammen, die als Einstieg in das in der ‚Vorrede' geschilderte ‚Maximin'-Erlebnis verstanden werden soll.[89] Allerdings stehen diese beiden Texte nicht direkt nebeneinander, sondern sind durch die Sonett-Übersetzungen verbunden. George stellt seine Sonett-Übersetzungen eben nicht nur in die Nähe der Veröffentlichungen zu ‚Maximin', sondern sogar zwischen die beiden ‚Maximin'-Teile. Allerdings sind die Sonette keine Unterbrechung, sondern sie führen die Beschäftigung mit ‚Maximin' weiter und unterstützen sie.[90]

Im vorhergehenden Kapitel ist aufgefallen, dass die 15 bzw. 16 Sonette ausschließlich von einem jungen Mann und der freundschaftlichen Liebe zu ihm handeln. Außerdem geht es darum, wie aus dieser Liebe etwas Neues entsteht: die Dichtkunst. Der geliebte Mann ist dabei entfernt von dem liebenden Sprecher und diese Trennung ist ein vorherrschendes Thema in Georges Sonett-Auswahl, das in vielen Fällen durch die Möglichkeit des Todes verdeutlicht wird. Mit ‚Maximin' wird nun tatsächlich ein verstorbener junger Geliebter beschrieben und sein Weiterleben in der Dichtkunst wird thematisch in den Gedichten und in der ‚Vorrede' aufgegriffen. Mehr noch sind sowohl die ‚Blätter für die Kunst' sowie das ‚Ma-

---

[83] Ebd., S. 32.
[84] Ebd., S. 12.
[85] Ebd., S. 12.
[86] Ebd., S. 33.
[87] Ebd., S. 32.
[88] Ebd., S. 13.
[89] Sicher lassen sich auch Verbindungen zu den Gedichten des ‚Siebenten Ring' ausmachen. Die Gedichte ‚Maximins' werden als Spiegel der Gedichte Georges aufgebaut. Vgl. dazu Martus, Geschichte der Blätter für die Kunst, S. 354–357.
[90] Vgl. ebd., S. 355.

ximin'-Gedenkbuch herausragende Beispiele für ein angestrebtes Fortleben ‚Maximins'.

Die Sonette übernehmen hier eine vermittelnde Instanz. Sie sind der Übergang von der Dichtung ‚Maximins' zu dem ‚Maximin'-Erlebnis, das in der ‚Vorrede' geschildert wird. Etwas Schönes ist gestorben bzw. von unserer Welt gegangen. Damit die Erinnerung und vor allem die Wirkung dieses Schönen nicht vergehen, wird die Kunst als Vermittler eingesetzt. Dies lässt sich gleichermaßen für das ‚Maximin'-Erlebnis wie auch für die Themen der Sonett-Auswahl sagen.

In der ‚Vorrede zu Maximin' wird ‚Maximin' als der in seinen „knabenjahren" stehende „darsteller einer allmächtigen jugend" mit „ursprüngliche[m] geist[] und [...] heldenhafte[r] seele", als der „wahrhaft Göttliche" und als Abbild „lächelnder und blühender schönheit"[91] beschrieben. Diese Heroisierung ähnelt der Beschreibung des ‚Fair Youth' in Georges Übersetzungen. Dabei geht es nicht um die gesamten Sonette Shakespeares, sondern allein um die Sonette, die George in den ‚Blättern für die Kunst' veröffentlicht. Es finden sich fünf deutlich übereinstimmende Bereiche: die Göttlichkeit des Knaben, seine Schönheit, die Abgrenzung des Geistes von dem Körper, der Altersunterschied bzw. die Jugend des Knaben und der Frühling als Jahreszeit, in der sich das Ganze abspielt.

Die Göttlichkeit zeigt sich in Georges Sonett-Übersetzung darin, dass die Sonette von einem Erschienenen sprechen – und dies gleich im ersten Vers: „Wer glaubt mir später · auch wenn du erschienst"[92]. Der Vers könnte sich auch auf die Situation Georges beziehen, der den Glauben der anderen an ‚Maximin' erreichen will. In der ‚Vorrede' wird das Eintreffen ‚Maximins' als eine „plötzliche ankunft"[93] beschrieben – der Weg zum plötzlichen Erscheinen ist da nicht weit[94] – und es wird ebenfalls an dem Glauben der Übrigen und der Nachkommen gezweifelt: „Die mitbürtigen die ihn nicht sahen und die späteren werden nicht begreifen

---

[91] Blätter für die Kunst, 8. Folge, S. 28ff.
[92] Ebd., S. 17.
[93] Ebd., S. 28.
[94] Vgl. zum ‚erscheinen' bei George: Raulff, Der Erscheinende, S. 48: „In den Jahren nach 1904, dem Jahr, in dem der junge Maximilian Kronberger starb und seine postume Apotheose zum Göttersohn Maximin erfuhr, wendet George sein poetisches Vermögen daran, das Erscheinen und Verschwinden des Göttlichen in Menschengestalt zu erinnern." Nach Raulff meint die „‚Erscheinung' im Sinne des George-Kreises [...] das Sichtbarwerden des Göttlichen im menschlichen Leib." Ebd., S. 50. Susanne Kaul bezeichnet den Kairos bei George u. a. als „die Idee vom Dichter als einem, der in ausgezeichneter Weise die Wahrheit vernimmt und zur Sprache bringt, [...] eine Leitidee der Georgeschen Dichtungskonzeption." Kaul, Kairos bei George, S. 17. Das Momenthafte, die Plötzlichkeit des Erscheinens trägt dabei sicherlich zu der Auszeichnung des Dichters bei.

wie von solcher jugend uns solche offenbarung zuteil wurde."⁹⁵ In beiden Texten wird also von Beginn an das „[B]egreifen" der Menge in Frage gestellt und somit der eigentliche Gegenstand der Bewunderung auf eine elitäre Ebene gehoben. Die Fähigkeit zur Bewunderung, zum Erkennen der Offenbarung, ist darüber hinaus selbst Ausdruck der Unterscheidung von der Masse. Nicht nur der Gegenstand der Bewunderung, sondern die Rezipienten selbst werden erhoben und ausgezeichnet, indem sie den Gegenstand zu deuten wissen. Auch die weitere Wortwahl der Sonett-Übersetzung weist auf etwas Göttliches hin. So wird im Sonett 18 die Ewigkeit rhythmisch betont⁹⁶ und mehrfach wird in der Sonett-Auswahl der Himmel⁹⁷ erwähnt. Bei dem geliebten Jüngling handelt es sich zudem um einen Gesegneten⁹⁸ und es ist die Rede von „götterkunst"⁹⁹. In der ‚Vorrede' wird von ‚Maximin' als dem „wahrhaft Göttliche[n]"¹⁰⁰ gesprochen und von seiner „göttlichkeit", die „das erhabne stille walten des Himmlischen"¹⁰¹ dem Irdischen vorzieht. Die ‚Vorrede' schließt damit, dass „[w]ir [...] in unsren weiheräumen seine säule aufstellen uns vor ihm niederwerfen und ihm huldigen [können]"¹⁰². Sowohl in der ‚Vorrede' als auch in der Übersetzung des Sonetts 53 wird der ‚Fair Youth' bzw. ‚Maximin' als der Eine bezeichnet, und diese Großschreibung des Indefinitpronomens unterstreicht die Besonderheit.¹⁰³ Dass George mit ‚Maximin' eine Gottheit erschaffen hat, ist bereits hinreichend besprochen.¹⁰⁴ Neu ist hier, dass er sein Verständnis der Figur ‚Maximin' mit der Veröffentlichung seiner Sonett-Übersetzungen unterstützt. Gerade deshalb ist es wichtig, bei der Analyse des Werkes von George immer auch seine Übersetzungen einzubeziehen.

---

[95] Blätter für die Kunst, 8. Folge, S. 30.
[96] Ebd., S. 18: „dein ewiger sommer" und „in ewigen reimen".
[97] Ebd., S. 17: „weiss himmel" und „Kein erdgesicht birgt solche himmelstöne"; ebd., S. 19: „lobsing am himmelstor".
[98] Ebd., S. 23: „Gesegnet bist du".
[99] Ebd., S. 21. Zur Übersetzung von „heavenly alchemy" mit „götterkunst" siehe Kapitel 4.1.2. Der Verweis Shakespeares auf die Kunst der Alchemie beinhaltet mehrere Deutungsmöglichkeiten. Vgl. Duncan-Jones, Shakespeare's Sonnets, S. 176.
[100] Blätter für die Kunst, 8. Folge, S. 31.
[101] Ebd., S. 32.
[102] Ebd., S. 33.
[103] Vgl. ebd., S. 23: „Kannst du · der Eine · tausend schatten leihn?" und ebd., S. 29: „[...] was uns not tat war Einer der von den einfachen geschehnissen ergriffen wurde und uns die dinge zeigte wie die augen der götter sie sehen."
[104] Für einen Überblick vgl. van Laak, Mythen, S. 762ff.; Braungart, Poetik, Rhetorik, Hermeneutik, S. 545ff. Vgl. auch die in der ‚Vorrede' angedeuteten Ähnlichkeiten ‚Maximins' mit Jesus, z. B. „trocknen fusses über die wasser schreitet" Blätter für die Kunst, 8. Folge, S. 29.

Die Schönheit des Geliebten wird in den Sonetten direkt benannt: Es geht um „all deine schöne"[105], so steht es schon in dem an den Beginn gestellten Sonett 17. Der ‚Fair Youth' wird in den Sonetten 34 und 98 als „pracht"[106] beschrieben – ein auffälliges Nomen, das viermal in der Sonett-Auswahl vorkommt[107] und das ein auffällig häufig genutztes Wort in Georges Dichtung ist.[108] Die ‚Vorrede' wiederum bezeugt den Versen ‚Maximins' „seherische pracht"[109]. Pracht wird hier als ein Qualitätsmerkmal der Dichtung genutzt: Das Schöne und Prächtige wird mit einer poetischen Bestimmung verbunden. In der ‚Vorrede' geschieht dies ganz explizit, in den Sonetten wird es durch die wiederholte Nutzung des Nomens in unterschiedlichen Themenbereichen unterstützt, denn einerseits wird der ‚Fair Youth' als Pracht beschrieben und andererseits wird die Pracht in der Dichtung (76) bzw. in der Zeit (30) vermisst. In den Sonetten wird zudem von dem „äussre[n] reiz" gesprochen und davon, dass es sich um eine einzigartige Schönheit handelt, der nicht einmal der Vergleich mit den üblichen Vertretern der Schönheit – Helena und Adonis (53) – genügt. Diese Einzigartigkeit wird in dem – wenn auch doppeldeutigen – Couplet betont: „Doch gleichst du keinem · keiner dir · an treue"[110]. Schließlich wird der ‚Fair Youth' sogar als „süsse lieb" angesprochen – und jemanden als einen Süßen zu bezeichnen war eine Auszeichnung Georges, die besonders den Jungen und Hübschen vorbehalten war.[111] In der ‚Vorrede' ist ‚Maximin' ausdrücklich das Abbild „lächelnder und blühender schönheit"[112]. Zudem wird er durchgängig mit verschiedenen Adjektiven beschrieben oder in Verbindung gebracht, die eine gewisse Schönheit evozieren, z. B.: hell, ursprünglich, unfassbar, anmutig, sicher, rein, glorreich, erhaben.[113] Sowohl in den Sonetten als auch in der ‚Vorrede' geht es um einen jungen Mann, dessen Schönheit ihn von anderen unterscheidet und ihn dadurch zu etwas Besonderem macht. Diese Schönheit wird jeweils als das beschrieben, was es zu bewahren gilt und dessen Wirken nur so weiterlebt: „Dein schönes sei vor dem verlust gefeit.

---

[105] Blätter für die Kunst, 8. Folge, S. 17.
[106] Ebd., S. 22 und 27.
[107] Zudem in den Sonetten XXX und LXXVI jeweils in der Umschreibung dessen was fehlt. Den Übersetzungen mit ‚Pracht' liegen im Englischen unterschiedliche Ausgangswörter zugrunde (XXX sight, XXXIV brav'ry, LXXVI pride, XCVII delight).
[108] Vgl. Bock, Wort-Konkordanz, S. 448.
[109] Blätter für die Kunst, 8. Folge, S. 30.
[110] Ebd., S. 23.
[111] Osterkamp hat darauf hingewiesen, dass der Begriff der Süße einer der Schlüsselkategorien Georges sei und einer eigenen Untersuchung bedürfe. Vgl. Osterkamp, Poesie der leeren Mitte, S. 284.
[112] Blätter für die Kunst, 8. Folge, S. 28ff.
[113] Ebd., S. 28–33.

/ [...] / In ewigen reimen ragst du in die zeit."[114] und „[...] das tiefste seines wirkens wird erst sichtbar aus dem was unsren geistern durch die kommunion mit seinem geiste hervorzubringen vielleicht vergönnt ist."[115] Das Wirken ‚Maximins' bzw. die erhoffte Wirkung wird auch in seiner „verwandelnden kraft"[116] beschrieben, die wiederum an die „übergeschlechtliche kraft"[117] aus Georges Einleitung der Sonett-Übersetzung erinnert. George beschwört in beiden Fällen etwas Kraftvolles, das nötig ist, um die angestrebten Wirkungen zu vollbringen.

Diese äußeren Reize genügen jedoch in beiden Fällen nicht, sondern es wird der wichtigere Teil, nämlich der Geist, hervorgehoben. In den Sonetten wird der Geist ganz deutlich als der „bessre teil"[118] beschrieben.[119] Hier geht es vor allem um die Abgrenzung zwischen Geist und Körper, denn in Shakespeares Sonetten ist es zunächst der Geist des Sprechers, der betont wird. In den Original-Sonetten ist es sogar eher fraglich, ob der Geist bzw. der Charakter des ‚Fair Youth' tatsächlich tadellos ist. Diese Charakterschwäche wird jedoch in Georges Übersetzung – auch und besonders in der Auswahl[120] – als weniger bedeutsam dargestellt. Ein Punkt, der für die Besonderheit des ‚Fair Youth' auch abseits des Körperlichen spricht, ist Georges Wahl des Sonetts 31. Hier geht es darum, dass der Geliebte alles in sich trägt. Alle Vorzüge anderer Freunde werden in diesem Einen vereint. Auch wird in Bezug zum Tod vom „entschweb[en]"[121] gesprochen, ein Verb, das häufig in Verbindung mit dem Geist oder der Seele gebraucht wird. In der ‚Vorrede' wird ganz explizit darauf hingewiesen, dass ‚Maximin' mit „ursprüngliche[m] geist[] und [...] heldenhafte[r] seele"[122] ausgestattet war. Das Adjektiv „ursprünglich" verleiht dem Geist hier zudem eine besondere Schwere und Bedeutung. Das Wirken ‚Maximins' kann zudem erst durch eine „kommunion mit seinem geiste"[123] entstehen. Der Geist ist also auch hier das wirklich Wichtige und der Austausch oder besser das Zusammenwirken der Geister ist das, was

---

[114] Ebd., S. 18.
[115] Ebd., S. 30f.
[116] Ebd., S. 30. Dass es sich bei der Wirkung ‚Maximins' um eine Verwandlung handeln muss, wird bereits in den ersten Sätzen der ‚Vorrede' deutlich, denn die Welt wird als eine Welt des Unterganges beschrieben und ein Wandel ist dringend notwendig.
[117] SW XII, S. 5.
[118] Blätter für die Kunst, 8. Folge, S. 24.
[119] Ebd., S. 24f. Vgl. das gesamte Sonett 74 welches besagt, dass der geistige Wert im Buch bewahrt wird während der Körper zu Erde wird.
[120] Vgl. vor allem die Übersetzungen der Sonette 33 und 34.
[121] Blätter für die Kunst, 8. Folge, S. 25: „Der wert von jenem ist was ihm entschwebt".
[122] Ebd., S. 29.
[123] Ebd., S. 31.

der Meister in der ‚Vorrede' als das Ziel ausgibt: „Ich entlasse dich als schüler · nimm mich zum freund! denn immer bleibe ich ein teil von dir wie du ein teil von mir."[124] Nur wenige Seiten zuvor heißt es in den Sonetten bereits: „Mein geist ist dein · der bessre teil von mir."[125] Das Teilen des Geistes mit dem Ziel, eine Kraft zu erzeugen, ist Thema beider Texte. Wie diese Kraft wirken soll und vor allem was genau sie bewirken soll, ist schwierig zu klären. Wichtig ist, dass die beschworene Wirkmächtigkeit einer geistigen Kommunion in den Sonetten wie auch in der ‚Vorrede' vorhanden ist.

In Georges Sonett-Auswahl kommt mehrfach das fortgeschrittene Alter des Sprechenden bzw. die Jugend des Geliebten zur Sprache. Am deutlichsten wird dies im Sonett 73, in dem sich der Sprecher mit dem Herbst eines Jahres vergleicht.[126] In den Sonetten 97 und 98, die in Georges Auswahl nahe dem Sonett 73 stehen, wird zudem der Winter als Synonym für Einsamkeit und Getrenntsein gebraucht. Während zuerst vor allem der altersbedingte Abstand ein Thema der Sonett-Auswahl ist, kommt schließlich die räumliche Trennung hinzu. In der ‚Vorrede' wird der Altersunterschied vor allem durch die Jugend ‚Maximins' betont.[127] Das Alter des Meisters wird nur einmal direkt angesprochen, dies allerdings bereits im ersten Vers. Da heißt es: „Wir hatten eben die mittägliche höhe unsres lebens überschritten"[128]. Dieser Satz bezieht sich auf den ersten Vers von Dantes erstem Gesang der ‚Divina Comedia'.[129] Dort heißt es: „Nel mezzo del cammin di nostra vita" und George übersetzt: „Es war inmitten unsres wegs im leben"[130]. George zitiert in der ‚Vorrede' also sinngemäß Dante, fügt aber zudem das Bild der „mittägliche[n] höhe" ein. Er verbindet also den Weg durch das Leben mit dem Tagesverlauf und so findet sich hier die direkte Wiederaufnahme einer Beschreibung, die nur vier Seiten zuvor in den Sonetten steht: „In mir siehst du zwielicht von solchem tag / Der nach der sonne weggang bleicht im west"[131]. Die Thematisierung des eigenen Alterns anhand des Sonnenverlaufs rückt die beiden Veröffentlichungen und auch die darin beschriebenen Beziehungen näher zusammen. Dass George hier gleichzeitig auch auf Dantes ersten

---

[124] Ebd., S. 33.
[125] Ebd., S. 24.
[126] Ebd., S. 24: „Die zeit des jahres magst du in mir sehn / Wo gelbe blätter · keine · wenige hangen".
[127] Ebd., z. B. S. 28: „stand er noch in den knabenjahren"; S. 30: „entbehrte er jeden anflugs von unbescheidener frühreife und hielt sich in den natürlichen grenzen seines alters."; S. 32: „Schon seine kinderjahre".
[128] Ebd., S. 28. Es handelt sich hier um einen Pluralis Majestatis und mit ‚wir' meint George vor allem sich selbst.
[129] Vgl. dazu Oelmanns Kommentar in SW XVII, S. 122f.
[130] SW X/XI, S. 7.
[131] Blätter für die Kunst, 8. Folge, S. 24.

Gesang anspielt, ist kein Widerspruch, sondern beweist umso mehr, wie sehr er sich absichtlich in eine bestimmte Tradition rückt. Dabei geht es nicht nur um den Altersunterschied, sondern auch darum, dass eben gerade weil der liebende Sprecher die Höhe seines Lebens bereits erreicht hat, ein neuer und frischer Geist benötigt wird, um einen Wandel anzustoßen.

Auch der Monat April verbindet die Texte. Der gerade 16-jährige Maximilian Kronberger starb am 15. April 1904 und dieser frühe Tod, der George tief erschütterte,[132] ermöglichte es, ihn zum Vorbild für die Figur des jugendlichen Erlöser-Gottes ‚Maximin' zu machen. Auch wenn man klar zwischen Kronberger und ‚Maximin' trennen muss, so ist doch das Todesdatum des Ersteren hier wichtig, denn auch ‚Maximin' verlässt die irdische Welt im Frühling. In der ‚Vorrede' heißt es: „Und Maximin ging im rauschenden frühling an der hand der geliebten durch die gärten"[133] und dann: „Nach diesen tagen der entzückung ging er von einem fiebertraum in den tod"[134]. Georges Auswahl der Sonette schließt mit dem Sonett 98 und dieses Sonett beginnt mit den Versen: „Von dir war ich entfernt im vorfrühling / Als stolz April im bunten schmucke schritt"[135]. Frühling und April – hier sind sowohl der Gott als auch der Monat gemeint – werden auch in Shakespeares Sonett genannt.[136] George ändert hier nichts, aber er wählt genau dieses Sonett und diese Anfangsverse aus, um die Sonett-Auswahl zu beschließen[137] und danach seine ‚Vorrede' an-

---

[132] Vgl. die Dokumente im Anhang des von Georg Peter Landmann zusammengestellten Bandes: Kronberger, Gedichte, Tagebücher, Briefe, S. 134ff. Gundolf schrieb am 14. April an George: „Ich werde morgen vormittag zu Dir kommen, um dir eine beunruhigende Nachricht aus München zu bringen und das Schlimme was kommen kann mit Dir zusammen zu tragen." George/Gundolf, Briefwechsel, S. 153. George wies später des Öfteren auf sein Haar hin, das nach diesem Schicksalsschlag ergraut sei. Breysig, Aus meinen Tagen und Träumen, S. 40: „Von seinem Erleben sprach er nur in Ausnahmefällen: so am meisten nach dem Tode Maximins, der ihn so tief und jäh getroffen hatte. Ich denke noch heute mit Bewegung daran, wie er seinen Kopf tief herabneigte, damit ich sehen sollte, wie viel graue Haare sich in die dunklem auf seinem Haupte gemischt hatten." Vgl. auch die Tagebuchaufzeichnungen Breysigs: Breysig, Begegnungen mit Stefan George, S. 15. Vgl. auch Lepsius, Stefan George, S. 58: „Später erst erfuhr ich, daß der plötzliche vom Tod Ereilte MAXIMIN war. Es peinigte mich noch nachträglich, meiner Trauer so verspäteten Ausdruck gegeben zu haben, denn als ich George das erstemal nach diesem tragischen Schicksal wiedersah, sprach mir mein Aussehen mehr von seinem tiefen Leid, als ich aus seinem Brief erlesen hatte."

[133] Blätter für die Kunst, 8. Folge, S. 32.

[134] Ebd., S. 33.

[135] Ebd., S. 27.

[136] „From you have I been absent in the spring, / When proud pied April, dressed in all his trim,"

[137] Die bewusste Wahl des Sonetts 98 als Schlussgedicht wird auch dadurch gestützt, dass eigentlich die Sonette 97–99 eine Gruppe bilden, die George aber auflöst, indem er das Sonett 99 nicht berücksichtigt, siehe Kapitel 4.2.1.

zuschließen, die von einem jungen Gott handelt, der im Frühling – oder, bedenkt man Kronbergers Todesdatum, im April – in den Tod gegangen ist.[138] George leitet mit dem Sonett 98 in seine ‚Vorrede' über.

Die Verbindungen zwischen Georges Sonett-Auswahl und seiner ‚Vorrede zu Maximin' tragen dazu bei, dass das ‚Maximin'-Ereignis in einem neuen Kontext gesehen wird. Es handelt sich nicht um ein individuelles Erlebnis Georges, sondern um etwas, das auch anderen großen Dichtern in ähnlicher Weise widerfahren ist. Tatsächlich geht es auch nicht um das Ereignis als solches, sondern um das, was ein großer Dichter daraus entstehen lässt. Shakespeare wirkt hier deswegen sowohl als Legitimation und Unterstützung des ‚Maximin'-Erlebnisses als auch als Vergleichsstufe für George. Da er ein ähnliches Verfahren schildert, das Bewahren einer Schönheit im Gedicht, stellt sich George auf eine Stufe mit Shakespeare. George muss sich nicht verstecken, sondern sieht sich mindestens gleichwertig und will dies auch von anderen so verstanden wissen. Indem er die Sonette und auch die Gedichte Kronbergers bzw. ‚Maximins' so pointiert auswählt oder teilweise ändert, gelingt es George, sein ‚Maximin'-Erlebnis als etwas darzustellen, das sich bereits in anderen Texten andeutet. Dass dies eine gängige Praxis auch des Kreises um George war, beschreibt Osterkamp in Bezug auf die sogenannten ‚Geistbücher' des Kreises, die eben auch die Vergangenheit so umgestalten, dass sich darin wieder George zeigt.[139]

Die Schönheitswahrung wird in beiden Fällen nötig – ‚Maximin' stirbt (zu) früh und der ‚Fair Youth' sperrt sich gegen die Vermehrung (‚procreation') seiner Schönheit und wird mehrfach mit dem möglichen Tod in Verbindung gebracht. Die Verbindung zu ‚Maximin' wird zusätzlich dadurch gestärkt, dass in Georges Sonett-Auswahl der ‚Blätter für die Kunst' das Thema Tod so zentral ist.

Georges ‚Maximin'-Erlebnis wird von verschiedenen Seiten – sowohl direkt aus dem George-Kreis als auch später durch die Wissenschaft – in

---

[138] Dass George hier den Frühling als Vorfrühling präzisiert mag zwar damit zusammenhängen, dass er, wie Oelmann vermutet, eine Verbindung zwischen Winter (Saturn) und Frühling (April) sucht. Vgl. SW XII, S. 231, Kommentar Oelmann. Allerdings trägt auch ein Gedicht aus dem Nachlass Kronbergers den Titel ‚Vorfrühling'. Vgl. Kronberger, Gedichte, Tagebücher, Briefe, S. 86. Das Gedicht ist datiert auf den 15.12.1903. Es ist also ebenso wahrscheinlich, dass George hier einen Begriff des Kronberger-Gedichts aufnimmt, gerade weil George sich zeitnah zu seinen Shakespeare-Übersetzungen auch mit den Gedichten Kronbergers beschäftigt hatte – das ‚Maximin'-Gedenkbuch mit einigen von George ausgewählten Gedichten Kronbergers erschien Ende 1906.
[139] Osterkamp, Das Eigene im Fremden, S. 397ff.

enge Verbindung mit ähnlichen Erlebnissen großer Dichter gebracht.[140] Der meistgenannte Bezugspunkt ist Dantes Beatrice, dann Hölderlins Diotima und schließlich auch Shakespeares Jüngling der Sonette.[141] Ich habe bereits dargelegt, dass George sich – unter anderem mit dem Mittel der Übersetzung – bewusst in die Nähe anderer großer Dichter bringt.[142] Mit der Veröffentlichung seiner Sonett-Auswahl in den ‚Blättern für die Kunst' gelingt ihm dies ebenfalls. Die Verbindungen George/‚Maximin' und Shakespeare/‚Fair Youth' tauchen wiederholt auf.[143]

Laut Wolters sucht sich George in Shakespeare einen „Wächter[] seines jungen beginnlichen Reiches"[144] und alle Beiträge Georges zu der achten und neunten Folge der ‚Blätter für die Kunst', also auch die Sonett-Übersetzungen, „atmeten den gleichen Hauch der gottverjüngten Welt"[145]. Diese beiden Zitate bestätigen, dass George ganz bewusst eine Verbindung zwischen ‚Maximin' und seinen Sonett-Übersetzungen erzeugen wollte. Zudem sollten die verschiedenen Beiträge in den ‚Blättern für die Kunst' nicht nur zusammenpassen, sondern „den gleichen Hauch" atmen. Es geht hier um etwas Grundlegendes mit elementarer Bedeutung für das Leben. Dieser lebensnotwendige Hauch, der allen gleich ist, wird

---

[140] Vgl. z. B. Deinert, Am Urquell des Augenblicks, S. 30: „Man könnte meinen, dass im *Phaidros* seine Begegnung und sein Umgang mit Maximin dargestellt sei." Vgl. außerdem Jaime, Stefan George und die Weltliteratur, S. 67.

[141] Vgl. z. B. Michel Schlutz, Studies to Stefan George's Translation of Shakespeare's Sonnets, S. 14; Enright, Stefan George, Friedrich Gundolf and the Maximin Myth, S. 177; Kohlmeyer, Stefan George und die Persönlichkeitsgestalt, S. 65; Drahn, Das Werk Stefan Georges, S. 42; Norton, Secret Germany, S. 326; Schmitz, Begegnung und Verklärung, S. 137f.

[142] Siehe Kapitel 2.3.

[143] Shakespeares Sonette werden oft in Verbindung mit der vermeintlichen Homosexualität Georges genannt, so schreibt z. B. Bithell: „The problem of George's relation to women is bound up with that of his relations to men. The Georgeaner in Germany will not hear of any such relation as that suspected of existing between Shakespeare and H. W.; or, they say, if there was any similar relation , say with Maximin, it was purely spiritual; and of course there is the gospel of this Platonic love for Maximin as the embodiment of the divine." Bithell, Stefan George – the Man, S. 50. Und später: „Although it is part and parcel of the Georgian doctrine to swear that the Master was integer vitae one of my correspondents – a close friend of several members of the Circle – replies; ‚What if he did?' And one must agree that if he were so constituted he would, in the annals of literary history, be just another of so many. Shakespeare's sonnets, which George translated, fit into the thematic pattern of Der siebente *Ring*, and this holds true also of Platen's sonnets, which George loved." Ebd., S. 53. Vgl. darüber hinaus den polemischen Versuch Rudolf Borchardts, Georges „Homosexualität der hier vorliegenden Art […] eine Verstümmelung und Verkrüppelung" von Wilde und Shakespeare abzugrenzen. Borchardt, Aufzeichnung Stefan George betreffend, S. 43ff., hier S. 44.

[144] Wolters, Stefan George, S. 370.

[145] Ebd., S. 363.

bei Wolters als die „gottverjüngte[] Welt" bezeichnet. Die Welt soll also verändert werden und dies geschieht durch einen Gott, dessen Wirkung sich wiederum erst durch das Wort des Dichters entfalten kann. Wie bereits gezeigt, ist der Dichter als Vermittler ein deutliches Thema in Georges Sonett-Auswahl. Und auch ‚Maximin' braucht den Vermittler. Mit den Worten Braungarts: „Der ‚bund' mit Maximin braucht aber den, der ihn verkündet. Im Unterschied zu Christus spricht Maximin nicht für sich selber. Ohne den, durch den er Sprache wird, ist er nicht."[146]

Shakespeares Sonette werden von George in den ‚Blättern für die Kunst' jedoch nicht nur als Vorbild eingesetzt, sondern vielmehr noch als Legitimation und Unterstützung seines ‚Maximin'-Erlebnisses. Shakespeare wird, wie es Wolters sagt, von George als „Wächter" eingesetzt – ein Wächter, der sicherstellt, dass alles richtig gemacht wird, aber auch ein Wächter, der Georges ‚Maximin'-Erlebnis vor Angriffen derjenigen schützt, die nicht verstehen. Shakespeare ist also sowohl Schutz als auch Qualitätsmerkmal.

Zusammengefasst wird deutlich, dass George in seiner Sonett-Übersetzung genauso vorgeht, wie Osterkamp es für die ‚Geistbücher' des Kreises dargestellt hat: George zeigt das „Eigene im Fremden"[147]. Ein Brief Walter Wenghöfers an George zeigt, dass die Sonette, zumindest im Kreis, als Bestätigung Georges aufgenommen wurden – in den *fremden* Sonetten bestätigt sich also das *Eigene* Georges:

> Lieber und verehrter Meister – Mir geht die Zeit mit täglichen und einförmigen Sorgen so schnell dahin, dass ich gleich nach dieser ruhigen Stunde greife um Ihnen von der schönen und herzlichen Freude zu sagen, die mir aus dem neuen roten Heft [= ‚Blätter für die Kunst'] entsteht. Es ist sicher eines der reichsten und wertvollsten, und mir scheint ein Junger und doch Unerfüllter müsse daraus eine ganze Welt geschenkt bekommen. Von Ihren Shakespeare-Sonetten will ich – wie stets von Ihren Versen – erst nach einem halben oder ganzen Jahr reden; aber im ersten unmittelbaren Eindruck scheinen sie alles über den Siebenten Ring zu Ihnen Gesagte wundervoll zu bestätigen.[148]

Wenghöfer findet in den Sonetten – die er als „Ihre Verse" bezeichnet – den ‚Siebenten Ring' bestätigt. Auch der Blickwinkel ist hier entscheidend: Die Sonette Shakespeares bzw. die Sonette Georges bestätigen Georges eigenes Werk und nicht umgekehrt. Dies ist genau das, was George erreichen wollte und was ihm offensichtlich auch gelingt. Indem er das Eigene im Fremden hervorhebt, wird dieses Fremde als Unterstützung des Eigenen wahrgenommen. George setzt seine Auswahl der So-

---

[146] Braungart, Durch Dich, für Dich, in Deinem Zeichen, S. 67.
[147] Vgl. Osterkamp, Das Eigene im Fremden.
[148] Wenghöfer, Gedichte und Briefe, S. 95 (Brief vom 24.2.1909).

nett-Übersetzung in den ‚Blättern für die Kunst' so ein, dass sie auf sein ‚Maximin'-Erlebnis vorausdeutet, es legitimiet und befürwortet.

Kurz soll hier noch auf eine Dreiergruppe hingewiesen werden, die bereits Osterkamp als solche hervorhebt und die ich in diesem Zusammenhang nicht unerwähnt lassen möchte. Meine Sicht der Sonett-Übersetzung Georges unterstützt die These Osterkamps, dass die ‚Vorrede zu Maximin' von George bewusst zwischen die Ahnen Shakespeare und Goethe gestellt wird. Die Sonett-Auswahl Georges in den ‚Blättern für die Kunst' bildet gemeinsam mit ‚Goethes lezte Nacht in Italien' den Rahmen für die ‚Vorrede zu Maximin'. Eine Dreiergruppe, die Osterkamp als ein Triptychon beschreibt.[149]

Während es bisher um die Erklärung des ‚Maximin'-Erlebnisses überhaupt ging, zeigt sich hier nun der Versuch Georges, sein eigenes Handeln und seine eigene Dichtung durch zwei Große der Weltliteratur zu legitimieren, ja bildlich zu umrahmen und zu stützen. George unterstreicht seinen Anspruch, auf einer Ebene mit den großen Dichtern zu stehen, und nutzt Goethe und Shakespeare als Schirmherren seines ‚Maximin'-Erlebnisses. Er sucht sich zwei „Assistenzfiguren Maximins", die für höhere Verbindlichkeit sorgen sollen.[150] Ein Triptychon kann die Hervorhebung des mittleren Teiles und die leicht untergeordnete Unterstützung durch die beiden (oft schmaleren) Seitenteile ermöglichen.[151] Laut Osterkamp nimmt die Mitteltafel des von George gestalteten Triptychons die Darstellung des göttlichen Kindes ein, eben ‚Maximin'.[152] Folgt man Osterkamp, so sind Shakespeare und Goethe als die Propheten des göttlichen Knaben zu sehen.[153] Osterkamp stellt daraufhin dar, dass zentrale

---

[149] Osterkamp, Posie der leeren Mitte, S. 71. Diese Beschreibung eines Triptychons bezieht sich vor allem auf den 1909 erscheinenden Auswahlband der ‚Blätter für die Kunst', denn hier finden sich drei Werke Georges und die ‚Nachträge zu Maximin' fehlen.

[150] Vgl. Osterkamp, Poesie der leeren Mitte, S. 74f.

[151] Lankheit, Das Triptychon als Pathosformel, S. 15. Die Ordnung des Triptychon ist zunächst durch seine liturgische Funktion bestimmt, allerdings löst sich die Kunstform schon früh aus der liturgischen Zweckbestimmung. Vgl. ebd., S. 19ff. Zur Wiedererweckung des Triptychon um 1900 vgl. ebd., S. 42ff. Zur Kompositionsform des Triptychon vgl. auch Pilz, Das Triptychon als Kompositions- und Erzählform.

[152] Osterkamp, Poesie der leeren Mitte, S. 71. Osterkamp weist auch darauf hin, dass bereits im ‚Siebenten Ring' die Mitte der Darstellung ‚Maximins' vorbehalten war.

[153] Vgl. ebd., S. 71f.: „[...] zur Linken Shakespeares petrarkistische Liebessonette als Präfigurationen der „leidenschaftlichen verehrungen", die George der „lächelnden und blühenden schönheit" ‚Maximins' weiht: „Jed bild das ich geliebt seh ich in dir / Und du – sie all – hast all das all von mir." Zur Rechten Goethe, der in seiner letzten Nacht in Italien eines Sterns ansichtig wird, der die Erscheinung eines neuen Gottes verkündigt." Bei den ersten beiden Zitaten handelt es sich um Stellen aus

229

Motive der ‚Vorrede zu Maximin' sich in der Anfangsstrophe von ‚Goethes lezter Nacht in Italien' wiederfinden.[154] Ergänzend dazu habe ich in diesem Kapitel gezeigt, dass sich in Georges Auswahl der Sonett-Übersetzungen ebenfalls Motive finden, die auf die ‚Maximin'-Thematik hinweisen.

Allerdings denke ich, dass das Triptychon fortläuft und nicht die Mitte, sondern den Fortgang betont.[155] Die Beschreibung der Erlebnisse – sowohl in den Sonetten als auch in der ‚Vorrede zu Maximin' – würde demnach in die eigene Dichtung Georges münden: in ‚Goethes lezte Nacht in Italien' bzw. den ‚Stern des Bundes'. Osterkamp legt eindrucksvoll dar, wie George in ‚Goethes lezter Nacht in Italien' „eine unüberwindliche Zeitenschwelle zwischen dem klassischen Bildungshumanismus der Deutschen und dem von George beschrittenen Erlösungsweg im Zeichen eines neuen Gottes eines nationalen Erlösungsphantasmas [zieht]."[156] Gerade weil die Textauswahl in Georges Gedicht und seinem „Erlösungsweg" gipfelt, denke ich, dass die ‚Vorrede' eine Stufe auf dem Weg zu George darstellt. Shakespeare ist eine Stufe und erst Georges Übersetzung und seine Sonettauswahl ermöglichen es, Shakespeares Sonette als petrarkistische „Präfigurationen der ‚leidenschaftlichen verehrungen' […] Maximins"[157] zu sehen.

Insgesamt stellt George seine Sonett-Übersetzung innerhalb der ‚Blätter für die Kunst' in einen engen Zusammenhang mit seiner Privatreligion um ‚Maximin'. Shakespeares Sonette unterstützen und legitimieren das ‚Maximin'-Erlebnis. Dies erreicht George durch ein zielgerichtetes Übersetzen, durch die Auswahl ganz bestimmter Sonette sowie durch ein Textarrangement, welches die Sonete (in der achten Folge der ‚Blätter') die zwei ‚Maximin'-Teilen begleiten lässt bzw. (in dem Auswahlband der ‚Blätter') die Sonete der ‚Vorrede zu Maximin' zur Seite stellt.

---

der ‚Vorrede zu Maximin'; das letzte Zitat ist das Schlusscouplet aus dem Sonett 31.
[154] Vgl. ebd., S. 72ff.
[155] Vgl. Pilz, Das Triptychon als Kompositions- und Erzählform, S. 17ff.
[156] Osterkamp, Poesie der leeren Mitte, S. 113.
[157] Ebd., S. 72.

4.3. Das Eigene im Fremden – Georges Poetik in den Sonetten

Shakespeares Sonette reflektieren an zahlreichen Stellen ihre Bedeutung als literarisches Werk. Verschiedene Themenbereiche, die sich mit der Sonettkunst sowie dem Dichten befassen, finden Eingang in die Sonette. So ist die Dichtkunst schließlich die Lösung für das Problem der fehlenden Nachkommenschaft des ‚Fair Youth'. Es gibt einen anderen Dichter, den ‚Rival Poet', der sich ebenfalls von der Schönheit des ‚Fair Youth' inspirieren lässt.[1] Die Tätigkeit des Schreibens wird wiederholt thematisiert, vor allem die Schwierigkeit, die richtigen Worte zu finden. Mehrere Musen werden in den Sonetten angerufen und um Beistand gebeten. Generell ist der Sprecher hin- und hergerissen zwischen der Überzeugung, durch seine Dichtung die Schönheit des ‚Fair Youth' zu wahren, und der Befürchtung, diesem Anspruch nicht gerecht werden zu können.

In den folgenden Kapiteln zeige ich, dass George das Schreiben und künstlerische Schaffen in den Sonetten mittels seiner Übersetzung mit seinen eigenen Werken verbindet.[2] Er nutzt die Übersetzung der Sonette, um auf seine eigene Dichtkunst zu verweisen, um seine soziopoetische Erziehung zu stützen und um seine Kulturkritik innerhalb anderer Werke zu etablieren. Dies hat sich schon für das ‚Maximin'-Erlebnis[3] sowie für Georges literarische Darstellung der Frau[4] gezeigt und soll nun auf seine gesamte Poetik ausgeweitet werden.

Im Kapitel 4.3.1. werde ich anhand verschiedener Sonette, die die Arbeit des Dichters zum Thema haben, nachweisen, wie George in seiner Übersetzung die Dichtung und das Dichten darstellt. Das Dichten, das in Shakespeares Sonetten als Mittel zur Schönheitswahrung affirmativ eingesetzt wird, erfährt bei George eine Umdeutung und wird zur Schönheitsschaffung erhoben. Mit seiner Sonett-Übersetzung, besonders mit den Sonetten über die Dichtkunst, stützt George sein eigenes Werk. So finden sich auch in den Sonett-Übersetzungen Hinweise auf Georges offensive

---

[1] Ich gehe innerhalb dieser Arbeit von *einem* ‚rival poet' aus, um die Analyse lesbarer und stringenter zu gestalten. Es soll aber dennoch auf die Möglichkeit hingewiesen werden, dass man ebenfalls von mehreren verschiedenen ‚rival poets' ausgehen könnte.

[2] Die Problematik des Begriffs „eigenes Werk" in Abgrenzung zum „übersetzten eigenem Werk" habe ich bereits angedeutet. Auch wenn ich dafür plädiere, die Übersetzungen konsequent als Werk Georges zu interpretieren, unterscheide ich zwischen dem „eigenen" und dem Übersetzer-Werk Georges. Auch Georges Übersetzungen gehören zu seinem Werk, sind in die Gesamtausgabe des Werkes integriert und, wie ich es in dieser Arbeit deutlich mache, von Georges eigener Art geprägt. Zu Georges Übersetzungen und ihrem Standpunkt innerhalb seines Werkes siehe auch Kapitel 2.1.

[3] Siehe Kapitel 4.2.

[4] Siehe Kapitel 4.1.

Kulturkritik, die durch die Anforderungen der Übersetzung sicher abgeschwächt, aber weiterhin erkennbar ist.

George entwirft in seiner Sonett-Übersetzung ein von Shakespeare verschiedenes Bild des Dichters. Während Shakespeares Sprecher immer wieder mit sich selbst und seiner Kunst hadert, ist der Sprecher bei George von sich und seiner Kunst überzeugt und tritt dementsprechend selbstbewusst auf. Um dies zu zeigen, werde ich im Kapitel 4.3.2. die Sonette analysieren, die den ‚Rival Poet' zum Thema haben und sich somit besonders intensiv mit dem Selbstverständnis des Dichters beschäftigen. In seiner Sonett-Übersetzung vertritt George ein ihm eigenes Verständnis vom idealen Dichter und dessen Dichtkunst, die sich beide durch Beständigkeit und einen Willen zur Wirksamkeit der Dichtung auszeichnen. George weicht von Shakespeares Original ab, um den Sprecher der Sonette gemäß seiner eigenen Überzeugung zu gestalten.

Im letzten Unterkapitel 4.3.3. geht es um die Verbindungen zwischen Georges Sonett-Übersetzung und seiner eigenen Dichtung. Durch die gezielte Auswahl der Sonett-Übersetzungen, die George innerhalb der ‚Blätter für die Kunst' vorab veröffentlicht, hat George seine Sonett-Übersetzung deutlich in die Nähe ‚Maximins' und des ‚Siebenten Rings' gerückt.[5] Hier soll nun eine mögliche Verbindung zu dem Gedichtband gesucht werden, der den Sonetten folgt: der ‚Stern des Bundes'.[6] Es werden sowohl ähnliche Strukturen als auch rhetorische Ordnungsmuster innerhalb der Gedichte untersucht. Auffallend ist, dass der ‚Stern des Bundes' einer Ordnung unterliegt, die von der Zusammenstellung der Sonette inspiriert ist. Außerdem weisen die Lehrgedichte des ‚Stern des Bundes' ein pointiertes Zusammenfassen am Schluss des Gedichts auf, das an die Couplets der Sonette erinnert. Oelmann vertritt die These, dass die Übersetzungen bei George immer in Phasen der Werkentwicklung entstehen und als Überwindung einer Krise zu sehen sind.[7] Georges Sonett-Übersetzungen bestätigen diese These.

4.3.1. Übersetzen mit soziopoetischem Anspruch

Eines der Hauptthemen der Sonette ist eine altbewährte Thematik: die Wahrung der Schönheit im Angesicht der zeitlichen Vergänglichkeit. Als Rettung wird bei Shakespeare die Kunst bestärkt. Im Folgenden zeige ich, wie George in seiner Übersetzung mit dieser Thematik verfährt. Zum einen übersetzt er auf bekräftigende und zustimmende Weise; zum anderen

---

[5] Siehe Kapitel 4.2.2.
[6] Barlow weist in ihrer Studie nur darauf hin, dass es fruchtbar wäre, eine Verbindung zwischen den Sonetten und dem ‚Stern des Bundes' zu suchen. Vgl. Barlow, A critical study of Stefan George's translation from English, S. 328.
[7] Vgl. Oelmann, „Moi, je n'ai plus envie de traduire", S. 2.

deutet er die Sonette und damit die darin beschriebene Dichtkunst derartig um, dass sie Schönheit nicht nur bewahren, sondern auch schaffen. In den Sonetten geht es um die äußerliche Erscheinung des ‚Fair Youth', die gewahrt werden soll und die durch die Beschreibung in den Sonetten der Vergänglichkeit entzogen wird. In Georges Übersetzung lässt sich erkennen, dass George mehr beabsichtigt. Er möchte im ‚Fair Youth' eine Verkörperung des ‚schönen Lebens'[8] erkennen – dazu gehört die äußerlich schöne Erscheinung, aber auch der Wille zu einem durch ästhetische Normen bestimmten Leben. Dieses ‚schöne Leben' soll durch seine Darstellung in den Sonetten als Ideal für die männliche Jugend fungieren. Um als ein solches Ideal zu funktionieren, muss der ‚Fair Youth' nicht nur beschrieben, sondern auch angeleitet, geformt werden. George erkennt in den Sonetten einen Plan – das wird sich auch wortwörtlich zeigen –, der darauf abzielt, nicht nur einen jungen Mann zu beschreiben, sondern mit der Kunst die bevorzugt männliche Jugend zu erreichen und sie hin zu einem ‚schönen Leben' zu erziehen. Dadurch, dass das Beispiel des ‚Fair Youth' in den Sonetten die Zeit überdauert, kann und soll es immer wieder zu neuer Schönheit inspirieren, neue Schönheit schaffen.

Zu Beginn analysiere ich die Sonette, die den Übergang von den ‚procreation sonnets' zu den übrigen Sonetten einleiten. Die Sonette 15 bis 17 bilden das Ende der Fortpflanzungsthematik, und in Sonett 18 wird schließlich der Entschluss bekräftigt, dass der ‚Fair Youth' wenn nicht in eigenen Nachkommen, dann doch in der Dichtung weiterleben wird. In den Sonetten 15 und 16 wird die Thematik der künstlerischen Schönheitswahrung bereits angedeutet. In seinem Kommentar zu Shakespeares Sonetten markiert Blakemore Evans hier den Beginn eines neuen Themas: „Sonnet 15, which leads into 16, first sounds the Horatian and Ovidian theme of immortality assured through poetry"[9]. Während in den Sonetten 15 bis 17 die ‚procreation' allerdings gegenüber der Dichtkunst favorisiert wird, zeigt sich ab dem Sonett 18 dann eine andere Überzeugung, und die

---

[8] Zu platonischen Eros bei George vgl. Andres, Soziale Prozesse, S. 736–740; Oestersandfort, Antike-Rezeption, S. 655–657. Das Erziehungsprogramm Georges zeichnet sich bereits in den Merksprüchen der IV. Folge (1897) der ‚Blätter für die Kunst' ab: „Dass ein strahl von Hellas auf uns fiel: dass unsre jugend jetzt das leben nicht niedrig sondern glühend anzusehen beginnt: dass sie im leiblichen uns geistigen nach schönen maassen sucht: dass sie von der schwärmerei für seichte allgemeine bildung und beglückung sich ebenso gelöst hat als von verjährter lanzknechtischer barbarei: dass sie die steife gradheit sowie das geduckte lastentragende der umlebenden als hässlich vermeidet und freien hauptes durch das leben schreiten will: dass sie schliesslich auch ihr volkstum gross und nicht im beschränkten sinne eines stammes auffasst: darin finde man den umschwung des deutschen wesens bei der jahrhundertwende." Blätter für die Kunst, 4. Folge, Band 1–2, S. 4. Zur Problematik der Schönheit in der Literatur vgl. Jacob, Die Schönheit der Literatur.

[9] Blakemore-Evans, The Sonnets, S. 120.

Dichtkunst wird nun fortwährend als Mittel der Schönheitswahrung anerkannt. Im Sonett 15 wird dies vorbereitet:

> XV
> When I consider every thing that grows
> Holds in perfection but a little moment,
> That this huge stage presenteth nought but shows
> Whereon the stars in secret influence comment;
>
> When I perceive that men as plants increase,
> Cheered and check'd even by the self-same sky,
> Vaunt in their youthful sap, at height decrease,
> And wear their brave state out of memory;
>
> Then the conceit of this inconstant stay
> Sets you most rich in youth before my sight,
> Where wasteful Time debateth with Decay,
> To change your day of youth to sullied night;
>
> And all in war with Time for love of you,
> As he takes from you, I engraft you new.
>
> XV
> Denk ich wie alle dinge die dastehn
> Vollkommen dies nur eine kurze stund tun
> Und dieser riesige schauplatz nur lässt sehn
> Was sterne im geheimen einfluss kundtun ·
>
> Merk ich dass wie ein baum der mensch ansteigt ·
> Erquickt · erstickt von ganz derselben luft ·
> In jugendsaft sich rühmt · sich abwärts neigt ·
> Sein rüstig dasein hinbringt für die gruft:
>
> In bildern solcher unbeständigkeit
> Schwebst du dann vor mir ganz in jugendpracht
> Und der Verfall hält rat mit wüster Zeit ·
> Zieht deinen jugendtag in garstige nacht.
>
> Ich · mit der Zeit im kampfe dir zu lieb ·
> Geb dir wenn sie dir wegnimmt neuen trieb.

Noch ist in diesem Sonett nicht explizit die Rede vom Schreiben oder Dichten des Sprechers. Während in den ersten zwei Quartetten die kurze Dauer von „every thing" und „men as plants" angemerkt wird, ist es im dritten Quartett der ‚Fair Youth', der als baldiges Opfer der Vergänglichkeit beschrieben wird. Im Couplet schließlich zeigt der Sprecher eine Lösung, die sein eigenes Handeln beinhaltet: „I engraft you new". Das „engraft" ist ein Begriff aus der Botanik und bedeutet aufpfropfen oder einpflanzen, also einen Ableger auf einen anderen Baum oder Nährboden pflanzen. Booth paraphrasiert die Lösung des Sonetts wie folgt: „I renew you by joining you to a wife".[10] Die Möglichkeit, in „engraft" auch eine Anspielung auf das griechische ‚graphein', also schreiben, zu erkennen, ist hier untergeordnet, da das botanische Bild („grow", „plant") vorherrschend in diesem Sonett ist.[11] Liest man jedoch dieses Sonett in Verbindung mit dem Sonett 16, welches mit einem „But" verbunden ist und zudem explizit vom Dichten des Sprechers handelt, dann kann auch das Sonett 15 als Hinführung zum Thema des Dichtens verstanden werden. Wie es sich auch in anderen Sonetten noch zeigen wird, versteckt Shakespeare in diesem Sonett Hinweise auf das Dichten. Mit vielfältig eingesetzten rhetorischen Mitteln betont er das künstlerische Schaffen, das Leben des Sprechers als Dichter. Die Quartette beginnen mit „When", „When", „Then", und die ersten beiden Quartette sind durch eine Anapher noch enger verbunden: „When I consider", „When I perceive". Jedes Quartett beginnt zudem mit einer Beschreibung des Wahrnehmens: „consider", „perceive" und „conceit". Shakespeare nutzt und kombiniert in diesem Sonett verschiedene Bilder aus den Bereichen der Botanik („grow", „plant", „engraft"), des Theaters („stage", „wear their brave state") und der Astronomie („stars", „sky"). Neben der Anapher finden sich eine antonymische Alliteration, „cheered and checked", ein Oxymoron, „inconstant stay", die Personifizierung von „Time" und „Decay" und Reimpaare, die Gegensätze betonen: „increase/decrease", „stay/decay", „sight/night" sowie „you/new". Zudem auffällig ist die Wiederholung der Präposition bzw. der Vorsilbe „in": „influence", „increase", „inconstant", möglicherweise „ingraft"[12] sowie fünfmal die Präposition „in".[13] Die Präsenz des ‚Fair Youth' *in* diesem Sonett ist deutlich.[14] Abschließend sei auf ein Wortspiel hingewiesen, auf das Duncan-Jones aufmerksam gemacht hat: Während im dritten Quartett wiederholt die Wörter „you" und „youth" aufeinandertreffen, reimt sich im Couplet „you" auf „new". Duncan-Jones interpretiert dies so, dass die Zeit dem ‚Fair Youth' das ‚th' von „youth" entwendet und ihm so die Jugendlichkeit nimmt, während der Sprecher durch das Aufpfropfen des n-Lauts aus dem „you" wieder „new" macht.[15] Auch wenn der Sprecher – in der eigentlichen Bedeutung des Begriffs – den

---

[10] Booth, Shakespeare's Sonnets, S. 158.
[11] Vgl. ebd., S. 158.
[12] In der Edition von Edward Malone (1778) steht „ingraft", vgl. Duncan-Jones, Shakespeare's Sonnets, S. 141.
[13] Vgl. Booth, Shakespeare's Sonnets, S. 158.
[14] Vgl. ebd., S. 269.
[15] Vgl. Duncan-Jones, Shakespeare's Sonnets, S. 140.

‚Fair Youth' selbst verpflanzt und ihm nichts hinzufügt,[16] passt diese Interpretation trotzdem, denn das ‚you' kann eben auch einem n aufgepfropft werden. Die Betonung der Thematik – Vergänglichkeit der Jugend – durch das klangliche Aufeinandertreffen der Wörter „you", „youth" und „new" bleibt bestehen. Dieser kurze und sicher nicht vollständige Überblick zu Shakespeares rhetorischen Mitteln zeigt, dass Shakespeare das Dichten immer wieder deutlich für den Leser erfahrbar macht und hervorhebt bzw. offen oder versteckt thematisiert. Auch George nutzt dieses Sonett, um auf sein Ziel als Dichter hinzuweisen.

In seiner Übersetzung gelingt es George, viele der eben beschriebenen rhetorischen Mittel zu übernehmen. Wie Shakespeare reimt auch er die Verse 2 und 4 weiblich.[17] George bildet die Anapher mit dem Parallelismus „Denk ich/Merk ich" nach, kann aber – wohl aufgrund der Silbenzahl – nicht das strukturierende „When/When/Then" aufnehmen. Mit „Erquickt · erstickt" gelingt es George, die antonymische Alliteration „sogar zu überbieten"[18]. Das Gegensatzpaar Georges reimt sich und steht durch die Einsparung des „and" noch dichter beieinander. Durch die schnelle Aufeinanderfolge verdeutlicht sich das zeitlich rasche Voranschreiten des Verfalls. Die Personifikation der Zeit und des Verfalls unterstreicht George zudem mit der Großschreibung beider Nomen. Das Reimen von Gegensatzpaaren kann in der Übersetzung nicht so überzeugend gelingen wie bei Shakespeare, dennoch sieht man in den Paaren „luft/gruft", „unbeständigkeit/Zeit" sowie „pracht/nacht", dass auch George mit der semantischen Betonung des Reims arbeitet. Das Reimpaar „ansteigt/abwärts neigt" ist eine gelungene Nachbildung des Gegensatzpaares „increase/decrease", allerdings kann George dabei, wie auch Oelmann anmerkt, den „Bedeutungshof des Wachsens (vgl. Vers 1) [...] nicht wiedergeben"[19]. Das Oxymoron findet sich nicht in der Übersetzung, aber George kann, durch die konkretisierende Übersetzung von „conceit" (etwa: Vorstellung, Einbildung) mit „bildern", den Gegensatz von etwas Beständigem („bildern" oder „dinge die dastehn") mit der „unbeständigkeit" ebenfalls betonen. Die klangliche Betonung von „you/youth/new" kann George im Deutschen nicht nachbilden; er versucht jedoch auf andere Weise, die Bedeutung der Jugend hervorzuheben.

---

[16] Booth hat dargelegt, dass „engraft" nur mit dem Objekt des Ablegers, nicht jedoch mit dem Empfänger gebraucht wird. Vgl. Booth, Shakespeare's Sonnets, S. 158.

[17] Es muss bedacht werden, dass zu Shakespeares Zeit „influence" zweisilbig und „cheered" und „even" jeweils als eine Silbe gesprochen werden konnten. Nur so passt Shakespeares Sonett in den Rhythmus. Vgl. Kerrigan, The Sonnets, S. 192. George hält sich demnach an das Original. Vgl. aber SW XII, S. 189, Erläuterungen Oelmann.

[18] SW XII, S. 189, Erläuterungen Oelmann.

[19] Ebd.

Es gibt verschiedene Abweichungen und Besonderheiten in Georges Übersetzung. George bildet drei Komposita mit dem – für dieses Sonett und Georges eigene Poetik – wichtigen Begriff „jugend": „jugendsaft", „jugendpracht" und „jugendtag". Die Bedeutung der Jugend wird hier sowohl durch die Wiederholung als auch durch die Assonanz der drei Wörter hervorgehoben. „Jugend" ist auch in Georges Dichtung häufig vertreten.[20] Vor allem in der Verbindung mit ‚Maximin' wird die Bedeutung einer „allmächtigen jugend wie wir sie erträumt hatten"[21] auffällig. George möchte mit seinen Gedichten und auch im Leben des Kreises eine Jugend formen, die „unser erbe nehmen und neue reiche erobern könnte"[22] und die als „gipfel und vollendung"[23] gesehen werden kann. Nun sind diese Zitate aus der ‚Vorrede zu Maximin' sicherlich sehr radikal formuliert und stoßen auch im Umkreis Georges auf Widerstand.[24] Allerdings lässt sich mit diesen überspitzten und aus dem Kontext gegriffenen Beispielen das von George angestrebte Ziel deutlich zeigen: Er will eine Jugend ermutigen, formen und schaffen, sodass diese in der Lage ist, die nötige Wende zu vollbringen, denn: „Damals lag weites dunkel überm land"[25]. Und so ist es schließlich bezeichnend, dass George gerade in dem Sonett, welches dazu überleitet, den bewahrenden Charakter von Dichtung zu erkennen, so offensichtlich die „jugend" betont. Hinzu kommt, dass zwar auch bei Shakespeare dreimal „youth" vorkommt, dies aber jeweils anders gebraucht wird und keinesfalls parallele Kompositionen aufweist: „youthful sap", „rich in youth" und „day of youth". Man kann anmerken, dass George durch seine Komposita lediglich weitere Silben einspart, wie sie durch Adjektive (jugend*licher* Saft) oder Genitiv-Verbindungen (Tag *der* Jugend) entstehen würden. In diesem Sonett möchte George jedoch sicherlich eine Betonung der Jugend erreichen, und die Silbeneinsparung ist in diesem Fall ein gern genutzter Nebeneffekt der Komposita. Durch ein derart von Shakespeares Original gelöstes Formulieren zeigt George, dass er bei seiner Übersetzung immer auch das eigene Werk im Blick hat. George bleibt immer ein eigener, selbstständiger Dichter, der um- oder

---

[20] Vgl. Bock, Wort-Konkordanz, S. 307f. Auch in Georges Lyrik finden sich ‚Jugend'-Komposita, vgl. ebd., S. 307f.; SW IV, S. 95 „Im heut den lezten jugendtag geahnt ·"; SW VI/VII, S. 116 „Eines geistes durchdrungen / Wie im jugendtraum."; SW XVIII, S. 85 „Und in vollem jugendglanz / glühen ihm die schönen wangen"
[21] SW XVII, S. 62.
[22] Ebd.
[23] Ebd., S. 64.
[24] Verwey z. B. sah die ‚Maximin'-Thematik kritisch. Vgl. Verwey, Mein Verhältnis zu Stefan George, S. 56.
[25] SW VIII, S. 8. In dem ersten Gedicht des ‚Stern des Bundes' wird der „Herr der Wende" heraufbeschworen.

nach*dichtet*, aber eben stetig *dichtet*.²⁶ Ähnliches lässt sich auch bei anderen Dichter-Übersetzern beobachten, bei George tritt das Bewusstsein des eigenen Werkes an bestimmten Stellen jedoch besonders deutlich hervor. Georges Bedacht auf das eigene Werk zeigt sich vor allem in solchen Sonetten, die sich weitgehend mit dem Dichten befassen.

Bei den botanischen Bildern fällt auf, dass George die „things that grow" mit „dinge die dastehn" übersetzt. Diese von Oelmann als „Bedeutungsverschiebung vom Organischen [...] zum Anorganischen"²⁷ beschriebene Abweichung Georges geht die Thematik des Wachsens verloren.²⁸ In Georges Übersetzung fehlt eine mögliche Entwicklung. Unter „dingen die dastehn" kann man sich eher ein Monument, ein abgeschlossenes Werk vorstellen, aber nichts, das sich noch verändert. Indem er etwas Bewegtes mit etwas Statischem übersetzt, macht er auch seine eigene Position deutlich – George möchte vollkommene Werke schaffen, und das bezieht sich eben nicht nur auf die Dichtkunst, sondern auch auf die Menschen, die er formt. Der ‚Fair Youth' soll makellos erscheinen, und so sollen es auch angestrebte Kunstwerke oder eben die „dinge die dastehn" tun. Etwas Wachsendes ist dagegen noch unfertig, es hat möglicherweise seinen Höhepunkt noch nicht erreicht. Es passt auch hier, dass George „conceit" mit „bildern" übersetzt.²⁹ Ein Bild ist konkreter und weiter fortgeschritten als eine Einbildung oder Vorstellung. Zudem weist George mit „bildern" auf künstlerisches Schaffen hin. Der ‚Fair Youth' schwebt in Bildern dem Sprecher vor, und dieser muss ihn nur noch abbilden. Bei einer weiteren Stelle wählt George die konkretere Übersetzung, wenn er „plants" mit „baum" übersetzt. Er setzt – sicherlich auch bedingt durch die Silbenzahl – einen Singular für einen Plural; zudem ist ein Baum viel bestimmter als eine Pflanze und der Leser hat einen typischen Baum, groß und stämmig, vor Augen. Eine Pflanze kann dagegen verschiedene Assoziationen hervorrufen, von Moos über Blumen zu gewaltigen Bäumen. In Georges Übersetzung ist der Mensch „wie ein baum", eine mächtige Erscheinung, auch wenn sie „sich abwärts neigt". In diesem Fall geht von dem „sich abwärts neig[en]", das selbstbestimmt scheint, weniger Bedrohung aus als von „decrease". Während Shakespeares Sonett eine Pflanze

---

²⁶ George vetritt die Ansicht, dass ein Übersetzer das Erlebnis des Original-Textes nacherleben müsse. Siehe Kapitel 2.3.
²⁷ SW XII, S. 189, Erläuterungen Oelmann.
²⁸ Vgl. auch Marx, Stefan George in seinen Übertragungen englischer Dichtung. Teil II, S. 13.
²⁹ George nutzt das Wortfeld ‚Bild' sehr häufig in seiner Shakespeare-Übersetzung: „bild" oder „bildnis" in 3, 24, 31, 59, 61 als Übersetzung von „image", in 16 für „painted counterfeit", in 46 und 47 für „picture", in 68 für „map", in 106 für „descriptions", in 122 für „record"; als Verb „gebildet" in 53 für „made" und „bildeten" in 106 für „prefiguring"; als „vorbild" in 82 für „subject" und in 98 für „pattern"; als „ebenbild" in 84 für „counterpart"; als „schattenbild" in 129 für „dream".

beschreibt, die in sich zusammensinkt, deren Kraft nachlässt und die möglicherweise vermodert, zeigt George hier einen Baum, der „sich abwärts neigt", der *sich selbst* seinem Schicksal beugt und der eben nicht fällt, wie es zum Bild des Baumes passen würde. Das Verb neigen kann dabei zwar zur Neige gehen implizieren, aber auch verneigen. Schließlich verfällt der Mensch (die Pflanze) im englischen Original so lange, bis er „out of memory" ist, in der Übersetzung bringt sich der Mensch (der Baum) selbst „zur gruft". Der Mensch bei George kennt sein Ende, er weiß, wann es genug ist. Obwohl die ersten zwei Quartette ein abschreckendes Beispiel der Vergänglichkeit darstellen sollen, formuliert George durchgängig weniger Furcht einflößend. Seine Opfer der Zeit sind zunächst mächtig und ergeben sich dann würdevoll ihrem Ende. George ist nicht so sehr an der ‚procreation'-Thematik interessiert, sondern er beschreibt vielmehr die Schönheit des ‚Fair Youth'.[30] Die jugendliche Schönheit des ‚Fair Youth' soll genutzt werden, jedoch nicht zur Zeugung von Nachkommen, sondern als Ideal für die kommende, zu erziehende Jugend. Georges Gedichte sind oft als soziale Erziehung zu verstehen. So ist es auch bei Georges Sonett-Übersetzungen. Er schreibt hier mit dem Ziel, der Jugend ein Vorbild zu liefern, dem sie nacheifern und an dem sie sich orientieren kann.

Das Couplet dieses Sonetts beginnt in Georges Übersetzung mit dem „Ich", das in Shakespeares Sonett als „I" erst am Ende der zwei Verse erscheint. In der Übersetzung wird deutlicher die Tatkraft des Sprechers betont. „Ich […] geb dir […] neuen trieb" heißt es bei George, und damit nimmt er das Bild des botanischen Aufpfropfens von Shakespeare auf und lässt das Themenfeld der Botanik bestehen. Jemandem „neuen trieb" geben kann allerdings auch neuen Antrieb bedeuten, und so wäre weiterhin die Möglichkeit gegeben, dass George eine Jugend schaffen möchte, die getrieben wird, ein neues Zeitalter einzuleiten. Zusammengefasst gelingt es George, eigene Überzeugungen – eine Veränderung bringende Jugend – sowie eigene Ideale – ein beständiger und konsequenter junger Mann – in dem Sonett hervorzuheben.

Das nun folgende Sonett 16 erörtert als erstes der Sonette explizit die Dichtung als Mittel der Schönheitsbewahrung. Das Sonett schließt mit einem „But" direkt an das eben besprochene Sonett 15 an und ist eine Entgegnung auf die Möglichkeit, dass der Sprecher den ‚Fair Youth' vor der Zeit bewahren könnte. Der Sprecher legt dem ‚Fair Youth' nahe, für eigenen leiblichen Nachwuchs zu sorgen, da dies ein besserer Schutz gegen die Zeit sei als die Gedichte.

---

[30] In seinem Buch zu Shakespeares Werk, beschränkt auch Gundolf die „erste Reihe", die „die Rufe zum Weiterzeugen" enthält auf die Sonette „1–14". Gundolf, Shakespeare, S. 636.

XVI
But wherefore do not you a mightier way
Make war upon this bloody tyrant, Time?
And fortify your self in your decay
With means more blessed than my barren rhyme?

Now stand you on the top of happy hours,
And many maiden gardens, yet unset,
With virtuous wish would bear you living flowers
Much liker than your painted counterfeit:

So should the lines of life that life repair,
Which this, Time's pencil, or my pupil pen,
Neither in inward worth nor outward fair,
Can make you live yourself in eyes of men.

To give away yourself, keeps yourself still;
And you must live, drawn by your own sweet skill.

XVI
Was zahlst du nicht mit mächtigerem schlage
Der Zeit · dem blutigen tyrannen · heim?
Was stärkst du dich nicht für die niederlage
Heilsamer als durch meinen dürren reim?

Du blickst herab von seliger stunden hang:
Und manch jungfräulich unbebaut gefild
Trüge dein lebend grün mit keuschem drang
Das mehr dir gleicht als dein gemaltes bild.

DEM leben bringe lebens zug gewinn
Das schrift der Zeit nicht noch mein schülerstift –
Um zu erhalten dich im menschensinn –
An innrem wert und äussrer schöne trifft.

Gibst du dich weg · erhältst du dich zurück:
Leb durch dein eignes süsses meisterstück.

Auf vielfache Weise versucht der Sprecher hier, den ‚Fair Youth' davon zu überzeugen, dass seine „own sweet skills" in der Lage sind, durch Zeugung eines Kindes ein kraftvolleres und akkurateres Abbild zu schaffen, als es mit Kunst, sowohl mit Gedichten als auch mit Gemälden, möglich ist. Das Sonett verweist dabei mit mehreren, teilweise mehrdeutigen Begriffen auf das künstlerische Schaffen: „barren rhyme", „painted counterfeit", „lines of life", „Time's pencil", „pupil pen" und „drawn by your [...]

skill".[31] Mit Vehemenz wird in diesem Sonett auf die Kunst hingewiesen, auch wenn sie noch als die defizitäre Bewahrungsform für Schönheit wahrgenommen wird. Über die Bedeutung und vor allem die damit verbundene *richtige* Interpunktion des dritten Quartetts ist vielfach gerätselt und gestritten worden. Besonders die Formulierungen „lines of life" und „Time's pencil" sind Anlass vieler Spekulationen. Ersteres kann sich unter anderem auf die Linien eines Stammbaums, die vererbten Gesichtszüge, die Linien bei Schrift und Gemälde, die 14 Linien eines Sonetts oder die Lebenslinien beim Handlesen beziehen; Letzteres kann sowohl die personifizierte Zeit oder aber die zeitgenössische Zeit der Künstler meinen. Zudem bereitet die Zugehörigkeit von „that" und „this" Schwierigkeiten.[32] Ich werde die verschiedenen Interpretationen nur dahin gehend nutzen, wie sie Georges Übersetzung beeinflussen, und werde mich deshalb vor allem an den Kommentar Dowdens halten, der sich in Georges Besitz befand. Außerdem sei angemerkt, dass bei allen Begriffsverschiebungen die offensichtliche Bedeutung des Quartetts bestehen bleibt, die Booth wie folgt paraphrasiert: „Thus children will give you the immortality that art cannot."[33]

George nutzt in seiner Sonett-Übersetzung mehr rhetorische Mittel, als in Shakespeares Sonett vorgegeben sind. George verstärkt so die Betonung der Dichtkunst. Er beginnt das Sonett mit der Anapher „Was zahlst du nicht" / „Was stärkst du dich nicht" und fügt im Couplet einen antithetischen Parallelismus ein: „Gibst du dich weg · erhältst du dich zurück". Die Antithetik ist zwar auch in Shakespeares Sonett vorhanden, die betonte Gegenüberstellung durch den Parallelismus formt allerdings nur George so konsequent aus. Auch reimt er in diesem Sonett, abweichend von Shakespeare, mehrfach weiblich (Vers 1/3 und 6/8) und braucht dementsprechend 11 Silben pro Vers. Auch an anderen Stellen dieses Sonetts weicht George von Shakespeare ab. So stellt er die Verse 11 und 12 um, verschiebt zudem die Verneinung „neither [...] nor" an eine andere Stelle und gibt dem „nicht noch" andere Objekte. George besinnt sich gerade in diesem Sonett, welches explizit das Dichterdasein behandelt, auf seine Eigenständigkeit als Dichter. Mit dem in Majuskeln geschriebenen „DEM" fügt er zum einen eigenständig eine Betonung ein und weist zum anderen auf seine eigene Dichtung hin, in der Groß- und Kleinschreibung sowie

---

[31] Dies wird auch in den beiden Sonett-Ausgaben betont, die sich in Georges Besitz finden. Vgl. The Temple Shakespeare, Shakespeare's Sonnets, S. 163; Dowden, The Sonnets of William Shakespeare, S. 165.

[32] Für ausführliche Analysen dieses Quartetts vgl. Booth, Shakespeare's Sonnets, S. xi-xvii; und Empson, Seven Types of Ambiguity, S. 54ff.

[33] Booth, Shakespeare's Sonnets, S. xii.

die Schrift als solche eine wichtige Rolle spielen.[34] In Georges Übersetzung findet sich eine auffällige Häufung der Umlaute ü und ä sowie des Diphthongs äu: „mächtigerem", „stärkst", „dürren", „jungfräulich", „trüge", „grün", „schülerstift", „äussrer", „erhältst", „zurück", „süsses meisterstück".[35] Bei Shakespeare gibt es einige Alliterationen[36], die George nicht an denselben Stellen nachbildet, allerdings sind diese nicht so vorherrschend in dem Sonett, dass sie mit den Mitteln, die George zur Betonung der Kunst einsetzt, gleichgesetzt werden könnten. Eine d-Alliteration, die George dagegen mehrfach wiederholt, ist „du dich" (Vers 3 und 13) und „durch dein" (Vers 14). Dies ist weniger als Betonung der Kunst, sondern vielmehr als Hinweis darauf zu sehen, dass auch das Du etwas zu seiner Bewahrung beitragen soll.

Ob nun George mit den beschriebenen rhetorischen Mitteln Shakespeares Alliterationen gewissermaßen ausgleichen oder ob er Shakespeare sogar übertreffen möchte – fest steht, dass er einige Mühe darauf verwendet, dieses Sonett in seiner Stilisiertheit zu betonen. George möchte mit seiner Dichtung auf die Jugend hinsprechen.

Abgesehen von dem Einsatz rhetorischer Mittel sollen nun weitere Abweichungen betrachtet werden. Gleich zu Beginn des Sonetts lässt George die adversative Konjunktion „But", die die aufeinanderfolgenden Sonette 15 und 16 verbindet, unübersetzt. Statt das Sonett adversativ einzuleiten, z. B. mit den Konjunktionen ‚aber' oder ‚doch', beginnt George das Sonett mit einer Anapher, die die Frage betont. Es wird weniger deutlich, auf was sich der Komparativ „mit mächtigerem schlage" beziehen soll. Bei Shakespeare wird eine deutliche Beziehung zum „I engraft you new" des vorangegangenen Sonetts hergestellt, bei George bleibt dies unklar. Erst am Ende des Quartetts wird die Verbindung zum „dürren reim" des Sprechers ersichtlich. Zwar bleibt es in beiden Sonetten bei der Aussage, dass der ‚Fair Youth' bessere Möglichkeiten hätte als die Bemühungen des Sprechers. Bei George wird dies jedoch herausgezögert und der Sprecher stellt seine Dichtkunst nicht so offensiv in ein schlechtes Licht.

Das schiefe Bild, sich heilsam für eine Niederlage zu stärken, resultiert wohl aus dem Bedürfnis, das Bild der zu schlagenden Schlacht („war", „fortify") zu übernehmen. Das ebenfalls in Shakespeares Sonett

---

[34] Zur StG-Schrift vgl. Oelmann, Vom handgeschriebenen Buch zur Erstausgabe; außerdem Kurz, Der Teppich der Schrift; Reuß, Industrielle Manufaktur; Baumann, Medien und Medialität, S. 694ff.; Haug/Lucius, Verlagsbeziehungen und Publikationssteuerung, S. 481ff.

[35] Eine ähnliche Häufung von Umlauten findet sich in Georges Übersetzung des ersten Quartetts des Sonetts 33, in dem die „götterkunst" beschrieben wird. Siehe Kapitel 4.1.2.

[36] Z. B. „tyrant Time", „many maidens", „with virtuous wish would", „lines of life", „pupil pen", „sweet skill".

erzeugte Bild einer glücklichen Familie („with means more blessed") nimmt George dagegen nicht auf. Er zieht es vor, den Eindruck eines schweren Kampfes gegen die Vergänglichkeit zu erzeugen, und unterlässt es, die mögliche Erlösung durch eigene Kinder schon hier zu nennen. Zudem sind Shakespeares Formulierungen „decay" und „repair", mit Oelmann, „krasser"[37] als Georges „niederlage" und „gewinn". In Georges Übersetzung wird die Situation weitaus weniger bedrohlich dargestellt. Eine Niederlage kann, aber muss keinesfalls das Ende der Schönheit des ‚Fair Youth' bedeuten.

Besonders der neunte Vers dieses Sonetts bietet Anlass für eine genaue Analyse:

> So should the lines of life that life repair,

> DEM leben bringe lebens zug gewinn

Die durchgehende Großschreibung des bestimmenden Artikels „DEM" fällt auf. Wie Marx anmerkt, kann es sich hier nur um eine Betonung handeln, und da der Artikel an einem Versanfang steht, kann eine Betonung nicht durch eine Großschreibung allein des Anfangsbuchstabens erreicht werden.[38] Nur, was soll hier betont werden? Ohne Zweifel ist „DEM leben" die Übersetzung von „that life", also einer Formulierung Shakespeares, die ebenfalls auf ein *bestimmtes* Leben gerichtet ist. Dieses Leben beschreibt in beiden Fällen auf den ersten Blick das Leben des ‚Fair Youth', eben das Leben, welches vor der Vergänglichkeit bewahrt werden soll. Die Betonung Georges weist, stärker als bei Shakespeare, darauf hin, dass dies ein besonderes Leben ist. „DEM leben" – und nicht einem anderen, unwürdigeren Leben – soll geholfen werden. Pointiert formuliert, heißt das: Nicht jedes Leben soll bewahrt werden, aber dieses, das ‚schöne Leben' des ‚Fair Youth' ist so kostbar, dass es auch in Zukunft Bestand haben soll, ob nun durch leibliche Nachkommen oder die Sonette eines Dichters. Das ‚schöne Leben', eine in Georges Poetik wichtige Formel, benutze ich hier, um zu zeigen, dass George sein eigenes Werk und die damit verbundenen Überzeugungen durch seine Übersetzungen stützt. Wie in seinem eigenen Werk, so setzt sich George auch hier dafür ein, dass das ‚schöne Leben' bewahrt, aber auch verbreitet und vorgelebt wird. Mit seiner Hervorhebung eines bestimmten Aspekts in diesem Sonett, nämlich „DEM [schönen] leben", macht George deutlich, was ihn an den Sonetten interessiert und was er für besonders beachtenswert hält.

Auch Georges Übersetzung von „lines of life" mit „lebens zug" ist ungewöhnlich. Ich habe bereits darauf hingewiesen, dass es verschiedene Interpretations-Vorschläge für die Bedeutung von „lines of life" gibt. Die

---

[37] SW XII, S. 190.
[38] Marx, Stefan George in seinen Übertragungen englischer Dichtung. Teil II, S. 14.

Bedeutungen lassen sich zu drei Möglichkeiten zusammenfassen: eine genealogische Lebenslinie, wie in einem Stammbaum; eine künstlerische Linie, wie in einem Gedicht oder Gemälde; oder eine real sichtbare Linie, die sich im Gesicht eines Menschen zeigt, entweder in Form von Falten oder in einer vererbten Linienführung, z. B. der Nase.[39] Georges Formulierung „lebens zug" scheint sich keiner der Deutungen anzuschließen. Allerdings ist auch die Bedeutung von „zug" dermaßen offen, dass es auch hier unmöglich ist, eine einzige Deutung zu finden. Der Zug des Lebens kann sicherlich den Fortlauf des Lebens meinen, also genealogisch gedeutet werden.[40] Die künstlerische Andeutung der „lines" findet in Georges Formulierung keine Entsprechung, allerdings fügt sich eine weitere Interpretation ein: Der „lebens zug" lässt auch an die Art und Weise des Lebens denken. Dem Leben des ‚Fair Youth' wird also durch die Art, wie er lebt, „gewinn" versprochen. In Georges eigener Lyrik wird das ‚schöne Leben' dadurch erreicht, dass „die rechte wage"[41] gehalten wird, man in „einfachen gefilden lern[t]"[42], und das „geheimnis […] in strenger linienkunst"[43] findet. In diesen Zitaten aus dem ‚Vorspiel' des ‚Teppich des Lebens' wird ein einfaches, ausgeglichenes und strenges Leben empfohlen. Dirk von Petersdorff hat gezeigt, dass mit dem Engel der Beginn des Spätwerkes markiert ist.[44] Die Kulturkritik, die später z. B. die ‚Zeitgedichte' bestimmen wird, ist schon hier erkennbar. Zu den ‚Zeitgedichten' vertritt Jan Andres die These, dass George darin „Gegenbilder zur zivilisatorischen Moderne [entwirft]."[45] Diese offensive Kulturkritik Georges findet sich – versteckt und abgeschwächt – auch in seinen Sonett-Übersetzungen, die zeitlich sehr nahe zum ‚Siebenten Ring' entstehen. Wiederholt stellt George in seinem Werk das allgemeine Leben der Masse als falsches Leben dar, das es zu überwinden gilt. Er entwirft ein besseres, ein ‚schönes Leben', das jedoch nur für einen besonderen Kreis, für eine Elite, bestimmt ist.

George plädiert immer wieder für die Einheit des Werkes („doch ich tat das gleiche"[46]). Damit verbindet sich auch ein beständiges Leben, das

---

[39] Vgl. Dowden, The Sonnets of William Shakespeare, S. 165. Hier wird dieser Teil wie folgt eräutert:„*Lines of life*, i.e. children. The unusual expression is selected because it suits the imagery of the sonnet, lines applying to (1) Lineage, (2) delineation with a pencil, a portrait, (3) lines of verse as in XVIII. 12. Lines of life are living lines, living poems and pictures, children."

[40] ‚Zug' ist z. B. auch in Gesichtszug, Charakterzug oder Schriftzug zu finden, allerdings schränkt George diese Deutungen ein, da er „lebens zug" schreibt.

[41] SW V, S. 12.

[42] Ebd., S. 14.

[43] Ebd.

[44] von Petersdorff, Fliehkräfte, S. 102. Vgl. auch Andres, Gegenbilder, S. 37.

[45] Andres, Gegenbilder, S. 41.

[46] SW VI/VII, S. 7.

konsequent ein Ziel verfolgt. Ein Leben, das einen bestimmten Zug hat, unbeirrbar einer Richtung folgt: „Was ich noch sinne und was ich noch füge / Was ich noch liebe trägt die gleichen züge".[47] Diese zwei Verse stellt George als Motto dem Zyklus ‚Das Lied' im ‚Neuen Reich' voran. Braungart erläutert mit diesem und anderen Beispielen Georges „performative Poetik" und zeigt, dass das poetische Wort in Georges Werk immer „als solches soziale Geste" ist. „Es ist immer Hinsprache auf den anderen zu; es bewahrt, was einmal gebraucht wird, es formt und ordnet – zuweilen in einer Metaphorik, die einen schaudern lässt."[48] Wenn George also von den „gleichen zügen" spricht, dann kann das eine Hinsprache auf den Leser sein, die diesem zeigt: Siehe her, ich halte mich an meine eigenen Idealvorstellungen, ich stehe zu dem, was ich tue, bei mir findest du einen verlässlichen Ort, ein verlässliches Werk. Aber auch: Der, den ich liebe, muss die gleichen Züge haben, er muss sich an das ‚schöne Leben' halten, muss sich diesem unterordnen und darin beständig sein. Wenn diese Gleichmäßigkeit, diese Einheit erreicht ist, dann wird das ‚schöne Leben' auch in der Zukunft Bestand haben, dann wird es vor der Vergänglichkeit bewahrt.

Es liegen nahezu zwanzig Jahre zwischen der Sonett-Übersetzung und dem Erscheinen des ‚Neuen Reichs'. Dennoch ist es bezeichnend, dass George in dem Motto, in dem es darum geht, dass er andere formt, ob nun durch Gedichte oder durch Lehre, vom „zug" spricht. Das Leben – und auch das Lieben – trägt die gleichen Züge, aber hier sind es nicht die leiblich vererbten Züge, sondern ist es vielmehr die als richtig wahrgenommene Art und Weise des Lebens oder die Art und Weise seiner Dichtung. Das Motto steht nicht nur über dem Zyklus ‚Das Lied', sondern in einem Entwurf Georges auch über dem ersten der ‚Gebete'[49], welches die Begegnung mit Maximilian Kronberger erinnert. Dieses erste ‚Gebet' lautet:

> I
> Kam mir erinnerung jener frühlingsstrassen
> Lichtfülle in erwartung deines blickes
> Und jener abende voll purpurdunkel
> Wo hohes leben festlich uns umschlungen
> Bis es im nachtgewölb verklang mit flehen:
> So schien mir dass aus meinem besten blute
> Das bild nur abglanz sei der kraft und würde
> Dass ich von unsrem schauer deiner nähe
> Beter und Schöner! nicht genug gedeutet ·

---

[47] Zu Georges perfomativer Poetik, die sich u. a. eben auch in dieser Widmung zeigt, vgl. Braungart, Was ich noch sinne und was ich noch füge.
[48] Ebd., S. 10f.
[49] Vgl. SW IX, S. 146 und 172, Erläuterungen Oelmann.

> Mein lied dem wahren gang mehr nicht entspreche
> Als einem ding sein schatten auf der welle…
> Nun weiss ich dass der Seher und der Weisen
> Verkündigung seit unsres blühens jahren
> Als wirklichkeit e i n mund nicht ganz erschöpfe
> Nun seh ich hunderte von edlen stirnen
> Auf die dein schimmer heimlich eingeflossen
> Mit ihrer herrlichkeit dein wesen preisen –
> Fügsam ein werker der sein teil vollendet
> Will ich nicht mehr mit dichterworten klagen:
> Da Du der höhere bist muss ich versagen.[50]

Spürt man nur einem einzelnen Wort („züge") nach, eröffnen sich Verbindungen zwischen Georges Werk und seiner Sonett-Übersetzung. In dem ‚Gebet I' wird erst die Begegnung mit Maximilian Kronberger beschrieben (Verse 1–5), dann dessen Tod (5) und schließlich die Versuche dargestellt, ihn zu bewahren durch die Schaffung der Figur ‚Maximin' (6–11).[51] Das Gedicht beschreibt diese Versuche als misslungen: „[D]as bild" ist „nur abglanz [...] der kraft und würde", es wurde „nicht genug gedeutet", das „lied [entspricht nicht mehr] dem wahren gang" und ist nicht mehr als ein „schatten". Am Schluss folgt die Einsicht (15–17), dass trotzdem „hunderte von edlen stirnen [...] dein wesen preisen" und dass, obwohl der Dichter „versag[t]", das Schöne, das „höhere" bestehen bleibt (18–20). Das Gedicht schildert eine Situation, die wie die Fortsetzung des Sonetts 16 wirkt. In Georges Sonett-Übersetzung wird des „lebens zug" als Möglichkeit dafür beschrieben, wie sich durch ‚schönes Leben' die Vergänglichkeit überwinden lässt. In ‚Gebet I' schließlich wird geschildert, dass eben genau dies passiert ist: Das ‚schöne Leben' ‚Maximins' beeinflusst „hunderte" derart, dass sie zu „herrlichkeit[en]" werden. Nicht ‚Maximin' oder gar Maximilian Kronberger werden bewahrt, sondern die Idee des ‚schönen Lebens'. Dass dies Bewahren jedoch abhängig von der Vermittler-Rolle Georges ist, wird deutlich, selbst wenn George seine eigene Rolle scheinbar herunterspielt (Verse 6–11 und im Sonett 16 „schülerstift"). Das Bewahren kann eben nur dann gelingen, wenn auch der „werker [...] sein teil vollendet".

Auf eine Verbindung zwischen ‚Maximin' und dem ‚Fair Youth' habe ich bereits hingewiesen.[52] Hier zeigt sich nun auch eine Übereinstimmung mit Georges Poetik, die nicht nur in seinem eigenen Werk, sondern eben auch in den Übersetzungen zu finden ist. Die Gedichte ähneln sich auch in ihrem Aufbau. Oelmann hat in ihren Erläuterungen zu den ‚Gebeten' bereits darauf hingewiesen, dass die „gereimten Schlussverse [...] an die

---

[50] SW IX, S. 38.
[51] Vgl. SW IX, S. 146f., Erläuterungen Oelmann.
[52] Siehe Kapitel 4.2.2.

couplets Shakespearescher Sonette [erinnern]"⁵³. Dass Georges Zusammenfassung am Schluss eigentlich die letzten drei Verse umfasst, ist hier kein Widerspruch, da es um die pointierte, nahezu sprichwörtliche Zusammenfassung und Engführung des Gesagten geht. Gerade der letzte Vers, der zudem mit einem Doppelpunkt eingeleitet wird, kann auch einzeln als Zusammenfassung gesehen werden. Hier ist nicht die Vers- oder Silbenzahl⁵⁴ ausschlaggebend, sondern der Charakter und Aufbau des Gedichts. Aus demselben Grund ist es auch nicht von Bedeutung, dass das ‚Gebet' aus 20 und nicht aus 14 Versen besteht.

Zudem ist das ‚Gebet' nach einem Schema aufgebaut, das typisch für Shakespeares Sonete ist. Erst wird eine Situation beschrieben, die ausweglos erscheint, doch dann eröffnet sich eine neue Möglichkeit und die Situation wird pointiert im Couplet zusammengefasst oder negiert. Sowohl in ‚Gebet I' wie auch in dem 16. Sonett wird zunächst die Situation geschildert, dass die Schönheit des jungen Mannes nicht hinreichend bewahrt werden kann, dann wird jedoch ein Ausweg geschildert, der möglich ist bzw. schon erreicht wurde, und schließlich wird alles dahin gehend zusammengefasst, dass der junge Mann durch die richtige Art des Lebens sich selbst vor der Vergänglichkeit rettet bzw. retten kann.

George nimmt zwar viele Möglichkeiten die ihm Shakespeares Sonett vorgibt, lässt aber auch eine eigene Interpretation zu, und dies ist eine, die zu Georges eigener Dichtung passt. In Georges Übersetzung ist es die richtige Art des Lebens, die für eine Unvergänglichkeit sorgt. Die Beständigkeit der Schönheit wird bei George nicht nur von der Kunst und auch nicht von leiblichen Kindern unterstützt. Auch das ‚schöne Leben' kann – wie es bei ‚Maximin' beschrieben wird – etwas in anderen auslösen, und dies führt ebenfalls zu der angestrebten Beständigkeit der Schönheit. Die Schönheit wird durch den sozialen Vollzug bewahrt und dies beinhaltet das erzieherische Hinsprechen im Gedicht. Es ist unübersehbar, dass George gerade in der ‚Maximin'-Thematik auch auf die Kunst als Bewahrer bzw. als Vermittler des Schönen setzt. Das ‚Maximin'-Gedenkbuch ist ein gutes Beispiel.

Wenn der „lebens zug" in Georges Übersetzung des Sonetts 16 vor allem als Art und Weise des Lebens verstanden wird, dann stellt das dritte Quartett einen Gegensatz zum zweiten Quartett dar. Wird im zweiten Quartett die leibliche Nachkommenschaft im „jungfräulich unbebaut gefild" als Möglichkeit beschrieben, so bietet das dritte Quartett eine andere Lösung, nämlich das bewahrte ‚schöne Leben' als Konsequenz der richtigen Art zu leben. In diese Interpretation der Übersetzung Georges passt die Betonung des „DEM" am Beginn des dritten Quartetts. Das „DEM"

---

⁵³ SW IX, S. 147f., Erläuterungen Oelmann. Siehe hierzu das folgende Kapitel 4.3.3.
⁵⁴ Im ‚Gebet I' dominiert tatsächlich ein elfsilbiger jambischer Pentameter, jedoch wird dieses Metrum nicht durchgängig genutzt.

bedeutet eben auch eine deutliche Abgrenzung: Im *normalen* Leben kann leibliche Nachkommenschaft genügen, aber in DIESEM Leben geht es um mehr, um das Zeugen *geistiger* Nachkommen.

Die Umstellungen, die George im dritten Quartett vornimmt, zeigen, dass er in diesem Quartett vergleichsweise frei mit der Vorlage umgeht. Während George den möglichen Bezug zur Kunst in der Übersetzung der „lines of life" unübersetzt lässt, hebt er im folgenden Vers – mit „schrift der Zeit" und „schülerstift" – die künstlerische Möglichkeit hervor. Im Gegensatz zu Shakespeare verweist George dabei mit beiden Formulierungen auf die Dichtkunst, während Shakespeares „Time's pencil" auf die Malerei anspielt.[55] Auch wenn es um die Abbildung „äussrer schöne" geht, zieht George die Dichtkunst der Malerei vor, denn er schätzt die Dichtkunst weitaus höher ein als die Malerei oder Musik, auch wenn sich zahlreiche bildende Künstler in den Reihen des George-Kreises finden. Innerhalb des Kreises wurde außergewöhnlich viel Wert auf die Skulptur als Mittel zum Bewahren gelegt.[56] Hierzu passt ebenfalls, dass George das „drawn" im Couplet unterschlägt. Bei Shakespeare schließt das Couplet damit, dass sich der ‚Fair Youth' durch das Zeugen eigener Kinder, gewissermaßen selbst *gezeichneter* Kinder, vor der Vergänglichkeit schützt. Shakespeare spielt hier mit der Vermischung verschiedener Bereiche, die ja eigentlich als Gegenpole betrachtet werden sollen, und betont damit, dass der ‚Fair Youth' als sein eigener Zeichner erfolgreicher als jeder herkömmliche Zeichner ist. Bei George lebt der ‚Fair Youth' dagegen „durch dein eignes süsses meisterstück". Es wird weder die bildende noch die literarische Kunst impliziert, sondern gleichsam die Lebenskunst des ‚Fair Youth'. Der ‚Fair Youth' erhält ein „meisterstück", und damit fügt George am Ende dieses Sonetts noch einmal ein für ihn bedeutsames Wort ein, das die bisherige Analyse unterstützt. Georges Übersetzung des einfachen „skill", also etwa Fähigkeit, Können oder Kunstfertigkeit, mit „meisterstück" ist eigenartig.[57] Die Beschreibung des ‚Fair Youth' wird überhöht – es ist nicht nur Können, sondern ein „meisterstück". Ein Meister ist im handwerklichen Sinne jemand, der etwas besonders gut beherrscht, jemand, der Schüler ausbilden darf. Das Meisterstück ist das Stück Arbeit, das der Meister als besonderen Beweis seiner Fähigkeiten vorlegt, etwas, das ihn gegenüber anderen Handwerkern auszeichnet und

---

[55] ‚Pencil' bedeutet zu Shakespeares Zeit immer den Pinsel eines Malers und kann sich nicht auf ein Schreibgerät beziehen. Vgl. Duncan-Jones, Shakespeare's Sonnets, S. 142; The Temple Shakespeare, Shakespeare's Sonnets, S. 163; Dowden, The Sonnets of William Shakespeare, S. 165.

[56] Vgl. Raulff, Steinerne Gäste.

[57] Andere Übersetzer übersetzen an dieser Stelle z. B. Pinsels Künstlerstrich (Kaußen), „das selbstgeschaffne Bild" (Robinson), „süßer Stift" (Schuenke) oder „von deiner eignen Kunst" (Reichert).

hervorhebt. Ein Meister zeichnet sich vor allem dadurch aus, dass er andere etwas lehren kann.[58]

In Georges Übersetzung braucht es einen Meister, und gewissermaßen auch eine *meister*hafte Übersetzung, um die Vollkommenheit des ‚Fair Youth' zu erhalten. In seinem eigenen Werk geht George sparsam mit dem Wort „Meister" um und gebraucht es vor allem, um andere Meister, andere Künstler zu bezeichnen.[59] Vereinzelt findet sich auch der Gebrauch des Meisters als des lehrenden und erziehenden Oberhaupts.[60] In der ‚Vorrede zu Maximin' bezeichnet George sich selbst als „Meister".[61] Im Leben des George-Kreises wurde George, aber wurden auch andere von ihm als Meister bezeichnet.[62] In seiner großen soziologischen Studie zum George-Kreis beschreibt Kolk, dass es

> kaum eine andere Thematik geben [dürfte], die in solcher Kontinuität das gesamte Werk Georges durchzieht wie die […] Frage nach der richtigen Lebensführung und der sie begleitenden und reflektierenden Ethik. Nicht erst in der offen pädagogisch ausgerichteten Phase Georges, in der Rekrutierung und Erziehung von ‚Jüngern' zum expliziten Ziel erhoben werden, kreisen seine poetische Produktion, aber auch Briefe, Gespräche und Prosatexte, etwa in den Blättern für die Kunst, um diese Problematik; […].[63]

Kolk zeigt, dass George kontinuierlich als Lehrmeister agiert und von anderen als solcher verstanden wird.[64]

---

[58] Vgl. die verschiedenen Definitionen bei Grimm: DWB, Bd. 12, Sp. 1952ff.; vgl. außerdem Steiner, Der Meister und seine Schüler.

[59] Vgl. Bock, Wort-Konkordanz, S. 400. Z. B. SW II, 68 „Von droben wie aus der kindlichen meister pinsel"; SW III, 34 „[…] unsterbliche gesänge / Unsrer meister wiederholend."; SW V, 27 „So sind dir trost und beispiel höchste meister"; SW V, 48 „Dir gaben den preis die meister im lied."; SW VI/VII, 176 „NORDISCHER MEISTER".

[60] Vgl. SW II, 60 „Den meister lockt nicht die landschaft am strande"; SW III, 80 „Am fest der strenge meister dich gewahrt"; SW VIII, 98 „Nur der meister weiss den tag."; SW IX, 59 „Meister noch dies: ist was du bringst das lezte reich?".

[61] Vgl. SW XVII, S. 65f.

[62] Z. B. bezeichnen sich George und Lechter gegenseitig als Meister. Vgl. Philipp, Gibst du duft aus sternenräumen, S. 181. Auch Wolfskehl und Verwey werden von George als Meister angeredet, eine Gepflogenheit, die George aus Paris von der Begegnung mit dem ‚maitre' Mallarmé mitbrachte. Vgl. auch Salin, Um Stefan George, S. 169.

[63] Kolk, Literarische Gruppenbildung, S. 157. Vgl. auch das Kapitel IV.2. „George – Gesetz. Beschreibungen des Meisters", ebd., S. 156–168.

[64] In seinem Buch über ‚Den Meister und seine Schüler' beschreibt Steiner George als jemanden, der „die Aura der Meisterschaft, eines magisterium mysticum [verkörperte]." Steiner, Der Meister und sein Schüler, S. 137. Der Titel des Buches zeigt wie leicht sich thematische Gewichtungen durch Übersetzungen verschieben lassen. Das Buch heißt im englischen Original ‚Lessons of the Masters' und legt da-

Das „meisterstück" kann ein einwandfreies, überaus gelungenes Kunst*stück* sein, welches von dem ‚Fair Youth' selbst geschaffen worden ist. Möglich ist auch, dass der ‚Fair Youth' ein Stück des Meisters erhält, also durch seine Aufopferung für das ‚schöne Leben' die Aufmerksamkeit des Meisters gewinnt. Die durch den Meister erfahrene Beachtung bestätigt den ‚Fair Youth' in seiner Art des Lebens. Das „meisterstück" kann auch als Gedicht des Meisters gesehen werden. Zwar wird dem „schülerstift" des Sprechers nicht viel zugetraut, das „meisterstück" dagegen lässt den ‚Fair Youth' weiterleben. Die betont lyrische Ausarbeitung des Couplets ermöglicht, dass es sich bei dem „meisterstück" auch um dieses Sonett handeln kann. Dass das „meisterstück" als „eignes" des ‚Fair Youth' beschrieben wird, ist kein Widerspruch, denn Georges Gedichte sind, wie Braungart gezeigt hat, Gedichte der Hinsprache.[65] Dieses Hinsprechen äußert sich in Georges Werk auf vielfache Weise, unter anderem auch durch Widmungsgedichte, die die Freunde ermahnen, erinnern, ermuntern und eben bewahren.[66] Auch das übersetzte Sonett zeichnet sich durch ein solches Hinsprechen aus: Es bewahrt, indem es über den ‚Fair Youth' und seine Schönheit spricht; es ermahnt diesen aber gleichzeitig, selbst etwas zum Bewahren beizutragen – durch die richtige Art zu leben und das Einverständnis, sich für eine Überzeugung des ‚schönen Lebens' wegzugeben („Gibst du dich weg").

Oelmann hat darauf hingewiesen, dass George im Couplet „[d]ie englische Partizipialkonstruktion [...] in eine der deutschen Sprache adäquate substantivische Konstruktion [überführt]."[67] Für „drawn by your own sweet skill" übersetzt George „dein eignes süsses meisterstück". Auch wenn diese Änderung Georges zweifellos „adäquat" ist, so gelingt ihm doch auch hier noch ein Hinweis in eigener Sache. Das, was George mit seiner Dichtung erreichen will, ist eben nicht mit einer Partizipialkonstruktion beschreibbar, hier genügt nichts, das veränderbar wäre, sondern es ist ein Nomen, ein „meisterstück", und auch hierin drückt sich Georges Wille aus, etwas Beständiges, etwas Gleichbleibendes zu schaffen. George formuliert statischer als Shakespeare und drückt so seinen Willen zum bedeutend Monumentalen aus. Georges Poetik, sein Willen zur sozialen Erziehung, etwas in dem Leser zu erreichen, ist auch in seinen Sonett-Übersetzungen spürbar.

---

mit die Gewichtung auf die Lehre verschiedener Meister, während der deutsche Titel die Beziehung zwischen Schülern (im Plural) und einem Meister in den Vordergrund rückt. Da die deutsche Ausgabe den englischen Titel in Klammern auf dem Titelblatt führt, ermöglicht sie allerdings beide Lesarten.

[65] Braungart, Was ich noch sinne und was ich noch füge, S. 10.
[66] Vgl. ebd., S. 11.
[67] SW XII, S. 190, Erläuterungen Oelmann.

Die folgenden Beispiele bestätigen, dass George in seiner Sonett-Übersetzung neben der Schönheitswahrung eine weitere Funktion der Dichtung einfügt, die des soziopoetischen Werkes, das etwas im Leser erreichen und ihn zu einem besseren Leben erziehen will. Unter anderem zeigt sich dies in Georges Übersetzungen von „grow" und „argument". Die bereits in der Analyse von Sonett 15 beschriebene Übersetzung Georges von etwas Organischem mit etwas Anorganischem, zeigt sich in der Übersetzung des Verbs „grow".[68] Im Sonett 18 übersetzt George:

> When in eternal lines to time thou grow'st:
>
> In ewigen reimen ragst du in die zeit.

Das Sonett 18 steht für das Ende der sogenannten ‚procreation sonnets' und den Beginn der Überzeugung, dass die Sonett, die Schönheit des ‚Fair Youth' bewahren können. Mit „thou grow'st" wird in Shakespeares Sonett ein Prozess beschrieben, der noch nicht beendet ist. Das zu Bewahrende, der ‚Fair Youth', wächst noch; es entwickelt sich weiter. In Georges Übersetzung dagegen „rag[]t" der ‚Fair Youth' in die Zeit – hier ist erneut etwas Monumentales, etwas Beständiges impliziert. Der ‚Fair Youth', wie ihn George in den Sonett-Übersetzungen darstellt, bietet ein festes Ideal, etwas Unumstößliches. Die Alliteration „reimen ragst" und die doppelte Senkung bei „ewigen" betonen diese *Ewig*keit.

In Sonett 93 bekräftigt der Sprecher, dass er den ‚Fair Youth' liebt, obwohl ihn dieser betrügt. Schon im ersten Vers, den George wortwörtlich übersetzt, wird dies zusammengefasst:

> So shall I live, supposing thou art true,
>
> So werd ich leben · meinend · du wärst treu ·

Im Couplet wird der ‚Fair Youth' schließlich mit Evas Apfel verglichen:

> How like Eve's apple does thy beauty grow,
> If thy sweet beauty answer not thy show.
>
> Dein reiz wird wie der apfel Evas sein ·
> Gleicht deine süsse tugend nicht dem schein.

Anders als in den bisherigen Beispielen wird hier eine schlechte Eigenschaft des ‚Fair Youth' beschrieben und in diesem Zusammenhang mit „grow" deutlich gemacht, dass es sich um eine Entwicklung hin zum Schlechten handelt. Es handelt sich um eine Zukunftsvision, die den ‚Fair Youth' noch zu bekehren sucht. Doch auch im Zusammenhang mit dieser schlechten Eigenschaft übersetzt George – auf den ersten Blick überra-

---

[68] Im Sonett 15 übersetzt George „things that grow" mit „dinge die dastehn".

schend – das organische „grow" mit einem viel endgültigeren „sein". George zeigt auch hier zum einen einen beständigen ‚Fair Youth' und verdeutlicht zum anderen die Ausweglosigkeit, die Endgültigkeit einer solch unmoralischen Entwicklung. Ob es nun gute oder schlechte Eigenschaften sind – sie sind unwiderruflich und bindend. Sobald man sich einmal in die falsche Richtung wendet, gibt es kein Zurück mehr. George verfolgt eine klare, bindende Ordnung, auch in der Übersetzung der Sonette. Gerade in dieser Bestimmtheit und Beharrlichkeit Georges zeigt sich wiederum sein erzieherischer Anspruch. Nur mit drastischen und konsequenten Beispielen wird sein Plan deutlich.

Auch in weiteren Sonetten übersetzt George „grow" eher endgültig. So wählt er in Sonett 12 „steht" (Vers 12), in Sonett 83 (8) und 126 (4) „steigt" und in Sonett 87 (11) „entstehend". Die beiden letzten Beispiele beinhalten zwar auch eine Bewegung, wirken aber trotzdem entschiedener als ‚wachsen'. ‚Steigen' impliziert eine strebsame Aufwärtsbewegung hin zu einem Ziel und in ‚entstehen' ist ‚stehen' enthalten. Ansonsten übersetzt George „grow" häufig mit „gedeihen" (Sonette 11, 32 und 142) und impliziert damit eine positive Entwicklung, während ‚wachsen' ein wertfreier Begriff ist. Zudem nutzt er verschiedene Formen von ‚sein', die einerseits Beständigkeit ausdrücken können, aber andererseits auch den Zukunftsaspekt des Wachsens umschreiben (Sonette 45, 119, 130, 140 und 154). Abschließend finden sich auch drei Sonette (69, 115, 124), in denen George „grow" mit „wachsen" übersetzt.

Eine weitere Auffälligkeit in Georges Übersetzung ist, dass der Sprecher an einem Ziel orientiert ist. In der Übersetzung entsteht der Eindruck, dass der Sprecher auf etwas hinarbeitet, dass er ein bestimmtes Ziel verfolgt. In den beiden ausführlichen Analysen der Sonette 15 und 16 habe ich bereits auf Georges Poetik als ein Hinsprechen und Formen hingewiesen. Zwei weitere Beispiele finden sich in den Sonetten 76 und 105, jeweils am Beginn des dritten Quartetts:

LXXVI
O, know, sweet love, I always write of you,
And you and love are still my argument;

O süsses lieb · ich schreibe stets von dir
Und du und liebe · ihr seid noch mein plan ..

CV
‚Fair, kind, and true,' is all my argument,
‚Fair, kind, and true,' varying to other words;

>Schön gut und treu< dies ist mein ganzer plan ..
>Schön gut und treu< mit neuer worte spiel ..

Beide Sonette beziehen sich auf den Wert der Dichtung des Sprechers. Vereinfacht geht es in beiden Sonetten darum, dass der Sprecher eben immer nur das eine, nämlich den ‚Fair Youth', beschreibt. Bei Shakespeare wird dies als das einzige, aber dennoch absolute „argument" beschrieben. Bei „argument" liegt es nahe, an die Übersetzung Argument zu denken, ebenso wären Thema oder Beweis möglich.[69] George wählt die, sicher auch durch ihre Einsilbigkeit bestechende, Übersetzung „plan". Shakespeare beschreibt in den Sonetten also die Schönheit des ‚Fair Youth' als das Argument oder vorherrschende Thema des Sprechers, George dagegen bezeichnet es als dessen Plan. George verleiht dem Dichten des Sprechers damit einen anderen Sinn als Shakespeare. Während in Shakespeares Sonetten das Dichten aus der Erscheinung des ‚Fair Youth' heraus erklärt wird, zeigt sich in Georges Übersetzung ein eigener Wille des Sprechers. Hier dichtet der Sprecher nicht nur, weil der ‚Fair Youth' ihm das Argument dafür liefert, sondern auch, weil er einen Plan verfolgt. Dass dieser Plan z. B. das Hinführen zum ‚schönen Leben' beinhalten könnte, wurde in der Analyse des Sonetts 16 bereits angedeutet. Wichtig ist, dass es George in seiner Übersetzung gelingt, das Dichten oder die Dichtkunst als etwas Planvolles, als an einem Ziel orientiert, darzustellen. Interessant ist zudem, dass George eben gerade in den beiden Sonetten „argument" mit „plan" übersetzt, in denen es explizit um die Dichtkunst des Sprechers geht. In anderen Sonetten übersetzt George „argument" der eigentlichen Bedeutung entsprechend mit „inhalt" (Sonett 38) oder „gegenstand" (Sonett 103). In weiteren Sonetten der im folgenden Kapitel (4.3.2.) ausführlicher besprochenen ‚Rival Poet'- und ‚Muse'-Sequenzen übersetzt George „argument" mit „gehalt" (Sonette 79 und 100). Dass der Gehalt der Sonette für George von besonderer Bedeutung ist, zeigt sich bereits in seiner Einleitung zu der Übersetzung, denn „kaum eines erkannte den gehalt [der Sonette]: die anbetung vor der schönheit und den glühenden verewigungsdrang."[70] Folgt man der Einleitung, sind es die Anbetung und der Verewigungsdrang, die die Sonette auszeichnen; Ähnliches lässt sich auch für Georges eigenes Werk sagen, denn auch dieses ist von einer bestimmten Ästhetik geprägt sowie von einem Drang, ein ewiges Werk, ein beständiges und einflussreiches Werk zu schaffen. Hilde-

---

[69] Andere deutsche Übersetzungen im Sonett 76: „Thema" (Reichert), „Gegenstand" (Schuenke), „Sein und Sinn" (Robinson) „Sujet" (Kaußen).

[70] SW XII, S. 5. Die ungewöhnliche Formulierung „anbetung *vor* der schönheit" (meine Hervorhebung) legt dar, dass es nicht um die Anbetung einer oder der Schönheit geht, sondern, dass der Vorgang des Anbetens *vor* der Schönheit stattfindet. Es wird also ein Ort oder ein Anlass genommen der zur Anbetung genutzt wird bzw. diese auslöst. Was genau angebetet wird bleibt in der Einleitung unklar. In der Übersetzung Georges wir jedoch deutlich, dass ein jugendliches Ideal zur Anbetung erkoren wird, dass sich nicht nur durch Schönheit sondern auch durch Reinheit und einem Willen zur Standhaftigkeit auszeichnet.

brandt beschreibt schon in Georges ‚Jahr der Seele' einen „geistigen Gehalt":

> Wenn in den DREI BÜCHERN die geschlechtliche Leidenschaft sich verbirgt in Sagen und Märchen, in scheinbar romantische Phantasien, so bricht DAS JAHR DER SEELE mit dieser Dichtart und führt auf eine neue Stufe. In dieser Liebe wird das Geschlechtliche nicht verkleidet aber meist zurückgedrängt: um so reiner tritt in der Freundschaft der geistige Gehalt, der Platonische Eros ans Licht.[71]

Der geistige Gehalt einer Freundschaft und eben auch eines Werkes wird – so scheint es zumindest im Kreis zu sein – durch den platonischen Eros bestimmt. Auch hier ist der Gehalt also mit Verewigungsdrang verbunden: Verewigung der eigenen Ansichten und Erkenntnisse durch Lehre und Weitergabe an einen Schüler. Wenn George also in zwei Sonetten, die sich beide mit der Kunst des Dichtens beschäftigen (Sonette 79 und 100), „gehalt" für „argument" setzt, dann weist er deutlich darauf hin, dass für ihn Dichtung dadurch bestimmt ist, dass sie etwas erreichen will, dass sie darauf bedacht ist, junge Menschen zu bilden. Auch Oelmann hat in ihren Erläuterungen zum ‚Stern des Bundes' darauf hingewiesen, dass „die Übersetzung der Sonette Shakespeares für den STERN DES BUNDES, und zwar für *gehalt*, Impuls und Gestalt [von größter Bedeutung ist]."[72] Der in der Einleitung zur Sonett-Übersetzung beschriebene Gehalt der Sonette findet sich eben auch in Georges eigenem Werk, dies wird sich in den folgenden Kapiteln noch verdeutlichen.

Im Übrigen lässt George die misslingenden Gedanken des Sprechers gescheitert, aber zielgesetzt erscheinen. In den Sonetten 86 (Vers 1–4) und 147 (Vers 9–12) übersetzt er „thoughts" mit „plan":

> LXXXVI
> Was it the proud full sail of his great verse,
> Bound for the prize of all too precious you,
> That did my ripe thoughts in my brain inhearse,
> Making their tomb the womb wherein they grew?
>
> Tat dies sein prächtig segelnd grosses lied ·
> Das auszog um eur allzukostbar lob –
> Dass reifer plan in meinem hirn verschied ·
> Zu gruft der grund ward draus er sich erhob?
>
> CXLVII
> Past cure I am, now reason is past care,
> And frantic-mad with evermore unrest;

---

[71] Hildebrandt, Das Werk Stefan Georges, S. 89.
[72] SW VIII, S. 121, Anhang Oelmann.

> My thoughts and my discourse as madmen's are,
> At random from the truth vainly express'd;

> Mich heilt nichts mehr · Vernunft hilft ja nicht mehr ·
> Mir wütig-toll mit immer mehr unrast –
> Mein wort und plan gleicht dem des narren sehr:
> Aufs gradwohl · fern von wahrheit · hohl gefasst.

Genau wie in den vorangegangenen Sonetten führt Georges Übersetzung dazu, dass dem Sprecher der Sonette ein bestimmter Wille zugeordnet wird.

In Georges Übersetzung erscheint die Dichtung als eine Form des Schaffens – und zwar nicht nur als das Abbilden eines Menschen oder einer Idee, sondern als Weiter- oder Um-Bilden der Lesenden hin zum ‚schönen Leben'. Während Shakespeares Sonette vor allem beschreiben, möchte George mit seinen Sonett-Übersetzungen auch bilden und formen. Der ‚Fair Youth' wird in der Übersetzung Georges zu einem Ideal gemacht, welches durch die Dichtung festgehalten oder übertragen wird und somit auch in Zukunft für die kommende Jugend als Orientierung dienen kann. Um der Dichtung eine solche Kraft zuzusprechen, muss der Dichter – hier eben das in den Sonetten sprechende Ich – von seiner Dichtung und ihrer Wirkmächtigkeit überzeugt sein. Dass George den Sprecher der Sonette als einen Dichter darstellt, der in einem größeren Maße als bei Shakespeare von seinem Werk überzeugt ist, zeigt sich im anschließenden Kapitel.

4.3.2. Das Selbstverständnis des Dichters

Das Dichter-Ich in Shakespeares Sonetten muss sich seiner Kunst immer wieder selbst versichern, erscheint oft unsicher und ordnet sich anderen Dichtern unter. Auch wenn dies oft ironisch gebrochen wird, ist es doch ein wichtiges Kennzeichen der rhetorischen Strategie Shakespeares. George dagegen lässt den Sprecher der Sonette selbstsicherer klingen – dieser zweifelt nicht an seiner Kunst, deren Beständigkeit und Aussagekraft. George will mit seiner Lyrik und eben auch mit der übersetzten Lyrik etwas bewirken; auch als Übersetzer hat er eine Bestimmung. Sicherlich ist vieles bereits in Shakespeares Sonetten angelegt, auch hier versteckt sich der Sprecher nicht und auch hier ist zu spüren, dass ein Glaube an die eigene Dichtkunst vorhanden ist. Allerdings wird dies bei Shakespeare insgesamt vorsichtiger formuliert. Auch wenn sich in dieser verhaltenen Art bei Shakespeare nur die absichtlich eingesetzte Untertreibung verbirgt, um schließlich mit der Wirkung der eigenen Kunst zu überraschen und zu brillieren, geht George trotzdem viel offensiver mit der Bedeutung der Dichtkunst um und vertritt auch in seiner Übersetzung klar seine eigene Poetik.

Um dies zu verdeutlichen, werden in diesem Kapitel Sonette analysiert, die sich mit dem ‚Rival Poet' beschäftigen. Der ‚Rival Poet' taucht innerhalb einer Sonettgruppe auf (78–86[73]). Diese Sonette eint, dass sie vom Dichten und der Dichtung des Sprechers und anderer handeln. Es geht in diesen Sonetten auch um das Selbstverständnis des Dichters. Wie Burrows beschreibt, ist der ‚Rival Poet' „born out of the need to define and defend one's own writing by opposition to that of another."[74]

Der ‚Rival Poet' bedroht das exklusive Verhältnis zwischen dem Sprecher und dem ‚Fair Youth' und schreibt ebenfalls Gedichte über und für den ‚Fair Youth'. Der Sprecher sieht sich also mit einem Rivalen konfrontiert und versucht sich nun von diesem, den er als erfolgreicheren und besseren Dichter beschreibt, abzugrenzen. Um dem ‚Fair Youth' das Besondere seiner eigenen Dichtung zu beweisen, argumentiert der Sprecher auf vielfältige Weise. Er behauptet, dass sein schlichter Stil viel besser die Vorzüge des ‚Fair Youth' beschreibt, denn dieser ist bereits schön genug und benötigt keine Hervorhebungen durch besondere Stilmittel und Kunstgriffe, wie sie der ‚Rival Poet' nutzt. Außerdem betont der Sprecher, dass nur seine eigenen Gedichte, im Gegensatz zu denen des ‚Rival Poet', von wahrer, aufopfernder Liebe erfüllt sind. Dies führt zu einem weiteren Argument, nämlich, dass der ‚Fair Youth' die Gedichte des Sprechers schon allein deshalb schätzen muss, weil sie von seinem Geliebten geschrieben und damit aus emotionaler Sicht mehr wert sind als die des ‚Rival Poet'. Schließlich versucht der Sprecher, den ‚Fair Youth' davon zu überzeugen, dass die Gedichte anderer nur deshalb so gut sind, da sie ein so schönes Objekt – den ‚Fair Youth' – beschreiben. Der Sprecher möchte verhindern, dass sich der ‚Fair Youth' von der Dichtung des ‚Rival Poet' überzeugen lässt und sich diesem liebevoll zuwendet.

Im Folgenden werde ich einige Beispiele aus den ‚Rival Poet'-Sonetten herausgreifen, ohne dabei immer das gesamte Sonett zu analysieren. Hier soll lediglich Georges Darstellung des dichtenden Sprechers und dessen Sichtweise auf die eigene Lyrik im Vordergrund stehen. Weitere Besonderheiten der Übersetzung Georges sind hier ausgeblendet, da sonst eine Analyse der vergleichsweise großen Gruppe der ‚Rival Poet'-Sonette zu unübersichtlich würde. Es kann sicher nicht von dem Dichter der Sonette direkt auf George selbst geschlossen werden und das soll hier auch keineswegs geschehen. Allerdings stellt George in dieser Übersetzung einen Dichter vor, der sich in einigen Punkten von dem bei Shakespeare unterscheidet.

---

[73] Streng genommen gehört das Sonett 81 nicht zu dieser Gruppe, da darin kein anderer Dichter, kein ‚Rival Poet' Erwähnung fndet. Allerdings geht es auch in diesem Sonett um die Dichtkunst des Sprechers, sodass das Sonett innerhalb dieses Kapitels relevant ist.
[74] Burrow, Shakespeare. The Complete Sonnets and Poems, S. 536.

Ein bzw. mehrere ‚Rival Poet(s)' werden das erste Mal explizit im Sonett 78 erwähnt:

> LXXVIII
> So oft have I invoked thee for my Muse
> And found such fair assistance in my verse
> As every alien pen hath got my use
> And under thee their poesy disperse.
>
> Thine eyes, that taught the dumb on high to sing
> And heavy ignorance aloft to fly,
> Have added feathers to the learned's wing
> And given grace a double majesty.
>
> Yet be most proud of that which I compile,
> Whose influence is thine and born of thee:
> In others' works thou dost but mend the style,
> And arts with thy sweet graces graced be;
>
> But thou art all my art, and dost advance
> As high as learning my rude ignorance.

> LXXVIII
> Oft fleht ich dich als meine muse an
> Und fand so schöne hilfe für mein lied
> Dass mir manch andrer kiel es nachgetan:
> Sein dichten unter deinen schutz beschied.
>
> Dein auge wies den dumpfen hoch zu singen
> Und schwere unkenntnis hinaufzufliehn ·
> Hat federn zugefügt des weisen schwingen ·
> Der anmut zwiefach herrlichkeit verliehn.
>
> Doch meist sei stolz auf Mein gereimtes spiel:
> Es hängt von dir ab · ist gezeugt von dir.
> In andrer werken feilst du bloss den stil ·
> Verzierest kunst mit deiner süssen zier:
>
> All Meine kunst bist du und trägst soweit
> Wie kenntnis meine rohe unweisheit.

In Shakespeares Sonett wird von „every alien pen", „their poesy" und „others' works" gesprochen. In diesem Sonett, das den Anfang der ‚Rival Poet'-Sonette bildet, gibt es dichterische Konkurrenz für den Sprecher. Diese Konkurrenz erscheint auch in Georges Übersetzung: „manch andrer kiel", „[s]ein dichten" und „andrer werken". Die Übersetzung wiederholt das „andre" und übersetzt nicht das „alien"-hafte der Konkurrenten. Damit nimmt George den ‚Rival Poets' die Variation. Zudem erscheinen die Konkurrenten weniger gefährlich, denn ein anderer ist zwar ein anderer als ich, aber es fehlt das Furcht einflößende Moment des Fremden, Ausländischen oder Unbekannten und deswegen Unberechenbaren, wie es in „alien" ausgedrückt ist. Dass George über „*sein* dichten" (meine Hervorhebung) schreibt, kann immer noch auf mehrere Konkurrenten hindeuten, da es sich auf „manch andrer kiel" bezieht, dennoch impliziert es eher einen einzigen Dichter und trägt damit dazu bei, dass die Konkurrenzsituation weniger bedrohlich wirkt. In Georges Übersetzung wird die Dichtung des Rivalen nicht ausge- oder verbreitet („disperse"), sondern lediglich unter den Schutz des ‚Fair Youth' gestellt bzw. beschieden. Die Dichtung des Rivalen, so wird es in der Übersetzung betont, benötigt also Schutz. Von einer öffentlichen Ausdehnung dieser Dichtung ist dagegen nicht die Rede. Im ersten Quartett fällt zudem auf, dass George das „my verse" mit „mein lied" übersetzt und damit einen allgemeinen Begriff zu einem bestimmten Gedichttypus spezialisiert.[75] Das „lied" verweist schon auf das „singen" des fünften Verses. Gerade dieses Mitteilsame der Dichtung verwehrt George dagegen dem Rivalen, da er „disperse" nicht übersetzt. Der Anspruch, eine nach außen wirksame – eine singende – Dichtung zu schaffen, zeugt wiederum von Georges soziopoetischer Ausrichtung des Werkes.

Im zweiten Quartett fällt zunächst auf, dass George „the dumb", das stumm oder dumm bedeutet, mit „den dumpfen" übersetzt. Er wählt ein nahezu gleichlautendes Wort, das die Bedeutung vermeintlich abschwächt.[76] Wirft man jedoch einen Blick in Georges eigenes Werk, dann wird schnell klar, dass George das Adjektiv „dumpf" in den frühen Gedichten meist mit der Bedeutung gedämpft oder düster verwendet, ab dem ‚Siebenten Ring' allerdings vermehrt mit der Bedeutung dumm oder blöd.[77] Ab dem zeitnah zu den Sonetten erschienenen ‚Siebenten Ring' kommt die zweite Bedeutung besonders in Verbindung mit der dummen Menge oder dem dummen Volk vor.[78] Im Kontext dieses Sonetts sind beide Bedeutungen plausibel. Sowohl in Shakespeares als auch in Georges Sonett lässt sich zudem nicht sicher klären, auf wen sich das zweite Quartett beziehen soll. Es kann sowohl den Sprecher meinen, der sich durch den ‚Fair Youth' von einem „dumb" und „ignoran[t]" Dichter zu einem besseren entwickelt hat. Es lässt sich jedoch auch genauso gut auf die Ri-

---

[75] Oelmann weist darauf hin, dass George ‚verse' häufig mit ‚lied' übersetzt. Vgl. SW XII, S. 220, Erläuterungen Oelmann.
[76] Vgl. ebd.
[77] Vgl. Bock, Wort-Konkordanz, S. 96
[78] Vgl.: SW VI/VII, 51: „Ihr wandelt blöd und dumpf."; SW VI/VII, 91: „Wie einst das dumpfe volk"; SW VIII, 34: „Und ihr? ob dumpf ob klug ob falsch ob echt"; SW VIII, 51: „Entlass mich wieder unters dumpfe volk"; SW VIII, 95: „Aus dumpfer menge ahndung: keim und brut"

valen des Dichters anwenden. Georges Übersetzung gibt hier zunächst noch keine Hinweise auf eine bevorzugte Deutung.

Im dritten Quartett und im Couplet betont George „Mein gereimtes spiel" und „Meine kunst" jeweils mit dem großgeschriebenem Possessivpronomen „Mein". Die Dichtkunst des Sprechers wird so bei George besonders hervor- und von der Kunst anderer Dichter abgehoben. In Shakespeares Sonett gibt es für diese Hervorhebung keine Entsprechung. Zudem übersetzt George „that which I compile" mit „Mein gereimtes spiel". Die Tätigkeit des Anhäufens oder Zusammentragens („compile") impliziert eine mühsame, langwierige Arbeit und ist vor allem eine unkreative Fleißarbeit, während Georges Übersetzung ein spielerisch leichtes Arbeiten andeutet. Dem Sprecher in Georges Übersetzung bereitet die Dichtkunst deutlich weniger Mühe und Anstrengung.

Das Couplet der Übersetzung beginnt ohne das einleitende „But". Mit der Einsparung dieser adversativen Konjunktion entschärft George die Konkurrenzsituation zwischen dem Sprecher und den Dichter-Rivalen. George führt die eigene Kunst des Sprechers nicht mit ‚aber' ein und so stellt er den Sprecher selbstbewusster dar. Der Sprecher sucht nicht so offensichtlich wie bei Shakespeare nach Bestätigung, und er muss sich auch nicht selbst die Bedeutsamkeit seiner Kunst beweisen. Der Einschub „But" beinhaltet eine zögernde, vorsichtige Haltung des Sprechers. Es deutet darauf hin, dass es einen qualitativen Unterschied zwischen der Kunst des Sprechers und der Kunst der Rivalen gibt. Durch die Tilgung dieser Einschränkung wird in Georges Übersetzung diese qualitative Unterscheidung weniger sichtbar.[79]

Im Couplet greift Shakespeare zwei Begriffe auf, die schon das zweite Quartett bestimmen: „learning"/„learned's" und „ignorance". Auch bei George werden die Begriffe wiederholt: „unkenntnis"/„kenntnis" und „weisen"/„unweisheit". Auffallend ist jedoch, dass diese Begriffe in der Übersetzung nicht immer demselben Begriff im Original zuzuordnen sind. So übersetzt George „ignorance" zuerst mit „unkenntnis" und dann mit „unweisheit"[80] „the learned's" zuerst mit „des weisen" und „learning" schließlich mit „kenntnis". Es besteht ein grundlegender Unterschied zwischen Kenntnis und Weisheit, der vor allem in der Aneignung besteht. Während man sich Kenntnisse durch Lernen aneignen kann, lässt sich

---

[79] Marx meint, dass „[d]ie Auslassung von *but* [...] durch das Grossschreiben von *Meine* aufgewogen werden [soll]." Marx, Stefan George in seinen Übertragungen englischer Dichtung. Teil II, S. 46. Dies würde jedoch nicht die Großschreibung von „Mein gereimtes spiel" erklären.

[80] Oelmann hat bereits darauf hingewiesen, dass das ‚Unweisheit' bei Adelung als unüblich und bei Grimm als mhd. und mnd. mit der Bedeutung ‚mangel an weisheit und ihr gegensatz' nachgewiesen ist. Vgl. SW XII, S. 221, Erläuterungen Oelmann. Vgl. DWB, Bd. 24, Sp. 2180f.

Weisheit eben nicht durch Lernen erringen. Weisheit ist eine qualitativ höhere Form des Wissens, die nur besonderen Personen zuteilwird.[81] Das Nomen „ignorance" bei Shakespeare wäre wortwörtlich mit Ignoranz, aber gemäß dem Kontext auch mit Dummheit oder Ungebildetheit zu übersetzen.[82] Während sich die Begriffe im zweiten Quartett sowohl auf den Sprecher als auch auf den oder die Rivalen beziehen können, ist im Couplet der Bezug zum Sprecher klar.

Im gesamten Sonett wiederholt sich die Thematik, dass ungebildete bzw. schlechte Dichtung durch ihr Objekt, das ist der ‚Fair Youth', verbessert wird und zur Dichtung der Gelehrten aufschließen kann. Durch die Wiederholung der Schlüsselworte „ignorance" und „learning" in Shakespeares Sonett wird die Bedeutung des ‚Fair Youth' für die Dichtung betont. All dies lässt sich auch zu Georges Übersetzung festhalten. Allerdings stellt George in seiner Übersetzung die Begriffe eigenmächtig um und behauptet sich damit als eigenständiger Dichter gegenüber Shakespeare. Und dies eben gerade in einem Sonett, welches sich explizit mit der Konkurrenzsituation verschiedener Dichter beschäftigt.

Wenn George in der Übersetzung die Weisen bzw. die Unweisheit integriert, so ist dies eine Steigerung der Shakespeareschen Wortwahl. Von einem Weisen ist es nicht weit zu einem Propheten, die beide ein gewisses Wissen verbreiten und weiterreichen wollen. Wenn Georges Sonett also mit „unweisheit" statt mit „ignorance" endet, dann ist der Sprecher zwar in beiden Fällen noch von der Idealvorstellung des wissenden Dichters entfernt, aber die angestrebten Ziele sind unterschiedlich hoch gesteckt. Georges Sprecher strebt nach Weisheit, Shakespeares Sprecher dagegen schlicht nach Wissen.

Die bei George als „roh[]" beschriebene Unweisheit bietet, anders als die „rude ignorance", mehr Entwicklungspotenzial. Roh kann, muss aber nicht, etwas Grausames, Grobes beschreiben, wie es das englische „rude" vorgibt. Roh stellt zudem auch etwas Unfertiges, noch zu Verbesserndes dar, wie etwa im Rohdiamanten. In Georges eigenen Gedichten finden sich beide Bedeutungen,[83] also auch die des Unfertigen, aber noch zu fei-

---

[81] Würde man von Erkenntnis ausgehen, dann wäre die Unterscheidung weniger deutlich. In Georges eigenem Werk findet sich nur einmal der Begriff ‚Kenntnis' (SW VIII, 105), verschiedene Formen des Verbs ‚kennen' tauchen dagegen häufig auf, vgl. Bock, Wort-Konkordanz, S. 315f. Georges Gedicht aus dem ‚Stern des Bundes' unterscheidet ebenfalls zwischen Kenntnis und einem Weisen: „[…] Dann kam der anfang echter lehre: / In kenntnis kennen dass sie feil - / Ein weiser ist nur wer vom Gott aus weiss. […]" Den Begriff ‚Weisheit' nutzt George in seinem Werk häufig (SW I, 93; III, 35; IV, 80; VI/VII, 23, 68, 69; VIII, 31, 70, 97, 103; IX 13, 55, 58, 87), vgl. ebd., S. 705.

[82] Vgl. die Kommentare bei Duncan-Jones, Shakespeare's Sonnets, S. 266 und Blakemore-Evans, The Sonnets, S. 174f.

[83] Vgl. Bock, Wort-Konkordanz, S. 477.

lenden: so z. B. „Zum thron aus [...] / [...] rohem gold", „vom rohbehauenen blocke" und „vor einem rohen stein".[84] Liest man das „roh[]" in Georges Übersetzung als ‚unfertig', dann ergibt sich für den Sprecher ein hoffnungsvolles Potenzial: die Entwicklungsmöglichkeit seiner „unweisheit".[85]

Georges Übersetzung des Couplets lässt sich verschieden deuten: Durch die Umstellung der bei Shakespeare wiederholten Begriffe zeigt George die Individualität des Sprechers sowie seiner eigenen Übersetzung; durch die Aufwertung von Unkenntnis hin zu Unweisheit gibt George dem Sprecher ein höher gesetztes Ziel, das es zu erreichen gilt; durch die Übersetzung des „rude" mit „roh[]" ermöglicht George, dass die Unweisheit überwindbar ist; und durch eine affirmativ konnotierte Interpretation des Begriffs „unweisheit" – in dem Sinne ‚nicht der stumpfen universitären Wissenschaft angehörig' – erhöht George das Selbstverständnis des Sprechers. Georges Übersetzung trägt dazu bei, dass die Selbstachtung des Sprechers steigt und eine stärkere Abgrenzung von der Dichtung des oder der Rivalen erreicht wird.

In Sonett 80 nutzt Shakespeare Schiffsmetaphorik, um den ‚Rival Poet' („proudest sail") und den Sprecher („saucy bark") zu vergleichen.

> LXXX
> O, how I faint when I of you do write,
> Knowing a better spirit doth use your name,
> And in the praise thereof spends all his might,
> To make me tongue-tied, speaking of your fame!
>
> But since your worth, wide as the ocean is,
> The humble as the proudest sail doth bear,

---

[84] Zitate aus: SW II, 41, SW VI/VII, 126 und SW IX, 64. Hier zeigt sich auch Georges Afiinität zur bildhauenden Kunst.

[85] Das ‚Weisheit' in Georges Werk auch durchaus zweifelhaft gesehen wird, zeigt sich in dem Vierzeiler ‚Der Weisheitslehrer' aus den ‚Sprüchen an die Lebenden' aus dem ‚Neuen Reich', SW IX, S. 87: Seit dreissig jahren hast du gepredigt vor scharen / Wer steht nun hinter dir? ›Kein einzelner – die welt.‹ / O lehrer dann hieltest du besser die türen geschlossen / Du hast für nichts gewirkt als für ein blosses wort. Laut Morwitz bezieht sich dieses Gedicht auf den Universitätsprofessor Simmel, der gegenüber Morwitz behauptete, dass er, im Gegensatz zu George, nicht nur einzelne sondern die ganze Welt erreichen würde. Vgl. Morwitz, Kommentar, S. 468. Morwitz schrieb am 26.7.1914 an George: „Simmel hat mir unter dem Stadtbahnbogen in der Friedrichstrasse ein langes Kolleg über seine Wirkung in Strassburg gehalten, er betonte seine – im Gegensatz zu Dir – auf das Weiterbringen der *Gesamtheit* gerichtete Tätigkeit und war rührend." Zitiert nach SW IX, S. 168. Im ‚Weisheitslehrer' verbindet George die Weisheit mit der Universität, einer Institution für „scharen", der George kritisch gegenüber stand und der er hier bescheinigt nicht mehr zu wirken als „für ein blosses wort".

My saucy bark, inferior far to his,
On your broad main doth wilfully appear.

Your shallowest help will hold me up afloat,
Whilst he upon your soundless deep doth ride;
Or, being wreck'd, I am a worthless boat,
He of tall building, and of goodly pride:

Then if he thrive and I be cast away,
The worst was this; my love was my decay.

LXXX
Wie fehlt mirs wenn ich von Dir schreib an kraft!
Ich weiss dem bessern geiste dient dein nam
Zu dessen preis mit aller macht er schafft –
Da er dich rühmt macht er mich zungenlahm.

An weite gleicht dein wert dem ozean
Der schwache so wie stolze segel führt ·
Auf dem mein dreister und viel mindrer kahn
Sich gern in deinen breiten wellen rührt.

Mich hältst du mit der schwächsten hilfe flott ·
ER zieht auf deiner unermessnen flut ..
Und treib ich als ein boot zerschellt zum spott ·
Ist ER von hohem bau und wackrem mut.

Dies ist wenn ers erreicht und ich verdarb
Das schlimmste: dass ich durch mein lieben starb.

Zu Beginn des Sonetts tilgt George die Exklamation „O". Bei Shakespeare leitet dieser Ausruf das Sonett ein und betont, dass der Sprecher an der Konkurrenzsituation leidet. Georges Übersetzung beginnt dagegen viel nüchterner, und der Sprecher wird weniger deutlich in seiner Verzweiflung wahrgenommen. Während der Sprecher bei Shakespeare im Folgenden beschreibt, dass ihn das Schreiben in die Ohnmacht („faint") treibt, „fehlt" es dem Sprecher in Georges Übersetzung „an kraft". Sicher kann „faint" auch kraftlos bedeuten, trotzdem schützt Georges Formulierung den Sprecher, da seine Kraft nicht ganz aufgebraucht ist. Es „fehlt […] an kraft", das heißt zunächst nur, dass er nicht ganz kraftvoll ist, aber nicht, dass die Kraft schon vollkommen aufgebraucht wäre. Im ersten Vers betont George zudem „Dir" durch Großschreibung, obwohl es dafür im englischen Original keine Entsprechung gibt. Die Hervorhebung zielt zum einen darauf, dass es dem Sprecher eben nur dann an Kraft fehlt, wenn er von dem ‚Fair Youth' schreibt. Zum anderen wird auch der Kraftaufwand betont, denn ein großes, ein besonderes Wort benötigt mehr Kraft und Sorgfalt als ein gebräuchliches Wort oder eine gängige

Thematik. Beide Möglichkeiten bestätigen den Eindruck, dass der Sprecher in Georges Übersetzung eben nur teilweise und in bestimmten Situationen ohne genügend Kraft ist.

In Shakespeares Sonett ist der folgende zweite Vers mit dem Beginn des Sonetts verbunden. Mit dem Gerundium „knowing" wird nun erklärt, warum der Sprecher kraftlos ist, nämlich, weil er weiß, dass ein anderer Dichter „doth use your name". Das Leiden und die Kraftlosigkeit des Sprechers haben ihren Grund also in dem Schreiben des ‚Rival Poet'. In der Übersetzung unterbricht George den Zusammenhang durch ein am Ende des ersten Verses eingefügtes Ausrufezeichen. Die Verbindung vom Schreiben des ‚Rival Poet' und dem Leiden des Sprechers ist nicht mehr sofort ersichtlich und ergibt sich erst am Ende des Quartetts.[86] George beginnt den zweiten Vers mit „Ich weiss" und legt so eine Betonung auf die Fähigkeit des Sprechers. Der ‚Rival Poet' wird zudem in Georges Übersetzung nicht als aktiv handelnd dargestellt.[87] Ihm „dient dein nam" – das Können des ‚Rival Poet' ist demnach abhängig vom Dienst des ‚Fair Youth'. Bei Shakespeare wird dagegen die Aktivität des ‚Rival Poet' durch den Gebrauch des Hilfsverbs „doth" hervorgehoben. Das Hilfsverb wird in diesem Fall genutzt, um mit Emphase auf das eigentliche Verb hinzuweisen: „a better spirit doth use your name". In Shakespeares Sonett wirkt der ‚Rival Poet' mächtiger als in Georges Übersetzung. Auch die folgenden Verse bestätigen dies, denn durch die Satzstellung bei Shakespeare („[…] spends all his might, / To make me tongue-tied, […]") wird der ‚Rival Poet' als jemand geschildert, dem an dem Niedergang des Sprechers gelegen ist.[88] Der ‚Rival Poet' wirkt bedrohlich und einflussreich. Das unterstützt die m-Alliteration bei „might" und „make me". Bei George führt der eingefügte Gedankenstrich zu einer Pause, die die Macht des Rivalen und die erreichte „zungenlahm[heit]" des Sprechers trennt. Zudem stellt George die Satzteile des vierten Verses um, sodass die Macht des Rivalen und die daraus folgende Konsequenz („zungenlahm") weiter separiert werden. George wiederholt das Wort „macht" als Übersetzung für „might" und „make", allerdings fungiert die Figura etymologica in diesem Fall weniger als Hervorhebung, sondern eher als Beweis der einfallslosen Kunst des ‚Rival Poet'. In Georges Übersetzung wird die Aggressivität des ‚Rival Poet' abgeschwächt, und so wirkt er weniger bedrohlich. Auch die Auswirkung auf den Sprecher, die bei Shakespeare mit „tongue-tied"

---

[86] Mit dem Vers „Da er dich rühmt macht er mich zungenlahm" wird die Auswirkung des ‚Rival Poet' auch in Georges Übersetzung deutlich, allerdings zögert George diese Information bis ans Ende des Quartetts hinaus.
[87] Vgl. SW XII, S. 221, Erläuterungen Oelmann.
[88] Vgl. Booth, Shakespeare's Sonnets, S. 274.

beschrieben wird, ermattet in Georges Übersetzung zu „zungenlahm".[89] „[T]ongue-tied" beschreibt wörtlich eine festgebundene Zunge und führt deshalb zu der Unmöglichkeit des Sprechens, zu Sprachlosigkeit.[90] Georges Übersetzung dagegen spricht von einer lahmen Zunge, also eingeschränkt, eingeschüchtert, aber keinesfalls völlig sprachlos. Diese Übersetzung beschränkt wiederum die Macht des ‚Rival Poet' und stärkt zudem die Selbstwahrnehmung und das Selbstbewusstsein des Sprechers.[91]

Wie schon in Sonett 78 unterlässt George auch in diesem Sonett die Übersetzung des „But", welches das zweite Quartett einleitet. Auch hier wird „But" als Konjunktion gebraucht, die die beiden Quartette verbindet. Der Sprecher, der verzweifelt und „tongue-tied" ist, wird überraschend doch auf dem Ozean des ‚Fair Youth' geduldet, da dieser weit genug ist. Diese Einschränkung – eigentlich wäre der Sprecher nicht berücksichtigt worden – wird mit dem „But since" erreicht. In Georges Übersetzung fehlt die entsprechende Einschränkung (etwa: ‚aber nur weil'). Es wird die Weite des Ozeans beschrieben, allerdings wird darin nicht der Grund dafür gesehen, dass der „kahn" des Sprechers Berücksichtigung findet. Es fällt auf, dass George den Vergleich „inferior far to his" nicht übersetzt. In der Übersetzung „mein dreister und viel mindrer kahn" ist die Schwäche des Bootes zwar ersichtlich, allerdings wird nicht so deutlich darauf hingewiesen, dass das Boot vor allem im Vergleich mit dem Schiff des Rivalen minderwertig ist.

Im dritten Quartett wird der Vergleich der beiden Dichter-Schiffe fortgesetzt, und hier grenzt nun auch George die beiden Kontrahenten eindeutig voneinander ab. George unterstützt den Eindruck des mächtigen Schiffs des ‚Rival Poet' damit, dass er das Personalpronomen „ER" zweimal in Majuskeln setzt. Außerdem lässt George in seiner Übersetzung die Kontrahenten auch in den Versanfängen aufeinandertreffen: „Mich" und „ER". Dass George zu Beginn des dritten Quartetts die Vershälften umstellt, begünstigt die Betonung, dass sich der ‚Fair Youth' um

---

[89] Das Adjektiv „tongue-tied" wird mehrfach in Shakespeares Sonetten verwendet. In anderen Sonetten übersetzt George „schwer-zungig" (LXVI), „mir schweigt die Muse" (für „my tongue-tied muse" LXXXV) und „schweigsam" (CXL).

[90] Für diese Stelle gibt es zahlreiche verschiedene Übersetzungen, z. B.: „Macht meine Zunge stumm" (Kaußen), „Zunge fühlt gebunden" (Kraus), „mein Singen macht erlahmen" (Robinson), „Mir fesselt er die Zunge" (Schuenke), „mir meine Zunge stockt" (Reichert).

[91] Auch Shakespeares Sprecher ist nicht vollkommen ‚tongue-tied', denn sonst könnte er ja nicht das Sonett dichten und es gehört zu den typischen Strategien der Sonette, dass der Sprecher mit seiner scheinbaren Unfähigkeit kokettiert. Wichtig ist, dass George den Sprecher als fähiger darstellt – auch wenn das Unvermögen bei Shakespeare nur gespielt ist.

„Mich", also um den Sprecher, kümmert.[92] Der Sprecher erscheint weiterhin in der Gunst des ‚Fair Youth'.

Im Couplet behält Shakespeare mit „cast away" (schiffbrüchig) die Schiffsmetaphorik bei. George nimmt den Bezug zur Seefahrt nicht auf und entscheidet sich mit dem Reim „verdarb"/„starb" für eine Übersetzung, die die Endgültigkeit betont.[93] Damit lässt George das Sonett in dem möglichen Tod des Sprechers enden. Dieser wird jedoch nicht durch den ‚Rival Poet' veursacht, sondern allein durch das „lieben" des Sprechers. Es wird hier also erneut betont, dass der dichtende Sprecher so bedingungslos und durch seine Liebe geleitet dichtet, dass dies sogar zu seinem Tod führen kann. Der Sprecher wird – im Gegensatz zum ‚Rival Poet' – als der wahre Dichter dargestellt, der sich mit vollster Hingabe seiner Dichtung widmet. Bei Shakespeare ist es „my love", die zum „decay" führt, bei George dagegen „mein lieben". Während es bei Shakespeare offenbleibt, ob der Sprecher ein Opfer seines Liebens oder seines Geliebten ist, hat er es bei George selbst in der Hand und stirbt durch sein eigenes Tun. Sieht es zunächst so aus, als würde der Sprecher in Georges Übersetzung endgültiger scheitern als bei Shakespeare, stirbt er stattdessen als der würdigere Dichter, weil selbstbestimmt und aufopferungsvoll gegenüber seiner Kunst.[94]

Nach diesen zwei ausführlicher besprochenen ‚Rival Poet'-Sonetten sollen einige kurze Beispiele aus den weiteren Sonetten dieser Gruppe folgen, um zu bestätigen, dass George den sprechenden Dichter und seine Dichtkunst selbstbewusster und beständiger in seiner Dichtkunst als Shakespeare darstellt.

Im Sonett 79 (Vers 1–4) geht es um die Entwicklung der Dichtung des Sprechers: Als alleiniger Günstling des ‚Fair Youth' glückten seine Verse, ohne dessen Zuspruch misslingen sie.

> LXXIX
> Whilst I alone did call upon thy aid,
> My verse alone had all thy gentle grace;
> But now my gracious numbers are decay'd,
> And my sick Muse doth give another place.

---

[92] Die einfachere Formulierung ‚Du hältst mich…' wäre ebensogut möglich gewesen.
[93] Vgl. SW XII, S. 222, Erläuterungen Oelmann. Siehe auch Marx, Stefan George in seinen Übertragungen englischer Dichtung. Teil II, S. 47. Marx beschreibt Georges Übersetzung als erläuternd, „weil der Text hier […] auf ein Enden hinweist."
[94] Georges Übersetzung von „thrive" mit „erreicht" ist seltsam und lässt sich hier nicht eindeutig erläutern. Es lässt sich kein Bezug erkennen, was genau erreicht werden soll. Scheinbar erreicht der andere Dichter etwas, dass der Sprecher selbst eben nicht erreicht.

> LXXIX
> Als ich allein um deine hilfe rief
> War meiner schrift allein dein edler strich.
> Nun stehen meine artigen zeilen schief
> Und meine kranke muse andren wich.

Während bei Shakespeare die Gedichte des Sprechers „decay'd", also kraftlos sind und zugrunde gehen, stehen in Georges Übersetzung lediglich die „zeilen schief". Die schiefe Zeile unterstreicht George dabei noch durch den Rhythmus dieses Verses, denn durch die doppelte Senkung bei „artigen" wird der Jambus gestört. George nimmt mit den schiefen Zeilen zwar das Bild des vorangegangenen Verses auf („dein edler strich"),[95] aber er verringert auch die Trostlosigkeit der Situation. Schiefe Zeilen wirken weniger hoffnungslos als kraftlose oder zerfallene Zeilen. Wenn in Georges Übersetzung die Zeilen als schief beschrieben werden, dann bleibt es möglich, dass die Zeilen wieder gerade gerückt werden. Zudem müssen schiefe Zeilen auch nicht unbedingt falsch sein, sondern können eine Besonderheit ausdrücken.[96] Bei Shakespeare hat die Dichtung dagegen ein Zerfallsstadium erreicht, das weniger einfach abzuwenden ist und deswegen deutlicher die eigene Unterlegenheit beschreibt.

Die Muse schließlich „doth give another place". Dies kann einerseits bedeuten, dass die Muse des Sprechers einer anderen (weniger geeigneten) Muse Platz macht; es kann aber andererseits auch bedeuten, dass die Muse (in diesem Fall der ‚Fair Youth') einem anderen Dichter Platz macht, den Platz des Sprechers also mit einem vermeintlich besseren Dichter besetzt.[97] In Georges Übersetzung dagegen fehlt die Anspielung auf die Untreue des ‚Fair Youth', und so wird zum einen der ‚Rival Poet' weniger deutlich als Eindringling sichtbar und zum anderen der Sprecher in seiner Würde geschützt, denn er wird nicht offensichtlich verlassen bzw. für einen besseren Dichter ausgetauscht. Die Muse weicht bei George jemandem aus. Die Aktion geht also klar nicht von der Muse aus. Die Muse wird in beiden Sonetten als „krank[]" bzw. „sick" beschrieben. Dies kann bedeuten, dass die Entscheidungen der Muse nicht richtig, nicht gesund sind – dies würde vor allem zum Original Shakespeares passen, da hier die Muse eine falsche Entscheidung trifft („doth give another place"). Es kann aber auch bedeuten, dass die Muse krank wird, weil die Zeilen nur noch schief sind. In Georges Übersetzung ist die Kraft der Muse eng an

---

[95] Vgl. SW XII, S. 221, Erläuterungen Oelmann.
[96] Marx beschreibt den Ausdruck ‚schief' hier als doppeldeutig, erläutert es aber nicht näher. Vgl. Marx, Stefan George in seinen Übertragungen englischer Dichtung, S. 47.
[97] Vgl. die Kommentare in Duncan-Jones, Shakespeare's Sonnets, S. 268; Booth, Shakespeare's Sonnets, S. 273 und Blakemore-Evans, The Sonnets, S. 175.

die Dichtung angebunden. Wenn die Dichtung an Kraft verliert, wird auch die Muse krank.

Das Sonett 81 unterbricht die Gruppe der ‚Rival Poet'-Sonette, da in diesem Sonett kein Rivale auftaucht. Dennoch kann es hier gut integriert werden, da es ein Sonett ist, in dem sich der Sprecher, sozusagen in einer Atempause zwischen den ‚Rival Poet'-Sonetten, seiner eigenen Kunst versichert. Es wird die Zuversicht geschildert, dass der ‚Fair Youth' auch nach seinem Tod in den Sonetten des Sprechers weiterleben wird. Dies wird im Couplet zusammengefasst:

> LXXXI
> You still shall live – such virtue hath my pen –
> Where breath most breathes, even in the mouths of men.
>
> Dann lebst du noch – mein wirken ist der grund –
> Wo hauch am meisten haucht: in menschenmund.

In ihren Erläuterungen zu Georges Sonett-Übersetzungen beschreibt Oelmann zutreffend: „George formuliert direkt und persönlich und nicht metaphorisch wie Shakespeare, und er verstärkt damit sein Bekenntnis zur Wirksamkeit von Dichtung."[98] Dem ist nicht viel hinzuzufügen. Der Sprecher muss eben nicht den Umweg über die Metaphorik gehen – er glaubt an sein Wirken. Und, wie bereits festgestellt wurde: Georges eigenes Dichten ist nicht nur einfache Beschreibung oder Mitteilung – es soll etwas bewirken. Sein Verständnis von Dichtung überträgt George auch in die Sonette. An dieser Stelle zeigt sich deutlich, dass das Selbstverständnis des Sprechers in den Sonetten von George genutzt wird, eigene Überzeugungen zu integrieren.

Im Sonett 82 gewährt der Sprecher dem ‚Fair Youth', sich auch von anderen Dichtern beschreiben zu lassen. Er merkt dabei allerdings an, dass seine eigenen „true plain words"[99] den ‚Fair Youth' besser beschreiben und dass dieser die übertriebene Rhetorik der anderen Dichter nicht benötigt. Im Couplet heißt es:

> LXXXII
> And their gross painting might be better used
> Where cheeks need blood; in thee it is abused.
>
> Mit ihrem groben färben sei verhehlt
> Blutlose wange: bei dir ists verfehlt.

Das Bild, das Shakespeare hier evoziert, ist eindeutig: Andere, weniger Schöne mögen die ausufernde Rhetorik (also die Farbe) der anderen Dichter benötigen, der ‚Fair Youth' dagegen braucht dies nicht. Eine un-

---

[98] SW XII, S. 222, Erläuterungen Oelmann.
[99] Zeile 12; in Georges Übersetzung „Mit schlichtem wort".

gekünstelte Beschreibung seiner wahren Schönheit ist mehr wert. Damit wird den anderen Dichtern zudem unterstellt, dass sie die wahre Schönheit des ‚Fair Youth' nicht erkennen. Das von Shakespeare genutzte Bild des Schminkens wird von George treffend übernommen. Während Shakespeares Formulierung „might be better used" die Aktivitäten der Rivalen wertfrei beschreibt, unterstellt Georges Übersetzung den Rivalen die absichtliche Täuschung.[100] Das Reimwort „verhehlt" bringt die anderen Dichter in Verbindung mit betrügerischen Absichten. Die Verben verhehlen und verfehlen implizieren eine moralisch und ästhetisch falsche Dichtung, und erneut werden bei George die Rivalen des Sprechers schlechter dargestellt als bei Shakespeare. Georges gesamte Übersetzung des Sonetts 82 ist von w-Alliterationen geprägt. Damit unterstreicht er die Aussage des Sonetts, dass sich auch mit einfachen Mitteln und Wörtern das Schöne beschreiben lässt: „So hat dich w̲ahrhaft schönen w̲ahr getroffen / Mit schlichtem w̲ort dein freund der w̲ahres bringt."[101]

Dass George einen dürftigeren ‚Rival Poet' darstellt als Shakespeare, zeigt sich auch im dritten Quartett des Sonetts 84:

> LXXXIV
> Let him but copy what in you is writ,
> Not making worse what nature made so clear,
> And such a counterpart shall fame his wit,
> Making his style admired every where.
>
> Er schreibe einfach ab was in euch steht ·
> Verschlechtre nicht was klar natur erschuf –
> Und solch ein ebenbild rühmt ihn beredt ·
> Bringt seinen stil an jedem ort in ruf.

Das Quartett gipfelt in der Aussage, dass „his style [is] admired every where." George macht in seiner Übersetzung aus dem „admired" die ungewöhnliche Wendung „bringt seinen stil [...] in ruf". Er nutzt die negative Aussage ‚jemand in Verruf bringen' und formt sie in ihr Gegenteil um.[102] So kommt George zwar auch zu einer wohlwollenden Aussage über den ‚Rival Poet', erreicht dies jedoch mit einer missgünstig bekannten Redewendung, die präsent bleibt und dem ‚Rival Poet' einen nachteiligen Beigeschmack verleiht.

George übersetzt in den ‚Rival Poet'-Sonetten 83 bis 86 mehrfach „you" mit „euch" oder „ihr".[103] Die Anrede mit dem Personalpronomen „euch" wendet George sonst nur noch in den Sonetten 58 und 72 sowie in

---

[100] Vgl. auch SW XII, S. 223, Erläuterungen Oelmann: „George überträgt deutend: die grobe Färbung verschweige die *Blutlose wange*."
[101] Ebd., S. 88, Z. 11–12, meine Hervorhebungen.
[102] Vgl. ebd., S. 224, Erläuterungen Oelmann.
[103] Dementsprechend übersetzt er auch „your" mit „Euer" usw.

einigen Sonetten zwischen 103 bis 120 an. In allen anderen Sonetten übersetzt George „you" oder auch „thou" mit „du" bzw. „dir", „dich" usw. Georges Übersetzung korrespondiert dabei nicht mit Shakespeares Verwendung von „you" und „thou".

Gemeinsam ist den meisten dieser Sonette, dass es sich um Gedichte handelt, die den ‚Fair Youth' im besonderen Maße preisen. Auch in den ‚Rival Poet'-Sonetten wird mehrfach betont, dass es sich bei den Sonetten (und den Gedichten der anderen Dichter) um „hymnen" (83), „preislied[er]" (85) und „lob" (85) handelt. Innerhalb der ‚Rival Poet'-Sonette verdeutlicht das „euch" eine Form der preisenden Ansprache. Die Abwendung des ‚Fair Youth' hin zu einem anderen Dichter führt zudem dazu, dass der Sprecher sich als entfernt von dem ‚Fair Youth' wahrnimmt, deswegen zu der weniger persönlichen, förmlichen Anrede greift und so seine Wertschätzung verdeutlicht.

Insgesamt zeigt die Übersetzung der ‚Rival Poet'-Sonette, dass George auch als Übersetzer eigene Ideen und Überzeugungen in die Gedichte integriert. Er stellt den Sprecher konsequent als kompetenten Dichter dar, der ein bestimmtes Ziel verfolgt. Die Dichtkunst wird dabei als Möglichkeit gesehen, etwas zu bewirken. Der Sprecher ist in Georges Übersetzung ehrgeiziger und hat eine höhere Selbstachtung als in den Sonetten Shakespeares. George beschreibt damit einen idealen Dichtertypus, der an seine Dichtung und deren Wirksamkeit glaubt und sich für dieses Ziel aufopfert. Anders als bei Shakespeare, wirkt der Sprecher weniger verzweifelt und leidend, sondern eher daran interessiert, sich von anderen Dichtern abzugrenzen. Die hier erläuterte Aufwertung des dichtenden Sprechers gelingt George auch dadurch, dass er den ‚Rival Poet' weniger bedrohlich und weniger aggressiv darstellt. Auch erscheint der ‚Rival Poet' in Georges Übersetzung als unvermögenderer Dichter. Damit entschärft George die Konkurrenzsituation, und das wirkt sich zugunsten des Sprechers aus.

Mit dieser von Shakespeare leicht abweichenden Charakterisierung des Sprechers in den ‚Rival Poet'-Sonetten gelingt George zweierlei: Erstens stellt er einen zielstrebigen und konsequenten Dichter in den Mittelpunkt seiner Sonette – einen Dichter, der auch gegen Widerstände sein Ziel verfolgt und auf die Wirksamkeit der Dichtung bedacht ist. Zweitens wirbt George so für eine Dichtkunst, die sich dadurch auszeichnet, dass sie sich nicht nach dem Geschmack der Menge richtet, die sich nicht prunkvoll und extravagant ausstaffiert, sondern mit „schlichtem wort [...] wahres bringt."[104] George verbreitet mit seiner Sonett-Übersetzung ein ihm eigenes Verständnis von Dichter und Dichtkunst, das sich in dieser

---

[104] Sonett 82, Vers 12, SW XII, S. 88.

Form nicht in Shakespeares Sonetten findet.[105] Es gelingt George damit, die Sonette in sein eigenes Werk zu integrieren, da sie, zumindest in seiner Übersetzung, ähnliche Ziele verfolgen und darstellen.

4.3.3. Die Sonette und ihre Verbindung zum ‚Stern des Bundes'

In den vorangegangenen Kapiteln wurde bereits deutlich, dass George dem Dichten – auch in seiner Übersetzung – eine Wirkung zuschreibt. Diese Wirkung soll sich in der Erziehung der Jugend äußern. Georges soziopoetischer Anspruch zeigt sich in seiner Übersetzung, indem er Shakespeares darstellenden Sonetten einen Willen zum Formen der Jugend zuschreibt. Es ist keinesfalls außergewöhnlich, dass sich ein Dichter eine Wirkung seiner Dichtung erhofft. Wichtig ist hier jedoch, dass George eine bestimmte Elite ansprechen möchte, die es zu formen und zu erziehen gilt.

In ihrem Kommentar zu Georges ‚Stern des Bundes' nennt Oelmann Dante, Shakespeare und Hölderlin als die Ahnen des Gedichtbandes.[106] Mit dieser Folge stellt sich George in einen Traditionszusammenhang, den er auch mit den Mitteln der Übersetzung selbst herbeiführt.[107] Die Bedeutung der Sonett-Übersetzung fasst Oelmann wie folgt zusammen:

> Ist die Dante-Übertragung schon für die Gedichte des SIEBENTEN RINGS und dessen Gesamtgestalt von größter Bedeutung, so die Übersetzung der Sonette Shakespeares für den STERN DES BUNDES, und zwar für *gehalt*, Impuls und Gestalt. Als *gehalt* der Sonette nennt George selbst in der *Einleitung* die *anbetung vor der schönheit und den glühenden verewigungsdrang*, als Impuls *die welterschaffende kraft der übergeschlechtlichen Liebe*, als gestalt den *durchaus unromantischen vierzehnzeiler*. Alle neun Gedichte des *Eingangs* sind vierzehnzeilig, acht davon allerdings in Abweichung von der Sonettform reimlos. Das neunte Gedicht ist in Reimpaaren geschrieben. Die Gesamtgestalt folgt dem dreiteiligen Aufbau der ‚Divina Comedia', die aus 1+99 Gesängen besteht […].[108]

---

[105] In Gundolfs Buch zu Shakespeares Werk wird auch das lyrische „Schaffen" in den Sonetten als ein wichtiger, von Vergängnis bedrohter Punkt gesehen, der sogar noch vor der Liebe kommt. Vgl. Gundolf, Shakespeare, S. 647: „Erotische, gesellschaftliche, selbst literarische Untreue sind nur Zeichen für die umfassende Gefahr derer er sein Leben, sein Schaffen und seine Liebe unterworfen weiß: Vergängnis."

[106] Vgl. SW VIII, S. 121; vgl. auch Kauffmann, Der Stern des Bundes, S. 192.

[107] Siehe Kapitel 2.3.

[108] SW VIII, S. 121. Die kursiv gesetzten Zitate stammen aus Georges Einleitung zu der Sonett-Übersetzung (SW XII, S. 5). Allerdings heißt es bei George „weltschaffende kraft" und nicht ‚welterschaffend' und ‚unromantisch' ist in Anführungszeichen gesetzt.

Die Verbindung zwischen Georges ‚Stern des Bundes' und seiner Übersetzung der Sonette Shakespeares gilt es näher zu untersuchen. Dabei orientiere ich mich an den drei von Oelmann genannten Aspekten: Gestalt, Gehalt und Impuls. Maßgeblich sind dabei die ‚Eingangs'-Gedichte des ‚Stern des Bundes'. Es wird damit die These bekräftigt, dass sich Georges Übersetzung in sein Werk einfügt und damit zum ‚Stern des Bundes' hinführt. Ausgewählte Gedichte des ‚Eingangs' werden dahin gehend analysiert, wie sie im Bezug zu den Sonetten und spezifischer zu Georges Übersetzung der Sonette zu sehen sind. Es ist wichtig, dass hier nicht nur eine Verbindung zu Shakespeares Sonetten gesucht wird, sondern auch zu Georges Übersetzung der Sonette. Die Beziehung zu Shakespeares Sonetten wird sich schließlich daran verdeutlichen, dass Georges Auswahl dieses Werkes durch sein soziopoetisches Interesse geprägt ist, welches sich ebenfalls im ‚Stern des Bundes' zeigt.

Gestalt – „der durchaus unromantische vierzehnzeiler"
Die neun Gedichte des ‚Eingangs' sind deutlich als Gruppe erkennbar:

> Der einheitliche jambische Pentameter mit freier Zäsur und freiem Versschluß trägt zur Geschlossenheit der Gruppe bei; sie wird noch dadurch gestärkt, daß wechselnd je zwei Gedichte überwiegend im Präteritum (Erlebnisbericht) oder im Präsens (Reflexion) stehen, und das abschließende die beiden Zeitstufen mit einander verschlingt.[109]

Der jambische Pentameter und die freie Zäsur lassen an Shakespeares Sonette denken. Die grammatikalische Ordnung, die immer zwei Gedichte zusammenbringt, hat Ähnlichkeiten zu Shakespeares Sonetten. Dort sind es oft aufeinanderfolgende Sonette, die z. B. durch Konjunktionen („but" oder „thus") oder Wiederholungen verbunden sind.[110] Dies sind zunächst Merkmale, die eine Verbindung zwischen den Werken nahelegen, die aber auch auf viele andere Werke zutreffen würden. Jambisch, 14-zeilig und einer bestimmten Ordnung unterliegend sind schließlich Merkmale des Sonetts generell. Deutlicher wird der Zusammenhang von Georges ‚Stern des Bundes' und seiner Übersetzung der Sonette, wenn man auf die Semantik und den rhetorischen Aufbau der Gedichte eingeht.

Zunächst soll ein Unterschied beider Text-Gruppen (Sonette und ‚Eingangs'-Gedichte) genannt werden: Die Sprechsituation gestaltet sich verschieden. Während in den Sonetten immer ein Ich zu einem Du bzw.

---

[109] SW VIII, S. 122; vgl. auch Kauffmann, Der Stern des Bundes, S. 192.
[110] Vgl. z. B. die Sonette 5/6 (mit ‚then' verbunden), 33/34 (Wiederholung bestimmter Bildfelder), 44/45 (thematische Verbindung), 50/51 sowie 67/68 (‚thus') und 91/92 (‚but').

zu zwei Textsubjekten spricht, ist dies in den Gedichten des ‚Eingangs' weitaus komplizierter. Die verschiedenen Sprechinstanzen lassen sich nicht so klar unterscheiden und können am ehesten als Künder, junger Gott und eine Gruppe beschrieben werden.[111] Erschwerend kommt hinzu, dass das Ich sowohl der Künder als auch der junge Gott sein kann und sich auch das Du dementsprechend wandelt. Nur die Gruppe bleibt eine feste Instanz. Es handelt sich um eine „runde"[112], die den anderen beiden folgt, also dem jungen Gott und als vermittelnder Instanz eben auch dem Künder. Laut Morwitz handelt es sich bei den Gedichten des ‚Eingangs' „um die Darlegung des Sinns des Maximin-Erlebnisses."[113] Morwitz weist ebenfalls darauf hin, dass zwischen dem Gott und „Maximin als dessen Verkörperer" unterschieden werden muss, „wobei jedoch zu bedenken ist, dass beide im Grunde Erscheinungsformen des einen gleichen sind."[114] Die Gedichte wenden sich in dieser Auslegung teils an ‚Maximin', teils an den Gott.[115] Zugleich merkt Morwitz an, dass das Preisen ‚Maximins' immer auch dem Gott gilt:

> Er [der Gott] wird auf der Erde durch Maximin verkörpert, und deshalb gilt das Preisen des erdhaften Maximin zugleich dem Stern des Gottes, seinem ausserirdischen Feuer. Dieser Stern des Gottes ist der Stern des Bundes derer, die seinem Licht auf der Erde folgen.[116]

Im Folgenden soll von einem Gott – der zugleich durch den Stern und durch ‚Maximin' verkörpert wird – ausgegangen werden.[117]

George unterlässt es im ‚Stern des Bundes', die Adressaten verschiedener Gedichte oder Bücher explizit zu nennen. Während es in seinen anderen Gedichtbänden zahlreiche Gedichte gibt, die den individuellen Bezug mit Namen oder Initialen deutlich machen, werden die Bezugspersonen der Gedichte des ‚Stern des Bundes' nicht offensichtlich

---

[111] Ein Ich oder ein Wir spricht zu einem Du oder zu einer Gruppe. Wenn das Ich zu der Gruppe spricht, spricht es meist über das Du Vgl. Wertheimer, Dialogisches Sprechen im Werk Stefan Georges, S. 134–152.
[112] SW VIII, S. 15.
[113] Morwitz, Kommentar, S. 341.
[114] Ebd., S. 342.
[115] Vgl. ebd.: „Während somit das Anfangsgedicht in erster Reihe an den Gott und erst in zweiter Reihe an Maximin als dessen Verkörperer gerichtet ist, handelt das zweite Gedicht in erster Reihe von Maximin und in zweiter Reihe von dem Gott, den er verleiblicht, wobei jedoch zu bedenken ist, dass beide im Grunde Erscheinungsformen des einen gleichen sind."
[116] Ebd.
[117] Es ist freilich richtig an anderer Stelle solche Unterscheidungen fortzuführen. Da es hier aber weniger um den Gott und seine Verkörperungen gehen soll, sondern vielmehr um den Aufbau (die ‚gestalt') der Gedichte, ist eine solche Unterscheidung hier zunächst zweitrangig.

benannt.[118] Oelmann sieht den Grund in der Gesamtkonzeption des Bandes: „Die Vermeidung jeder Namensnennung zielt auf die Autonomie des Gedichts, die nur durch den Zyklus und seine Stellung in diesem relativiert ist zugunsten der umfassenden Einheit des Gesamtbandes."[119] In seiner Einleitung zu den Sonett-Übersetzungen richtet George sich vehement gegen Spekulationen über mögliche Bezugspersonen:

> Hier wurde jahrhundertelang von herausgebern und auslegern unfruchtbar gestritten · was spiel und was gefühl sei · wer der blonde jüngling und wer die schwarze dame der lezten abteilung: hier haben sie geraten · gerenkt und geirrt bis zum völligen verhören des seelen-tones.[120]

George betont hier, dass die Beschäftigung mit möglichen Adressaten der Sonette oder einer möglichen Verbindung mit Shakespeares Biographie nur von dem wirklichen Inhalt, dem „seelen-ton[]" der Sonette, ablenke. Das Gedicht und seine Wirkung sollen in den Vordergrund gerückt werden. So möchte George es bei Shakespeares Sonetten, und so soll es auch im ‚Stern des Bundes' sein.[121]

Der ‚Eingang' des ‚Stern des Bundes' beginnt mit dem Gedicht ‚DU STETS NOCH ANFANG UNS UND END UND MITTE'[122]:

> DU STETS NOCH ANFANG UNS UND END UND MITTE
> Auf deine bahn hienieden · Herr der Wende ·
> Dringt unser preis hinan zu deinem sterne.
> Damals lag weites dunkel überm land
> Der tempel wankte und des Innern flamme
> Schlug nicht mehr hoch uns noch von andrem fiebern
> Erschlafft als dem der väter: nach der Heitren
> Der Starken Leichten unerreichten thronen
> Wo bestes blut uns sog die sucht der ferne ...
> Da kamst du spross aus unsrem eignen stamm
> Schön wie kein bild und greifbar wie kein traum
> Im nackten glanz des gottes uns entgegen:
> Da troff erfüllung aus geweihten händen
> Da ward es licht und alles sehnen schwieg.[123]

---

[118] Vgl. SW VIII, S. 122. Auch ohne explizite Namensnennung richten sich die Gedichte an bestimmte Kreismitglieder. Vgl. Morwitz, Kommentar, S. 339–401.
[119] SW VIII, S. 122.
[120] SW XII, S. 5.
[121] Dass viele der Bezugspersonen im ‚Stern des Bundes' trotzdem bekannt sind und dies auch von George nicht behindert wurde, spielt keine Rolle, da es zunächst nur um die unmittelbare Wirkung des Gedichts innerhalb des Bandes geht.
[122] Der ‚Stern des Bundes' beginnt mit einem indirekten Platon-Zitat. Vgl. Karlauf, Stefan George, S. 402.
[123] SW VIII, S. 8.

Die letzten beiden Verse werden mit einem Doppelpunkt eingeleitet und zudem durch die Anapher „Da troff"/„Da ward" betont. Hier zeigt sich eine deutliche Ähnlichkeit zu den Sonetten. Dies betrifft die rhetorisch organisierte Gestalt der Gedichte. Wie das typische Sonett Shakespeares läuft auch dieses Gedicht auf einen markanten Schlusssatz hin. Dass George die Couplets in Shakespeares Sonetten wertschätzt, zeigt sich daran, dass er die Aufteilung der Sonette (4-4-4-2) durch den Drucksatz unterstreicht.[124] Die Quartette und das Couplet sind jeweils durch eine Leerzeile getrennt. Zudem übersetzt er diese Couplets, in denen sich oft die Zusammenfassung oder die Auflösung eines Sonetts kundtut, mit auffälliger Sorgfalt. George versucht in den Couplets vergleichsweise häufig, den Reim sowohl klanglich als auch semantisch nachzubilden.[125]

Auch das Gedicht Georges entwickelt sich auf seine Schlussverse hin. Diese Entwicklung lässt sich so zusammenfassen: In den ersten drei Versen wird das Du eingeführt und gepriesen; die folgenden sechs Verse beschreiben die hoffnungslose Zeit, bevor das Du erschien; es folgen drei Verse die das Kommen des Du beschreiben; und schließlich folgt in den beiden Schlussversen die „erfüllung", die das Du bringt. In diesen beiden Schlussversen wird die Hoffnung ausgedrückt, dass das vorher beschriebene „weite dunkel" nun ein Ende hat. Die thematische Versaufteilung ist demnach 3-6-3-2. Neben den durch den Doppelpunkt abgesetzten letzten Versen werden auch die Zeitkritik (Vers 4–9) und die Ankunft des Du (Vers 10–12) durch drei Auslassungspunkte[126] sowie das Adverb „Da" getrennt. Die Zeitkritik wird mit „Damals" eingeleitet, so zeigen sich durch

---

[124] Dass man zumindest darüber nachdachte, wie die Sonette gesetzt werden sollten, deutet der Briefwechsel mit Lechter an, der sich dagegen ausspricht, dass die letzten zwei Zeilen eingerückt werden. Vgl. Lechter/George, Briefe, S. 297 (Brief vom 13.5.1909).

[125] In den noch erhaltenen Sonett-Übersetzungen Friedrich Gundolfs fehlen bei drei Vierteln der Sonette die Couplets. Es ist dabei nicht klar, ob Gundolf diese gar nicht übersetzte oder ob er sie später tilgte. Zu vermuten wäre z. B., dass sich Gundolf nicht in der Lage sah, den richtigen Ton für diese wichtigen und oft sehr dichten Verse zu finden. In den ersten Briefen des George/Gundolf-Briefwechsels findet sich kein Hinweis darauf, dass Gundolf die Sonett-Couplets von Beginn an unübersetzt ließ. Es gibt weder eine Entschuldigung Gundolfs für unfertige Übersetzungen, noch einen Tadel Georges. Gutsch vermutet, dass nur Sonette mit Couplet von Gundolf als vollendet angesehen wurde – er die übrigen also absichtlich ‚offen' ließ. Vgl. Gutsch, Friedrich Gundolfs Shakespeare-Sonetten-Fragmente, S. 12.

[126] Zu den drei Auslassungspunkte bei George, die hier eine Pause und ein erneutes Ansetzen markieren, siehe auch Kapitel 4.1.4. Vgl. Martus, Stefan Georges Punkte; Holschuh, Poetische Zeichensetzung. Georg Peter Landmann sagt in einem Faltblatt zum ‚Jahr der Seele: „[...] Der Strichtpunkt fehlt völlig: dafür setzt George durchweg zwei Punkte, während drei Punkte wie üblich das stumme Ausschwingen bezeichnen."

die temporalen Adverbien deutlich die verschiedenen Teile des Gedichts: „[...] Damals [...] Da [...] Da [...]"[127]. Ähnliches findet sich sehr häufig in Shakespeares Sonetten, so z. B. im oben bereits analysierten Sonett 15. Gemäß ihrem zusammenfassenden oder auflösenden Charakter beginnen viele der Couplets in Shakespeares Sonetten mit kausalen oder temporalen Adverbien und Konjunktionen, wie „so", „or if", „but" oder „and yet".

Georges erstes Gedicht des ‚Eingangs' erinnert nicht nur rhythmisch an Shakespeares Sonette, sondern auch durch die Struktur des Gedichts. In mehreren Schritten wird auf einen sehr prägnanten Schluss hingearbeitet, der durch seinen einprägsamen und schlussfolgernden Charakter gekennzeichnet ist. Das Gedicht wird hier auf den Punkt gebracht, es wird eine wichtige Botschaft vermittelt. Die beiden Schlussverse

> Da troff erfüllung aus geweihten händen
> Da ward es licht und alles sehnen schwieg.

ähneln solchen Shakespeares, z. B. den ebenfalls mit Anapher eingeleiteten Schlussversen aus dem 18. Sonett:

> So long as men can breathe, or eyes can see,
> So long lives this, and this gives life to thee.[128]

In beiden Fällen handelt es sich um eine markant wichtige Aussage, die auf massiv sinnstiftende Weise und in sakralem Tonfall aufmunternd in die Zukunft weist. Auch das dritte ‚Eingangs'-Gedicht kennzeichnet die beiden Schlussverse durch Anapher, leitet sie mit einem Doppelpunkt ein und auch hier wird mit Zuversicht in die Zukunft geschaut.[129]

Im Gedichtband ‚Stern des Bundes' nutzt George viele Anaphern und es finden sich zahlreiche weitere Beispiele.[130] Die Anapher ist zwar nicht das grundlegende Stilmittel der Sonette Shakespeares, allerdings zeigt sich, dass George in dem Gedichtband, der den Sonett-Übersetzungen unmittelbar folgt, Aussagen häufig zweizeilig zusammenfasst und so eine Zusammengehörigkeit der Verse erzeugt, die sich schließlich auch in der Einheit des ganzen Bandes zeigt. Konsequent in der Verwendung der Anapher und eben deshalb auch so markant sind die beiden ‚Stern des Bundes'-Gedichte ‚Ich bin der Eine und bin Beide'[131]

---

[127] Das letzte „Da" habe ich nicht explizit aufgenommen, da es sich um eine Betonung (Parallelismus) des letzten Teils, nicht aber um einen eigenständigen Teil handelt.

[128] Georges Übersetzung lautet: „Solang als menschen atmen · augen sehn / Wird dies und du der darin lebt bestehn." Anders als die meisten Übersetzer, übersetzt George zwar nicht den Parallelismus, betont die Verse aber durch Alliteration und die Reihung „menschen atmen · augen sehn".

[129] SW VIII, S. 10: „Mein anhauch der euch mut und kraft belebe / Mein kuss der tief in eure seelen brenne."

[130] Vgl. ebd., z. B. S. 8, 10, 12, 25, 27, 31, 42, 50, 53, 78, 88, 90, 91, 92, 110, 111, 114.

[131] Ebd., S. 27.

und der Schlusschor ‚GOTTES PFAD IST UNS GEWEITET'[132]. Beim Aufbau und der Wirkmächtigkeit dieser Gedichte ist eine Ähnlichkeit mit Shakespeares Sonett 66 auffällig. Das Übersetzen der Sonette hat George darin geschult, etwas auf kleinstem Raum auf den Punkt zu bringen. Diese reduzierten und rhetorisch durchstilisierten Verse haben ihre Wirkung in Georges ‚Stern des Bundes' hinterlassen. George nimmt die stilistischen Übersetzungsübungen auf und macht sie sich in seinem eigenen Werk zunutze. Nun ist die Anapher kein Stilmittel, das George erst mit der Übersetzung der Sonette kennenlernt und deswegen erst im ‚Stern des Bundes' einsetzt. In den meisten Gedichten Georges wird die Anapher jedoch eher als strukturierendes Stilmittel verwendet, so z. B. häufig in Liedern oder Gedichten, die sich über mehrere Strophen gliedern.[133] Es fällt zudem auf, dass in vielen der Gedichte die Anaphern sich über mehr als zwei Verse erstrecken.[134] Die Anaphern im ‚Stern des Bundes' dagegen dienen vor allem dazu, bestimmten (Schluss-)Versen eine Eindringlichkeit zu verleihen, die sie als wichtige Leitverse auszeichnen. Das Couplet der Sonette Shakespeares oder besser die Funktion des Couplets findet sich in anderer Form in Georges ‚Stern des Bundes'.

In weiteren Gedichten des ‚Eingangs' finden sich auffällige Schlussverse. Im zweiten Gedicht werden die letzten Verse mit der adversativen Konjunktion „Doch" eingeleitet.

> Doch wussten nicht dass wir vorm leibe knieten
> In dem geburt des gottes sich vollzog.[135]

Durch die adversative Konjunktion wird den folgenden Versen Bedeutung verliehen, und sie werden den vorherigen Versen entgegengesetzt. Die Bedeutung des Gottes wird so hervorgehoben, denn es wurde ihm gehuldigt, *obwohl* noch niemand etwas von seiner Göttlichkeit ahnte.[136]

Im siebten Gedicht bekommen die Schlussverse den Charakter eines Aufrufes und beginnen im Imperativ:

> Lasst was verhüllt ist: senkt das haupt mit mir:
> ‚O Retter' in des dunklen grauens wind.[137]

---

[132] Ebd., S. 114.
[133] Z. B. ‚Nachmittag' SW II, S. 20; ‚Sieh mein kind ich gehe' SW III, S. 75; ‚Das Lied des Zwergen I' SW III, S. 79.
[134] Z. B. ‚Das Lied des Zwergen II', SW III, S. 80; ‚Nachtgesang I II III', SW V, S. 88ff.
[135] SW VIII, S. 9.
[136] Auch in Shakespeares Sonetten werden die Couplets häufig mit adversativen Konjunktionen eingeleitet, und das Couplet steht im Gegensatz zu den vorigen Versen bzw. hebt diese auf. Vgl. z. B. die Sonette 3, 17, 30 oder 130.
[137] SW VIII, S. 14.

Der zusammenfassende und leitgebende Charakter dieser Verse ist nicht zu übersehen. Das Gedicht führt auf diese Verse hin und auch wenn die Verse im Gegensatz zu Shakespeares Sonetten nicht gereimt sind, so bekommen sie durch Parallelismen, Assonanzen und den Imperativ die Bedeutung eines eindrucksvollen Merk- und Lehrsatzes.[138] Es handelt sich um Verse, die man sich merken soll, die sich dem Leser mit aller Macht ins Gedächtnis einprägen sollen und in denen George seine Botschaft verpackt. Die Jugend soll nicht hinterfragen, sondern dem Beispiel des ‚schönen Lebens' folgen. Besonders der erste Vers wird durch die parallele Anordnung „Lasst was verhüllt ist:" und „senkt das haupt mit mir:" hervorgehoben. Und die t-Assonanzen verleihen zusätzlichen Eindruck: „Lasst was verhüllt ist: senkt das haupt mit mir:"(meine Hervorhebungen). Die beiden Doppelpunkte führen auf den durch Anführungszeichen abgesetzten Ausruf „‚O Retter'" hin.

Das letzte der ‚Eingangs'-Gedichte hat einen Paarreim und begünstigt so eine zweiversige Struktur. Auch hier stellen die beiden letzten Verse eine Zusammenfassung dar. Nachdem das Gedicht die anfängliche katechisierende Frage „Wer ist dein Gott?" ausführlich erläutert hat, geben die beiden Schlussverse die Antwort: „Der sohn [...] / Den neue mitte aus dem geist gebar."[139] Mit „sohn", „neue" und „geist" finden sich zudem drei Schlagworte, die im Folgenden bezüglich des Gehalts und des Impulses der Gedichte wichtig werden.

Es soll keinesfalls übergangen werden, dass es sich bei dem vierten und fünften Gedicht des ‚Eingangs' um zwei Gedichte handelt, die nicht in zwei emblematischen Schlussversen enden. Trotzdem bestätigt sich auch hier die These, dass sich die ‚Eingangs'-Gedichte gerade im Aufbau und den Schlussversen an Shakespeares Sonetten orientieren. Wichtig ist für die Schlussverse nicht primär, dass sie zweiversig sind, sondern dass die grundsätzliche Information, die Grundaussage, sich kondensiert am Schluss bündelt.[140] Im vierten Gedicht ist dies der Vers „Und bannt mich in den tag für den ich bin."[141] Das Wichtige hier ist die Bestimmung „für den ich bin", dadurch wird klar: Es gibt nur diese eine Aufgabe des Künders, nämlich zu sein, um die Botschaft zu verbreiten. Im darauffolgenden fünften Gedicht läuft ebenfalls alles auf die Schlussverse hin, das Gedicht gipfelt in der Anrufung des Gottes:

---

[138] Auch in Shakespeares Sonetten „bilden die beiden Schlussverse, der besonderen Eigenart der englischen Variante [des Sonetts] entsprechend, eine verdichtete und zugespitzte Zusammenfassung des Gedichts." Apel, Sprachbewegung, S. 208.
[139] SW VIII, S. 16.
[140] Siehe auch oben in Kapitel 4.3.1. die Schlussverse des ‚Gebet I' aus dem ‚Siebenten Ring'.
[141] SW VIII, S. 11.

> [...]: o komme
> Du halt du klang in unsren tollen wirbeln
> Du unsrer feier heiligung und krone
> In unsrem dunklen träumen du der strahl!¹⁴²

Die Wiederholung des „Du" und die verschiedenen Beschreibungen des Gottes, das ist die Essenz dieses Gedichts. Es muss sich nicht zwingend um einen zweiversigen Schluss handeln, wie in vielen der Sonette Shakespeares. Es geht vielmehr um den Charakter des einen Schlussverses oder mehrerer Schlussverse, der hier entscheidend ist. Darin ähneln die ‚Eingangs'-Gedichte sehr den Sonetten Shakespeares.

Die ‚Eingangs'-Gedichte des ‚Stern des Bundes' zeigen einen mit den Sonetten Shakespeares vergleichbaren rhetorischen Aufbau. Durch seine Sonett-Übersetzung musste sich George darin üben, ein Gedicht in 14 Versen aufzubauen, es dementsprechend zu strukturieren und auf den Schluss zulaufen zu lassen.¹⁴³ Es handelt sich um einen Gedichtaufbau, der ihm nicht gänzlich neu ist, den er während der Übersetzung jedoch so verinnerlicht, dass er ihn im ‚Stern des Bundes' in auffälliger Weise einsetzt. Die Wirksamkeit der Dichtkunst, um die es George geht, wird so unterstützt. Shakespeares Sonette sind auch deshalb so eindrucksvoll, weil sie auf engem Raum ein Thema vorstellen, es durchspielen und zu einem Schluss führen, der alles auf den Punkt bringt. Dies macht sich George zunutze, indem er auch in den Gedichten des ‚Stern des Bundes' präzise und auf ein Ziel hin formuliert. Das Ziel seiner Dichtung ist für George die Erziehung der Jugend und diese kann man vor allem mit einprägsamen Versen erreichen. Die Bedeutsamkeit der Verse und ihrer Aussage wird auch durch die Reduzierung auf das Wesentliche erreicht: ein Gedicht ohne ablenkende Überschrift und ohne individuelle Namensnennungen. Wenn George das ‚schöne Leben' als ein zielgerichtetes, konsequentes und strenges Leben fordert, so hat er mit diesen Gedichten die passende Form gefunden, sowohl in den ‚Eingangs'-Gedichten des ‚Stern des Bundes' als auch in den Sonett-Übersetzungen.

Gehalt – „die anbetung vor der schönheit und der glühende verewigungsdrang"

Die formale Gestaltung der Sonette lässt sich mehrfach in Georges ‚Eingangs'-Gedichten wiederfinden. Wie verhält es sich dagegen mit dem von

---

[142] Ebd., S. 12.
[143] George nutzt z. B. auch andere für die Sonette typische rhetorische Mittel, wie Polyptoton: „Die ihm entrinnen ihm entronnen sind" (Ebd., S. 11) und Figura etymologica: „Die gabe die nur gibt wer ist wie ich:" (Ebd., S. 10). Beides sind Stilmittel, die George sehr sorgfältig in den Sonetten übersetzt.

Oelmann ebenfalls angeführten Gehalt[144], den George als „die anbetung vor der schönheit und den glühenden verewigungsdrang"[145] bezeichnet? George betont dreierlei: die Anbetung, die Schönheit und den Verewigungsdrang. Sowohl der Drang zur Verewigung als auch die Anbetung werden durch die Schönheit bestimmt. Alle drei Merkmale finden sich auch in Georges ‚Eingangs'-Gedichten.

Die Anbetung ist unschwer auszumachen. Der Gedichtband trägt den Titel desjenigen, der angebetet wird: ‚Der Stern des Bundes'. Der ‚Eingang' befasst sich mit dem ‚Maximin'-Erlebnis.[146] Seine Ankunft und sein Wirken werden dargestellt, und dies führt zum einen zu einer Beschreibung der durch die Mitglieder des Bundes vollzogenen Anbetung, zum anderen zu einer anbetenden Haltung gegenüber dem in einigen Gedichten angesprochenen Gott. Im ersten Gedicht heißt es bereits: „Dringt unser *preis* hinan zu deinem sterne."[147] Auch im zweiten Gedicht wird eine Anbetung beschrieben: „Wir schmückten dich mit palmen und mit rosen / Und huldigten vor deiner doppel-schöne / Doch wussten nicht dass wir vorm leibe knieten"[148]. Die Anbetung selbst wird als solche beschrieben (huldigen) und zudem durch die beschriebenen Handlungen (Schmücken und Knien) unterstützt. Weitere Beispiele sind: „DU STETS NOCH ANFANG UNS UND END UND MITTE / […] Herr der Wende"[149], „Dein erdenleib dies enge heiligtum"[150], „Der Hohe"[151], „Du geist der heiligen jugend unsres volkes!"[152] und „Der gott ist das geheimnis höchster weihe"[153]. Zudem wird mehrfach explizit ein Gott genannt. Alle diese Stellen dienen als deutliche Beispiele für einen Kontext der Anbetung, einer verehrenden Haltung gegenüber dem jungen Gott. Das Huldigen, das Preisen oder eben die Anbetung, die George als wichtige Bestandteile des Gehalts der Sonette Shakespeares ausmacht, finden sich auch in Georges ‚Eingangs'-Gedichten des ‚Stern des Bundes'.

Als einen weiteren Bestandteil des Gehalts der Sonette nennt George in seiner Einleitung die Schönheit[154], genauer die „anbetung vor der

---

[144] Vgl. ebd., S. 121.
[145] SW XII, 5.
[146] Vgl. Morwitz, Kommentar, S. 341.
[147] SW VIII, S. 8, meine Hervorhebung.
[148] Ebd., S. 9.
[149] Ebd., S. 8.
[150] Ebd., S. 11.
[151] Ebd., S. 14.
[152] Ebd., S. 15.
[153] Ebd., S. 16.
[154] Siehe zu der ästhetischen Bedeutung des Begriffes ‚Schönheit': Reschke, Schön/Schönheit. Vgl. zum 20. Jahrhundert z. B. ebd., S. 425: „Dem Schönen kommt Lebenswert für die Individuen zu, die sich unter den Bedingungen industri-

schönheit"[155]. Es geht also nicht nur um etwas Schönes, sondern auch um etwas Herausgehobenes, etwas Erhöhtes, *vor* dem man anbetet. In den Sonetten ist dies die Schönheit des ‚Fair Youth', der als hell und rein beschrieben wird. George interpretiert die Schönheit des ‚Fair Youth' nicht nur äußerlich, sondern ermöglicht in seiner Übersetzung auch eine Darstellung des ‚Fair Youth' als gefestigter und reiner Charakter.[156] Auch zeigt er den ‚Fair Youth' in den unerfreulichen Situationen und betrügerischen Verwicklungen (z. B. mit der ‚Dark Lady') meist in der passiven Position des Opfers, sodass es leichter fällt, das Ideal geistiger Schönheit auf den ‚Fair Youth' zu projizieren.[157] In den Sonetten sieht George sowohl äußerliche als auch geistige Schönheit in dem ‚Fair Youth' verkörpert.

In Georges ‚Eingangs'-Gedichten geht es ebenfalls um Schönheit. Schon im ersten Gedicht wird der angekommene Gott bzw. seine Verkörperung als schön beschrieben: „Schön wie kein bild und greifbar wie kein traum"[158]. Im zweiten Gedicht wird der „doppel-schöne"[159] des Gottes gehuldigt. Eine Verbindung dionysischer und apollinischer Möglichkeiten oder aber geistiger („Der mit dem geiste rang"[160]) und körperlicher Schönheit („Der schlank und blank sich ihrem schmeicheln gab"[161]), die in dem Gott gesehen werden soll.[162] Schließlich beschreibt auch das letzte der ‚Eingangs'-Gedichte den Gott als „schön und hehr"[163]. Doch auch abseits der wörtlichen Beschreibung mit dem Adjektiv „schön" finden sich vielerlei Hinweise und bezeichnende Wortfelder, die die Schönheit des Gottes sowie die Schönheit der nun ermöglichten Wende umschreiben. Bei einem selektiven Durchgang durch die neun Gedichte des ‚Eingangs' ergibt sich eine Häufung der folgenden Bildspenderbereiche: strahlendes Licht, Glanz und Flamme[164], nackte Unversehrtheit[165], Geburt und Neuheit[166], reine Körperlichkeit[167] und kraftvolle Natur[168].

---

alisierter und massenkultureller Sozialität zu behaupten haben. Eine theoretische Mitte und einen Zentralwert in den Diskursen besitzt es nicht mehr."

[155] SW XII, S. 5.
[156] Siehe Kapitel 4.1.3.
[157] Dass Passivität eine Schönheits- und Reinheits-Projektion begünstigt hat Menninghaus, Das Versprechen der Schönheit, gezeigt.
[158] SW VIII, S. 8.
[159] Ebd., S. 9. Im Kommentar findet sich der Hinweis, dass das „Femininabstraktum *schöne* [...] noch im 18. Jahrhundert weit verbreitet [war] (Grimm)," Ebd., S. 128. Vgl. DWB, Bd. 15, Sp. 1490.
[160] SW VIII, S. 9
[161] Ebd.
[162] Zu der „zweiheit" und „doppel-schöne" in diesem Gedicht vgl. Morwitz, Kommentar, S. 342f.
[163] SW VIII, S. 16.
[164] Beispiele sind (SW VIII, Seitenzahl in Klammern): „deinem sterne" (8), „Da ward es licht" (8), „Rausch und Helle" (9), „reine flamme" (10), „in licht und tiefe" (11),

Es wird deutlich, dass sich bestimmte Adjektive und andere Formen der Beschreibung des Gottes und der Wende häufen. Auffällig ist das schon von Keilson-Lauritz für die Erotik Georges in den Fokus gerückte Bild der Flamme und des Brennens,[169] das hier sowohl die Liebe als auch die Reinheit des Gottes beschreiben soll. Eine Flamme ist jedoch auch verzehrend, das heißt, sie fordert etwas von den Liebenden.[170] Die Liebe ist für George immer mit der Arbeit (z. B. dem Lernen) oder mit Anstrengung verbunden.

Im Bild der Flamme findet sich zudem das Feld der Helle, des Glanzes und des Lichts. Sowohl der Gott in den ‚Eingangs'-Gedichten als auch der ‚Fair Youth' in Georges Sonett-Übersetzung *erscheinen*.[171] Die Strahlkraft des Gottes liegt zudem in seiner Beschreibung als ‚Stern des Bundes' begründet. Auch der ‚Fair Youth' wird bei Shakespeare als blond oder hell und damit als rein beschrieben. Die Reinheit selbst wird explizit durch das Adjektiv „rein" beschrieben, aber auch durch den Unschuld evozierenden Bereich der Geburt und der Kindheit betont.[172] Mehrfach wird das Adjek-

---

„glut" (12), „Hell-lichte mittage" (12), „offne feuer" (12), „roten fackelhalter" (12), „du der strahl" (12), „funken sprühten" (13), „heisse erdenflamme" (13), „Du strahlst mir" (15), „innerlichster brand" (16), „strahlen rings" (16), „sohn aus sternenzeugung" (16)

[165] Beispiele sind (SW VIII, Seitenzahl in Klammern): „nackten glanz"(8), „schlank und blank" (9), „eh ihn tat versehrt" (14), zudem wird die Unversehrtheit durch die Bezeichnung des Gottes als „kind" (14) betont.

[166] Beispiele sind (SW VIII, Seitenzahl in Klammern): „du spross" (8), „geburt des gottes" (9), „neue form" (10), „taucht […] empor" (11), „neu gebären" (12), „neu gedieh" (14), „geburt" (15), „aus dem geist gebar" (16).

[167] Beispiele sind (SW VIII, Seitenzahl in Klammern): „geweihten händen" (8), „verschmelzung fleischgeworden" (9), „vorm leibe kniete" (9), „Mein kuss (10), „erdenleib" (11), „einung im gemischten kuss" (12), „das reine blut" (13), „im blut" (15), „herz der runde" (15), „neue wallung giesst durch jede ader / Mit frischem saft" (16).

[168] Beispiele sind (SW VIII, Seitenzahl in Klammern): „unsrem eignen stamm" (8), „freund der frühlingswelle" (9), „der süsse schläfer in den fluren" (9), „mit palmen und mit rosen" (9), „die frommen zweige und die kränze / Von veilchenfarbenen von todesblumen" (10), „Der strom geht hoch" (11), „wellen" (11), „weissen / Kranz-trägerinnen" (12), „Neblige dünste" (13), „aus erdenstoff" (14), „tiefste wurzel" (14), „goldne flut" (15), „Geheimste quelle" (16).

[169] Vgl. Keilson-Lauritz, Von der Liebe die Freundschaft heißt, S. 103–105.

[170] Vgl. das Gedicht „FLAMMEN" aus dem ‚Siebenten Ring': „›Und so ihr euch verzehrt, sied ihr voll lichts.‹" SW VI/VII, S. 85.

[171] Im Sonett 17 heißt es: „Wer glaubt mir später · auch wenn du erschienst", SW XII, S. 23. Im ‚Stern des Bundes' heißt es: „Wo du erschienen bist als schleierloser", SW VIII, S. 15. Zum ‚erscheinen' bei George vgl. Raulff, Der Erscheinende.

[172] Zum Topos des ‚Gebären' bei Stefan George vgl. Stamm, Zwischen Abgrenzung und Auflösung.

tiv „neu" verwendet und damit ebenfalls Reinheit sowie eine Wende markiert.

Es ist eindeutig erkennbar, dass Georges ‚Eingangs'-Gedichte über Schönheit und die Anbetung vor Schönheit sprechen. Dies meint sowohl die rein äußerliche Schönheit, die z. B. durch Glanz und das Strahlen gekennzeichnet ist, als auch eine geistige Schönheit, die sich in charakterlicher Reinheit und Unschuld sowie dem Aufbruch hin zu etwas Neuem zeigt.[173] Durch die Bilder kraftvoller Körper und (bisweilen zerstörerischer) Natur wird die Energie und Macht dieser Schönheit betont. Das äußerlich Schöne wird auch in Shakespeares Sonetten deutlich, die geistige Schönheit dagegen findet sich, und das ist eine der Thesen dieser Arbeit, vor allem in Georges interpretierender Übersetzung der Sonette und korrespondiert mit Georges eigenem Werk, in diesem Fall mit dem ‚Stern des Bundes'.

Der letzte Aspekt, den George als den Gehalt der Sonette beschreibt, ist der „glühende verewigungsdrang"[174]. Etwas soll für die Ewigkeit Bestand haben bzw. weiterhin wirken. Gerade diese Wirksamkeit ist es, die George wichtig ist. In seiner Sonett-Übersetzung betont er diesen Gedanken der Verewigung durch die Hervorhebung des dichterischen Könnens,[175] durch die häufige Verwendung des Adjektivs „ewig", das meist durch eine doppelte Senkung in „e-wi-gen" besonders auffällt, und durch den Akzent, den er auf die Wirkung der Dichtung als Plan legt.[176] In seinem eigenen Werk ist es die Rolle des Künders und Vermittlers, die George übernimmt und die den Verewigungsdrang ausmacht.

Auch in den ‚Eingangs'-Gedichten zeigt sich der Verewigungsdrang in dessen Künder, der gleichzeitig auch Lehrer ist. Der Künder kündet von dem Gott, er verbreitet die Zuversicht, dass ein besseres Leben möglich ist. Gleichzeitig gibt er die Lehren des Gottes weiter und wirkt als dessen Stimme, auch wenn die Verkörperung des Gottes nicht mehr in der Runde der Gläubigen weilt. Im vierten Gedicht des ‚Eingangs' wird beschrieben, wie der Künder seine Rolle herbeigesehnt hat. Der Beginn des Gedichts lautet:

> Der strom geht hoch..da folgt dies wilde herz
> Worin ein brand sich wälzt von tausendjahren
> Den es verbreiten möcht in licht und tiefe
> und nicht entladen kann – den spiegelungen.[177]

---

[173] Dies ist ein Grundgedanke der Kalokagathie.
[174] SW XII, S. 5.
[175] Siehe Kapitel 4.3.2.
[176] Siehe Kapitel 4.3.1.
[177] SW VIII, S. 11.

Der Künder möchte etwas „verbreiten" und konnte dies bisher nicht. Er ist vorbereitet und wartet auf die Gelegenheit, um seiner Bestimmung gerecht zu werden. Zudem handelt es sich um einen „brand [...] von tausendjahren" – es ist also kein einmaliges oder zeitbezogenes Ereignis, sondern es kommt aus der Vergangenheit und wird sich in die Zukunft fortsetzen. Das Künden wird somit auf die Ewigkeit hin ausgerichtet. Das Dasein des Künders richtet sich ganz auf diese Aufgabe und das Gedicht schließt mit dieser Bestimmung: „Und bannt mich in den tag für den ich bin."[178] Der Sprecher hat eine Bestimmung und wird ihr konsequent nachgehen.

Auch im achten Gedicht zeigt sich die Tradition, die mit der Ankunft des Gottes fortgeführt werden soll. Es wird beschrieben, dass der Gott bereits „aus erlauchter ahnen werke [strahlt]" und deswegen der Künder mit ihm „rückwärts in die jahre"[179] wächst. Die Präsenz des Gottes bzw. die Vorbereitung auf sein Erscheinen zeigt sich also in vergangenen Werken anderer Künstler und wird in der Zukunft von Bedeutung sein. Noch konkreter wird auch dieses Werk die Vergänglichkeit überdauern und den Gott verewigen. Der „glühende verewigungsdrang"[180] ist ebenfalls eines der vorherrschenden Themen der Sonette Shakespeares, und George betont es nicht nur in seiner Einleitung, sondern führt einen ähnlichen Verewigungsdrang auch im ‚Stern des Bundes' ein. In seinem Kommentar zum achten ‚Eingangs'-Gedicht nennt Morwitz als Beispiele die Werke „Dantes, Michelangelos und Shakespeares"[181] als solche, in denen man die Ankunft ‚Maximins' bereits erkennen kann. Auch Morwitz[182] zieht also eine Verbindung zwischen den Sonetten und den ‚Eingangs'-Gedichten – und dies spezifisch in der Verewigungs-Thematik.

Im siebten Gedicht wird die Rolle des Künders ebenfalls thematisiert. Dort heißt es: „Die tiefste wurzel ruht in ewiger nacht.. / Die ihr mir folgt und fragend mich umringt / Mehr deutet nicht! ihr habt nur mich durch ihn!"[183] Dem Künder, der hier spricht, wird gefolgt, und es werden ihm Fragen gestellt. Er ist derjenige, der für das weitere Wirken des Gottes von Bedeutung ist. Das unlösbare Geheimnis um das Erscheinen des Gottes und seiner Wirkung „ruht in ewiger nacht". Auch wenn „ewiger" hier eher auf das Vergangene anspielt, zielt es auch darauf, dass ein solches Ereignis für die Ewigkeit bestimmt ist. Das Adjektiv „ewiger" wird rhythmisch durch eine doppelte Senkung im ansonsten gleichmäßigen Metrum

---

[178] Ebd., S. 11.
[179] Ebd., S. 15.
[180] SW XII, S. 5.
[181] Morwitz, Kommentar, S. 347.
[182] Zur Freundschaft zwischen George und Morwitz vgl. Helbing, Stefan George und Ernst Morwitz.
[183] SW VIII, S. 14.

hervorgehoben. Auch in Georges Sonett-Übersetzung passiert es häufig, dass in den verschiedenen Flexionsformen von „ewig" doppelte Senkungen stehen. George betont so den für ihn wichtigen Begriff der Ewigkeit. Wenn George die doppelten Senkungen nicht zur Betonung einsetzt, dann trifft hier das zu, was Braungart an anderer Stelle für George festgestellt hat, nämlich, „daß dort, wo die Botschaft den Text dominiert, die sprachliche Präzision eher nachläßt."[184] George betont in jedem Fall die Ewigkeit, ob nun durch bewusste rhythmische Betonung oder durch nachlassende Aufmerksamkeit.

Der von George hervorgehobene Gehalt der Sonette Shakespeares, der vor ihm von „kaum eine[m] erkannt[]"[185] worden sei, bestimmt auch die ‚Eingangs'-Gedichte des ‚Stern des Bundes'. Es wäre zu einfach, zu sagen, dass George in Shakespeares Sonetten gewissermaßen ein Thema entdeckt hat und es dann in seinem eigenen Gedichtband ebenfalls verwendet. So ist es sicher nicht. Georges Gesamtwerk ist von Schönheitsanbetung und Verewigungsdrang bestimmt. An der hier beschriebenen Verbindung des ‚Stern des Bundes' und der Sonett-Übersetzung kann man jedoch deutlich sehen, dass George die Sonette auch deshalb übersetzt, weil er sie ohne Probleme in sein eigenes Werk bzw. in sein Dichtungsverständnis eingliedern kann. George findet in den Sonetten viel Eigenes, das er betont. Den Gehalt der Sonette, den er auf übersetzerische Weise und explizit in seiner Einleitung hervorhebt, gilt es schließlich nicht nur in den Sonetten zu entdecken, sondern vor allem in Georges eigenem Werk. Die Sonett-Übersetzung und der ‚Stern des Bundes' sind zeitnah zueinander entstanden und in beiden wird die Soziopoetik Georges, die den Gedichten einen pädagogisch ausgerichteten Gehalt gibt, deutlich.

Impuls – „die weltschaffende kraft der übergeschlechtlichen liebe"
Auch „die weltschaffende kraft der übergeschlechtlichen liebe" stellt eine Verbindung zwischen Georges Übersetzung und seinem eigenen Werk dar. Der Gott bzw. die Verkörperung des Gottes gibt denen, die ihm folgen, Kraft, um auch weiterhin dem Ideal des schönen Lebens nachzueifern. In den ‚Eingangs'-Gedichten zeigt sich dies auf vielfache Weise. Zu Beginn der Gedichte wird deutlich, dass es sich bei dem Gott um einen Erlöser handelt, einen, der eine Wende[186] bringt: „Da troff erfüllung aus geweihten händen"[187] und „Der du uns aus der qual der zweiheit lös-

---

[184] Braungart, Ästhetischer Katholizismus, S. 210.
[185] SW XII, S. 5.
[186] „Herr der Wende" SW VIII, S. 8. Dass eine Wende notwendig sei und herbeigesehnt wird, zeigt sich in dem kulturkritischen Überblick, den das erste Gedicht in den Versen 4–9 liefert. Zur Figur der Wende siehe Söring, Die Figur der Wende als poetologisches Prinzip.
[187] SW VIII, S. 8.

test"¹⁸⁸. Der Gott löst die Qual und bringt Erfüllung. Das impliziert auch, dass er die ihm Folgenden, die vorher leer waren, nun geistig füllt, z. B. mit neuen Ideen und neuer Sinnstiftung. Zudem wird in den Gedichten von der kommenden „tat"¹⁸⁹ des Gottes sowie von seiner Belebung der anderen¹⁹⁰ gesprochen. Auch wird er als „Retter"¹⁹¹ bezeichnet. Der Gott wirkt und soll auch in Zukunft wirksam sein. Er folgt einem „gesetz"¹⁹², und so sollen auch die anderen folgen. In dieser erhofften Wirkung des Gottes zeigt sich die „weltschaffende kraft", eine Kraft, die eine bessere Welt, einen Neuanfang, bringen soll.¹⁹³ Dass diese Kraft von „übergeschlechtlicher liebe" geleitet wird, lässt sich ebenfalls im ‚Eingang' entdecken. Das schwierig zu deutende Adjektiv „übergeschlechtlich[]" bezeichnet offensichtlich etwas, das nicht oder besser nicht mehr geschlechtlich ist. Es geht hier nicht um die Liebe zwischen Mann und Mann als übergeordnet zur Liebe zwischen Mann und Frau, sondern vielmehr um eine geistige Liebe, die bedeutender als die körperliche Liebe gesehen wird. Diese geistige Liebe wird vom pädagogischen Eros bestimmt und meint „die Erziehung des Jünglings in der Lebens-Kunst durch den (liebenden) älteren Lehrer"¹⁹⁴. In Georges Sonett-Übersetzung wird die geistige Liebe unter anderem dadurch betont, dass George einen Großteil der sexuellen Wortspiele und Anspielungen Shakespeares ignoriert. Außerdem wertet er die Figur der ‚Dark Lady', die in den Sonetten die körperliche Liebe verkörpert, in seiner Übersetzung konsequent ab.¹⁹⁵ Auch im ‚Stern des Bundes' steht die geistige Liebe im Mittelpunkt. Das heißt nicht, dass George gänzlich die Erotik tilgt, die ja z. B. auch in der Flammenmetaphorik enthalten ist. Es ist jedoch ganz deutlich, wo seine Prioritäten liegen.

 Zunächst spricht dafür die schon beschriebene Reinheit, die in den ‚Eingangs'-Gedichten evoziert wird. Die Unschuld und Jungfräulichkeit

---

[188] Ebd., S. 9.
[189] Ebd., S. 10: „Noch nicht begann ich wort und tat der erde"
[190] Ebd.: „Die gabe die nur gibt wer ist wie ich: / Mein anhauch der euch mut und kraft belebe / Mein kuss der tief in eure seele brenne."
[191] Ebd., S. 14: „[...] senkt das haupt mit mir: / >O Retter< in des dunklen grauen wind."
[192] Ebd.: „Wie sein gesetz ist dass aus erdenstoff / Der Hohe wird [...]"
[193] Dass es um einen Neuanfang gehen muss, zeigt sich in den düsteren Schreckensbildern, in denen das erste Gedicht die Zeit vor der Erscheinung des Gottes darstellt.
[194] Oestersandfort, Antike-Rezeption, S. 656; vgl. ebd., S. 657: „Erotik also ist bei StG und dem Kreis sowohl eine motivische als auch eine strukturbildende dichtungstheoretische Kategorie, die in Verbindung mit dem Konzept einer ‚rechten Zeit', der Kairologie, auch zu einem entscheidenden Faktor für das dichterische Inspirationserlebnis wird." Es geht also nicht nur um die Erziehung Jüngerer, sondern auch um das Erlebnis des Dichters.
[195] Siehe Kapitel 4.1.2. und 4.1.4.

der Liebe spielt auf eine geistige Liebe an. Der Vers „Wie er mein kind ich meines kindes kind"[196] aus dem siebten Gedicht erinnert nicht zufällig an Gedichte aus dem ‚Maximin'-Zyklus des ‚Siebenten Ring'[197] und an ebendiese geistige Verbindung des Dichters mit ‚Maximin'. In mehreren Gedichten wird der Geist explizit genannt.[198] Im fünften Gedicht heißt es: „Dann wenn es dämmerte griff uns der geist"[199]. Mit dem Temporaladverb „Dann" wird hier etwas Bedeutsames eingeleitet. Zwar findet auch vorher schon ein Fest statt, aber erst *dann*, als der Geist dazukommt, wird es eine bedeutsame, eine heilige Feier.[200] Das geistige Lieben als Antrieb zur Handlung wird hier als etwas Besonderes, als das zu Erreichende dargestellt.

Im achten Gedicht wird deutlich, dass es um den Gott einer Gruppe geht: „Als herz der runde als geburt als bild / Du geist der heiligen jugend unsres volkes"[201]. Eine besondere Gruppe folgt dem Gott aufgrund seiner geistigen Führung. Dass sich der Gott dafür verkörpern muss bzw. sichtbar macht, spricht nicht für eine körperliche Liebe, sondern eher dafür, dass der Gott sich den Folgenden, noch Unwissenden, annähern muss. Er muss sich auf ihre noch vom Sichtbaren geprägte Ebene begeben.

Die „übergeschlechtliche[] liebe" zeigt sich in diesen Gedichten auch daran, dass der Körper als unzureichend beschrieben wird. Das zweite Gedicht beginnt mit den Versen: „Der du uns aus der qual der zweiheit löstest / Uns die verschmelzung fleischgeworden brachtest"[202]. Die zu erreichende Verschmelzung *wird* zu Fleisch, sie ist es nicht in ihrer Urform. Der eigentliche Gehalt des Gottes existiert in einer höheren Form und wird nur zu Fleisch, um seine Jünger zu erreichen. Am Ende des Gedichts heißt es dann: „Doch wussten nicht dass wir vorm leibe knieten / In dem geburt des gottes sich vollzog."[203] Der Leib ist nicht das Wichtige, sondern lediglich die Hülle. Die Geburt des Gottes vollzieht sich im Inneren. Im vierten Gedicht wird schließlich beschrieben, dass der „erdenleib" des

---

[196] SW VIII, S. 14.
[197] „Ich geschöpf nun eignen sohnes" (SW VI/VII, S. 109), aber auch „Dem bist du kind · dem freund / Ich seh in dir den Gott" (SW VI/VII, S. 90). Morwitz verweist auf Angelus Silesius: „Ich bin Gott's Kindnund Sohn / Er wieder ist mein Kind / Wie gehet es doch zu / Dass beide beides sind." (Morwitz, Kommentar, S. 346). Der Kommentar in SW X/XI verweist auf Dante, Paradies XXXIII, 1 (in Georges Übersetzung): „Jungfrau und Mutter! Tochter deines sohnes!" (SW XI, 140). Bei Dante heißt es: „Vergine Madre, figlia del tuo figlio"
[198] Vgl. SW VIII, S. 9, 12, 15, 16. Im ‚Stern des Bundes' findet sich die häufigste Verwendung des Namens ‚Geist' in Georges Werk. Vgl. Bock, Wort-Konkordanz, S. 206f.
[199] SW VIII, S. 12.
[200] Ebd.: "Du unsrer feier heiligung und krone".
[201] Ebd., S. 15.
[202] Ebd., S. 9.
[203] Ebd.

Gottes nur ein „enge[s] heiligtum"[204] ist. Es entsteht also der Eindruck, dass der Leib nicht in der Lage ist, die eigentliche Bedeutung, den Geist des Gottes, zu fassen.

Die von George als Impuls für die Sonette beschriebene „weltschaffende kraft der übergeschlechtlichen liebe" zeigt sich auch in den ‚Eingangs'-Gedichten des ‚Stern des Bundes'. Es ist eine geistige Liebe, eine geistige Überzeugung, die eine Wende einleiten soll, um damit eine neue Welt zu erschaffen. Sicherlich lassen sich auch Signalwörter und Formulierungen in den hier betrachteten Gedichten finden, die für eine körperliche Liebe sprächen. Zu nennen wären z. B. „Im nackten glanz", „Da troff erfüllung aus geweihten händen", „kuss", „Der strom geht hoch", „nicht entladen kann", „des herdes heisse erdenflamme", „Ein zuckend lohen eine goldne flut" und „neue wallung giesst [...] mit frischem saft".[205] Es ist ganz deutlich, dass in diesen Gedichten die außerordentliche Erregung beschrieben wird, die der Gott erzeugt. Dennoch wird auch mit dieser *körperlichen* Erregung letztlich eine Vorstufe der *geistigen* Hingabe beschrieben. Und so ist es wenig erstaunlich, dass ganz explizit der Kuss des Gottes, ein Symbol körperlicher Liebe, mit der geistigen Wirkung verbunden wird: „Mein kuss der tief in eure seelen brenne."[206] Die übergeschlechtliche Seele ist das Ziel, das erreicht werden soll.

Georges Übersetzung der Sonette Shakespeares ist eng mit seinem Gedichtband ‚Der Stern des Bundes' verbunden. Es sind genau die Aspekte der Sonette, die George sowohl explizit in seiner Einleitung als auch implizit durch die Art seiner Übersetzung hervorhebt, die sich schließlich auch im ‚Stern des Bundes' als maßgebend ausmachen lassen. In beiden Werken betont George die „anbetung vor der schönheit und den glühenden verewigungsdrang" sowie „die weltschaffende kraft der übergeschlechtlichen liebe"[207]. Dies ist, was sein Schaffen ausmacht und bestimmt: das Zustandekommen einer Wirkmächtigkeit auf die ihm folgende Jugend. Mit Georges Werk soll eine solche Wirkung erzielt werden, dass die frische und tatkräftige Jugend umdenkt, dass sie sich besinnt und einen Wechsel anstößt hin zu einer schöneren, einer besseren Welt. Wie dieser Wechsel aussehen soll, wird nicht beschrieben – wichtig ist, dass George meint, die Notwendigkeit erkannt zu haben, und danach sein Werk ausrichtet. Es ist sicher auch eine Form des Verewigungsdrangs, wenn George sein Werk und alles, was dazugehört, ganz einer Idee widmet und diese beständig verfolgt.

Die Gestalt des ‚Stern des Bundes', die strenge Ordnung und der Aufbau der Gedichte sind von Shakespeares Sonetten beeinflusst. Bei dem

---

[204] Ebd., S. 11.
[205] Ebd., S. 8–16.
[206] Ebd., S. 10.
[207] SW XII, S. 5.

Gehalt und dem Impuls verhält es sich dagegen anders. George gestaltet die Übersetzung der Sonette so, dass sie sich in sein Werk einfügen. Der ‚Stern des Bundes' und die Sonett-Übersetzungen ähneln sich deshalb, weil sie von George mit demselben Ziel verfasst wurden: Er möchte mit allen seinen Gedichten eine Wirkung erzielen, die Jugend erziehen und den Anstoß zu einem schönen Leben geben.

5. Schluss

Der zentralen Frage, warum George die Sonette so übersetzt, wie er sie übersetzt, konnte diese Arbeit einige Antworten geben. Immer dann, wenn George eine Stelle anders als Shakespeare interpretiert, nämlich so, dass sie zu seiner eigenen Werk-Intention passt, werden die vermeintlichen Abweichungen vom Original in seiner Übersetzung deutlich. Dies fällt vor allem an solchen Stellen auf, die den fehlerhaften ‚Fair Youth' beschreiben. George liegt viel daran, mit dem jungen Mann ein Beispiel für die Jugend zu schaffen. Deswegen stellt er den jungen Mann tadelloser und deutlich passiver dar als Shakespeare. Außerdem gibt es Abweichungen dann, wenn im Original die Kraft und Wirkmächtigkeit der Dichtkunst oder des Dichters bezweifelt wird. George lässt die Dichtkunst mächtiger und zielgerichteter erscheinen.

Diese Abweichungen ergeben sich, weil Georges Übersetzung Teil seines Werkes ist. In Georges Werk verfolgt die Dichtkunst das Ziel, die Jugend ästhetisch und sozial zu formen. Dieser Anspruch bestimmt auch die Sonett-Übersetzung und integriert Shakesperes Sonette in Georges Werk. Georges Sonett-Übersetzung ist Inspiration, Ergänzung und Fortführung des eigenen Werkes. Er übersetzt die Sonette auf solche Weise, dass sie sich in sein Werk – genauer zwischen den ‚Siebenten Ring' und den ‚Stern des Bundes' – einpassen lassen. Die Verbindungen zwischen der Sonett-Übersetzung und den Gedichtbänden ‚Der Siebente Ring' und ‚Der Stern des Bundes' bestätigen, dass auch Georges Übersetzung von seiner Poetik bestimmt ist und dass er die Übersetzung nutzt, um sein Werk weiterzuentwickeln. Es entsteht der Eindruck, dass die Werke aufeinander aufbauen. Die Sonett-Übersetzung ist eine Überleitung vom ‚Siebenten Ring' zum ‚Stern des Bundes' und stellt so den Übergang dar von der Verkündung eines jungen Gottes hin zu dessen Wirkung und Aufgabe. In Georges Sonett-Übersetzung wird deutlich, dass die Dichtung auf ein Ziel hin geschrieben ist. Sie will auf die Jugend hinsprechen, sie in ihren Bann ziehen, will sie schließlich überzeugen, ein von der Kunst geprägtes Leben zu führen.

George fügt den Sonetten etwas hinzu, das er ansonsten in Shakespeares Werk vermisst: das Menschenbildende. Dies erreicht George, indem er den ‚Fair Youth' als vollkommenes Ideal der Jugend darstellt und ihn gezielt von der ‚Dark Lady' abgrenzt. Durch diesen menschenformenden Aspekt macht George deutlich, dass für ihn das Ästhetische und das Soziale verbunden sind. George übersetzt Shakespeares Sonette demnach mit einem klaren soziopoetischen Anspruch. George sieht Shakespeare nicht, so wie Dante, als Menschenformer, sondern beschreibt ihn als Menschendarsteller und Menschenverachter. In der Analyse hat sich gezeigt, dass es Georges menschenbildende Intention ist, die zu Abweichungen in der Übersetzung führt. An den Stellen, an denen Shakespeare die sozialen und pädagogischen Möglichkeiten vermeintlich ungenutzt lässt, greift George ein und übersetzt dementsprechend. Seine Übersetzung fügt den Sonetten Shakespeares einen menschenbildenden Aspekt hinzu.

George stellt sich und sein Werk in einen Traditionszusammenhang der Weltliteratur. Mit der Übersetzung der Sonette schafft er eine Verbindung der Sonette Shakespeares zu seinen eigenen Gedichten. In den ‚Blättern für die Kunst' wählt und ordnet George die Sonette so, dass sie solche Themen ins Zentrum stellen, die eben auch sein eigenes Werk bestimmen. Das ‚Maximin'-Erlebnis wird in die Vergangenheit zurückgespiegelt. George übersetzt die Sonette so, dass sich die Themen des ‚Maximin'-Erlebnisses bereits in Shakespeares Sonetten finden. Shakespeare wird als Unterstützung des ‚Maximin'-Erlebnisses eingesetzt. George eignet sich die Sonette innerhalb der eigenen Poetik an.

Die Abweichungen der Übersetzung Georges vom Original lassen sich als Verschieben, Verschweigen und Hinzufügen beschreiben. George ändert Betonungen, indem er z. B. die Reihenfolge bestimmter Satzglieder tauscht bzw. verschiebt. Er verschweigt Stellen, die nicht zu seiner Werk-Intention passen. So übersetzt er nur wenige der zahlreichen sexuellen Wortspiele Shakespeares. Schließlich fügt er eigene Betonungen oder Begriffe bei solchen Stellen hinzu, die ihm wichtig sind.

Georges Werk kann schließlich nicht angemessen ohne seine Übersetzungen analysiert werden. Auch die Übersetzungen sind Werke Georges, die etwas über sein Werk, seine Beziehung zu anderen Dichtern und über das Selbstverständnis seiner Dichtung aussagen.

Die Analyse der Shakespeare-Übersetzungen Georges kann und soll zu weiteren Fragestellungen anregen, die im Rahmen dieser Studie nicht bearbeitet werden konnten. Auf einige möchte ich abschließend hinweisen. In dieser Arbeit wurden einige der Gedichte Georges mit seiner Shakespeare-Übersetzung in Verbindung gebracht. Ich habe mich vor allem auf die ‚Vorrede zu Maximin' und den ‚Eingang' des ‚Stern des Bundes' konzentriert. Sicher finden sich auch in weiteren Gedichten Georges Nahtstellen zu der Sonett-Übersetzung, insbesondere im ‚Siebenten Ring' und im ‚Stern des Bundes'. Es wäre z. B. lohnend, die Beschreibungen des ‚Fair Youth' noch einmal genauer (auch abseits der ‚Dark Lady') zu analysieren und mit der Jugend im ‚Stern des Bundes' zu vergleichen. Auch wurden die Übersetzungen der Sonette aus dem ‚Liebenden Pilgrim' bisher nicht thematisiert.

Außerdem wäre es wünschenswert, wenn weitere Übersetzungen Georges als Teil seines Werkes untersucht würden. Bisher gibt es keine grundlegende Analyse der Übersetzungen einzelner Gedichte, die George für die ‚Blätter für die Kunst' anfertigte. Auch hier wäre denkbar, dass er mit den Übersetzungen das eigene Werk ergänzt, fortführt und sicher auch entwickelt. Zu den großen Übersetzungen (Dante und Baudelaire) gibt es zwar bereits einige Arbeiten, keine beschäftigt sich jedoch intensiv mit der Verbindung dieser Übersetzungen zu Georges soziopoetischer Werk-Intention. Ein Vergleich der Übersetzungen zu Dante und Shakespeare würde sich lohnen, da George in Dante explizit einen Menschenformer sieht. Da die Dante-Übersetzung über einen viel längeren Zeitraum entsteht, ließe sich hier gut untersuchen, ob sich die Übersetzung parallel zur Entwicklung des Werkes verändert.

Es fehlt bisher auch eine vergleichende Untersuchung der Übersetzungen Gundolfs und Georges. In einem kurzen Exkurs konnte ich andeuten, dass Gundolfs umfassende Beschäftigung mit Shakespeare sicher großen Einfluss auf Georges Übersetzung hatte. Inwieweit das auch für Gundolfs Sonett-Übersetzungen stimmt, müsste genauer untersucht werden. Bei einer Durchsicht der Übersetzungen Gundolfs entstand nicht der Eindruck, dass George diese Sonett-Übersetzung zurate gezogen hat. Um dies zu belegen, bedarf es aber einer genaueren und umfassenderen Untersuchung. Auch die (gemeinsame) Übersetzung der Dramen sollte einmal daraufhin analysiert werden, inwieweit sich die Dramen-Übersetzungen von den Sonett-Übersetzungen sowohl Gundolfs als auch Georges unterscheiden. Wird hier Shakespeare als Menschendarsteller belassen oder ist eine menschenbildende Intention spürbar?

Auch die Sonett-Übersetzungen Verweys bieten sich an, in einem Vergleich mit denen Georges analysiert zu werden. Hier könnte man zwei Übersetzungen vergleichen, die sich durch ein ähnliches Kunstverständnis auszeichnen. Allerdings wird bei Verwey der pädagogische Wille fehlen bzw. weniger stark ausgeprägt sein. Verwey gefällt der prophetische Sendungswillen Georges mit Beginn des ‚Siebenten Rings' nicht und er wendet sich zunehmend ab.[208] Auch müsste man untersuchen, ob und in welchem Maße Verweys Übersetzungen von Georges beeinflusst wurden. Verweys Übersetzung erschien 1933 und er kannte die Übersetzung Georges gut.

Beenden möchte ich diese Studie mit dem von Gundolf geprägtem und von Apel weitergeführten Begriff der Sprachbewegung. George übersetzt die Sonette so, wie er sie im Kontext seines eigenen Werkes erlebt. Mit Gundolf gesprochen werden die Sonette in Georges Übersetzung zu etwas in „neuer Seele neu Bewegte[m]"[209]. Und gerade deswegen ist Georges Sonett-Übersetzung neben der poetischen Qualität so besonders – sie zeigt nicht nur, wie George die Sprache bewegt, sondern auch, wie er bewusst Werkpolitik betreibt, wie er die Sonette in sein Werk aufnimmt und damit sein Werk bewegt.

---

[208] Vgl. Schloon, Verwey, S. 1741.
[209] Vgl. Gundolf, Shakespeares Sonette, S. 66.

6. Literatur

Abbt, Christine: „Die Auslassungspunkte. Spuren subversiven Denkens", in: Dies./Tim Kammasch (Hrsg.): Punkt, Punkt, Komma, Strich? Geste, Gestalt und Bedeutung philosophischer Zeichensetzung, Bielefeld 2009, S. 101–116.

Adorno, Theodor W.: „Satzzeichen", in: Ders.: Noten zur Literatur, hrsg. von Rolf Tiedemann, Frankfurt a.M. 41989, S. 106–113.

Ahrens, Rüdiger: „Die Tradition der Shakespeare-Behandlung im Englischunterricht", in: anglistik & englischunterricht, Bd. 3: Shakespeare im Unterricht, hrsg. von Rüdiger Ahrens, Trier 1977, S. 12–38.

Albrecht, Jörn: „Schriftsteller als Übersetzer", in: Maria Krysztofiak (Hrsg.): Ästhetik und Kulturwandel in der Übersetzung, Frankfurt/M. u. a. 2008, S. 39–60.

— „Bedeutung der Übersetzung für die Entwicklung der Kultursprachen", in: Harald Kittel u. a. (Hrsg.): Übersetzung. Translation. Traduction. Ein internationales Handbuch zur Übersetzungsforschung, 2. Teilband, Berlin/Boston 2007, S. 1088–1108.

— Literarische Übersetzung. Geschichte – Theorie – Kulturelle Wirkung, Darmstadt 1998.

Andres, Jan: „Soziale Prozesse, Pädagogik, Gegnerschaften", in: Aurnhammer/Braungart/ Breuer/Oelmann (Hrsg.): Stefan George und sein Kreis. Ein Handbuch, Band 2, Berlin/Boston 2012, S. 713–750.

— „Gundolf, Friedrich Leopold (bis 1927 offiziell Gundelfinger)", in: Aurnhammer/Braungart/Breuer/Oelmann (Hrsg.): Stefan George und sein Kreis. Ein Handbuch, Band 3, Berlin/Boston 2012, S. 1404–1409.

— „‚frauen fremder ordnung'. Thesen zur strukturellen Misogynie des George-Kreises", in: Oelmann/Raulff: Frauen um Stefan George, Göttingen 2010, S. 37–57.

— „Gegenbilder – Stefan Georges poetische Kulturkritik in den ‚Zeitgedichten' des ‚Siebenten Ring'", in: George-Jahrbuch 6 (2006/2007), Tübingen 2006, S. 31–54.

Apel, Friedmar: „Rezeption der französischen und italienischen Dichtung", in: Aurnhammer/Braungart/Breuer/Oelmann (Hrsg.): Stefan George und sein Kreis. Ein Handbuch, Band 2, Berlin/Boston: de Gruyter 2012, S. 6628–637.

— „Die eigene Sprache als fremde. Stefan Georges frühes Kunstprogramm", in: George-Jahrbuch 8 (2010/2011), S. 1–18.

— „Poesie der Konstanz, Poetik der Differenz. Shakespeares Sonette deutsch", in: William Shakespeare: Die Sonette. Englisch und deutsch, übersetzt von Wolfgang Kaußen, mit einem Nachwort von Friedmar Apel, Frankfurt a. M./Leipzig 1998, S. 319–333.

— Sprachbewegung. Eine historisch-poetologische Untersuchung zum Problem des Übersetzens, Heidelberg 1982.

— /Kopetzki, Annette: Literarische Übersetzung, Stuttgart/Weimar 22003.

Arbogast, Hubert: Die Erneuerung der deutschen Dichtersprache in den Frühwerken Stefan Georges, Köln 1967.
— „Stefan George und die Antike", in: kein ding sei wo das wort gebricht. Ein Gedenkheft für Stefan George, hrsg. von Manfred Schlösser und Hans-Rolf Ropertz in Verbindung mit dem Ludwig-Georgs-Gymnasium, Darmstadt, und dem Verein der Freunde des Ludwig-Georgs-Gymnasiums, Nummer 11, 4. Jahrgang (1958), S. 30–43.
Arrighetti, Anna Maria: „Dante. Die Göttliche Komödie. Übertragungen", in: Aurnhammer/Braungart/Breuer/Oelmann (Hrsg.): Stefan George und sein Kreis. Ein Handbuch, Band 1, Berlin/Boston 2012, S. 218–238.
Auktion 208. Die Bibliotheken Salman Schocken. Karl Wolfskehl. Teil I, hrsg. von Dr. Ernst Hausdewell & Ernst Nolte, Hamburg 1976.
Auktion 211. Die Bibliotheken Salman Schocken. Karl Wolfskehl. Teil II, hrsg. von Dr. Ernst Hausdewell & Ernst Nolte, Hamburg 1976.
Aurnhammer, Achim/Braungart, Wolfgang/Breuer, Stefan/Oelmann, Ute (Hrsg.): Stefan George und sein Kreis. Ein Handbuch, Band 1–3, Berlin/Boston 2012.
Bachmann-Medick, Doris: „Einleitung", in: Dies. (Hrsg.): Kultur als Text. Die anthropologische Wende in der Literaturwissenschaft, Tübingen/Basel ²2004, S. 7–64.
Bahr, Hermann: „Loris", in: Freie Bühne für den Entwickelungskampf der Zeit, III. Jg. (1892), S. 94–98.
Barlow, Audrey G.: A critical study of Stefan George's translations from English, considered in the light of his own poetic style, Dissertation an der Universität Manchester 1961.
Bauer, Karl: Goethes Kopf und Gestalt, Berlin 1908.
Bauer, Roger: „Zur Übersetzungstechnik Stefan Georges", in: Eckhard Heftrich/Paul Gerhard Klussmann/Hans Joachim Schrimpf (Hrsg.): Stefan George Kolloquium, Köln 1971, S. 160–167.
Baumann, Günter: „Medien und Medialität", in: Aurnhammer/Braungart/Breuer/Oelmann (Hrsg.): Stefan George und sein Kreis. Ein Handbuch, Band 2, Berlin/Boston 2012, S. 683–712.
Benjamin, Walter: „Die Aufgabe des Übersetzers", in: Ders.: Illuminationen: Ausgewählte Schriften 1, Frankfurt a. M. 1977, S. 50–62.
Berger, Erich: Randbemerkungen zu Nietzsche, George und Dante, Wiesbaden 1958.
— „Georges Lukretia-Gedicht", in: Castrum Peregrini 38 (1959), S. 22–28.
Biermann, Wolf: Das ist die feinste Liebeskunst. 40 Shakespeare Sonette, Köln ²2005.
Binias, Silke: Symbol and Symptom. The Femme Fatale in English Poetry of the 19th Century and Feminist Criticism, Heidelberg 2007.
Birkenhauer, Renate: Reimpoetik am Beispiel Stefan Georges. Phonologischer Algorithmus und Reimwörterbuch, Tübingen 1983.
Bithell, Jethro: „Stefan George – the Man", in: German Life & Letters, Volume IX, (1955/56), S. 47–55.

Blakemore-Evans, G. (Hrsg.): Shakespeare, William: The Sonnets, Cambridge u. a. 2006.

Blätter für die Kunst, begründet von Stefan George. Hrsg. von Carl August Klein 1892–1919. Abgelichteter Neudruck, Düsseldorf/München 1968.

Bock, Claus Victor: Wort-Konkordanz zur Dichtung Stefan Georges, Amsterdam 1964.

Boehringer, Robert: Der Genius des Abendlandes, Düsseldorf – München: Helmut Küpper 1970.

— Mein Bild von Stefan George, Düsseldorf/München ²1967.

— Das Leben von Gedichten, Kiel 31955.

— Ewiger Augenblick, o.V. 1945.

Bohrer, Karl Heinz: Das Tragische. Erscheinung, Pathos, Klage. München 2009.

Böhtlingk, Arth.: Gundolfs „Shakespeare in deutscher Sprache". Ein Vademecum, Karlsruhe 1929.

Booth, Stephen (Hrsg.): Shakespeare, William: Shakespeare's Sonnets, New Haven/London 1977.

Borchardt, Rudolf: Aufzeichnung Stefan George betreffend, aus dem Nachlaß hrsg. und erläutert von Ernst Osterkamp, München 1998.

Borchers, August: „Die englische Lektüre am Realgymnasium", in: III. Programm des Königlichen Andreas-Realgymnasiums zu Hildesheim. Ostern 1888. Hildesheim 1888, S. 3–16.

Borgmeier, Raimund: „,Whereto the inviting time our fashion calls' – Neue deutsche Übersetzungen von Shakespeares Sonetten in den 70er und 80er Jahren", in: Dieter Mehl/Wolfgang Weiß (Hrsg.): Shakespeares Sonette in europäischen Perspektiven. Ein Symposium, Münster/Hamburg 1993, S. 281–297.

— Shakespeares Sonett „When forty winters" und die deutschen Übersetzer. Untersuchungen zu den Problemen der Shakespeare-Übertragung, München 1970.

Borgstedt, Thomas: „Petrarkismus", in: Harald Fricke/Klaus Grubmüller/Jan-Dirk Müller/Klaus Weimar (Hrsg.): Reallexikon der deutschen Literaturwissenschaft. Neubearbeitung des Reallexikons der deutschen Literaturgeschichte. Band III, Berlin/Boston 2003, S. 59–62.

Böschenstein, Bernhard: „Übersetzung als Selbstfindung. George, Rilke, Celan zwischen Nachgesang und Gegengesang", in: Martin Meyer (Hrsg.): Vom Übersetzen, München 1990, S. 37–57.

— /Egyptien, Jürgen/Schefold, Bertram/Graf Vitzthum, Wolfgang (Hrsg.): Wissenschaftler im George-Kreis, Berlin/New York 2005.

Bosse, Heinrich: Autorschaft ist Werkherrschaft, Paderborn u. a. 1981.

Bozza, Maik: Genealogie des Anfangs. Stefan Georges poetologischer Selbstentwurf um 1890, Göttingen 2016.

Brasch, Hans: Bewahrte Heimat, aus dem Nachlass herausgegeben von Georg Peter Landmann, Düsseldorf/München 1970.

— „Erinnerungen an George", in: Ders.: Bewahrte Heimat, aus dem Nachlass herausgegeben von Georg Peter Landmann, Düsseldorf/München 1970, S. 23–40.
— „Weitere Erinnerungen an Stefan George", in: Ders.: Bewahrte Heimat, aus dem Nachlass herausgegeben von Georg Peter Landmann, Düsseldorf/München 1970, S. 41–44.
Braungart, Wolfgang: „Priester und Prophet. Literarische Autorschaft in der Moderne. Am Beispiel Stefan Georges", in: Christel Meier/Martina Wagner-Egelhaaf (Hrsg.): Prophetie und Autorschaft. Charisma, Heilversprechen und Gefährdung, Berlin 2014, S. 335–354.
— „,irgendwann, der blumen müd, hast du den sommer zugemacht'. ,julischwermut' von Nadja Küchenmeister als Antwort auf Stefan Georges ,Juli-Schwermut'", in: George-Jahrbuch 10 (2014/2015), S. 91–106.
— Ästhetik der Politik, Ästhetik des Politischen. Ein Versuch in Thesen, Göttingen 2012.
— „Poetik, Rhetorik, Hermeneutik", in: Aurnhammer/Braungart/Breuer/Oelmann (Hrsg.): Stefan George und sein Kreis. Ein Handbuch, Band 2, Berlin/Boston 2012, S. 495–550.
— „Metánoia. Georges Poetik der Entschiedenheit", in: Oelmann/Raulff (Hrsg.): Frauen um Stefan George, Göttingen 2010, S. 59–83.
— „,Was ich noch sinne und was ich noch füge / Was ich noch liebe trägt die gleichen züge'. Stefan Georges performative Poetik", in: Text + Kritik, Heft 168 (2005), S. 3–18.
— Ästhetischer Katholizismus. Stefan Georges Rituale der Literatur, Tübingen 1997.
— „,Durch Dich, für Dich, in Deinem Zeichen'. Stefan Georges poetische Eucharistie", in: George-Jahrbuch 1 (1996/1997), S. 53–79.
— /Oelmann, Ute/Böschenstein, Bernhard (Hrsg.): Stefan George. Werk und Wirkung seit dem ,Siebenten Ring', Tübingen 2001.
— /Oestersandfort, Christian/Andres, Jan/Walter, Franziska: „Platonisierende Eroskonzeption und Homoerotik in Briefen und Gedichten des George-Kreises (Maximilian Kronberger, Friedrich Gundolf, Max Kommerell, Ernst Glöckner)", in: Renate Stauf/Annette Simonis/Jörg Paulus (Hrsg.): Der Liebesbrief. Schriftkultur und Medienwechsel vom 18. Jahrhundert bis zur Gegenwart, Berlin/New York 2008, S. 223–270.
Brewer, Leighton: Shakespeare and the Dark Lady, Boston 1966.
Breuer, Stefan: Ästhetischer Fundamentalismus. Stefan George und der deutsche Antimodernismus, Darmstadt 1995.
Breysig, Kurt: „Begegnungen mit Stefan George", in: Castrum Peregrini 42 (1960), S. 9–32.
— „Aus meinen Tagen und Träumen. Stefan George", in: Castrum Peregrini 42 (1960), S. 33–45.
Briefwechsel zwischen George und Hofmannsthal, München/Düsseldorf ²1953.
Brodersen, Arvid: „Stefan George und der Norden", in: Castrum Peregrini 107–109 (1973), S. 129–165.

Burdorf, Dieter: Poetik der Form. Eine Begriffs- und Problemgeschichte, Stuttgart/Weimar 2001.
Burrow, Collin (Hrsg.): William Shakespeare. The Complete Sonnets and Poems, Oxford 2002.
Calvert, Hugh: Shakespeare's Sonnets and Problems of Autobiography, Braunton/Devon 1987.
Colman, E. A. M.: The Dramatic Use of Bawdy in Shakespeare, London 1974.
Cronheim, Fritz: Deutsch-Englische Wanderschaft. Lebensweg im Zeichen Stefan Georges, Heidelberg 1977.
Curtius, Ernst Robert: „Stefan George im Gespräch", in: Ders.: Kritische Essays zur europäischen Literatur, Bern/München ³1963, S. 100–116.
David, Claude: Stefan George. Sein dichterisches Werk, München 1967.
Deinert, Wilhelm: „Am Urquell des Augenblicks. Stefan Georges verkannte Gründung", in: Castrum Peregrini 253/254 (2002), S. 28–36.
de Man, Paul: „Schlußfolgerungen: Walter Benjamins ‚Die Aufgabe des Übersetzers'", in: Alfred Hirsch (Hrsg.): Übersetzen und Dekonstruktion, Frankfurt a. M. 1997, S. 182–228.
Detering, Heinrich (Hrsg): Autorschaft. Positionen und Revisionen, Stuttgart/Weimar 2002.
Dilthey, Wilhelm: Der Aufbau der geschichtlichen Welt in den Geisteswissenschaften, Frankfurt a. M. 1970.
Dörr, Georg: Muttermythos und Herrschaftsmythos. Zur Dialektik der Aufklärung um die Jahrhundertwende bei den Kosmikern, Stefan George und in der Frankfurter Schule, Würzburg 2007.
Dowden, Edward (Hrsg.): The Sonnets of William Shakespeare, London 1899.
Drahn, Hermann: Das Werk Stefan Georges. Seine Religiosität und sein Ethos, Leipzig 1925.
Drakakis, John (Hrsg.): Shakespearean Tragedy, London/New York 1992.
Duncan-Jones, Katherine (Hrsg.): Shakespeare's Sonnets, London 1997.
Durzak, Manfred: „Epigonenlyrik. Zur Dichtung des George-Kreises", in: Jahrbuch der deutschen Schillergesellschaft 13 (1969), S. 482–529.
Dutt, Carsten: „Edith Landmann – oder der poetologische Essentialismus des George-Kults", in: Oelmann/Raulff (Hrsg.): Frauen um Stefan George, Göttingen 2010, S. 233–251.
DWB = Deutsches Wörterbuch von Jacob und Wilhelm Grimm, 16 Bände in 32 Teilbänden, Leipzig 1854–1961.
von Eckartsberg, Elsa: „Der romantische Höhepunkt der Liebe: München", in: Dies.: „Ich trage das Glück in meinem Herzen". Sternstunden der Liebe, Bern/München/Wien 1994, S. 202–223.
Edmondson, Paul/Wells, Stanley: Shakespeare's Sonnets, Oxford 2004.
Egyptien, Jürgen: „Die ‚Kreise'", in: Aurnhammer/Braungart/Breuer/ Oelmann(Hrsg.): Stefan George und sein Kreis. Ein Handbuch, Band 1, Berlin/Boston 2012, S. 365–407.

— „Versuch über Ernst Gundolf. Beobachtungen zur Kunst des Verschwindens", in: Ernst Gundolf: Werke, hrsg. von Jürgen Egyptien, Amsterdam 2006, S. 5–39.
— „Die Apotheose der heroischen Schöpferkraft. Shakespeare im George-Kreis", in: Bernhard Böschenstein u. a. (Hrsg.): Wissenschaftler im George-Kreis, Berlin/New York 2005, S. 159–185.
— „Schöpfergeist und Kosmanthrop. Shakespeare im George-Kreis", in: Castrum Peregrini 261/262 (2004), S. 87–121.
Eidemüller, Gisela: Die nachgelassene Bibliothek des Dichters Stefan George: Der in Bingen aufbewahrte Teil, hrsg. von Robert Wolff, Heidelberg 1987.
Empson, William: Seven Types of Ambiguity, London ^{3}1970.
Enright, D. J.: „Stefan George, Friedrich Gundolf and the Maximin Myth", in: German Life & Letters, Volume V (1951/52), S. 176–187.
Exul Poeta. Leben und Werk Karl Wolfskehls im italienischen und neuseeländischen Exil 1933–1948, hrsg. von Friedrich Voit und August Obermayer, University of Otago 1999.
Farrell, Ralph: Stefan Georges Beziehungen zur englischen Dichtung, Nendeln 1967.
Fechner, Jörg-Ulrich (Hrsg.): „L'âpre gloire du silence"… Europäische Dokumente zur Rezeption der Frühwerke Georges und der Blätter für die Kunst, 1890–1898, Heidelberg 1998.
— „Stefan George. ‚Sonett nach Petrarka'", in: Castrum Peregrini 96 (1971), S. 5–20.
[Fields, Alfred]: Shakspare's Sonette. Englisch und Deutsch. Übersetzt von Alfred Fields, Darmstadt 1973.
Fitzon, Thorsten: „Petrarca um 1900: Aneignung – Anverwandlung – Abkehr", in: Achim Aurnhammer (Hrsg.): Francesco Petrarca in Deutschland. Seine Wirkung in Literatur, Kunst und Musik, Tübingen 2006, S. 539–562.
Frank, Armin Paul: „Understanding Literature via Translation: The Study of Literary Translation as Hermeneutic Device", in: Literatur in Wissenschaft und Unterricht 21 (1988), S. 33–37.
— „Einleitung", in: Harald Kittel (Hrsg.): Die literarische Übersetzung. Stand und Perspektiven ihrer Erforschung, Berlin 1988, S. IX–XIII.
— „Einleitung" in: Brigitte Schultze (Hrsg.): Die literarische Übersetzung. Fallstudien zu ihrer Kulturgeschichte, Berlin 1987, S. IX–XVII.
Frank, Manfred: „Stefan Georges ‚neuer Gott'", in: Ders.: Gott im Exil. Vorlesungen über die Neue Mythologie. Frankfurt a. M. 1988, S. 257–314.
Fremde Nähe – Celan als Übersetzer. Ausstellung und Katalog von Axel Gellhaus u. a., Marbacher Kataloge 50, Marbach 1997.
Frye, Northrop: „How true a twain", in: The Riddle of Shakespeare's Sonnets. The text of the sonnets with interpretive essays by Edward Hubler, Northrop Frye, Leslie A. Fiedler, Stephen Spender and R.P. Blackmur, and including the full text of Oscar Wilde's The Portrait of Mr. W.H., New York 1962, S. 23–53.

Fuchs, Georg: Sturm und Drang in München um die Jahrhundertwende, München 1936.

George, Stefan: Sämtliche Werke in 18 Bänden, hrsg. von der Stefan-George-Stiftung, bearbeitet von Georg Peter Landmann und Ute Oelmann, Stuttgart 1982ff.

— Gedichte, hrsg. von Robert Boehringer; Stuttgart: reclam 1960.

— Gesamtausgabe der Werke. Endgültige Fassung, Berlin 1927ff.

— /Gundolf, Friedrich: Briefwechsel, hrsg. von Robert Boehringer mit Georg Peter Landmann, München/Düsseldorf 1962.

— /Wolfskehl, Karl (Hrsg.): Deutsche Dichtung, Band 3: Das Jahrhundert Goethes, hrsg. von Ute Oelmann, Stuttgart 1995.

— /Wolfskehl, Karl (Hrsg.): Deutsche Dichtung, Band 1: Jean Paul, hrsg. von Ute Oelmann, Stuttgart 1989.

Gérardy, Paul: „Geistige Kunst", in: Blätter für die Kunst, 2. Folge, Band IV, Düsseldorf/München 1967, S. 110–113.

Gerzymisch-Arbogast, Heidrun/Mudersbach, Klaus: Methoden des wissenschaftlichen Übersetzens, Tübingen/Basel 1998.

Glöckner, Ernst: Begegnung mit Stefan George. Auszüge aus Briefen und Tagebüchern 1913–1934, hrsg. von Friedrich Adam, Heidelberg 1972.

Glockner, Hermann: „Erinnerungen an Friedrich Gundolf", in: Staat – Recht – Kultur. Festgabe für Ernst von Hippel, Bonn 1965, S. 72–90.

Glur, Guido: Kunstlehre und Kunstanschauung des Georgekreises und die Aesthetik Oscar Wildes, Bern 1957.

Goldsmith, Ulrich K.: „‚Durchgesehen von Friedrich Gundolf'. Zu A. W. Schlegels Übersetzung des ‚Julius Caesar'", in: Castrum Perigrini 205 (1992), S. 62–75.

— „Shakespeare and Stefan George: The Sonnets", in: Ders.: Studies in Comparison, hrsg. von Hazel E. Barnes/William M. Calder III/Hugo Schmidt, New York/Bern/Frankfurt a.M./Paris 1989, S. 31–54.

Gothein, Marie: „Shakespeares Sonette", in: Jahrbuch der deutschen Shakespeare-Gesellschaft, 46. Jg. (1910), S. 266–268.

— „Shakespeare in deutscher Sprache", in: Jahrbuch der deutschen Shakespeare-Gesellschaft, 45. Jg. (1908), S. 364–369.

Gothein, Percy: „Aus dem Florentiner Tagebuch", in: Castrum Peregrini 16 (1954), S. 5–48.

Graf, Karin (Hrsg.): Vom schwierigen Doppelleben des Übersetzers, Berlin 1994.

Gramberg, Michael: Stefan Georges Übertragungen. Die Frage nach einem symbolistischen Übersetzen als Voraussetzung für ein neues Verständnis der Dichtung, Dissertation an der Universität Köln 1969.

Greiner, Norbert/Sprang, Felix C. H.: „Europäische Shakespeare-Übersetzungen im 18. Jahrhundert: Von der Apologie zum ästhetischen Programm", in: Harald Kittel u. a. (Hrsg.): Übersetzung. Translation. Traduction. Ein internationales Handbuch zur Übersetzungsforschung, 3. Teilband, Berlin/Boston 2011, S. 2453–2468.

Grieser, Dietmar: „Maximin, Nachspiel in Wien. Der Vetter vom Brillantengrund", in: Ders.: Piroschka, Sorbas & Co. Schicksale der Weltliteratur, München/Wien 1978, S. 181–193.

Groppe, Carola: Die Macht der Bildung. Das deutsche Bürgertum und der George-Kreis 1890–1933, Köln/Weimar/Wien 1997.

Grundlehner, Philip: „Kraus vs. George: Shakespeare's Sonnets", in: Jahrbuch der deutschen Shakespeare-Gesellschaft (West) 1977, S. 109–128.

Gsteiger, Manfred: „‚Die Blumen des Bösen'. George als Übersetzer Baudelaires", in: Ders.: Literatur des Übergangs. Essays, Bern/München 1963, S. 49–91.

Gumbrecht, Hans Ulrich: „Der Doppelpunkt. Rund, kantig und umpolend", in: Christine Abbt/Tim Kammasch (Hrsg.): Punkt, Punkt, Komma, Strich? Geste, Gestalt und Bedeutung philosophischer Zeichensetzung, Bielefeld 2009, S. 61–69.

Günther, Frank: „Über die Shakespeare-Übersetzerei", in: Dietmar Hertel/Felix Mayer (Hrsg.): Diesseits von Babel. Vom Metier des Übersetzens, Köln 2008, S. 83–90.

Gundolf, Elisabeth: „Meine Begegnungen mit Rainer Maria Rilke und Stefan George", in: Dies.: Stefan George. Zwei Vorträge, Amsterdam 1965, S. 34–51.

— „Stefan George und der Nationalsozialismus", in: Dies.: Stefan George. Zwei Vorträge, Amsterdam 1965, S.52–76.

Gundolf, Ernst: Werke, hrsg. von Jürgen Egyptien, Amsterdam 2006, S. 166–194.

— „Zur Beurteilung der Darmstädter Shakespeare-Maske", in: Shakespeare-Jarbuch, Bd. 64 (1928), S. 132–140.

Gundolf, Friedrich: Briefwechsel mit Herbert Steiner und Ernst Robert Curtius, eingeleitet und hrsg. von Lothar Helbling und Claus Victor Bock, Amsterdam 1963.

— Shakespeare und der deutsche Geist, München/Düsseldorf: 1959.

— Briefe, hrsg. von Lothar Helbling und Claus Victor Bock, Amsterdam 1955.

— Shakespeare. Sein Wesen und Werk, Berlin 1928.

— (Hrsg.): Shakespeare in deutscher Sprache, hrsg. und zum Teil neu übersetzt von Friedrich Gundolf. Neue Ausgabe in sechs Bänden, Berlin 1925.

— George, Berlin 1920.

— „Shakespeares Sonette", in: Die Zukunft, 72. Band (1910), S. 65–68.

— /von Kahler, Erich: Briefwechsel 1910–1931, hrsg. von Klaus Pott unter Mitarbeit von Petra Kuse, Göttingen 2012.

— /Wolters, Friedrich: Ein Briefwechsel aus dem Kreis um Stefan George, hrsg. und eingeleitet von Christophe Fricker, Köln/Weimar/Wien 2009.

Gutsch, Jürgen: Friedrich Gundolfs Shakespeare-Sonetten-Fragmente (1899) mit dem Vergleichstext von Stefan George (1909), dem Originaltext Shakespeares (1609) in der Ausgabe Edward Dowdens (1881) und den

Varianten in den Nachlässen des Stefan-George-Archivs Stuttgart, München 1999.

Hammerschmidt-Hummel, Hildegard: Die authentischen Gesichtszüge William Shakespeares. Die Totenmaske des Dichters und Bildnisse aus drei Lebensabschnitten, Hildesheim/Zürich/New York 2006.

— Das Geheimnis um Shakespeare's ‚Dark Lady'. Dokumentation einer Enthüllung, Darmstadt 1999.

Hartmann, Christoph: „Klassische Philologie", in: Aurnhammer/Braungart/Breuer/Oelmann (Hrsg.): Stefan George und sein Kreis. Ein Handbuch, Band 2, Berlin/Boston 2012, S. 1083–1090.

Haug, Christine/Lucius, Wulf D. v.: „Verlagsbeziehungen und Publikationssteuerung", in: Aurnhammer/Braungart/Breuer/Oelmann (Hrsg.): Stefan George und sein Kreis. Ein Handbuch, Band 1, Berlin/Boston 2012, S. 408–491.

Helbing, Lothar: Stefan George und Ernst Morwitz. Die Dichtung und der Kommentar, Amsterdam 1968.

— „Karl Wolfskehl. Einführendes zu Gedichten, Briefen, Prosa aus dem Nachlass und zu Erinnerungen", in: Castrum Peregrini 41 (1960), S. 5–90.

Hempfer, Klaus W.: „Problem der Bestimmung des Petrarkismus", in: Wolf-Dieter Stempel/Karlheinz Stierle (Hrsg.): Die Pluralität der Welten, München 1987, S. 253–277.

Hengersbach, J.: „Shakespeare im Unterricht der preussischen Gymnasien", in: Die neueren Sprachen. Zeitschrift für den neusprachlichen Unterricht, Band III, Heft 9 (1896), S. 513–523.

Hermans, Theo (Hrsg.): The manipulation of Literature. Studies in Literary Translation, London/Sydney 1985.

Hertel, Dietmar/Mayer, Felix (Hrsg.): Diesseits von Babel. Vom Metier des Übersetzens, Köln 2008.

Hildebrandt, Kurt: Erinnerungen an Stefan George und seinen Kreis, Bonn 1965.

— Das Werk Stefan Georges, Hamburg 1960.

— „Hellas und Wilamowitz", in: Jahrbuch für die geistige Bewegung I (1910), S. 64–117.

Hilmes, Carola: Die Femme fatale. Ein Weiblichkeitstypus in der nachromantischen Literatur, Stuttgart 1990.

Hoffmann, Peter: Stauffenberg und der 20. Juli 1944, München 1998.

Holschuh, Albrecht: „Poetische Zeichensetzung", in: German Quarterly 75/1 (2002), S. 51–70.

Huch, Friedrich: „33 Sonette von Shakespeare", in: Ders.: Gesammelte Werke. Vierter Band, Berlin/Leipzig 1925, S. 449–467.

Huntemann, Willi/Rühling, Lutz: „Einleitung: Fremdheit als Problem und Programm", in: Dies. (Hrsg.): Fremdheit als Problem und Programm. Die literarische Übersetzung zwischen Tradition und Moderne, Berlin 1997, S. 1–25.

Iwasaki, Eijirō (Hrsg.): Begegnung mit dem ‚Fremden'. Grenzen – Traditionen – Vergleiche, Akten des VIII. Internationalen Germanisten-Kongresses Tokyo 1990, München 1991.

Jacob, Joachim: Die Schönheit der Literatur. Zur Geschichte eines Problems von Gorgias bis Max Bense, Tübingen 2007.

Jahrbuch der deutschen Shakespeare-Gesellschaft, Jg. 18 (1883) – Jg. 24 (1889).

Jahrbuch für die geistige Bewegung, Band 1, hrsg. von Friedrich Gundolf und Friedrich Wolters, Berlin 1910.

Jaime, Edward: Stefan George und die Weltliteratur, Ulm 1949.

Jens, Inge: „Max Kommerell. Eine Einführung", in: Max Kommerell: Essays, Notizen, Poetische Fragmente, aus dem Nachlass hrsg. von Inge Jens, Olten/Freiburg 1969, S. 7–33.

— „Über Max Kommerell", in: Max Kommerell: Briefe und Aufzeichnungen 1919–1944, aus dem Nachlass hrsg. von Inge Jens, Olten/Freiburg 1967, S. 7–41.

Junker, Ernst Wiegand: „Das autodidaktische Studium des Italienischen durch den Schüler Stefan George", in: Neue Beiträge zur George-Forschung 1 (1975), S. 29–31.

Kahn, Ludwig W.: Shakespeares Sonette in Deutschland. Versuch einer literarischen Typologie, Bern/Leipzig 1935.

Kalischer, Erwin: „Shakespeare in deutscher Sprache. Rezension", in: Zeitschrift für Ästhetik und allgemeine Kunstwissenschaft V (1910), S. 111–118.

Kalt, Daniel: „(Re)Visionen. Übersetzende als AutorInnen von Intertexten", in: arcadia 42 (2007), S. 2–19.

Karlauf, Thomas: Stefan George. Die Entdeckung des Charisma, München 2007.

Kauffmann, Kai: Stefan George. Eine Biographie, Göttingen 2014.

— „Das Leben Stefan Georges. Biographische Skizze", in: Aurnhammer/Braungart/Breuer/Oelmann (Hrsg.): Stefan George und sein Kreis. Ein Handbuch, Band 1, Berlin/Boston 2012, S. 7–94.

— „Der Stern des Bundes (SW VIII)", in: Aurnhammer/Braungart/Breuer/Oelmann (Hrsg.): Stefan George und sein Kreis. Ein Handbuch, Band 1, Berlin/Boston 2012, S. 191–203.

Kaul, Susanne: „Kairos bei George", in: George-Jahrbuch 7 (2008/09), S. 1–19.

Kaußen, Wolfgang: „Ich verantworte Ich widerstehe Ich verweigere", in: William Shakespeare: Einundzwanzig Sonette. Deutsch von Paul Celan, Frankfurt a. M./Leipzig 2001, erweiterte Neuausgabe, S. 49–90.

[Kaußen, Wolfgang]/Shakespeare, William: Die Sonette. Übersetzt von Wolfgang Kaußen, Frankfurt a. M. 1998.

Kearney, Gertrude: Stefan George und Karl Kraus als Übersetzer der Sonette Shakespeares, Diplomarbeit an der Universität Wien 1986.

Keck, Thomas A.: „Baudelaires ‚Correspondances' zwischen Romantik und Moderne. Eine Studie zur übersetzerischen Rezeption eines symbolistischen Paradigmas", in: Willi Huntemann/Lutz Rühling (Hrsg.): Fremdheit als Problem und Programm. Die literarische Übersetzung zwischen Tradition und Moderne, Berlin 1997, S. 75–118.

— Der deutsche „Baudelaire". Band I: Studien zur übersetzerischen Rezeption der Fleurs du Mal, Heidelberg 1991.

— Der deutsche „Baudelaire". Band II: Materialien, Heidelberg 1991.

Keilson-Lauritz, Marita: Von der Liebe die Freundschaft heißt. Zur Homoerotik im Werk Stefan Georges, Berlin 1987.

Kerrigan, John (Hrsg.): William Shakespeare. The Sonnets and A Lover's Complaint, London u. a. 1986.

Klein, Carl August: „Über Stefan George, eine neue Kunst", in: Blätter für die Kunst, 1. Folge, Band II, Düsseldorf/München 1967, S. 45–50.

— Die Sendung Stefan Georges. Erinnerungen, Berlin 1935.

Klein, Wolf Peter/Grund, Marthe: „Die Geschichte der Auslassungspunkte. Zur Entstehung, Form und Funktion der deutschen Interpunktion", in: Zeitschrift für germanistische Linguistik 25 (1997), S. 24–44.

Kleinschmidt, Erich: Autorschaft. Konzepte einer Theorie, Tübingen/Basel 1998.

Kluncker, Karlhans: Blätter für die Kunst. Zeitschrift der Dichterschule Stefan Georges, Frankfurt a. M. 1974.

Kohlmeyer, Otto: Stefan George und die Persönlichkeitsgestalt als Erziehungsziel in Deutschlands Zeitenwende, Magdeburg 21930.

Kolk, Rainer: Literarische Gruppenbildung. Am Beispiel des George-Kreises 1890–1945, Tübingen 1998.

Kommerell, Max: „Notizen zu George und Nietzsche", in: Ders.: Essays, Notizen, Poetische Fragmente, aus dem Nachlass hrsg. von Inge Jens, Olten/Freiburg 1969, S. 225–250.

— Briefe und Aufzeichnungen 1919–1944, aus dem Nachlass hrsg. von Inge Jens, Olten/Freiburg 1967.

Kranner, Georg: Kraus contra George. Kommentare zu den Übertragungen der Sonette Shakespeares, Wien 1993.

Krapoth, Hermann: „Das Fremde", in: Harald Kittel u. a. (Hrsg.): Übersetzung. Translation. Traduction. Ein internationales Handbuch zur Übersetzungsforschung, 2. Teilband, Berlin/Boston 2007, S. 1674–1679.

Kraus, Karl: Shakespeares Sonette. Nachdichtung, in: Ders.: Kanonade auf Spatzen, Frankfurt a. M. 1994, S. 229–386.

— „Sakrileg an George oder Sühne an Shakespeare?", in: Die Fackel, Nr. 885–887 (1932), S. 45–64.

Kronberger, Maximilian: Gedichte, Tagebücher, Briefe, hrsg. von Georg Peter Landmann, Stuttgart 1987.

Krusche, Dorit: „Huch, Georg Eduard Friedrich", in: Aurnhammer/Braungart/Breuer/Oelmann (Hrsg.): Stefan George und sein Kreis. Ein Handbuch, Band 3, Berlin/Boston 2012, S. 1458–1460.

Kurz, Stefan: Der Teppich der Schrift. Typografie bei Stefan George, Frankfurt a. M./Basel 2007.

van Laak, Lothar: „Mythen, Mythisierungen, Religion", in: Aurnhammer/Braungart/Breuer/Oelmann (Hrsg.): Stefan George und sein Kreis. Ein Handbuch, Band 2, Berlin/Boston 2012, S. 751–770.

Landmann, Edith: Gespräche mit Stefan George, Düsseldorf/München 1963.

— Georgika. Das Wesen des Dichters; Stefan George: Umriß seines Werkes; Stefan George: Umriß seiner Wirkung, Heidelberg ²1924.

Landmann, Michael: Figuren um Stefan George. Zehn Porträts, Amsterdam 1982.

— „Stefan George", in: Ders.: Erinnerungen an Stefan George. Seine Freundschaft mit Julius und Edith Landmann, Castrum Peregrini 141/142 (1980), S. 5–56.

— „Edith Landmann 1877–1951", in: Ders.: Erinnerungen an Stefan George. Seine Freundschaft mit Julius und Edith Landmann, Castrum Peregrini 141/142 (1980), S. 107–141.

— „Gertrud Kantorowicz. 9. Oktober 1876 – 19. April 1945", in: Gertrud Kantorowicz: Vom Wesen der griechischen Kunst, hrsg. von Michael Landmann, Heidelberg/Darmstadt 1961, S. 93–113.

Landmann, Georg Peter: Vorträge über Stefan George, Düsseldorf/München 1974.

Lankheit, Klaus: Das Triptychon als Pathosformel, Heidelberg 1959.

Lechter, Melchior/George, Stefan: Briefe. Kritische Ausgabe, hrsg. von Günther Heintz, Stuttgart 1991.

Lefevere, André: Translating Poetry. Seven Strategies and a Blueprint, Amsterdam/Assen 1975.

Lengeler, Rainer: Shakespeares Sonette in deutsche Übersetzung: Stefan George und Paul Celan, Opladen 1989.

Lepsius, Sabine: Stefan George. Geschichte einer Freundschaft, Berlin 1935.

Leupold, Gabriele/Raabe, Katharina: „Zur Einführung", in: Dies. (Hrsg.): In Ketten tanzen. Übersetzen als interpretierende Kunst, Göttingen 2008, S. 7–29.

Lieser, Paul: „Fremdsprachliche Übertragung als Nachgestaltung und Neuschöpfung. Das Übertragungswerk Stefan Georges, in: Stefan George. Lehrzeit und Meisterschaft. Gedenk- und Feierschrift zum 100. Geburtstag des Dichters am 12. Juli 1968, hrsg. vom Stefan-George-Gymnasium Bingen, Bingen 1968, S. 73–96.

Marryat, Captain [Frederick]: Olla Podrida. The Pirate, and The Three Cutters, London 1929.

Martus, Steffen: „Geschichte der Blätter für die Kunst", in: Aurnhammer/Braungart/Breuer/Oelmann (Hrsg.): Stefan George und sein Kreis. Ein Handbuch, Band 1, Berlin/Boston 2014, S. 301–364.

— „Stefan Georges Punkte", in: Alexander Nebrig/Carlos Spoerhase (Hrsg.): Die Poesie der Zeichensetzung. Studien zur Stilistik der Interpunktion, Bern u. a. 2012, S. 295–327.

— Werkpolitik. Zur Literaturgeschichte kritischer Kommunikation vom 17. bis ins 20. Jahrhundert. mit Studien zu Klopstock, Tieck, Goethe und George, Berlin/New York 2007.

Martynkewicz, Wolfgang: „Maximin, die Lichtgestalt. Stefan George und sein Abgott", in: Claudia Schmölders (Hrsg.): Deutsche Kinder. Siebzehn biographische Porträts, Berlin 1997, S. 228–254.

Marx, Friedhelm: Heilige Autorschaft? Self-Fashioning-Strategien in der Literatur der Moderne, in: Heinrich Detering (Hrsg): Autorschaft. Positionen und Revisionen, Stuttgart/ Weimar 2002, S. 107–120.

Marx, Olga: „Meine Zusammenarbeit mit Ernst Morwitz", in: Castrum Peregrini 121/122 (1976), S. 31–47.

— Stefan George in seinen Übertragungen englischer Dichtung. Teil II: Shakespeare Sonnette, Amsterdam: Castrum Peregrini 92 (1970).

— Stefan George in seinen Übertragungen englischer Dichtung. Teil I, Amsterdam: Castrum Peregrini 77 (1967).

Mattenklott, Gerd: Bilderdienst. Ästhetische Opposition bei Beardsley und George, München 1970.

Maurer, Karl: „Die literarische Übersetzung als Form fremdbestimmter Textkonstitution", in: Poetica 8 (1976), S. 233–257.

McCrea, Scott: The Case for Shakespeare. The End of the Authorship Question, Westport 2005.

Meier, Christel/Wagner-Egelhaaf, Martina (Hrsg.): Autorschaft. Ikonen, Stile, Institutionen, Berlin 2011.

Melchior Lechters Gegenwelten. Kunst um 1900 zwischen Münster, Indien und Berlin. Ausstellungskatalog, hrsg. von Jürgen Krause und Sebastian Schütze, Landschaftsverband Westfalen-Lippe 2006.

Melenk, Margot: Die Baudelaire-Übersetzungen Stefan Georges, München 1974.

Menninghaus, Winfried: Das Versprechen der Schönheit, Frankfurt a. M. 2003.

Mettler, Dieter: Stefan Georges Publikationspolitik. Buchkonzeption und verlegerisches Engagement, München u. a. 1979.

Meyerfeld, Max: „Der neue deutsche Shakespeare", in: Die Zukunft, 70. Band (1910), S. 390–396.

— „Ein neuer deutscher Shakespeare", in: Die Zukunft, 67. Band (1909), S. 128–132.

Michel Schlutz, Hannelore: Studies to Stefan George's Translation of Shakespeare's Sonnets, Dissertation, McGill University 1969.

Michels, Gerd: Die Dante-Übertragungen Stefan Georges, München 1967.

Morwitz, Ernst: Kommentar zu dem Werk Stefan Georges, Düsseldorf/München 1960.

— Die Dichtung Stefan George, Godesberg 1948.

Naaijkens, Ton: „Translating the Weltsprache of modern poetry", in: Harald Kittel u. a. (Hrsg.): Übersetzung. Translation. Traduction. Ein internationales Handbuch zur Übersetzungsforschung, 2. Teilband, Berlin/Boston 2007, S. 1669–1673.

Neill, Michael: „Shakespeare's tragedies", in: The New Cambridge Companion to Shakespeare, hrsg. von Magreta de Grazia und Stanley Wells, Cambridge 2010, S. 121–135.

Nord, Christiane: Textanalyse und Übersetzen. Theoretische Grundlagen, Methode und didaktische Anwendung einer übersetzungsrelevanten Textanalyse, Heidelberg 1988.

Norton, Robert Edward: Secret Germany. Stefan George and his circle, Ithaca/London 2002.

Norwood, Eugene: „Stefan George's translation of Shakespeare's Sonnets", in: Monatshefte für deutschen Unterricht, deutsche Sprache und Literatur 44 (1952), S. 217–233.

Nutt-Kofoth, Rüdiger: „Autor oder Übersetzer oder Autor als Übersetzer? Überlegungen zur editorischen Präsentation von ‚Übertragungen' am Beispiel Stefan George", in: editio 14 (2000), S. 88–103.

Oelmann, Ute: „Moi, je n'ai plus envie de traduire". Etienne George als Übersetzer, in: George-Jahrbuch 11 (2016/17), S. 1–11.

— „Shakespeare Sonnette. Umdichtung", in: Aurnhammer/Braungart/Breuer/Oelmann (Hrsg.): Stefan George und sein Kreis. Ein Handbuch, Band 1, Berlin/Boston 2012, S. 238–251.

— „Rezeption der skandinavischen, englischen und niederländischen Literatur", in: Aurnhammer/Braungart/Breuer/Oelmann (Hrsg.): Stefan George und sein Kreis. Ein Handbuch, Band 2, Berlin/Boston 2012, S. 637–647.

— „Vom handgeschriebenen Buch zur Erstausgabe. Schrift- und Buchkunst Stefan Georges", in: Castrum Peregrini 276/277 (2007), S. 63–76.

— „Anklänge. Stefan George und Ernest Dowson", in: Konrad Feilchenfeldt/Kristina Hasenpflug/Gerhard Kurz/Renate Moering (Hrsg.): Goethezeit – Zeit für Goethe. Auf den Spuren deutscher Lyriküberlieferung in die Moderne, Tübingen 2003, S. 313–321.

— „Das Eigene und das Fremde. Stefan Georges indische Romanze", in: Jahrbuch des Freien Deutschen Hochstifts (1992), S. 294–310.

— /Raulff, Ulrich (Hrsg.): Frauen um Stefan George, Göttingen 2010.

Oestersandfort, Christian: „Antike-Rezeption", in: Aurnhammer/Braungart/Breuer/Oelmann (Hrsg.): Stefan George und sein Kreis. Ein Handbuch, Band 2, Berlin/Boston 2012, S. 647–671.

Ortlieb, Cornelia: „Baudelaire. Die Blumen des Bösen. Umdichtungen", in: Aurnhammer/Braungart/Breuer/Oelmann (Hrsg.): Stefan George und sein Kreis. Ein Handbuch, Band 1, Berlin/Boston 2012, S. 254–269.

Osterkamp, Ernst: „Drei Punkte. Capriccio über ein Ärgernis", in: Alexander Nebrig/Carlos Spoerhase (Hrsg.): Die Poesie der Zeichensetzung. Studien zur Stilistik der Interpunktion, Bern u. a. 2012, S. 239–258.

— „Frauen im Werk Stefan Georges" (a), in: Oelmann/Raulff: Frauen um Stefan George, Göttingen 2010, S.13–35.

— Poesie der leeren Mitte. Stefan Georges Neues Reich, München 2010.

— „Frauen im Werk Stefan Georges" (b), in: Merkur, Heft 11, 62. Jahrgang (2008), S. 1004–1018.

— „Wilhelm Stein (1886–1970)", in: Böschenstein, Bernhard u. a. (Hrsg.): Wissenschaftler im George-Kreis, Berlin/New York 2005, S. 225–238.

— „Nachwort", in: Stefan George: Gedichte, hrsg. und mit einem Nachwort von Ernst Osterkamp, Frankfurt a. M./Leipzig 2005, S. 227–258.
— „Ihr wisst nicht wer ich bin". Stefan Georges poetische Rollenspiele, München 2002.
— „Poesie des Interregnums. Rudolf Borchardt über Stefan George", in: Ders. (Hrsg.): Rudolf Borchardt und seine Zeitgenossen, Berlin/New York 1997, S. 1–26.
— „Das Eigene im Fremden. Georges Maximin-Erlebnis in seiner Bedeutung für die Konzeption der ‚Werke der Wissenschaft aus dem Kreise der Blätter für die Kunst'", in: Eijirô Iwasaki (Hrsg.): Begegnung mit dem ‚Fremden'. Grenzen – Traditionen – Vergleiche, München 1991, S. 394–400.

Pannwitz, Rudolf: Albert Verwey und Stefan George. Zu Verwey's hundertstem Geburtstag, Heidelberg/Darmstadt 1965.

Partridge, Eric: Shakespeare's Bawdy. A Literary and Psychological Essay and a Comprehensive Glossary, London 1968.

von Petersdorff, Dirk: Fliehkräfte der Moderne. Zur Ich-Konstitution in der Lyrik des frühen 20. Jahrhunderts, Tübingen 2005.

Philipp, Michael: „‚Gibst du duft aus sternenräumen'. Melchior Lechter und Stefan George", in: Melchior Lechters Gegenwelten. Kunst um 1900 zwischen Münster, Indien und Berlin. Ausstellungskatalog, hrsg. von Jürgen Krause und Sebastian Schütze, Landschaftsverband Westfalen-Lippe 2006, S. 179–192.

Picht, Werner: Besinnung auf Stefan George, Düsseldorf/München 1964.

Pieger, Bruno: „‚Zusammengezogen in Erwartung des Wortes'. Der Dichter Walter Wenghöfer", in: Walter Wenghöfer: Gedichte und Briefe, hrsg. von Bruno Pieger, Amsterdam 2002, S. 5–36.

Pilz, Wolfgang: Das Triptychon als Kompositions- und Erzählform, München 1970.

Plumpe, Gerhard: „Alfred Schuler und die ‚kosmische Runde'", in: Manfred Frank: Gott im Exil. Vorlesungen über die Neue Mythologie, Frankfurt a. M. 1988, S. 212–256.

Pointner, Frank Erik: Bawdy and Soul. A Revaluation of Shakespeare's Sonnets, Heidelberg 2003.

Price, Lawrence Marsden: Die Aufnahme englischer Literatur in Deutschland. 1500–1960, Bern/München 1961.

Programm des Ludwig-Georgs-Gymnasiums zu Darmstadt, Ostern 1880–88, Schulnachrichten, Darmstadt 1880–88.

Radaelli, Giulia: Literarische Mehrsprachigkeit. Sprachwechsel bei Elias Canetti und Ingeborg Bachmann, Berlin 2011.

Raub, Wolfhard: „Melchior Lechter als Buchkünstler" (a), in: Melchior Lechters Gegenwelten. Kunst um 1900 zwischen Münster, Indien und Berlin. Ausstellungskatalog, hrsg. von Jürgen Krause und Sebastian Schütze, Landschaftsverband Westfalen-Lippe 2006, S. 129–145.

— Melchior Lechter als Buchkünstler (b). Darstellung. Werkverzeichnis. Bibliographie, Köln 1969.

Raulff, Ulrich: Kreis ohne Meister. Stefan Georges Nachleben, München 2009.
— „Der Erscheinende. Stefan Georges epiphane Augenblicke", in: Aage Hansen-Löve/Annegret Heitmann/Inka Mülder-Bach (Hrsg.): Ankünfte. An der Epochenschwelle um 1900, München 2009, S. 41–55.
— „Steinerne Gäste. Im Lapidarium des George-Kreises", in: marbacher magazin 121. Das geheime Deutschland. Eine Ausgrabung. Köpfe aus dem George-Kreis, von Ulrich Raulff und Lutz Näfelt, Deutsche Schillergesellschaft 2008, S. 5–33.
— (Hrsg.): Vom Künstlerstaat. Ästhetische und politische Utopien, München 2006.
— „Die Souveränität des Künstlers", in: Bettina Gockel/Michael Hagner (Hrsg.): Die Wissenschaft vom Künstler. Körper, Geist und Lebensgeschichte des Künstlers als Objekt der Wissenschaften, 1880–1930 [reprint 279], Berlin 2004, S. 129–138.
[Reichert, Klaus]/Shakespeare, William: Die Sonette – The Sonnets. Deutsch von Klaus Reichert, Salzburg/Wien ²2005.
Reichert, Klaus: „,Immer anders, immer das'. Shakespeares Sonette in Prosa", in: Wiliam Shakespeare: Die Sonette – The Sonnets, Salzburg/Wien 2005, S. 5–12.
— „Gundolfs Geschichtsschreibung als Lebenswissenschaft", in: Barbara Schlieben/Olaf Schneider/Kerstin Schulmeyer (Hrsg.): Geschichtsbilder im George-Kreis. Wege zur Wissenschaft, Göttingen 2004, S. 303–315.
— Die unendliche Aufgabe. Zum Übersetzen, München/Wien 2003.
Reschke, Renate: „Schön/Schönheit", in: Ästhetische Grundbegriffe, hrsg. von Karlheinz Barck, Martin Fontius, Dieter Schlenstedt, Burkhart Steinwachs, Friedrich Wolfzettel, Band 5, Stuttgart/Weimar 2010, S. 390–436.
Reuß, Roland: „Industrielle Manufaktur. Zur Entstehung der ‚Stefan-George-Schrift'", in: Stardust. Post für die Werkstatt. KD Wolff zum Sechzigsten, hrsg. von Doris Kern und Michel Leiner, Frankfurt a. M./Basel 2003, S. 166–191.
Ritter, Albert (Hrsg.): Der unbekannte Shakespeare. Eine Auswahl aus Shakespeares Werken, Berlin 1922.
Robinson, Peter: Poetry & Translation. The Art of the Impossible, Liverpool 2010.
[Robinson, Therese]/Shakespeare, William: Sonette. Einer liebenden Klage. Venus und Adonis, Düsseldorf/Zürich 1997. [Aus dem Englischen von Therese Robinson (Sonette) und Wilhelm Jordan (Einer liebenden Klage, Venus und Adonis)]
Roos, Martin: Stefan Georges Rhetorik der Selbstinszenierung, Düsseldorf 2000.
Rosenfeld, Emmy: „Erste Begegnungen Stefan Georges mit Italien", in: Klaus Lazarowicz (Hrsg.): Unterscheidung und Bewahrung. Festschrift für Hermann Kunisch zum 60. Geburtstag, 27. Oktober 1961, Berlin 1961, S. 294–303.

Rouge, Carl: „Schulerinnerungen an den Dichter Stefan George", in: Volk und Scholle, Bd. 8, Heft 1 (1930), S. 20–25.

Salin, Edgar: Um Stefan George, Godesberg 1948.

Schäfer, Armin: Die Intensität der Form. Stefan Georges Lyrik, Köln/Weimar/Wien 2005.

Schefold, Bertram: „Stefan George als Übersetzer Dantes", in: Deutsches Dante-Jahrbuch, 83. Band (2008), S. 231–262.

Schlayer, Clotilde: Minusio. Chronik aus den letzten Lebensjahren Stefan Georges, hrsg. und mit Erläuterungen versehen von Maik Bozza und Ute Oelmann, Göttingen 2010.

Schleiermacher, Friedrich: „Ueber die verschiedenen Methoden des Uebersezens", in: Ders.: Sämtliche Werke, Dritte Abtheilung, Zweiter Band, Berlin 1838, S. 207–245.

Schloon, Jutta: „Verwey, Albert", in: Aurnhammer/Braungart/Breuer/Oelmann (Hrsg.): Stefan George und sein Kreis. Ein Handbuch, Band 3, Berlin/Boston 2012, S. 1738–1744.

Schmalenbach, Herman: „Die soziologische Kategorie des Bundes", in: Die Dioskuren. Jahrbuch für Gesiteswissenschaften, hrsg. von Walter Strich, Band 1, München 1922, S. 35–105.

Schmitt, Saladin: Blätter der Erinnerung, hrsg. von der Stadt Bochum, Bochum 1964.

Schmitz, Victor A.: „Begegnung und Verklärung. Zum Verständnis von Georges Maximin-Erlebnis", in: Ders.: Den alten Göttern zu. Studien über die Wiederkehr der Griechen in Kunst und Dichtung von Winckelmann bis George, Gesellschaft zur Förderung der Stefan-George-Gedenkstätte im Stefan-George-Gymnasium Bingen e.V. 1982, S. 128–142.

— Gundolf. Eine Einführung in sein Werk, Düsseldorf/München 1965.

Schmull, Heino: „Übersetzen als Sprung. Textgenetische und poetologische Beobachtungen an Celans Übersetzungen von Shakespeares Sonetten", in: arcadia 32 (1997), S. 119–147.

Schnädter, Herbert: „Der Schüler Stefan George. Lehrjahre in Bingen und Darmstadt", in: Stefan George. Lehrzeit und Meisterschaft. Gedenk- und Feierschrift zum 100. Geburtstag des Dichters am 12. Juli 1968, hrsg. vom Stefan-George-Gymnasium Bingen, Bingen 1968, S. 29–39.

Schneider, Rolf: „Auf einen anderen Stern gehoben. Stefan George und Max Kronberger", in: Ders.: Ich bin ein Narr und weiß es. Liebesaffären deutscher Literaten, Berlin 2001, S. 99–105.

Schödlbauer, Ulrich: Zeitenwende und Diagnose der Moderne. Die Figur des ‚Neuen' in der Lyrik Stefan Georges und einiger Zeitgenossen, Fernuniversität Hagen 2006.

[Schuenke, Christa]/Shakespeare, William: Die Sonette. Deutsch von Christa Schuenke, München ³2002.

Schuenke, Christa: „Rough Winds Do Shake the Darling Buds of May. Zu meiner Neuübersetzung sämtlicher Sonette von William Shakespeare", in: Shakespeare-Jahrbuch, Bd. 132 (1996), S. 150–160.

Schütze, Sebastian: „Ein Gotiker im George-Kreis: Melchior Lechter und die Erneuerung der Kunst aus dem Geist des Mittelalters", in: Barbara Schlieben/Olaf Schneider/Kerstin Schulmeyer (Hrsg.): Geschichtsbilder im George-Kreis. Wege zur Wissenschaft, Göttingen 2004, S. 147–182.
Schweinitz, H. B. v.: „Shakespeare in deutscher Sprache", in: Österreichische Rundschau 18, Heft 23/24 (1922), S. 1123–1129.
Sebba, Gregor: „Das Ärgernis Stefan George", Colloquia Germanica, 4 (1970), S. 202–231.
Seekamp, H.-J./Ockenden, R. C./Keilson, M.: Stefan George. Leben und Werk. Eine Zeittafel, Amsterdam 1972.
Shakespeare, William: The New Cambridge Shakespeare: A Midsummer Night's Dream, hrsg. von R. A. Foakes, Cambridge 1984.
— The Norton Shakespeare, hrsg. von Stephen Greenblatt, Walter Cohen, Jean E. Howard, Katharine Eisaman Maus, New York/London 1997.
— The Temple Shakespeare: Shakespeare`s Sonnets with Preface, Glossary by Israel Gollancz, London 1898.
— /[Schlegel, August Wilhelm]: „Ein Sommernachtstraum", in: Ders.: Sämtliche Dramen. Band 1: Komödien, München 1968, S. 533–594.
Sieg, Christian/Wagner-Egelhaaf, Martina (Hrsg.): Autorschaften im Spannungsfeld von Religion und Politik, Würzburg 2014.
Simons, Gabriel: Die zyklische Kunst im Jugendwerk Stefan Georges. Ihre Voraussetzungen in der Zeit und ihre allgemeinen ästhetischen Bedingungen, Dissertation: Köln 1965.
Singer, Kurt: „Aus den Erinnerungen an Stefan George", in: Die Neue Rundschau 68 (1957), S. 298–310.
Smith, Emma (Hrsg.): Shakespeare's Tragedies, Oxford 2004.
Söring, Jürgen: „Die Figur der Wende als poetologisches Prinzip. Zum lyrischen Verfahren Stefan Georges", in: Zeitschrift für Deutsche Philologie, 102. Band (1983), S. 200–221.
Sohnle, Werner Paul (Hrsg.): Stefan George und der Symbolismus: eine Ausstellung der Württembergischen Landesbibliothek Stuttgart, Stuttgart 1983.
Spoerhase, Carlos: Autorschaft und Interpretation. Methodische Grundlagen einer philologischen Hermeneutik, Berlin 2007.
Stamm, Ulrike: „Zwischen Abgrenzung und Auflösung: Georges Auseinandersetzung mit dem Weiblichen im ‚Stern des Bundes'", in: George-Jahrbuch 3 (2000/01), S. 1–21.
Stefan George in fremden Sprachen. Übersetzungen seiner Gedichte in die europäischen Sprachen außer den slawischen, zusammengestellt von George Peter Landmann, Düsseldorf/München 1973.
Steiner, George: Nach Babel. Aspekte der Sprache und des Übersetzens, 2. Ausgabe, Frankfurt a. M. 2004.
— Der Meister und sein Schüler (Lessons of the Masters), München 2003.
Stolze, Radegundis: „Der hermeneutische Ansatz beim Übersetzen", in: Maria Krysztofiak (Hrsg.): Ästhetik und Kulturwandel in der Übersetzung, Frankfurt a. M. u. a. 2008, S. 205–223.

Strutz, Johann/Zima, Peter V. (Hrsg.): Literarische Polyphonie. Übersetzung und Mehrsprchigkeit in der Literatur, Tübingen 1996.
Sühnel, Rudolf: „Gundolfs Shakespeare. Rezeption – Übertragung – Deutung", in: Euphorion 75 (1981), S. 245–274.
Szondi, Peter: „Poetry of Constancy – Poetik der Beständigkeit. Celans Übertragung von Shakespeares Sonett 105", in: Ders.: Schriften II, Frankfurt a. M. 31996, S. 321–344.
Taylor, Archer: The proverb and an index to the proverb, Hatboro 1962.
Tgahrt, Reinhard (Hrsg.): Dichter lesen. Band 2: Jahrhundertwende, Marbach am Neckar 1989.
Thimann, Michael: „Bildende Kunst", in: Aurnhammer/Braungart/Breuer/Oelmann (Hrsg.): Stefan George und sein Kreis. Ein Handbuch, Band 2, Berlin/Boston 2012, S. 551–584.
— „Mythische Gestalt – magischer Name – historische Person. Friedrich Gundolfs Bibliothek zum Nachleben Julius Caesars und die Traditionsforschung", in: Barbara Schlieben/Olaf Schneider/Kerstin Schulmeyer (Hrsg.): Geschichtsbilder im George-Kreis. Wege zur Wissenschaft, Göttingen 2004, S. 317–330.
— Caesars Schatten. Die Bibliothek von Friedrich Gundolf. Rekonstruktion und Wissenschaftsgeschichte, Heidelberg 2003.
Thomas, Walter: „Leben und Denken im szenischen Raum", in: Saladin Schmitt: Blätter der Erinnerung, hrsg. von der Stadt Bochum, Bochum 1964, S. 107–118.
Thormaehlen, Ludwig: Erinnerungen an Stefan George, aus dem Nachlaß hrsg. von Walther Greischel, Hamburg 1962.
Vallentin, Berthold: Gespräche mit Stefan George. 1902–1931, Amsterdam 1967.
— „Übersetzungskunst der Gegenwart", in: Die Grenzboten. Zeitschrift für Politik, Literatur und Kunst, Jg. 69, Nr. 12 (1910), S. 552–555.
— „Shakespeares Sonette und ihre Umdichtung durch Stefan George", in: Zeitschrift für Ästhetik und allgemeine Kunstwissenschaft V (1910), S. 265–269.
[Verwey, Albert]: Shakespeare's Sonnetten, nagedicht door Albert Verwey, Santpoort1933.
— Mein Verhältnis zu Stefan George. Erinnerungen aus den Jahren 1895–1928, Leipzig/Straßburg/Zürich 1936.
— „Blaetter fuer die Kunst. Das Jahr der Seele", in: Albert Verwey/ Ludwig van Deyssel: Aufsaetze ueber Stefan George und die juengste dichterische Bewegung. Mit Genehmigung der Verfasser uebertragen von Friedrich Gundolf, Berlin 1905, S. 24–32.
Vickers, Brian: Francis Bacon. Zwei Studien. Aus dem Englischen von Reinhard Kaiser, Berlin 1988.
Volkmann, Kathrin: Shakespeares Sonette auf deutsch: Übersetzungsprozesse zwischen Philologie und dichterischer Kreativität, Dissertation an der Universität Heidelberg 1996.

Walch, Günther: „Nachwort", in: William Shakespeare: Sonnets. Sonette. Deutsch von Stefan George, Bremen Verlag 1989, S. 317–346.

Waldenfels, Bernhard: Topographie des Fremden. Studien zur Phänomenologie des Fremden 1, Frankfurt a. M. 1997.

Wallace, Erd: „Erinnerungen an Ernst Gundolfs letzte Jahre in London", in: Ernst Gundolf: Werke, hrsg. von Jürgen Egyptien, Amsterdam 2006, S. 369–382.

Walter, Anton von: Zur Geschichte des Englischunterrichts an höheren Schulen. Die Entwicklung bis 1900 vornehmlich in Preußen, Augsburg 1982.

Walter, Franziska: „Kronberger, Maximilian", in: Aurnhammer/Braungart/Breuer/Oelmann (Hrsg.): Stefan George und sein Kreis. Ein Handbuch, Band 3, Berlin/Boston 2012, S. 1500–1503.

Warley, Christopher: Sonnet Sequences and Social Distinction in Renaissance England, Cambridge u. a. 2005.

Weichelt, Matthias: „Ergänzung und Distanz. Max Kommerell und das Phänomen George", in: Bernhard Böschenstein u. a. (Hrsg.): Wissenschaftler im George-Kreis, Berlin/New York 2005, S. 137–158.

Wells, Stanley: „Shakespeare's Sonnets and Sex", in: Sonja Fielitz (Hrsg.): Shakespeare's Sonnets. Loves, Layers, Languages, Heidelberg 2010, S. 9–20.

Wenghöfer, Walter: Gedichte und Briefe, hrsg. von Bruno Pieger, Amsterdam 2002.

Werner, H.: „Stefan George als Gymnasiast", in: Deutsches Philologenblatt 42 (1934), S. 368–370.

Williams, Gordon: Shakespeare's Sexual Language. A Glossary, London/New York 1997.

Wislicenus, Paul: Shakespeares Totenmaske, Darmstadt 1910.

Wittmer, Felix: „Stefan George als Übersetzer. Beitrag zur Kunde des modernen Sprachstils. Zum 60. Geburtstag des Dichters", in: Germanic Review, Vol. III (1928), S. 361–380.

Wohlleben, Rudolf: Stefan George. Spurensuche für Liebhaber und Lernende, Alf/Mosel 2004.

Wolfskehl, Karl: „Über die Erneuung dichterischen Erbguts", in: Ders.: Gesammelte Werke. Zweiter Band: Übertragungen. Prosa, Hamburg 1960, S. 8–10.

— „Ibsen-Jugend. Schüler-Erinnerungen", in: Ders.: Gesammelte Werke. Zweiter Band: Übertragungen. Prosa, Hamburg 1960, S. 351–355.

— „Deutscher und fremder Sprachgeist", in: Ders.: Bild und Gesetz. Gesammelte Abhandlungen, Berlin/Zürich 1930, S. 188–195.

— „Vom Sinn und Rang des Übersetzens", in: Ders.: Bild und Gesetz. Gesammelte Abhandlungen, Berlin/Zürich 1930, S. 196–201.

— /von der Leyen, Friedrich (Hrsg.): Älteste deutsche Dichtungen. Übersetzt und herausgegeben von Karl Wolfskehl und Friedrich von der Leyen, Frankfurt a. M. 1964.

— /Wolfskehl, Hanna: Briefwechsel mit Friedrich Gundolf 1899–1931, hrsg. von Karlhans Kluncker, Amsterdam 1977.

Wolters, Friedrich: Stefan George und die Blätter für die Kunst. Deutsche Geistesgeschichte seit 1890, Berlin 1930.
— „Gestalt", in: Jahrbuch für die geistige Bewegung, hrsg. von Friedrich Gundolf und Friedrich Wolters, Band 2 (1911), S. 137–158.
Zima, Peter V.: „Der unfaßbare Rest. Die Theorie der Übersetzung zwischen Dekonstruktion und Semiotik", in: Johann Strutz/Peter V. Zima (Hrsg.): Literarische Polyphonie. Übersetzung und Mehrsprachigkeit in der Literatur, Tübingen 1996, S. 19–33.
Zimmermann, Susan: Shakespeare's Tragedies, London 1998.
Zipser, Richard A.: Edward Bulwer Lytton and Germany, Bern/Frankfurt a. M. 1974.
Zöfel, Gerhard: Die Wirkung des Dichters. Mythologie und Hermeneutik in der Literaturwissenschaft um Stefan George, Frankfurt a. M. 1987.